AF239572

Erkki Lehtiranta

# ASTROLOGIA
## ja Henkinen Tie

- pyhiinvaellus tähtien valossa

**Astrologia ja Henkinen Tie**
**- pyhiinvaellus tähtien valossa**

Copyright © Erkki Lehtiranta. Kaikki oikeudet pidätetään. Osittainenkin lainaaminen ilman tekijän kirjallista lupaa kielletty tekijänoikeuslainsäädännön mukaisesti.

Taitto ja kannen suunnittelu Tomi Leporinne, Avendis

Smiling Stars
www.smilingstars.fi

4. täydennetty painos 2019
ISBN 978-952-69278-2-4 (nid.)
ISBN 978-952-69278-3-1 (EPUB)

Paino Books on Demand, Norderstedt, Saksa

Takakannen valokuva: Tomi Leporinne

**Erkki Lehtirannan muuta kirjallista tuotantoa:**
Musiikin korkeammat oktaavit (Dialogia 2004)
Suomen luonnon valkoista magiaa (Smiling Stars 2007)
Kasvien viisaus, kivien muisti (Smiling Stars 2009, 2019)
Astrologiset syklit ja elämänhallinta (Smiling Stars 2010)
Tien päällä ja taivaan alla (Smiling Stars 2011)
Universaalit lainalaisuudet ja henkinen kehitys (Smiling Stars 2012)
Vesi – elämän sanansaattaja (Shantia 2012, 2013)
Tuli – muutoksen ja luovuuden elementti (Shantia 2014)
Musiikki, henkisyys ja hyvinvointi (Viisas Elämä 2015)
Todellisuuden lukutaito – vinkkejä valaistumisen varalta (Viisas Elämä 2017)
Astrologia ja hyvinvointi (Viisas Elämä 2017)

Kirja on omistettu
rakkaan ystäväni ja hengenheimolaiseni
Matti Sornikiven (1947-2005) muistolle

# Saatteeksi

Olen hyvin iloinen, että tämä henkiseen astrologiaan johdatteleva teos on edennyt neljänteen painokseen asti. Kirja on myynyt tasaisesti ilmestymisestään vuoden 2008 alusta lähtien, ja näyttääkin siltä, että henkinen astrologia on tullut jäädäkseen myös alan suomalaiseen tarjontaan. Astrologialla on monet kasvot ja on mielestäni tärkeää, että erilaiset lähestymistavat myös tämän opin puitteissa saavat äänensä kuuluviin. Vain näin henkinen kulttuuri pysyy elinvoimaisena ja uudistuvana.

Kirjan keskeinen sisältö on pysynyt pääpiirteissään ennallaan ensimmäisestä painoksesta lähtien. Olen kuitenkin tehnyt jokaiseen uuteen painokseen joitain lisäyksiä ja tarkennuksia. Tässä kirjan neljännessä painoksessa täydennykset koskevat erityisesti kaukaisten kulkijoiden Neptunuksen ja Pluton merkkisiirtymiä 2020-luvulla, jolloin ensin mainittu planeetta siirtyy Kalojen merkistä Oinaaseen ja kääpiöplaneetta Pluto puolestaan Kauriista Vesimieheen. Molempiin siirtymiin liittyy tärkeitä tekijöitä henkisen astrologian näkökulmasta. Myös Kheiron, tuo merkillinen asteroidin ja komeetan välimuoto, saa lisävalaisua tämän painoksen sivuilla.

Lukemattomat ihmiset ovat vuosien varrella antaneet panoksensa tämän kirjan sisältöön. Olen pitänyt vuosikymmenten aikana arviolta 200 viikonloppukurssia ja työpajaa sekä joitain viikon mittaisia mestarikursseja henkisen astrologian tiimoilta, ja koulutukseen osallistuneet ovat omilla kysymyksillään ja kommenteillaan rikastuttaneet omaa ajatteluani. Heille välitänkin lämpimät kiitokseni. Tällainen vuorovaikutus ruokkii uskoakseni kaikkia osapuolia.

Myös kontaktit ammattisiskoihin ja –veljiin ovat olleet hedelmällisiä niin Suomen Ammattiastrologit ry:n kuin muissakin puitteissa. Mikään tämän aihepiirin kirja ei rakennu pelkästään omien kokemusten tai havaintojen varaan (vaikka ne ovatkin elintärkeitä), vaan me kaikki alan ammattilaiset olemme osa elävää traditiota, jolla on pitkä menneisyys ja uskoakseni loistava tulevaisuus. Me olemme voineet ammentaa tästä runsaudensarvesta, jota astrologisukupolvet ovat uutterasti ja joskus henkensä kaupalla rakentaneet.

Keskeinen opettajani henkisen astrologian alueella on Mestari Hilarion, niin kuin häntä on kutsuttu henkisissä piireissä. Hänen opetuksensa on ollut sekä korkeaa että maanläheistä, ja tätä oppia olen siivilöinyt kirjaani parhaani mukaan. Kysymys ei kuitenkaan ole vain tiedon välittämisestä, vaan sen testaamisesta ja käytäntöön soveltamisesta tuhansien asiakaskontaktien kautta. Tätä käytännön tuomaa kokemusta ei voita mitään, ja ilman sitä oppi voi jäädä kuolleeksi kirjaimeksi. Nöyrä kiitokseni tälle suurenmoiselle opettajalleni!

Käytännön tasolla kirjan ilmestymiseen ovat merkittävällä tavalla myötävaikuttaneet ystäväni Eeva-Liisa Orakangas, Pirjo Wuorenheimo sekä Vesa (1943-2019) ja Hannele Koponen. Lämpimät kiitokset näille ihmisasuisille enkeleille, joita ilman tämä kirja olisi saattanut jäädä haaveeksi. Toivon olevani luottamuksenne arvoinen.

Kumppanini Leena Niemelä on jälleen monin eri tavoin ollut mukana myös tämän uuden painoksen synnytyksessä, mistä olen ikikiitollinen.

Tämän kirjan opetuksia ovat vuosien varrella täydentäneet kaksi muuta astrologiaa käsittelevää opusta, joista yhdessä kollegani ja ystäväni Sven Stenbergin kanssa kirjoitettu *Astrologiset syklit ja elämänhallinta* (Smiling Stars, 2010) nostaa esiin dynaamisen astrologian perusteesejä ja käytänteitä. Syklit ovat olennainen osa astrologiaa ja palaan niihin moneen otteeseen tässäkin kirjassani. *Astrologia ja hyvinvointi* (Viisas Elämä, 2017) kertoo puolestaan lukuisten esimerkkien valossa niistä tavoista, joilla astrologia voi tukea niin henkistä kuin fyysistäkin hyvinvointiamme. Nämä kolme kirjaa muodostavat trilogian, jonka toivon omalta osaltaan täydentävän astrologisen kirjallisuuden suomenkielistä tarjontaa.

Tähtivaloisia lukuhetkiä toivotellen,

Erkki Lehtiranta
Helsingissä loppukesällä 2019

# SISÄLLYS

Motto:

*Sielulla on kolme tavoitetta:*

*oppia perustavat kosmiset lait, jotka hallitsevat sen kaikkia kokemuksia,*

*löytää ja vaalia Jumalan henkeä kaikkien luotujen sydämessä*

*sekä löytää koko luomakunnan rakastamisen salaisuus.*

- Hilarion, The Master Plan

# Esipuhe (Hilarion)

Kaikkien niiden yksilöiden, jotka pohtivat, kuinka he tulivat Maa-planeetalle, on hyvin tärkeää harkita monenlaisia vaihtoehtoja. Jotkut ymmärtävät astrologiaa vain sen primitiivisimmässä muodossa, joka löytyy lehtien ja vastaavien horoskoopeista. Mutta kun yksilö tutkii asiaa tarkemmin, hän oppii ymmärtämään astrologian todellista sisäistä arvoa. Astrologia ei ole ennustamista, vaan se on väline, jonka avulla yksilö voi saada selkeän käsityksen itsestään: omista taipumuksistaan, syistä jotka toivat hänet Maa-planeetalle, asioista joita hän on tullut oppimaan ja kasvattamaan itsessään. Astrologian avulla voidaan selvittää, kuinka hän on oppinut tuntemaan näitä puolia itsestään menneisyydessä ja kuinka hän voi muuttua ja nostaa esiin joitain kätketyistä kyvyistään, mahdollisuuksistaan ja taipumuksistaan tässä elämässä.

Astrologisen ymmärryksen kasvaessa yksilö alkaa huomata, että se on hyvä lähtökohta, jonka pohjalta hän voi alkaa herättää omaa intuitiotaan ja ymmärtää itseään ja ympärillään olevia laajemmasta näkökulmasta. Tällöin hän ottaa huomioon sen, että hänellä on ollut ja tulee olemaan monia elämiä ja että tässä elämässä hän on asettanut itselleen tärkeitä ajatuksia, tehtäviä ja asioita, jotka hänen tulee oppia, ja hänen tulee tällöin myös kohdata tiettyjä ihmisiä.

Kun yksilö kykenee arvostamaan ja ymmärtämään tämän kaltaisia asioita paremmin, hän huomaa saavansa oman käsityksensä, henkilökohtaisen ilmestyksensä ja intuitionsa avulla syvemmän ymmärryksen ihmisluonnosta. Tällöin hän myös saavuttaa syvemmän ymmärryksen koko ihmiskunnasta.

On tärkeää työskennellä erilaisten astrologisten järjestelmien kanssa ja antaa oman intuitionsa toimia vapaasti. Jotkut järjestelmät vetoavat tiettyyn ihmiseen, toiset taas eivät. Kun niiden soveltaminen tuottaa tuloksia yksilön omassa ja muiden läheisten elämässä, hän voi tehdä tästä johtopäätöksiä. Hän on silloin saavut-

tanut syvemmän tiedon niistä astrologisista järjestelmistä, jotka toimivat parhaiten hänelle.

Jossain vaiheessa yksilön intuitio voimistuu ja tulee tietoisemmaksi, ja se saattaa tällöin alkaa puhua yksilölle toisentyyppisistä asioista. Se saattaa pyytää harkitsemaan asioita eri tavalla tai ottamaan muita seikkoja huomioon. Sitä ei tule tällöin kuitenkaan nujertaa esimerkiksi vain siksi, että käytössä oleva astrologinen järjestelmä mahdollisesti sanoo jotain muuta.

Kuinka nämä astrologiset järjestelmät sitten ovat tulleet tietoisuuteen ja nousseet esiin alun alkaen? Ne ovat nousseet esiin eri inkarnoituneiden ja ei-inkarnaatiossa olevien olentojen sisäisen näkemyksen ja intuition avulla – olentojen, jotka ohjaavat, auttavat ja työskentelevät näiden energioiden kanssa. Tämä ei suinkaan tarkoita, että he olisivat aina oikeassa. Se tarkoittaa vain yksinkertaisesti sitä, että heidän intuitionsa on ihmisten tavoitettavissa. Samalla tavoin yksilön oppiessa ja kasvaessa hänen intuitionsa hedelmät tulevat paremmin myös kaikkien muiden saataville.

*Rakkaus*

*Hilarion*

# 1

# Henkinen Tie
# ja astrologia

Kirjan ytimenä on valottaa sitä, miten astrologia voi auttaa yksilöä hänen kulkiessaan ihmiskunnan korkeampaa pyhiinvaellusreittiä, Henkistä Tietä. Tämä reitti on ollut avoinna ihmisille ammoisista ajoista lähtien, mutta vain harvat ovat tarttuneet tilaisuuteen ja lähteneet kulkemaan kohti avartuvia henkisiä horisontteja.

Henkistä Tietä kulkiessaan ihminen lähtee toden teolla tutkimaan oman itsensä syvimpiä kysymyksiä ja elämän tarkoitusta sekä kohdistaa samalla yhä enemmän huomiota omaan sisäiseen itsekasvatustyöhönsä, luonteensa jalostamiseen. Tämän työn hedelmät hän ojentaa ihmiskunnan palvelemiseksi, eikä ainoastaan kokoa hyvää omaan aarreaittaansa.

Uskallan sanoa, että ihmiskunnan suuret positiiviset saavutukset ihmiselämän eri alueilla ovat olleet Henkisen Tien kulkijoiden aikaansaannoksia. Kyseessä ovat ihmiskunnan edelläkävijät ja henkiset tuulenhalkaisijat, joiden vaiheista, haasteista ja saavutuksista voimme lukea historian lehdiltä.

Henkinen Tie johtaa lopulta Vihkimystielle, jota kulkiessaan ihminen vapautuu viimein samsarasta, jälleensyntymisen pyörästä. Mm. Alice A. Bailey on monissa kirjoissaan kirjoittanut niistä suurista tajunnanavartumisista, joita kutsutaan vihkimyksiksi.

Olen itse kulkenut Henkistä Tietä 1970-luvun loppupuolelta lähtien. Tie on ollut välillä varsin kuoppainen johtuen siitä, että sillä joutuu aina lopulta kohtaamaan - oman itsensä. Olenkin viime aikoina ajatellut, että jos ihminen vain tulee itsensä kanssa toimeen, niin kyllä maailmankaikkeus tulee hänen kanssaan juttuun. Itsen rakastaminen, kunnioittaminen ja arvostaminen (millä ei ole mitään tekemistä itserakkauden kanssa) ovat henkisen aarrekirstun avaimia.

Mikä on Henkinen Tie? Mitä se vaatii kulkijaltaan? Olen kirjoittanut tästä teemasta laajasti mm. Minä Olen -lehteen, ja seuraavassa on tiivistelmä artikkelistani *Henkinen Tie on tehty kuljettavaksi* (Minä Olen 6/2001). Olen pyrkinyt tislaamaan näihin aatoksiin kokemuksia ja oivalluksia lähes 40 vuoden ajalta.

## Involuutio ja evoluutio

Henkinen Tie on samalla sekä universaali että yksilöllinen. Jokainen tie - niin myös Henkinen Polku - on tehty kuljettavaksi. Sen ovat viitoittaneet aiemmin samaa reittiä kulkeneet.

Tie liittyy suoraan verbiin **tietää**. Tässä yhteydessä voimme sanoa, että Henkinen Tie vie todelliseen tietoon, tietoon ihmisen olemuksesta, tehtävästä ja päämäärästä sekä todellisuuden luonteesta. Kyseessä ei siis ole älyllinen tiedon haaliminen, vaan jotain paljon, paljon enemmän.

Henkinen Tie ja sen kulminaatio Vihkimystie huipentavat ihmiskunnan kehityskaaren planeetallamme. Niin ihmisyksilön kuin koko ihmiskunnankin kulkua voidaan jollain tavoin selvittää **involuution** ja **evoluution** käsitteiden avulla. Involuutio on hengen aineeseen laskeutumista, evoluutio (henkisessä mielessä) on henkeen kohoamista aineen maailmassa saavutettujen kokemusten rikastamana ja kohdattujen vastusten voimistamana.

Todellinen evoluutio on hyvin pitkälle tietoisuuden evoluutiota. Ratkaisevaa tässä on se, millä tasolla ihminen on tietoinen. Koko inhimillinen kehitys voidaan kuvata progressiiviseksi tietoiseksi tulemiseksi, eli ihmisen kehitys on siirtymistä kohti yhä korkeampia tietoisuudentiloja ja -tasoja.

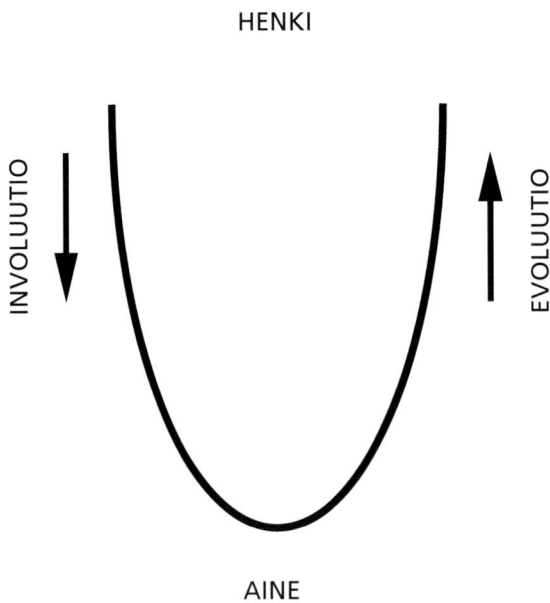

Piirros 1: **Alaspäin laskeutuva involuution kaari ja ylöspäin kohoava evoluution kaari**

**Seitsemän tasoa**
(jotka muodostavat kosmisen fyysisen tason)
tai
**Seitsemän sähköistä taajuutta**
tai
**Ihmisen rakenne**
tai
**Tietoisuuden tasot**
tai
**Planeetan keho**

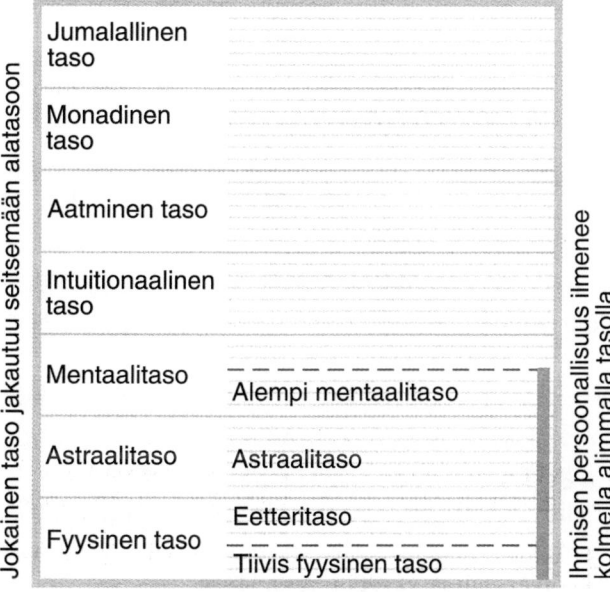

Piirros 2:  **Seitsemän tason (kosmisen fyysisen tason) malli**

Tietoisuutemme määräytyy esimerkiksi sen pohjalta, mihin tai kehen me samastumme: tähän aineelliseen kaapuumme vaiko meissä asuvaan ikuiseen, jumalalliseen olemuspuoleemme. Tiibetiläisen Mestarin Djwhal Khulin (joka saneli keskeisen osan Alice A. Baileyn tärkeää tuotantoa) mukaan keskiverto ihminen on tietoinen vasta fyysisellä tasolla, lähes tietoinen tunnetasolla ja vasta kehittämässä tietoisuutta mentaalitasolla. Näin ollen hänen ymmärryksensä kosmisista tosiasioista on varsin alkeellinen. Kuitenkin hän kysyy mielellään: onko Maa-planeetan ulkopuolella älyllistä elämää? Kysymyksen tulisi pikemmin kuulua: onko **tällä planeetalla** sitä?

# Kuka on Henkisen Tien kulkija?

Hyvin monet sanovat olevansa Henkisen Tien kulkijoita ja kenties ovatkin. Tämä pyhiinvaellusreitti ei kuitenkaan ole vain hamuamista henkisessä supermarketissa, josta tänä päivänä löytyy niin paljon herkkuja - ja myös huonoja hedelmiä. Henkinen Tie tuo mukanaan haasteita sekä kasvavaa vastuuta ja velvollisuuksia. Samalla se tuo tullessaan taivaallisia iloja, tajunnan avartumista, näkemysten syventymistä, viisautta, mielenrauhaa, alati voimistuvaa rakkautta sekä valtavasti mahdollisuuksia palvella ihmiskuntaa ja Luojan suurta Suunnitelmaa.

Todellinen Valaistun Tien oppilas on se, joka on lupautunut tekemään ennen muuta kolme asiaa:

a) Palvelemaan ihmiskuntaa.

b) Toimimaan parhaansa mukaan yhteistyössä Suuren Jumalallisen Suunnitelman kanssa sellaisena kuin hän sen näkee.

c) Kehittämään sielunsa voimia ja laajentamaan tietoisuuttaan, kunnes hän voi seurata korkeamman Itsen ohjausta, eikä alemman itsensä impulsseja.

Nämä ajatukset herättävät muutamia kysymyksiä. Miksi palvelemaan ihmiskuntaa? Mikä on Jumalallinen kehityssuunnitelma? Mikä tai kuka on korkeampi Itse tai sielu?

Otan tässä ensin tarkempaan tarkasteluun palvelemisen ajatuksen, joka on niin keskeinen koko Henkisellä Tiellä. On olemassa sanonta: "Se joka on kaikkein korkein, on kaikkein suurin palvelija." Tässä on paljon mietittävää.

Henkisellä Tiellä tämä viisaus nousee tavan takaa esiin siinä mielessä, että kysymyksessä on siis myös palvelemisen Tie. Kehityksen myötä tiedot kasvavat ja muuntuvat viisaudeksi, rakkaus kasvaa ja laajentuu vähitellen pyyteettömäksi, universaaliksi Kristus-rakkaudeksi, tahdonvoima vahvistuu ja tulee lopulta horjumattomaksi - kaikki tämä tapahtuu, jotta ihminen kykenisi entistä paremmin auttamaan niitä ihmisiä, jotka aineen sokaisemina etsivät valon pilkahduksia ja todellista suuntaa elämälleen.

Kun katsomme ihmiskunnan historiaa, varsinkin sen positiivisia saavutuksia, katsomme samalla Henkisen Tien kulkijoiden työn hedelmiä, palvelemisen hedelmiä, ihmiskunnan hyväksi.

Seuraavat kysymykset antavat hyvän alustan omakohtaisille pohdinnoille:

**Mitä palveleminen tarkoittaa?**
**Mistä löydän oman palvelualueeni?**
**Keitä tai mitä meidän tulee palvella?**
**Miten voimme palvella entistä enemmän ja paremmin?**
**Mitkä ovat tämänhetkiset esteet palvelutyössä?**

Esiin nousevat sellaiset asiat kuin pyyteetön omistautuminen ja halukkuus palvella, oman elämän lähtökohtien ja omien kykyjen analysointi sekä käytännöllisyys ja tervejärkisyys. Viimeksi mainittu tekijä kuuluu mielestäni olennaisena osana henkisen Tien kulkemiseen.

Mitä palveleminen on korkeammasta näkökulmasta tarkasteltuna? Se on tahtoa palvella ja edistää Luojan Kosmista Suunnitelmaa ja auttaa siten Maa-planeettaa eteenpäin kehityksessään.

Mitä palveleminen on sitten käytännön tasolla? Onko se esimerkiksi velvollisuudentuntoista toisten hyväksi toimimista? Onko palveleminen rakastamista? Uhrautumista? Velvollisuus? Ilo? Niin, palveleminen saattaa olla kaikkea tätä. Ennen kaikkea se lienee ASENNE. Äiti Teresa, joka näytti esimerkkiä meille kaikille, kehotti "tekemään jotain kaunista Jumalalle". Toinen hyvä esimerkki on Albert Schweitzerin työ Afrikassa.

Suhteemme Jumalaan näkyy suhteessamme lähimmäisiimme! Muiden auttaminen ja palveleminen siirtää huomiomme keskipisteen pois omasta navastamme. Jos kykenemme tunnistamaan jumaluuden myös lähimmäisissämme ja lopulta kaikessa luodussa, voimme tehdä elämästämme ikään kuin kauniin pitkän laulun, jonka kantavana energiana on rakastava palveleminen ja kertosäkeenä jumalallinen ilo. Henkinen Tie voi näin ollen olla myös ilon Tie.

On tärkeää muistaa palvella ilolla, saada käyttöön ilon energia! Ilon avulla on mahdollista myös voittaa "vanhan kaavan" mukainen kärsimyksen kautta kasvaminen, joka kuuluu menneisyyden energioihin. Hyvin tärkeä tapa palvella Luojaa on jakaa ja levittää iloa. Ihminen voi olla tässä esimerkkinä. Maailma tarvitsee yhä enemmän positiivisia esimerkkejä, ja nyt on erittäin tärkeä aika ankkuroida yhä enemmän ilon energiaa omaan elämäämme ja ympäristöömme.

## Maailmankaikkeuden partituuri ja sielun kehityssuunnitelma

Jokaista planeettaa, aurinkokuntaa, aurinkokuntien yhteenliittymää, galaksia ja suurempia tähtijoukkoja varten on olemassa Jumalallinen Kehityssuunnitelma, joka on ikään kuin arkkitehdin piirtämä malli rakenteilla olevasta rakennuksesta. Jumalan myllyt pyörivät hitaasti, sanotaan, eikä se pidä varmaan missään niin hyvin paikkaansa kuin Kosmisen Kehityssuunnitelman yhteydessä. Henkinen Tie on myös matka yhä syvemmälle tai - mieluummin - korkeammalle tähän Jumalalliseen Kehityssuunnitelmaan. Se on matka Jumalan Mieleen, se on myös matka Jumalan Sydämeen ja lopulta Jumalalliseen Tahtoon.

On siis olemassa jyhkeä kosminen Suunnitelma, ikään kuin maailmankaikkeuden partituuri, jonka Korkein Taho on säveltänyt ja orkestroinut. On myös jokaisen yksilön oma sielunsuunnitelma. Ennen kutakin inkarnaatiota laaditaan henkisillä tasoilla yksilöllinen elämänkaarisuunnitelma, jossa on positiivinen ja negatiivinen variantti. Karman eli syyn ja seurauksen laki määrittää pitkälti suunnitelman keskeisen sisällön. Ihminen on omilla aiempien elämien teoillaan, ajatuksillaan ja tunteillaan determinoinut varsin tarkasti nykyisen elämänsä ääriviivat. Tietty determinismi eli ennaltamääräytyminen on siis olemassa - mutta siitä ei tule syyttää tähtiä ja astrologiaa.

Yleensä noin 2/3 yksilön nykyisestä henkisestä varustuksesta (ominaisuuksista, luonteenpiirteistä jne.) on perua aiemmista elämistä. Loput 1/3 koostuu pääasiassa kolmesta tekijästä: perintötekijöistä ja kasvatuksesta, syntymähetken astrologisista energioista sekä puhuttelunimen äänteiden värähtelyvaikutuksista.

Jokaisella on oma suojelusenkelinsä ja henkiset oppaansa (joita on keskimäärin kolme/ihmisyksilö), jotka huolehtivat mm. siitä, ettei ihmiselle tapahdu mitään mikä ei kuulu hänen karmaansa. Ihminen voi tietoisesti olla - ja hänen on hyvä olla - yhteydessä oppaisiinsa ja kysyä heiltä neuvoja ja opastusta.

## Persoonallisuus ja sielu

Keskeisiä tekijöitä tämän ajan henkisessä opetuksessa on ihmisen alemman ja ylemmän olemuspuolen tunnistaminen. Persona (lat.) tarkoittaa naamiota, ja jossain mielessä sielun aineen tasolle heijastama persoonallisuus onkin samalla sielun naamio, varjo, heijastuma - tai sielun "satelliitti". Ihmisellä on vapaa tahto samastua tähän ulkoiseen olemukseen tai samastua sieluunsa, löytää fyysisen tason olentona sieluyhteys ja lopulta ilmentää sieluaan aineen maailmassa. Eli ensin tunnistaminen, sitten samastuminen ja lopulta sulautuminen.

Persoonallisuus voidaan ymmärtää fyysisen, emotionaalisen ja mentaalisen olemuspuolen kombinaationa, jolla on vastineensa sielun korkeammalla tasolla. Pyhässä geometriassa heksagoni eli "Daavidin tähti" symboloi persoonallisuuden ja sielun sulautumista, joka on siis ihmisen keskeisiä tavoitteita henkisellä pyhiinvaellusmatkallaan. Päämääränä on, että sallimme sielumme toimia täällä maan päällä. Elämä virtaa pehmeästi ja kevyesti, kun ihminen toimii sielun tasolla. Korkeamman Minän ohjauksessa ihmisen elämässä on runsaasti "pyhää yksinkertaisuutta"; käytössä on silloin sielun monen inkarnaation aikana hankkima viisaus.

Sielun keskeisiä piirteitä ovat magneettisuus, sähköisyys, Kristus-rakkaus, ryhmätietoisuus ja palveleminen. Mitä kehittyneempi ihminen on henkisesti ja mitä voimakkaamman sielukontaktin hän on luonut, sitä paremmin hän kykenee palvelemaan.

On HYVIN tärkeää ymmärtää persoonallisuuden ja sielun vuorovaikutussuhde. Sielu ei ole täydellinen sivustakatsoja, vaan kehittyvä olento; keskeisimpiä kehitysmahdollisuuksia sille antavat persoonallisuuden ponnistelut ja positiiviset saavutukset aineen maailmassa. Niiden vaikutus heijastuu suoraan sieluun. Kun henkisen kehityksen myötä fyysisen ihmisen sielukontakti voimistuu, kykenee korkeampi Minä yhä paremmin ohjaamaan ja kontrolloimaan omaa heijastustaan aineen tasolla.

Esoteerisessa kirjallisuudessa kerrotaan, että kolmannessa vihkimyksessä ihminen tulee tietoiseksi sieluksi. Joskus tuota vihkimystä kutsutaankin sielun sulautu-

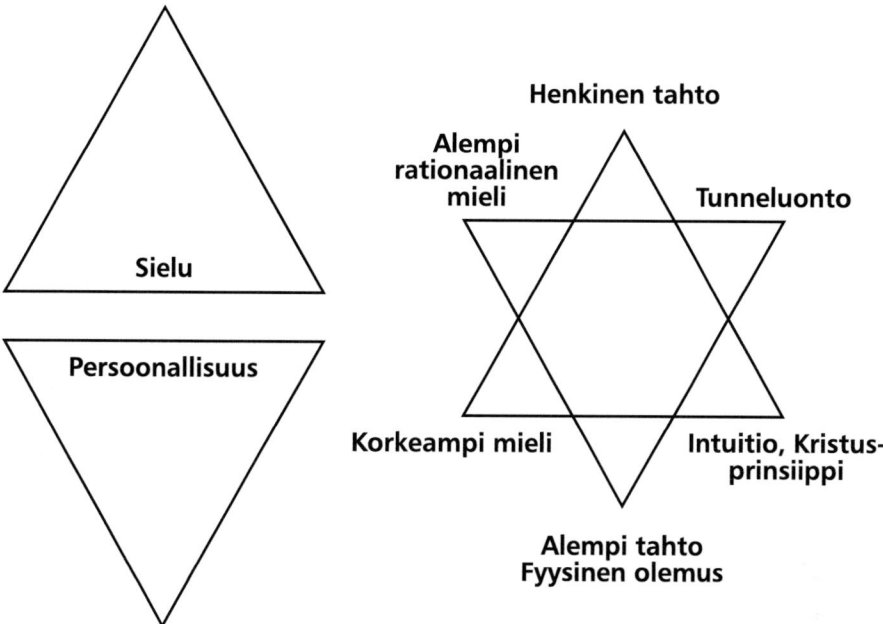

Piirros 3: Sielun ja persoonallisuuden kolmiot ja niiden yhdistyminen heksagoniksi eli sielun sulautuminen persoonallisuuteen.

miseksi. Vihkimykset ovat Henkisen Tien loppusuoran kulminoivia tajunnanavartumisia. Jokainen Valkoisen Veljeskunnan eli planeettamme Henkisen Hierarkian vihkimys avaa vihitylle pääsyn entistä korkeammalle tajunnantasolla ja asettaa samalla myös uudenlaisia vaatimuksia, haasteita ja mahdollisuuksia palvella.

Mitä sitten tapahtuu, kun sielu ja persoonallisuus sulautuvat? Ensinnäkin ihmisen alempi tahto sulautuu korkeamman Minän tahtoon - joka puolestaan seuraa ja tottelee Jumalallista Tahtoa. Silloin yksilö kykenee toteuttamaan Jumalallista kehityssuunnitelmaa aineen tasolla.

Alempi mieli - jota joskus kutsutaan "apinamieleksi" sen jatkuvan levottomuuden takia - sulautuu ylempään Mieleen, joka on tyyni, kirkas ja levollinen. Se puolestaan on osa Jumalallista Mieltä, ylitajuntaa, josta löytyvät esimerkiksi valtavat kosmiset konseptit, Jumalalliset Ajatusmallit.

Persoonallisuuden tunteet kohoavat kehityksen myötä yhä korkeammille tasoille, kunnes ne kohtaavat sielun tunteman pyyteettömän Kristus-rakkauden. Silloin ihminen kykenee toimimaan aineen maailmassa intuitionsa ohjaamana. Intuitio sanan vaativassa merkityksessä on sielun kyky tai ominaisuus.

Kristus-tietoisuus on puolestaan sielun pyyteetöntä rakkautta laskeutuneena ja ilmaistuna elävässä aineessa, kuten Irving Feurst on ilmaissut asian tärkeässä kirjassa

*Energy Blessings from the Stars - Seven Initiations (S.E.E. Publishing Company, 1998).*
Tässä korkeassa tietoisuudentilassa – joka liittyy astrologisesti erityisesti Kheiron-planetoidiin, johon palaamme luvussa 8 - ollessaan ihminen kykenee esimerkiksi näkemään pyhyyttä kaikessa luodussa. Yhteys sieluun löytyy henkisen kehityksen, palvelemisen ja tajunnan avartumisen myötä. Nämä ovat Henkisen Tien ydinasioita, joilla on myös astrologisia ulottuvuuksia - niin kuin näemme myöhemmin.

## Kolme pilaria Polulla

Henkisen Tien peruspilarit voidaan nähdä kolmiona, jonka sivut ovat fyysisen, emotionaalisen ja mentaalisen tai toisin sanoen tahdon, tunteen ja ajatuksen kolminaisuus. Tällä kolminaisuudella on paljon tekemistä henkisen astrologian kanssa, kuten tulemme huomaamaan.

Fyysinen olemuksemme on hengen temppeli, jonka kautta voimme ilmentää jumaluutta tällä aineen vastuksen tasolla. Eräs intialainen opettaja ihmetteli kerran ääneen meitä länsimaisia ihmisiä, miksi me huolehdimme niin hyvin kirkoistamme eli ulkoisista temppeleistämme ja jätämme usein sisäisen jumaluutemme temppelin eli tämän kauniin ihmiskehon rappiolle.

Fyysisen kehon kunnioittaminen ei tarkoita sen palvomista à la kehonrakentajat. Ihan normaali liikunta on hyvä lähtökohta, ja yhtä lailla asiaan kuuluu terveellisen, mahdollisimman prosessoimattoman ravinnon nauttiminen. On erittäin tärkeää pyrkiä välttämään kuumennettuja (raja-arvona 40° C) ravintorasvoja ja -öljyjä, joiden haitalliset vaikutukset kumuloituvat kehoon. Kuumentamattomat rasvat ja öljyt sen sijaan toimivat kehon voiteluaineina ja kunnostavat mm. hermojärjestelmää. Mestari Hilarion on taannoin kertonut, että mikäli yksilö ei pidä viisaasti huolta ruokavaliostaan ja hermoistaan, hän tulee ikääntymään dramaattisesti lähivuosien aikana!

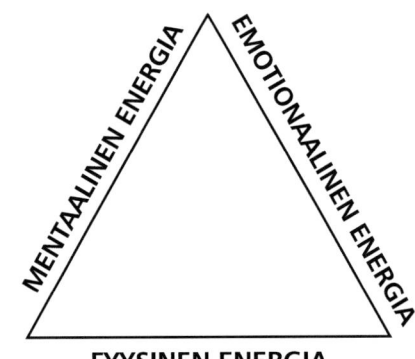

Piirros 4: **Tasasivuinen kolmio, jossa yksi sivu ilmentää fyysistä energiaa, toinen emotionaalista energiaa ja kolmas mentaalista energiaa.**

Myös omien vaistojemme tervehdyttäminen kuuluu tähän prosessiin. Terveet vaistot kertovat ihmiselle, mitä syödä - ja mitä jättää syömättä. Elävä vesi tekee ihmeitä, niin kuin monet ihmiset ovat jo huomanneet. Hyvin suositeltava tapa on nauttimamme ravinnon siunaaminen. "Vaiva" on pieni, vaikutukset päinvastoin suuret.

Hyvä tapa edistää oman kehonsa terveyttä ja nuorekkuutta on rakkauden lähettäminen keholle. Pyri näkemään fyysinen kulkuvälineesi kauniina ja jumalallisena hengen temppelinä, jota kunnioitat ja rakastat hyvin paljon.

Eetterikeho - jonka keskeisiä tehtäviä on pranan eli universaalin elämänenergian hankkiminen fyysiselle keholle - on hyvin tiiviissä yhteydessä fyysiseen kulkuvälineeseen, jota Fransiskus Assisilainen kutsui osuvasti "aasiveljeksi". Eetterikehossa sijaitsevat myös chakramme eli energiapyörteet, joiden kautta elämänvoima ja henkinen informaatio virtaavat fyysiseen kehoon. Olen kirjoittanut chakroista ja hienokehoista laajemmin kirjassa *Suomen luonnon valkoista magiaa* (Smiling Stars, 2007).

## Rakkaus parantaa

Tunne-elämä on sekin tavattoman tärkeä osa meitä itseämme. Tunteeton ihminen on kadottanut jotain olennaista itsestään, osan ihmisyydestään. Kuitenkin henkisellä Tiellä on tärkeää oppia hallitsemaan tunteensa, laadullistamaan niitä ja ohjautumaan jatkuvasti yhä voimakkaammin kohti pyyteetöntä rakkautta, Kristus-rakkautta, tunteen korkeinta ilmaisua tällä planeetalla.

Monet ihmiset kantavat kuitenkin kielteisiä tunteita itsessään, ja niiden vaikutukset myrkyttävät kehoa. Mutta nuo vaikutukset alkavat yksilön tunnekehossa, joka on tunteiden tyyssija. Se on fyysisen kehon muotoinen, mutta värähtelee korkeammalla tasolla. Kaikki ihmisen tunnereaktiot saavat alkunsa tässä hienokehossa ja vaikuttavat ensisijaisesti siihen. Positiiviset tunteet tervehdyttävät tunnekehoamme, kun taas kielteiset tunteet heikentävät sitä, tuovat terveysongelmia ja aiheuttavat ikääntymistä.

Jos ihminen esimerkiksi kantaa päivittäin mukanaan kaunaisuutta ja vihaa, hänen tunnekehonsa sisäelimet vahingoittuvat. Keskeisimmin tässä vahingoittuu tunnekehon vatsa, joka saa ravintonsa emootioistamme - aivan samoin kuin fyysinen kehomme saa ravintonsa nauttimastamme ruoasta, eetterikehomme pranasta ja mentaalikehomme ajatuksistamme ja mielikuvituksestamme.

Mikäli tunnekeho saa ravinnokseen ainoastaan kielteisiä, tuhoavia ravintoaineita, sen vatsa alkaa kirjaimellisesti kulua pois, koska sen normaalit toiminnat rapistuvat. Tunnekehon vatsan kuluessa pois vaikutukset heijastuvat vähitellen myös fyysiseen kehoon. Näin sisäinen heijastuu ulkoiseen paljastaen mitä tärkeimmän henkisen lainalaisuuden, johon palaamme tarkemmin tuonnempana. Tunnekehon muutosten siirtyminen fyysisen kehon vastaavalle alueelle vie noin yhdeksän kuukautta. Esimerkiksi vihan ja kaunaisuuden tunne-energiat voivat tuoda lopulta tullessaan vatsahaavan!

Kielteiset tunteet eivät tuo mitään positiivisia vaikutuksia, vaikka ihmiset kuinka yrittäisivät perustella vihaansa, kaunaansa, katkeruuttaan, itsesääliään ja muita kielteisiä emootioitaan. Esimerkiksi viha ei kovinkaan paljon vahingoita ja heikennä sen kohdetta, vaan aiheuttaa vahinkoa nimenomaan sille joka vihaa. Sen sijaan se antaa voimaa kohteelleen. Tässä on tärkeä lainalaisuus, vastustamisen laki: mitä vastustat,

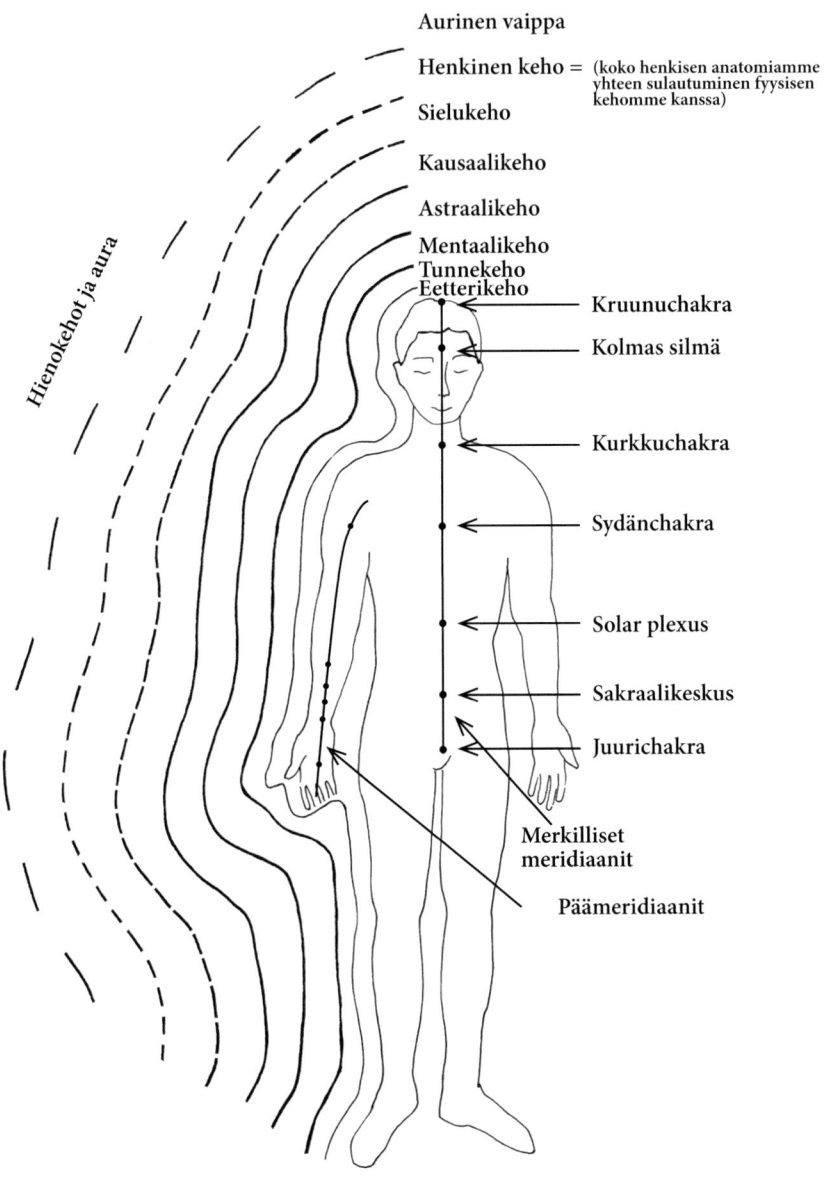

Aurinen vaippa

Henkinen keho = (koko henkisen anatomiamme yhteen sulautuminen fyysisen kehomme kanssa)

Sielukeho

Kausaalikeho

Astraalikeho

Mentaalikeho
Tunnekeho
Eetterikeho

Hienokehot ja aura

Kruunuchakra

Kolmas silmä

Kurkkuchakra

Sydänchakra

Solar plexus

Sakraalikeskus

Juurichakra

Merkilliset meridiaanit

Päämeridiaanit

Piirros 5: **Ihmisen esoteerinen anatomia**

sitä voimistat! Sama asia voidaan ilmaista monella muullakin tavalla: mitä halveksit tai inhoat, sitä vedät magneetin tavoin puoleesi. Mutta yhtä hyvin: mitä piirteitä ja ominaisuuksia ihailet, kunnioitat ja rakastat muissa, niitä voimistat itsessäsi.

## "Vihollisten" rakastaminen

Ainoa tapa riisua ns. vastustaja aseista on rakastaa tätä. Silloin vastapuoli jää ilman sitä astraalista energiaa, jota viha kantaa mukanaan. Ilman kielteistä palautetta vihamielisyys katoaa ravinnon puutteen takia. Tässä on avain Jeesus Kristuksen sanoihin: "Rakastakaa vihollisianne!" Rakkaus lämmittää, eheyttää ja tervehdyttää tunnekehoa. Esimerkiksi aito anteeksiantaminen voi tehdä suorastaan ihmeitä terveydessämme.

Luova mielikuvitus on keskeisiä henkisiä lihaksiamme. Se perustuu mielen muodostamien kuvien voimaan ja kykyyn muodostaa universumin kaikenläpäisevään eetteriin suora ja tarkka kuva siitä, mitä ihminen on visualisoinut. Tämä yhdenmukaisuus tapahtuu automaattisesti, henkisten luonnonlakien mukaisesti. Kyseessä on tietysti kaksiteräinen miekka, jota voidaan käyttää sekä hyvään että sen vastakohtaan.

Voimme käyttää luovaa mielikuvitusta rakkauden lähettämiseen ja voimistamiseen itsemme ja jonkun meille "vaikean" ihmisen välillä.

Tätä kykyä lähettää tietoisesti visualisoiden ja tahdonvoimasi avulla rakkausenergiaa kannattaa harjoittaa aina, kun esiin nousee tilanteita, joissa tunnet halua tai viettymystä puhua kielteisesti ja ajatella kielteisesti jostakin henkilöstä.

Tässä kannattaa muistaa se rikkumaton lainalaisuus, että mikäli kuolet tässä elämässä tuntien vähäisintäkin kaunaa tai vastenmielisyyttä yhtäkin toista sielua kohtaan, on sinun vielä palattava fyysiselle tasolle ja kohdattava tuo toinen yksilö, jolloin samat vanhat jännitteet ja kaunat nousevat jälleen esiin. Vain rakkaudella voi nämä vanhat kaunat ja vihamielisyydet voittaa! Astrologisella kartalla 11. huone kertoo nimenomaan aiempien elämien vihollisista, vastustajista ja kilpailijoista, jotka ovat edelleen mukana inkarnaatiokokemuksissamme.

Me voimme tässä tehdä valinnan: joko opimme ko. asian nopeasti ja lähdemme tietoisesti, tahtomme avulla neutraloimaan kielteisellä tolalla olevia ihmissuhteitamme, tai sitten voimme siirtää oppimisen ja näiden kielteisyyksien neutraloinnin tuonnemmaksi. Nämä ovat Henkisen Tien kulkijan keskeisimpiä kotitöitä, joita ei ole viisasta siirtää enää tulevaisuuteen - edes mukavuudenhalusta.

## Alempi mieli - hyvä renki, huono isäntä

Olemme tarkastelleet edellä ihmisen fyysistä olemusta ja ympärillä olevaa eetterikehoa, jota joskus kutsutaan vitaalikehoksi. Samoin olemme käsitelleet lyhyesti ihmisen tunnepuolta ja vaikutusta terveyteen erityisesti Henkisen Tien kulkemisen näkökulmasta. Nyt on aika siirtää huomiomme ihmisen perusolemuksen kolminaisuuden kolmanteen osatekijään eli mentaaliseen puoleemme, jolla on astrologisesti paljon tekemistä Merkurius-planeetan kanssa.

Ensiksi meidän on hyvä tuntea mielemme olemus, kapasiteetti ja monikerroksisuus. On erittäin tärkeää ymmärtää, että mieli ei ole sama kuin aivomme! Mieli käyttää aivojamme, mutta se on olemassa eri värähtelyasteikossa kuin fyysinen aine. Mielestä puhuessamme puhumme ei-aineellisesta asiasta aineen kielellä, joka on rajoittunut 3-ulotteiseen todellisuudenkaistaleeseen. Mentaaliset prosessimme ovat tietoisuutemme aspekteja.

Tietoinen arkimielemme tai apinamielemme on vain pieni osa mentaalista kokonaisuuttamme. Ihminen käyttää nimittäin vain muutaman prosentin siitä mentaalisesta potentiaalisuudesta, joka hänellä on mahdollisuus ottaa käyttöön persoonallisuuden tasolla. Jotkut Henkisellä Tiellä olevat ovat saaneet käyttöönsä kenties 15-30 % tästä kapasiteetistaan tiettyjen harjoitusten avulla.

Suuri osa käyttämättömästä kapasiteetistamme on tiedostamattoman mielen alueella. Esimerkiksi tiedostamattoman mielen muistikapasiteetti on huimaava. On hyvä pitää mielessä, että tiedostamattoman mielen voimaa ei sinänsä tarvitse hankkia, meillä on se jo. Se tarvitsee vain ottaa käyttöön.

Piirros 6: **Alempi mieli jakautuu tietoiseen ja tiedostamattomaan mieleen. Jälkimmäinen jakautuu puolestaan taas yksilölliseen ja kollektiiviseen tiedostamattomaan. Alemman mielen yläpuolella on ylitajunta tai korkeampi mieli, joka on korkeamman Minän mielikapasiteetti.**

Ennen kuin saamme yhteyden ylitajuntaan ts. jumalalliseen mieleen, meidän tulee tehdä "kotityöt" tietoisen ja tiedostamattoman mielen alueella, mikä tarkoittaa niiden harmonisointia. Hyvin tärkeä osa meidän eheytymistämme ihmisinä on tiedostamattoman mielen sisältöjen kohtaaminen, oman varjomme (käyttääkseni C.G. Jungin terminologiaa) hyväksyminen ja asteittainen integrointi tietoiseen olemukseemme. Nämä sisällöt ovat asioita, jotka täytyy työstää VAAN EI TUKAHDUTTAA! Osa työstämme Henkisellä Tiellä on tällaisen sisäisen inventaarion tekemistä tuomalla varjomme valoon. Silloin se lakkaa olemasta varjo.

On hyvä tietää, että tiedostamattoman mielen alueella on suuri osa minäkuvaamme, persoonallisuuspiirteitämme ja tapojamme, asenteitamme, arvojamme ja uskomusjärjestelmiämme. Samoin sieltä löytyy paljon automaattisia reaktioita; ikään kuin jonkinlainen Auto Pilot laitettaisiin päälle. Saatamme ihmetellä itsekin ajatuksiamme, puheitamme, tunteitamme ja voimiamme tällaisissa tilanteissa.

Tiedostamaton mielemme sisältää myös "sokeat pisteemme" ja torjutut, tukahdutetut, häpeää tuottaneet kokemukset; itse asiassa suuri osa omaa psykologista menneisyyttämme on tiedostamattoman alueella. Sieltä löytyy erilaisia turhautumia, traumoja ja perusviettejä, jotka ohjaavat ihmisen elämää. Sieltä löytyvät myös fobiamme, ahdistavat pakkomielteemme, vainoharhamme ja kauan sitten unohtuneet muistomme, samoin suurin osa kommunikaatiosta ihmisten välillä. On oletettu, että jopa 90 % kommunikaatiosta tapahtuu tiedostamattomalla tasolla.

Suuri osa ikävuosien 0-7 keskeisestä kokemusmaailmasta - hyvin tärkeä jakso myöhemmän kehityksen kannalta - on tallennettu tiedostamattoman mielen rakenteisiin. Sieltä löytyvät mm. lapsuuden "mantrat" eli monet kasvattajien hokemat "ohjelmoinnit" ja myös aiempien elämien kooste. Mukana aiemmista inkarnaatioista ovat lähinnä ne jaksot, jotka ovat merkityksellisiä nykyisen inkarnaation kannalta.

Huomaat varmasti, että näiden tiedostamattomassa mielessä olevien asioiden kohtaaminen on olennaista, itse asiassa tärkeimpiä kotitöitämme. Kaikki piilossa oleva nimittäin nousee esiin henkisen kehityksen myötä. "Ihminen, tunne itsesi" -imperatiivi liittyy osaltaan tämän piilossa olevan löytämiseen, tunnistamiseen, hyväksymiseen osaksi itseä sekä muuntamiseen.

Myös henkinen astrologia tunnistaa tiedostamattoman mielen suuren merkityksen. Tällä mielen alueella on yhteys mm. Kuuhun, Neptunukseen, Plutoon ja astrologisen kartan 12. huoneeseen. Palaamme niihin tuonnempana.

## Ajatus, valtava työkalu

Olen puhunut ja kirjoittanut ajatuksen voimasta ja ihmisen mentaalisesta kapasiteetista hyvin monissa eri yhteyksissä sen takia, että ajatuksen universaali laki on äärimmäisen tärkeä ymmärtää. Nimittäin todellisuus luodaan ajatusenergialla! Esimerkiksi erilaiset odotuksemme, toiveemme, pelkomme ja uskomusjärjestelmämme luovat kirjaimellisesti oman tulevaisuutemme ääriviivoja ja yksityiskohtia.

Meidän on hyvä tuntea tällaiset suuret henkiset lainalaisuudet, koska muuten jäämme vain sirpaletiedon keräilijöiksi. Ajatuksen lain valtavan sateenvarjon alle mahtuu suunnaton määrä tietoa ja viisautta, jota planeettamme suurimmat sielut ovat tutkineet ja antaneet opetuksissaan. Ajatuksemme ja luova mielikuvituksemme tottelevat aivan selkeitä henkisiä luonnonlakeja, esimerkiksi sitä että energia seuraa ajatustamme ja että energisoimme sitä mitä kulloinkin ajattelemme. Että jokainen ajatus pyrkii toteuttamaan sisältönsä ja että jokainen ajatus palaa takaisin ajattelijaan. Niin kuin huomaat, Henkisen Tien kulkijan on syytä selvittää, puhdistaa, kirkastaa ja positivisoida omaa ajatusmaailmaansa. Jokainen positiivinen ajatus vie kulkijan lähemmäksi henkistä täyttymystä ja taivasta maan päällä.

Ajatuksillamme on lisäksi mm. taipumus muodostaa suuria ajatuskoosteita, joihin kerääntyy paljon voimaa ja energiaa. Samanlainen vetää puoleensa samanlaista. Kun toistat ja energisoit ajatuksia, annat niiden toteutumiselle voimaa ja samalla lähetät tiedostamattomalle mielellesi voimakkaan ohjeistuksen. Toistaessasi säännönmukaisesti ja viisaasti positiivisia ajatuksia ja luodessasi positiivisia mielikuvia neutraloit samalla tiedostamattoman mielen alueella olevia kielteisiä ohjelmointeja. Ajatusten ääneen lausuminen edelleen lisää niiden voimaa ja toteutumismahdollisuuksia myös aineen tasolla. Kannattaakin muistaa rakastavien, viisaiden, kirkkaiden ja selkeiden ajatusten ja puheiden käyttö elämämme eri tilanteissa.

Koska ajatuksemme ja puheemme sinkoavat energiansa omaan tulevaisuuteemme, kannattaa laittaa liikkeelle mahdollisimman kelvollisia ja rakentavia "tilauksia" universumille - niitähän ajatuksemme ja ääneen lausumamme asiat juuri ovat! Suosittelen tälle tilauslistalle erityisesti rakkauden, anteeksiantamisen ja -pyytämisen, jalouden, kunnioituksen, pyhyyden, jumalallisen elämänilon, eheyden, keveyden ja luovuuden ajatuksia.

Sen sijaan ei-toivottavien doping-ajatusten listalle kuuluvat mm. kielteisen arvostelemisen ja tuomitsemisen ajatukset. "Älkää tuomitko ettei teitä tuomittaisi." Suosittelen että esimerkiksi arvosteleminen muutettaisiin arvioinniksi, joka voi olla neutraalia, kirkasta asioiden näkemistä juuri sellaisina kuin ne ovat - ilman alemman mielen niihin asettamaa miinusmerkkiä.

## Eroon massatajunnasta

Henkisellä Tiellä kielteisten ajatusmallien ja uskomusjärjestelmien purkaminen on suorastaan kansalaisvelvollisuus. Yksi keskeisimmistä ideoista tässä on se, ettei tule pyrkiä muiden yläpuolelle. Tulee pyrkiä vain oman itsen, omien puutteiden ja heikkouksien yläpuolelle. Siellä on varmasti tilaa! Henkiset oppaat laittavat nimittäin ihmisen heti jonon hännille, mikäli hän asettaa itsensä muiden yläpuolelle. Korostunut kunnianhimo herättää usein ylpeyden, kun taas oikea ja aito nöyryys tuo lopulta ihmiselle viisauden.

Samalla on vältettävä myös oman opin ja oman ryhmän asettamista muiden yläpuolelle. Tätä tapahtuu varsin yleisesti erilaisissa henkisissä ryhmissä ja järjestöissä. On kuitenkin hyvä nähdä, että olemme kaikki osa suurta Kehityssuunnitelmaa, josta jokaiselle valoon pyrkivälle yksilölle ja ryhmälle löytyy oma paikka ja tehtävä. Meidän ei tarvitse niin paljon vaivata mieltämme erilaisilla vertailuilla - jotka ovat alemman mielen ja egon asettamia ansalankoja - ja tuhlata energiaamme sen pähkimiseen, mikä on muiden paikka ja asema tässä suuressa planetaarisessa sinfoniassa. On paljon tärkeämpää soittaa oma nuottinsa mahdollisimman hyvin ja puhtaasti.

Uskomusjärjestelmiemme selvittäminen liittyy myös siihen, mitä ulkopuoleltamme tulevasta informaatiotulvasta olemme valmiit hyväksymään omiksi mentaalisiksi ja henkisiksi rakennuspuiksemme. Yhtenä hyvänä lähtökohtana voi pitää sitä, että Henkinen Tie ei ole ristiriidassa terveen järjen kanssa. Kuitenkin monet Tien kulkemiseen liittyvät asiat erottavat ihmisen massatajunnan ja -toiminnan kahleista ja rajoituksista. Henkinen itsenäisyys on vaatimus pyhiinvaelluspolulla, sitä kulkiessaan yksilö ei voi enää olla kuin ajopuu virrassa tai sopulilauman jäsen, joka seuraa orjallisesti dogmeja, sovinnaistapoja ja muita massa-ajattelun muotoja. Näistä irtautumiseen liittyy erityisesti Uranus-planeetta, tuo astrologinen herättäjä ja tuulettaja.

On hyvä ymmärtää tässä yhteydessä ympäristömme paine ja tiedotusvälineiden manipulaatio. Kysymys kuuluu: Mennäkö mukaan massatajunnan virtauksiin, joita ohjaillaan taitavasti mm. tiedotusvälineistä ja niiden takana olevista lähteistä käsin, vai rakentaako itsestään tervejärkinen, itsenäisesti ajatteleva voimakas yksilö, jonka tahto kasvaa lopulta horjumattomaksi?

## Meditaatio, portti hiljaisuuteen ja tyyneyteen

Meditaatio on kaiken henkisen kehityksen perusta. Todellinen meditaatiopraktiikka vie alemman mielen, tuon apinamielen, halujen ja kaipausten tyynnyttämiseen. Vasta tyyni mieli voi ottaa vastaan Jumalallisen Mielen tai Äärettömän Älyn virtauksia ja vaikutuksia.

Kehon ja tunteiden hallitseminen on mielen hallitsemisen välttämätön edellytys. Ulkoisten aistien hiljentäminen on edellytys sisäisten aistien ja voimien heräämiselle ja kehittymiselle. Vasta sydämen syvässä hiljaisuudessa voimme kuulla Jumalan Äänen. Meditaatio on matka omaan sisäavaruuteen, oman tietoisuuden lähteille.

Meditaatioon, riippumatta tekniikasta joka on valittu, on hyvä kuulua helppous. On hyvä aloittaa kohtuullisesti ja lisätä vähitellen meditaatioaikaa. Kuitenkin jatkuvuus ja säännöllisyys on ratkaisevan tärkeää - niin asia ikään kuin "menee veriin".

Keskittymiskyky kehittyy ja voimistuu, kun siihen satsaa riittävästi. Olisi kenties parempi puhua **keskityskyvystä**, kyvystä keskittää esimerkiksi mentaalinen energia, tarkkaavaisuus ja huomiokyky yhteen asiaan kerrallaan, eikä metsästää samanaikaisesti useita jäniksiä, niin kuin sanonta kuuluu.

Meditaatioharjoitusten avulla kykenet hiljentämään tuon alati levottoman apinamielen keskeytyksettömän sisäisen lörpöttelyn. Ja huomaat silloin jotain tärkeää: minuutesi tai olemuksesi ei ole millään lailla pienentynyt tai kutistunut sen takia, että ajattelusi on tyyntynyt. **Sinä et ole ajatuksesi!** Sinun mentaaliset kykysi ovat pelkästään käytössäsi olevia työkaluja - eivät tässä sen kummempia kuin esimerkiksi kätesi. Sinä olet kaikkien ajatustesi ja mielikuviesi takana oleva ikuinen tietoisuus täynnä tyyneyttä, viisautta, rauhaa ja rakkautta.

Mitä muuta voimme oppia meditaatioharjoituksesta: ainakin sen, että voimme oppia hallitsemaan ajatusprosessiamme tahtomme avulla. Saavutettuasi tällaisen keskittyneisyyden tilan voit myös helposti lähettää vaikkapa selkeän, kirkkaan ja loogisen kysymyksen omille henkisille oppaillesi tai opettajillesi. Näe siinä tapauksessa esimerkiksi tajuntasi valkokankaalla eräänlainen portti toiseen ulottuvuuteen, aukko jonka kautta opettajasi voivat antaa sinun nähdä kuvia, allegorioita, tuntemuksia tai vaikkapa ääniä vastauksina kysymyksiisi. Toimi tässä niin, että katsoessasi tuota porttia muodosta mielessäsi yksinkertainen ja selkeä kysymys ja palaa sitten puhtaan tarkkailemisen tilaan.

Ensimmäinen asia joka nousee esiin on vastaus. Jos kuitenkin annat alemman, rationaalisen mielesi tulla väliin omine jaaritteluineen, katoaa kirkkaus ja selkeys. Kyseisen harjoituksen yhteydessä on tärkeää muistaa, että on viisasta välttää omaa tulevaisuutta koskevia kysymyksiä. Opettajilla on tiettyjä rajoituksia liittyen kysyjän henkilökohtaisesta tulevaisuudesta annettaviin vastauksiin.

Tätä tai jotain vastaavaa tekniikkaa voidaan hyvin käyttää myös astrologisena työkaluna, sillä vaikka astrologiaan kuuluu toki paljon tekniikoita ja analyysintekoa - niin kuin näemme myöhemmin -, on siinä aina oltava sijaa myös hyvin toimivalle intuitiolle. Kaikkia astrologisen kartan paljastamia asioita ei ole löydettävissä kirjoista, mutta esimerkiksi asiakkaan henkiset oppaat voivat hyvin välittää tällaista tietoa astrologille, jonka intuitiivinen kapasiteetti on valpas ja hereillä.

## Luonteemme, tärkein taideteoksemme

Henkinen Tie ja aineellisen maailman haasteet ja vastukset - ovatko ne sovitettavissa yhteen? Tietysti. Itse asiassa henkisyytemme, sen syvyys tai ohuus, paljastuu parhaiten arkielämämme kohtaamuksissa, niissä elämän eteemme heittämissä haasteissa ja mahdollisuuksissa, joita jokainen päivä tuo tullessaan. Se mitä olemme - sisäinen luontomme tai luonteemme - on ratkaisevaa näissä kohtaamuksissa, ei se mitä tiedämme tai mihin uskomme. On jopa sanottu niinkin, että luonteemme on kohtalomme. Tämä on myös yksi henkisen astrologian perustotuuksista.

Valistusfilosofi Immanuel Kant kirjoitti jotenkin näin, että tärkeintä kasvatusta on se, jonka annamme itsellemme. Tässä korostuu mitä merkittävin asia: sisäisen työn tärkeys, luonteemme ja motiiviemme puhdistaminen. Tulokset heijastuvat vääjäämättä ulkoiseen todellisuuteemme. Ei siis kannata laittaa hevosta vaunujen eteen, vaan lähteä mieluummin liikkeelle "sisätöistä" - vaikka "ulkotyöt" olisivatkin niiiiiin paljon kiehtovampia.

Olen monissa yhteyksissä puhunut siitä, että luonteemme on tärkein taideteoksemme, se on sisäistä taidetta sanan vaativimmassa merkityksessä. Suuret muutokset luonteessa tulevat usein suurten mullistusten ja dramaattisten tapahtumien myötä. Näin ei välttämättä tarvitse olla. Ihminen voi kasvattaa luonnettaan myös tahdonvoimansa, rakkautensa ja älynsä avulla jokapäiväisen elämän tilanteissa.

Usein suurin vastus tässä itsekasvatuksessa on mukavuudenhalu. "En viitsi tänään, voihan huomennakin" on mantra, joka siirtää tärkeitä oppimiskokemuksia omaan tulevaisuuteemme. Sehän on sama kuin kadunlakaisija kasvattaisi edellään olevaa roskakasaa - nostamatta siinä olevia roskia välillä pois niiden keruupisteeseen.

Itsekuri näyttää erittäin tärkeältä tekijältä henkisen kehityksen Tiellä. Itse asiassa se näyttää täysin välttämättömältä. Itsekuri kuuluu henkiseen lihaksistoomme, ja henkisessä astrologiassa se liitetään usein Saturnukseen, lyijyplaneettaan, jonka lahjoihin lukeutuvat juuri kärsivällisyys ja itsekuri. Sen ei tarvitse olla sotilaallista, preussilaista, vaan se on yhdistettävissä esimerkiksi luovuuteen. Monet suurenmoisiin saavutuksiin yltäneet taiteilijat ovat kehittäneet ja käyttäneet itsekurinsa avulla metodeita, joiden avulla luovuus on saatu virtaamaan hienosti.

Henkiset lihaksemme vaativat aivan yhtä säännöllistä harjoitusta kuin mitä urheilija vaatii fyysisiltä lihaksiltaan tai pianisti sormiltaan. Säännöllisyys ja metodisuus näyttävät tärkeiltä kehitystekijöiltä, mikäli mielimme nousta mahdollisuuksiemme tasolle. Monet etsivät henkisyyden aarreaitasta vain pikavoittoja, nopeaa valaistumista tai muuta vastaavaa. Kuitenkin hengen hedelmät vaativat riittävää kypsymistä ja kasvua. Saturnus pitää tästä huolen.

Keskeistä Henkisellä Tiellä on tehdä huolellisesti omat henkiset "kotityöt", joihin viittasin jo edellä. Ei latvasta puuhun, kuuluu tärkeä kansanviisaus, jota kannattaa soveltaa myös henkisyyteen. Todellinen tieto ja viisaus tulevat - kun on mihin tulla.

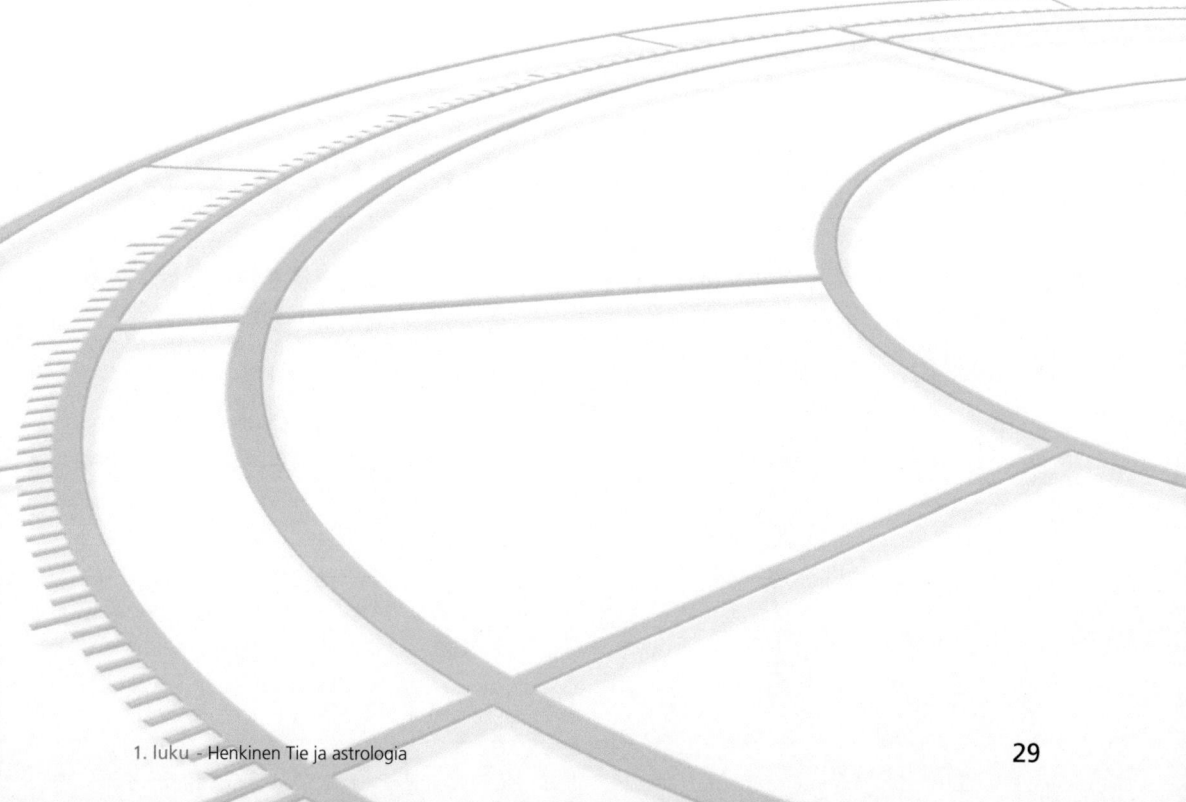

# 2

# Henkisen astrologian

suuntaviivoja, periaatteita ja lainalaisuuksia

Kirjoitin edellä aika laajasti Henkisestä Tiestä. Tämä on kuitenkin tarpeellista, jotta näemme, mihin kaikkeen henkinen astrologia liittyy elämässämme.

Näiden vuosien saatossa näkemykseni on kirkastunut sen suhteen, että astrologialla voi olla paljonkin annettavanaan Henkisen Tien kulkijoille. Meidän on kuitenkin luotava uudenlainen, ennakkoluuloista vapautunut katse tähän ikiaikojen henkiseen tieteeseen, joka on omana aikanamme viihteellistynyt ja pinnallistunut - ja kadottanut näin jotain olennaista.

Ensinnäkin on olemassa monenlaista astrologiaa. On päivälehtiastrologiaa, jonka hor(r)oskooppeja kirjoittavat joskus kesätoimittajat. Sillä ei ole mitään tekemistä todellisen astrologian kanssa. Vakavasti otettava astrologia jakautuu moniin eri näkemyksiin, koulukuntiin ja myös kulttuuripiireihin perustuviin eroihin, eikä tässä suhteessa poikkea esimerkiksi filosofiasta, psykologiasta ja monista muista inhimillisen tiedon ja tutkimuksen alueista.

Alan moninaisuus on osaltaan syynä myös sekä astrologian piireissä että ulkopuolisilta tahoilta esitettyyn näkemykseen, että jos jokin vallitsevista astrologisista lähestymistavoista on "oikea", muiden täytyy olla "väärässä". Tällainen ajattelu perustuu kuitenkin vanhanaikaiselle joko-tai -näkemykselle. Itse kannatan sekä-että -ajattelua: jos alan tutkija ja ammattilainen on tehnyt läksynsä valitsemansa astrologisen järjestelmän puitteissa ja osoittanut käytännössä sen toimivuuden, en ainakaan itse menisi sanomaan, että hän on väärässä. Kuten mainitsin jo aiemmin, käytäntö on teorian korkein kriteeri. Eli teoria tulisi mahduttaa todellisuuteen, ei päinvastoin!

## Kosmiset lait kaiken takana

Minkälaisten perusolettamusten ja lähtökohtien varaan voidaan sitten henkinen astrologia rakentaa? Ensimmäinen ja laajin lähtökohta ovat kosmiset henkiset lainalaisuudet, joiden varaan oleminen ja evoluutio viime kädessä perustuvat. Kaikki mikä on olemassa, toimii lainalaisesti! Meillä on ihmisten säätämät lait ("laki ja järjestys"), fysikaalisen todellisuuden luonnonlait, joita luonnontieteet tutkivat, yhteiskunnallista dynamiikkaa tarkastelevat lainalaisuudet sekä kaikkien näiden takana universaalit henkiset lainalaisuudet ja periaatteet.

Ne muodostavat olemassaolon ja luomisen peruslait, eräänlaisen kosmisen äititieteen, ja sitovat kaiken elämän ja olemassaolevan yhteen kautta galaksien. Universaalien lakien kokonaisuus muodostaa modernien tieteiden integroivat prinsiipit. Tällaisilla laeilla on samalla valtava selitysvoima, ja niiden ymmärtäminen on ekonominen tapa ymmärtää koko universumin peruspilareita. Ne voivatkin antaa eheän kokonaisnäkemyksen todellisuuden luonteesta.

Taulukko 1: **Universaalit lainalaisuudet Mestari Hilarionin mukaan**

1. Ilmennyksen laki
2. Heijastumisen laki
3. Karman laki
4. Pysyvyyden laki
5. Vastakohtaisen ilmaisun laki
6. Syklien laki
7. Ajatuksen laki
8. Puheen laki
9. Rakkauden laki
10. Auttamisen laki
11. Symbolien laki
12. Kehityksen laki

Mestari Hilarion on antanut tietoomme 12 universaalia henkistä lakia, joista muutamilla on erittäin suuri merkitys myös astrologiassa. Laajempi esitys löytyy kirjastani *Universaalit lainalaisuudet ja henkinen kehitys* (Smiling Stars, 2012), joka on saatavilla myös englanninkielisenä laitoksena.

Edellisessä luvussa kirjoitin ajatuksen voimasta ja laista, jonka ymmärtäminen on erottamaton osa Henkisen Tien kulkemista ja joka kuuluu universaalien lakien kokoelmaan. Astrologian näkökulmasta keskeinen näistä on **syklien kosminen laki**. Astrologia on jossain mielessä syklien tiedettä. Se on keskeisimpiä elämää itseään jäsentäviä lainalaisuuksia. Ja koska se on universaali laki, se ilmenee kaikkialla, ei vain esimerkiksi tällä pienellä kosmisella tomuhiukkasella, jota kutsutaan Maaplaneetaksi.

Meidän elämämme on täynnä syklejä, lyhyitä ja pitkiä, enemmän tai vähemmän säännöllisiä. Useimmat näistä ovat sellaisia, joita emme tiedosta, kuten hengitys, sydämensyke, erilaiset aineenvaihdunnalliset syklit ja aivotaajuudet.

Syklit määrittävät myös ajan laatua elämässä. Mm. syvyyspsykologian suuri mestari Carl Gustaf Jung on viitannut siihen, että ajalla on keston lisäksi myös laatu eli objektiivisesti mitattavissa olevan määrällisen ulottuvuuden lisäksi laadullinen puolensa, joka on subjektiivinen - mutta ei sen takia yhtään vähemmän todellinen tai merkityksellinen.

Juuri astrologiset syklit - kulloisenkin ajanhetken erityiset laadulliset tekijät koettuina kunkin ihmisyksilön ainutlaatuisesta näkökulmasta - tuovat ihmisen usein astrologin pakeille, minkä kaikki ammattilaiset ovat varmasti voineet todentaa. Esimerkiksi Saturnuksen paluu eli sen ensimmäisen kierron täyttyminen eläinradalla hieman ennen 30 ikävuoden merkkipaalua on tärkeä syklin taitekohta, samoin Uranuksen kierron puolituspiste n. 42 vuoden iässä.

Myös mm. kuunkierron tärkeät taitekohdat, uusikuu ja täysikuu, kuuluvat planetaariseen rytmiikkaan. Mentaalisuuden planeetta Merkurius peräntyy eli näyttää kulkevan eläinradalla taaksepäin kolmesti vuodessa suunnilleen kolme viikkoa kerrallaan. Myös tämä on tärkeä sykli, jolla on paljon käytännöllisiä ulottuvuuksia, niin kuin tulemme myöhemmin näkemään.

Syklien laki on astrologisesti hyvin kattava, koska se liittyy kaikkiin planeettoihin ja tietysti myös muiden astrologisten tekijöiden liikkeisiin ja kulminaatiopisteisiin. Palaamme näihin ja muihin planetaarisiin sykleihin käsitellessämme kutakin planeettaa kirjan myöhemmissä luvuissa.

Voimme ottaa tässä lyhyesti esiin myös esimerkin laajemmista astrologiaan liittyvistä sykleistä. Nyt puhutaan - ja on jo kauan puhuttu - siirtymisestä Kalojen ajasta Vesimiehen aikaan. Tällöin on kyseessä yhden n. 2160 vuoden mittaisen planetaarisen syklin päättyminen ja toisen alkaminen, mikä liittyy kevätpäiväntasauspisteen hitaaseen liikkeeseen (suunnilleen aste 72 vuodessa) eläinradalla. Tällaista yli 2000 vuoden mittaista jaksoa kutsutaan planetaariseksi kuukaudeksi, ja kevätpäiväntasauspiste voidaan ajatella planetaariseksi nousumerkiksi eli askendentiksi. Nousumerkkiin palaamme tuonnempana.

Tämän takana on vielä suurempi, n. 25 920 vuoden mittainen sykli, jonka aikana kevätpäiväntasauspiste on kiertänyt koko eläinradan. Kyseessä on planetaarinen tai platoninen vuosi. Eli kun asiaa tarkastellaan astronomisesti, voidaan huomata, että Auringon sijainti nähtynä takana olevia kiintotähtiä vasten muuttuu hitaalla, mutta vakioisella nopeudella kiertäen koko eläinradan mainitussa 25 920 vuodessa. Tämä siirtymä on suunnilleen 0,0140 astetta vuodessa.

Tässä vaiheessa lienee syytä tyynnytellä lukijaa: en käsittele jatkossa asioita niinkään matemaattisista ja laskennallisista kuin henkisistä lähtökohdista käsin. Taivaanmekaniikan tunteminen ei kuitenkaan ole haitaksi astrologian harrastajalle ja tutkijalle. Itse asiassa käynti silloin tällöin vaikkapa observatoriossa on mieltä piristävä ja kohottava kokemus. Näin säilyy myös yhteys planeettoihin, kiintotähtiin ja koko valtaavaan runsauteen, jonka taivas tarjoaa. Muutoin on vaarana, että astrologi viettää liikaa aikaan vain paperilla tai tietokoneen näytöllä olevien astrologisten symbolien kanssa, eikä muista hakea innoitusta, inspiraatiota ja tietoa suoraan kosmisesta tietopankista - tähtitaivaalta.

Toinen hyvin tärkeä kosminen lainalaisuus astrologian suhteen on **heijastumisen laki**, joka voidaan ilmaista myös seuraavilla tutuilla maksiimeilla: "Niin ylhäällä kuin alhaalla", "niin sisällä kuin ulkona", "niin pienessä kuin suuressa". Nämä ajatukset muodostavat hermeettisen filosofian perustan ja kertovat koko maailmankaikkeuden läpäisevästä periaatteesta, jossa mikro- ja makrokosmos ovat vastaavuus- ja heijastussuhteessa toisiinsa. Tämä on tietysti koko astrologian keskeisimpiä ajatuksia.

Heijastumisen laki voidaan ilmaista myös niin, että sen todellisuuden joka ympäröi mitä tahansa olentoa millä tahansa universumin tasolla, täytyy vastata tarkalleen kyseisen olennon todellista sisäistä olemusta. Eli siis todellisuus on meidän näköisemme, maailma on meidän näköisemme, me luomme itse oman todellisuutemme. Ulkoinen todellisuus ja sisäinen olemus korreloivat.

Tämä on asia, jota voi olla vaikea aivan äkkipäätä sulattaa, eihän tiede ole koskaan kertonut mitään tällaista. Meidän ulkopuolellamme on absoluuttinen, meistä riippumaton todellisuus, vai onko? Mitä meidän pitäisi sitten ajatella niistä kokemuksista - meidän kaikkien hyvin tuntemista -, missä ulkomaailma ikään kuin vastaa huutoomme. "Niin metsä vastaa kuin sinne huudetaan!" Kohtaamme tuolloin(kin) ihmisiä, joiden piirteet vastaavat tarkalleen omia sisäisiä tilojamme tai ajankohtaisia kehitysprosessejamme.

Mutta tämä laki toimii myös paljon laajemmissa puitteissa kuin ainoastaan meidän henkilökohtaisessa elämässämme. Ryhmät elävät yhtä lailla tämän lain vaikutuspiirissä ja voivat tutkia itseään ja kehityshaasteitaan myös ulkoisia olosuhteita, esimerkiksi vastuksia, tarkastelemalla. Sama pätee vielä laajempiin puitteisiin, kuten kansakuntaan tai vaikkapa ihmiskuntaan kokonaisuutena. Heijastumisen laki on kaikkein ajankohtaisin ja valaisevin laki ihmiskunnan kehityksen nykyvaiheessa.

Heijastumisen laki liittyy kiinnostavalla tavalla aiemmin mainittuun ajatukseen ajan laadullisesta ulottuvuudesta.

Heijastumisen laki voidaan nähdä myös persoonallisuuden ja sielun välisessä suhteessa, vuorovaikutuksessa ja lopulta niiden sulautumisessa toisiinsa. Henkinen astrologia voi tässä mielessä paljastua todelliseksi "sielunhoidoksi" sanan syvällisemmässä merkityksessä, koska se voi auttaa sielua ja persoonallisuutta entistä parempaan yhteyteen toistensa kanssa, mikä on maaelämän keskeisimpiä tavoitteita. Korkeampi Minä voi tämän yhdistymisen myötä toimia persoonallisuuden ohjaajana, ja persoonallisuus puolestaan voi antaa ylemmälle olemuspuolelle kokemustensa rikkaan perinnön. Niin ylhäällä kuin alhaallakin!

**Karman laki** on henkisen astrologian ja myös Henkisen Tien keskeisimpiä tekijöitä. On kuitenkin valitettavaa, että tästä käsitteestä (karma on sanskritia ja tarkoittaa teon seurauksia) on tullut lännessä osin aika karmaisevakin, niinpä pieni selvennys lienee paikallaan.

Karmalla on ensinnäkin kaksi puolta: positiivinen ja negatiivinen. Näitä voisi hyvin verrata kahteen pankkitiliin, joille talletamme aina tekojemme mukaisia seurauksia, jotka tulevat sitten aikanaan nostettaviksi - usein syklien lain kautta. Jupiter vastaa positiivisesta karmastamme eli hyvien tekojemme ja ajatustemme seurauksista, kun taas Saturnus liittyy negatiiviseen karmaan, jota kielteiset teot ja ajatukset luovat.

Karman laki on tietyssä mielessä automaattinen eli syy ja seuraus sitoutuvat saumattomasti toisiinsa. On myös tärkeää ymmärtää, että karmaa on mahdoton erottaa luonnekysymyksistä. Runoilija V.A. Koskenniemi kirjoitti aikoinaan, että "ihmisen luonne on inhimillisten kykyjen suurin kerroin". Tuota ajatusta voi hyvin kehitellä siihen suuntaan, että ihmisen luonne määrää hänen karmansa - ja samalla kohtalonsa. Jos muutamme luonnettamme, muutamme todennäköisesti samalla omaa tulevaisuuttamme, kohtaloamme. Tästä syystä kirjoitin edellisessä luvussa varsin paljon luonteestamme tärkeimpänä taideteoksenamme.

Karman herra astrologiassa eli Saturnus on samalla ajan herra, "Isä Aika" eli Kronos. Mitä enemmän ihminen vapautuu negatiivisesta karmastaan, sitä vähemmän häntä sitoo ajan rautainen ote ja aineen vastus. Mitä korkeammille tietoisuudentasoille ihminen yltää, sitä enemmän hänellä on aikaa käytössään ja sitä suuremmat mahdollisuudet karman purkamiseen viisaalla tavalla. Ajasta voikin tulla henkisen kehityksen myötä eräänlaista muovailuvahaa.

Tässä yhteydessä on tärkeä huomata, että omaa negatiivista karmaansa voi sovittaa esimerkiksi positiivisten tekojen ja muiden ihmisten auttamisen avulla. Henkinen astrologi tekee viisaasti ottaessaan tällaiset mahdollisuudet huomioon. Hän voi opastaa ihmistä näkemään nykyisen inkarnaationsa tärkeimmät karmalliset läksyt ja myös tavat, joilla yksilö voi neutraloida karmaansa ilman kärsimystä.

Oman lisämausteensa asialle tuo se, että karmalla on monta ulottuvuutta: Yksilön, suvun, kansakunnan, rodun ja ihmiskunnan karma. Meidän ei kuitenkaan tarvitse tässä yhteydessä mennä syvemmälle näihin

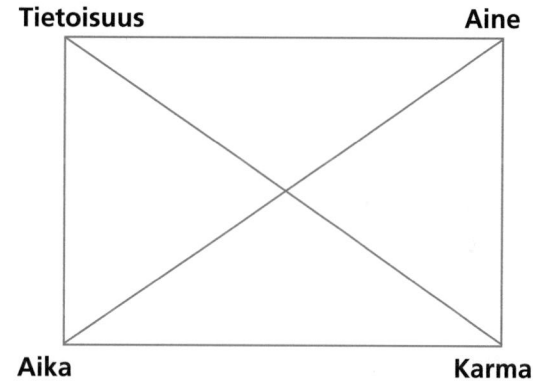

Piirros 7: **Ajan, aineen, tietoisuuden ja karman välinen yhtälö "kirjekuorimallina"**

ulottuvuuksiin. Tarkastelemme luvussa 6 erityisesti yksilöllisen karman positiivista ja negatiivista puolta, niin kuin ne ilmenevät Jupiterin ja Saturnuksen sijaintien kautta.

Ajatuksen voima on suurimpia voimia maailmassa, ja **ajatuksen laki** on keskeisimpiä universaaleja lainalaisuuksia mitä tulee ihmiskuntaan. Tämä laki on myös yksi kaikkein vähiten ymmärrettyjä tekijöitä ihmiskunnan keskuudessa. Joku voi tietysti sanoa, että eikö maailma ole täynnä suurenmoisia ajatuksia ja ajattelijoita? Kyllä niinkin, mutta yleisesti ottaen ajatuksen voimaa ei ole tiedostettu ja ymmärretty oikein, koska ei sitä muuten käytettäisi niin paljon väärin!

Raamatusta olemme voineet lukea, että "alussa on Sana, ja Sana oli Jumalan tykönä, ja Sana oli Jumala." Tuskin teemme asialle vahinkoa, jos muutamme Sanan tilalle Ajatuksen. Olen sitä mieltä, että tämä koko ilmentynyt universumi on suuri Jumalan Ajatus. Tähän näkemykseen liittyy myös se filosofia, että **kaikessa on Jumalaa**, tätä Jumalan suurta Ajatusta. Olemme ajatushippuja Jumalan mielessä, ja näin ollen jumaluus on myös meissä itsessämme.

Niin kuin vanha viisaus kertoo:
**Jumala nukkuu kivessä, näkee unta kasvissa, liikkuu eläimessä ja herää sekä tulee tietoiseksi itsestään ihmisessä.**

Ajatuksen laki liittyy hyvin voimakkaasti karman lakiin ja myös heijastuksen lakiin. Kielteisen karman purkautuminen alkaa tavallisesti sisäisillä tasoilla, esimerkiksi muutoksina ajattelussa, asenteissa, uskomusjärjestelmissä jne. Karma kohdataan yleisesti sillä tasolla, missä se on tehty. Ajatuksen laki on suuri luomisen laki, ja ajatus on tekojen esiasteena suuri kausaalinen tekijä elämässämme.

Ihminen vaikuttaa hyvin paljon juuri omilla ajatuksillaan (ja niiden visuaalisella puolella eli mielikuvillaan) omaan todellisuuteensa, uskomuksiinsa, maailmankuvaansa ja arvoihinsa. Tästä kirjoitin jo laajemmin 1. luvussa, mutta pidin tärkeänä palauttaa sen vielä tässä mieliin. Erityisen tärkeää on muistaa, että jokainen ajatus on samalla ajatusteko, ja hyvin suuri määrä karmaa aiheutuu erityisesti kielteisestä ajattelusta.

Ajatuksen lakiin liittyvät mm. älyn ja ylipäänsä mentaalisuuden planeetta Merkurius ja Kuu, joka operoi enemmän tiedostamattoman mielen alueella. Seuraavissa luvuissa kerrotaan lisää niiden vaikutuksista.

Tietysti muutkin kosmiset lait liittyvät astrologiaan ja Henkiseen Tiehen, mutta olen käytännössä huomannut, että näillä neljällä lainalaisuudella on ainakin henkisessä astrologiassa erityisen korostunut merkitys.

## Vapaa tahto ja elämänsuunnitelma

Nämä lait eivät varsinaisesti kuitenkaan selitä, mihin astrologia perustuu, miten astrologia liittyy vapaaseen tahtoomme, onko elämämme ennalta määrätty ja mitä syntymähetki todella pitää sisällään. Koettakaamme seuraavassa saada ote näistä asioista.

Voimme lähteä liikkeelle esimerkiksi siitä, että vapaalla tahdollamme on eräänlaiset karmalliset reunaehdot. Ennen jokaista inkarnoitumista aineen maailmaan yksilö käy omien henkisten oppaittensa kanssa läpi edellistä elämää ja tarkastelee sitä aineettomassa maailmassa objektiivisesti. Keskeiset kysymykset liittyvät oppimiseen ja oppimatta jättämiseen, henkisen kasvun mahdollisuuksien hyödyntämiseen tai hyödyntämättä jättämiseen, rakkauteen tai rakkaudettomuuteen sekä oman luonteen hiomiseen.

Tässä yhteydessä on hyvä ottaa huomioon, että ihmisen inkarnoituminen fyysiselle tasolle liittyy aina suurempaan kokonaisuuteen ja henkiseen ryhmädynamiikkaan. Fyysinen inkarnaatio ei ole vain "soolokeikka", vaan tapaamme sen myötä vääjäämättä aiempien elämien ystäviä ja myös vastustajia sekä niiden olosuhteiden toisintoja, joiden yhteydessä asenteemme tai toimintatapamme on ollut jollain tavoin virheellinen. Eli kohtaamme näissäkin eri tilanteissa viime kädessä itsemme. Menneisyyden jalanjäljet ulottuvat kauas omaan tulevaisuuteen. Henkinen astrologia voi antaa tärkeää tietoa näistä jalanjäljistä.

Tässä yhteydessä nousee esiin se tosiasia, että vain ihminen itse determinoi itseään, sitä eivät suinkaan tee planeetat taivaalla, joita siitä joskus syytetään. Näkemykseni mukaan ihminen jälleensyntyvänä olentona suunnittelee oppaittensa ja auttajiensa kanssa tarkasti, aiempien kokemustensa ja sovittamatta jääneen karmansa pohjalta, seuraavaa inkarnaatiotaan ennen laskeutumista aineen vastuksen maailmaan, jolloin tietoinen yhteys sieluun tavallisesti sulkeutuu.

Prosessia voidaan hyvin kutsua elämänkaaren tai -suunnitelman tekemiseksi. Tässä suunnittelussa käydään lävitse tulevan elämän keskeisiä suuntaviivoja, läksyjä, kehitystavoitteita ja sovitettavaa karmaa sekä tapoja, joilla se kohdataan ja pyritään sovittamaan. Tässä suunnitelmassa näyttää lisäksi olevan mukana sekä negatiivinen että positiivinen variantti.

Ensinmainitulla reitillä - reitinvalinnan määrittää puhtaasti ihmisen vapaa tahto ja viisaus tai sen puuttuminen - yksilö kohtaa suuren osan sovittamattomasta karmastaan vaikeuksien, esimerkiksi terveysongelmien kautta. Mikäli ihminen kykenee kuitenkin toteuttamaan elämänkaarensa positiivista varianttia, jossa hänen suurimmat mahdollisuutensa sijaitsevat, hän voi ylittää monet jännitteiset planeettavaikutukset sekä vastata paljon viisaammalla ja kehittyneemmällä tavalla myös moniin horoskoopin lupauksiin.

Mitä pikemmin yksilö kieltäytyy syyttelemästä muita, esimerkiksi juuri planeettavaikutuksia, ongelmistaan ja haasteistaan, sitä nopeammin hän edistyy henkisesti. Positiivinen karmakerroin kasvaa ja negatiivinen vastaavasti pienentyy.

Nämä suuntaviivat ja karmalliset tekijät ovat luonnollisesti ihmisen aiempien tekojen, ajatusten, motiivien ja tunteiden determinoimia. Eli ihminen on siis determinoinut huomattavasti omaa nykyisyyttään ja tulevaisuuttaan, eikä siitä tule syyttää muita tahoja, esimerkiksi sitä että "minulla on niin huono Saturnus"!

Meillä ei ole tiettyä kohtaloa siksi, että olemme syntyneet tiettynä aikana tietyssä paikassa, vaan olemme syntyneet juuri tuolloin, koska meillä on oma sisäsyntyinen päämäärämme ja kehityssuunnitelmamme, jota taivaan tilanne syntymähetkellä symboloi. Mainitsin aiemmin Jungin ajatuksen siitä, että ajalla on laatu. Tässä merkityksessä sillä onkin. Syntymähetkemme ajan laatu on valittu tarkasti, huolellisesti ja suurella viisaudella.

Henkiset oppaat etsivät sellaisen syntymähetken, jolloin taivaankappaleiden sijainnit edustavat **symbolisesti** yksilön keskeisiä, aiemmissa elämissä hankittuja luonteenpiirteitä sekä pian alkavan uuden inkarnaation keskeisiä kehitystarpeita, haasteita, tapahtumia ja syklejä. Nämä syntymää valmistelevat tahot pyrkivät siis parhaaseen mahdolliseen syntymäaikaan, joka usein tiedetään jo kauan ennen syntymää. Yleensä henkiset oppaat tarkastelevat sopivimman ajan siitä noin kolmen viikon jaksosta, jonka sisälle syntyminen ajoittuu.

Mestari Hilarionin mukaan tähän tarkkaan ajoitukseen myös päästään melkein aina. Vain harvoin tapahtuu poikkeamisia suunnitellusta ajasta. Keskossyntymät, keisarinleikkaukset ja muut erikoistapaukset ovat olleet valtaosassa syntymiä jo tiedossa ennakkoon (joskus ne liittyvät äidin karmaan), joten niihinkään ei kuulu sattumanvaraisuus. Sattumaan vetoaminen on mielestäni henkistä laiskuutta ja kertoo siitä, ettei ihminen ole välittänyt tutkia asioiden ja tapahtumien takana olevia fysikaalisia ja/tai henkisiä lainalaisuuksia. Kuten sanottu, kaikki olevainen toimii lainalaisesti ja tottelee universaaleja lakeja, ymmärsimme me sitä tai emme.

Carl Gustav Jung puhui aikoinaan synkroniasta, joka vallitsee "merkitsevien yhteensattumien" yhteydessä ja johon ei liity kausaalista luonnetta, ilmeistä syy-seuraus -suhdetta. Tämä syvyyspsykologian ja analyyttisen psykologian suuri uranuurtaja tutki ennakkoluulottomasti mm. materialistisen tieteen kauhistelemia asioita, kuten parapsykologiaa, mystiikkaa, alkemiaa, ufoja ja astrologiaa. Uransa loppupuolella hän mainitsi, että me voisimme tietää enemmän ihmisestä hänen horoskooppiaan tutkimalla kuin stetoskoopin avulla. Jung kirjoitti: "Koska olen tiedemies, minun täytyy kertoa teille, että olen havainnut synkronian taivaan valopisteiden ja maanpäällisten tapahtumien välillä. Koska olen tiedemies, en kykene kertomaan teille, miksi asia on niin. Kutsun siksi astrologiaa ei-kausaaliseksi synkroniaksi."

Henkinen astrologia on tästä lähtökohdasta käsin tarkasteltuna enemmän symbolinen kuin kausaalinen järjestelmä. Henkiset oppaamme tuntevat planeettojen symboliikan hyvin tarkasti ja syvällisesti; heillä on myös käytössään teknologiaa, joka ylittää parhaimmankin tässä kolmiulotteisessa todellisuudessa olevan nykyteknologian kapasiteetin. Niinpä elämänsuunnitelmamme on osaltaan ajoitettu myös planetaaristen syklien suhteen. Esimerkiksi monet tärkeät karmalliset purkaukset ajoitetaan usein tapahtumaan Saturnuksen syklin tärkeissä kulminaatiopisteissä. Palaan tähän ajatukseen tarkemmin luvussa kuusi.

Oppaiden tärkeänä tehtävänä on siis orkestroida yksilön syntymäkartta niin, että sen sisältämä symbolinen tieto vastaa elämänkaaren keskeisiä tapahtumia. Planeetat eivät siis pääsääntöisesti aiheuta näitä tapahtumia, vaan tapahtumat on ajoitettu osumaan yhteen esimerkiksi transiitteihin, progressioihin ja muihin kehittyneisiin tulevaisuuden kartoitustapoihin koodattujen merkittävien syklien kanssa.

Ainoat poikkeukset tähän ennalta suunniteltuun symboliseen tasoon ovat taivaan valon (Aurinko ja Kuu), lähiplaneetat (Merkurius, Venus ja Mars) ja askendentti eli nousumerkki (itäisessä horisontissa syntymähetkellä sijainnut merkki), joilla on myös merkittävää suoraa kausaalista vaikutusta persoonallisuuteen.

Nämä mainitut tekijät nostavat esiin ja voimistavat yksilössä esimerkiksi sellaisia piirteitä ja taipumuksia, joiden katsotaan tavalla tai toisella olevan tärkeitä nykyisessä inkarnaatiokokemuksessa. Ne antavat oman värityksensä esimerkiksi ajattelutavallemme, rakkausenergioiden käytöllemme sekä yleisemmälle energioiden kohdentamisellemme.

Kaukaisempien taivaankappaleiden ja muiden tärkeiden astrologisten tekijöiden, kuten ns. MC:n eli keskitaivaan, suhteen tilanne on kuitenkin toinen, vaikka niilläkin voi olla pientä kausaalista vaikutusta. Niiden todellisen vaikutustavan selittämiseen vaaditaan kuitenkin aiemmin esiteltyä metafyysistä, symbolista ajattelutapaa.

## Syytason selvittäminen

Henkinen astrologia pyrkii selvittämään syiden, ei pelkästään seurausten tasoa, johon perinteisen astrologian tulkintatraditio usein pysähtyy tai rajoittuu. Yksilön syvyys- ja korkeusulottuvuuden sekä karmallisten tekijöiden huomiointi on keskeistä syytason selvittämisen prosesseissa. On myös tärkeää ymmärtää, että vaikka ihminen ei aina kykenekään vaikuttamaan elämänsä ulkoisiin olosuhteisiin, hän voi AINA valita ainakin oman reagointitapansa ja suhtautumisensa niihin. Se on ja pysyy vapaan tahdon asiana. Se on myös mitä tärkein asia negatiivisen karman kohtaamisessa ja neutraloinnissa.

Henkinen astrologia tarkastelee samoja perinteisiä planeettoja, huoneita ja aspekteja eli astrologisten tekijöiden välisiä määräkulmia horoskoopissa kuin maallinen astrologia. Erona on kuitenkin syvempi tarkastelukulma, kuten karmallinen ulottuvuus.

Astrologiset tekijät sisältävät tavallisesti sekä haasteen että mahdollisuuden, näillä kun on tapana kulkea käsi kädessä. Yleisemminkin henkinen astrologia ymmärtää, että siellä missä on astrologinen "lukko" tai ongelma, sieltä löytyy myös sen "avain" tai ratkaisu ongelmaan. Tarkastelemme tätä periaatetta tulkintaesimerkkien valossa kirjan loppupuolella.

Olen astrologisen elämäni aikana - joka alkoi 1970-luvun lopulla - tutkinut ja tulkinnut useita tuhansia karttoja, enkä ole koskaan huomannut, että tämä periaate ei olisi toiminut. Se näyttää itse asiassa liittyvän elämän itsensä toimintaperiaatteisiin ja lainalaisuuksiin. Voimme varmaan todeta, ettei ihmiselle anneta astrologisestikaan enempää, kuin mitä hän jaksaa kantaa.

Astrologi pyrkii tutkimaan karttaa ennen kaikkea kokonaisuutena ja tekemään synteesiä, ei pelkkää analyysiä. Tarkoituksena on "nähdä metsä puilta", ymmärtää horoskoopin suuri kertomus - yksilön elämänsuunnitelman ja karman keskeiset tekijät - kokonaisuutena. Astrologin intuitio on usein ratkaiseva tekijä kartan tulkinnassa. Mikään määrä kirjaviisautta ei voita sitä.

Astrologian suuri kertomus koostuu tietysti myös monien pienten kertomusten yhteissummasta ja niiden väliltä löytyvistä yhteyksistä. Katsomme seuraavaksi, minkälaisesta kokonaisuudesta on kyse astrologian kieliopissa.

# PEHA - kieli jota tähdet puhuvat

Astrologia on kieli, jolla on pitkä tulkintatraditio ja laaja käyttöalue. Jokaisella kielellä on kielioppi, niin myös astrologialla. Olen monessa yhteydessä tiivistänyt sen lyhenteeseen PEHA (kiitos J. Donald Walterisille eli Kriyanandalle tästä ideasta), koska jäsentymättömänä astrologia vaikuttaa mahdottomalta oppiaineelta. Tiedän tämän, koska aloitin itse astrologian opinnot aikana, jolloin alan kirjallisuus oli niukkaa, kursseja ei ollut lainkaan ja tietokoneohjelmat tekivät vasta tuloaan. Nyt tilanne on toinen, mutta kieliopin haasteet ovat edelleen olemassa. Niin kuin saatesanoissa kerroin, astrologian "puuhun" ei kannata kivuta latvasta. Hyvät perustiedot antavat tiedon pyramidille tukevan pohjan.

Lyhenteessä PEHA ensimmäinen kirjain viittaa planeettoihin, seuraava eläinradan merkkeihin, kolmas astrologisiin huoneisiin ja viimeinen astrologisiin aspekteihin eli määräkulmiin astrologisten tekijöiden välillä. Yhteensä tähän kielioppiin kuuluu perustasolla noin 40 aakkosta. Määrää on hyvä verrata vaikkapa suomenkielen aakkosiin, joita on 28. Eli jos haluamme "puhua" astrologiaa, meidän tulee hallita ainakin johonkin mittaan varsin laaja aakkosto ja informaatiomäärä. Opiskeluvaiheessa on tärkeää, että kykenemme jäsentämään tämän suuren kokonaisuuden pienemmiksi osakokonaisuuksiksi - ja että kykenemme näkemään niiden väliset yhteydet.

PEHA-lyhenne vastaa neljään tärkeään astrologiseen kysymykseen: mikä, miten, missä ja kenen kanssa. Näitä astrologisia perustekijöitä on joskus verrattu näytelmään, jossa planeetat edustavat näyttelijöitä, eläinradan merkit rooleja, joita ne näyttelevät kosmis-inhimillisessä draamassa, huoneet tapahtumapaikkoja ja astrologiset aspektit vuorovaikutusta näyttelijöiden välillä.

Näiden neljän perustekijän puitteissa syntymähetkeemme ovat tallentuneet ikään kuin henkiset sormenjälkemme, yhtä yksilölliset ja tunnistettavat kuin oman sormenpääkuviomme, jotka säilyvät muuttumattomina läpi elämän.

Planeetat vastaavat kysymykseen MIKÄ - mistä energiasta on kyse kunkin taivaankappaleen kohdalla. Jokainen niistä liittyy joihinkin arkkityyppisiin energiamuotoihin, joista löytyy vastine myös ihmisten olemuksessa. Eli niin ylhäällä kuin alhaallakin, niin pienessä kuin suuressa, niin mikro- kuin makrokosmoksessakin.

Taulukko 2: **Astrologian kieliopin perusaakkoset**

| P | E | H | A |
|---|---|---|---|
| Planeetat | Eläinrata | Huoneet | Aspektit |
| MIKÄ | MITEN | MISSÄ | KENEN KANSSA |
| Näyttelijät | Roolit | Tapahtumapaikat | Kanssanäyttelijät |

Tässä kirjassa käytämme klassisten planeettojen - taivaan valoja eli Aurinkoa ja Kuuta kutsutaan mukavuussyistä myös planeetoiksi - lisäksi myös Kheironia, tuota v. 1977 löytynyttä pikkuplaneettaa eli planetoidia, jonka merkitys on kasvanut erityisesti henkisessä astrologiassa koko ajan. Myös Pluto on mukana planeettaperheessä, vaikka se poistettiinkin elokuussa 2006 äänestyksen kautta materialistisen tieteen planeettaluettelosta.

## Planeettojen keskeisiä ominaisuuksia:

**Aurinko (☉):** Yhteys ydinolemukseen, tietoisuus, valo ja lämpö, vitaliteetti, luova itseilmaisu, maskuliininen prinsiippi, yang, isä, auktoriteetit, tahto, yksilöllisyys, ylimielisyys, kuuluisuus.

**Kuu (☾):** Tunteet, tarpeet, vaistot, muoto, heijasteet, feminiininen prinsiippi, yin, äiti, koti, asuminen, hoivaaminen, hedelmällisyys, tiedostamaton mieli, vastaanottavuus, häilyvyys, oikullisuus, muutos, vesi.

**Merkurius (☿):** Ajattelu, logiikka, rationaalisuus, kieli, oppiminen, kommunikaatio, kirjat, puhuminen, kaupankäynti, sopimukset, monipuolisuus, lyhyet matkat, sisarukset.

**Venus (♀):** Rakkaus, kumppanuus, kauneus, taide, harmonia, arvot, sosiaalisuus, vetovoima, sitoutuminen, suosio, diplomatia, feminiininen prinsiippi, naisellisuus, aistillisuus, hienostuneisuus, laiskuus, nautinnot, huikentelevaisuus, makeus.

**Mars (♂):** Energia, ego, kiivaus, tulisuus, nopeus, aggressio, kiukku, pikakarma, rohkeus, riippumattomuus, fyysinen aktiviteetti, innostus, maskuliinisuus, impulsiivisuus, harkitsemattomuus, sukupuolivietti., kilpailuvietti, urheilu.

**Jupiter (♃):** Avartuminen, laajentuminen, runsaus, vauraus, monistaminen, liioittelu ja ylilyönnit, nautinnonhalu, joviaalisuus, positiivinen karma, uskonto, oikeudenmukaisuus, filosofia, korkeammat opit, ulkomaat.

**Saturnus (♄):** Supistuminen, rajoitukset ja kahleet, sitoumukset, vastuu ja velvoitteet, rakenteet, viivästeet, aineen vastus, hitaus, jähmeys, lineaarinen aika, itsekuri, kärsivällisyys, negatiivinen karma, keskeiset oppiläksyt, realismi, materialismi, metodologisuus, organisointi, vakaus, kroonisuus, pessimismi, melankolia.

**Uranus (♅):** Yllätyksellisyys, odottamattomat muutokset, repivyys, äärimmäisyydet, omaperäisyys, uudistaminen, kekseliäisyys, intuitiivisuus, kapina, vapaus, ainutlaatuisuus, nerous, paradoksit, okkultismi, astrologia, moderni teknologia, sähkö, magnetismi.

**Neptunus (♆):** Hämärtyminen tai henkistyminen (HH-periaate), sokeat pisteet ja pilvilinnat, suhteellisuustajun katoaminen, itsepetos, eskapismi, päihteet, aineettomuus, ei-lineaarisuus, määrittelemät-

|          |                                                                                              |
|----------|----------------------------------------------------------------------------------------------|
|          | tömyys, sekaannus, mystiikka, psyykkisyys, idealismi, alkemia, jooga, ylimaallisuus, pyyteetön rakkaus, myötätunto, altruismi, symboliikka, unet, 6. aisti, kuolematon taide. |
| Pluto (♇): | Suuret, syvälliset, peruuttamattomat muutokset, voima, kuolema ja uudestisyntyminen, transformaatio, feenikslintu, syvyyspsykologia, psykologiset kompleksit, manipulaatio, fobiat, voima, väkivalta, himo, alamaailma, korruptio, varjon arkkityyppi, massaliikkeet, kollektiivinen tiedostamaton, fanaattisuus. |
| Kheiron (⚷): | Kristus-tietoisuus, anteeksiantaminen, ykseys, sisäinen valo ja valaistuminen, haavoittunut parantaja, käsien parantava energia, sisäisten demonien voitokas kohtaaminen. |

Kyseessä ei ole kattava, vaan suuntaa antava luettelo. Kuva tarkentuu, kun käsittelemme kutakin planeettaa yksityiskohtaisemmin seuraavissa luvuissa. Huomioi tässä yhteydessä, että planeetoilla on sekä positiivisia että negatiivisia ilmentymiä. On yksilöstä itsestään kiinni, miten hän ilmentää planetaarisia energioita. Ihmisen henkistä evoluutiota mittaakin hyvin se, miten hän kykenee vastaamaan kunkin planeetan korkeampiin ominaisuuksiin ja miten hän työstään planetaaristen energioiden suurimpia haasteita. Kuhunkin taivaankappaleeseen liittyviä anatomis-fysiologisia yhteyksiä ja terveystekijöitä olen käsitellyt tarkemmin kirjassani *Astrologia ja hyvinvointi* (Viisas Elämä, 2017).

Eläinradan 12 merkkiä vastaavat kysymykseen MITEN. Eli miten eläinradan merkit laadullistavat kutakin planeettaa niiden eri sijainneissa. Aurinkomerkit ovat tästä tutuin esimerkki laajallekin yleisölle. Jopa ihmiset, jotka suhtautuvat hyvin kielteisesti ja torjuvasti astrologiaan, tuntevat oman aurinkomerkkinsä. Auringon valtava voima suodattuu eri tavoin eri merkeissä. Pelkästään aurinkomerkkiin perustuva astrologia on kuitenkin ohut siivu astrologiassa; esimerkiksi Auringon ja Kuun välillä voi olla kaikkiaan 144 erilaista kombinaatiota, joissa kaikissa aurinkomerkin energiaan liittyy ko. kuumerkin vaikutus.

Kukin merkki kattaa 30 asteen siivun eläinradalla alkaen Oinaan merkistä ja päättyen Kalojen merkkiin. Merkeillä on keskinäisiä sukulaisuussuhteita, joiden kautta ne liittyvät toisiinsa. Seuraavat taulukot valottavat tätä:

Kuten huomaat, joka neljäs merkki kuuluu samaan elementtiin (tuli, maa, ilma, vesi), kun taas joka kolmas merkki kuuluu samaan laatuun (johtava, kiinteä, muuttuva).

Tulielementti edustaa innostunutta, kiihkeää energiaa, maa käytännöllistä ja juurevaa energiaa, ilmaelementti mentaalista ja sosiaalista energiaa, kun taas vesi tunne-energiaa.

Johtava laatu liittyy ulospäin suuntautuneisuuteen, aloitteellisuuteen ja aktiivisuuteen. Kiinteää laatua voidaan määritellä päättäväiseksi, periksiantamattomaksi ja joskus joustamattomaksi. Muuttuvaan laatuun liittyviä määreitä ovat mm. vaihtelevuus, mukautumiskyky ja joskus myös häilyvyys.

Taulukot 3-4: **Merkkien sukulaisuussuhteita**

## ELEMENTIT

| TULIMERKIT | MAAMERKIT | ILMAMERKIT | VESIMERKIT |
|---|---|---|---|
| Oinas $\Upsilon$ <br> - johtava <br> tulimerkki | Härkä $\textrm{O}$ <br> - kiinteä <br> maamerkki | Kaksonen $\textrm{II}$ <br> - muuttuva <br> ilmamerkki | Rapu $\textrm{69}$ <br> - johtava <br> vesimerkki |
| Leijona $\Omega$ <br> - kiinteä <br> tulimerkki | Neitsyt $\textrm{M}$ <br> - muuttuva <br> maamerkki | Vaaka $\triangleq$ <br> - johtava <br> ilmamerkki | Skorpioni $\textrm{M}$ <br> - kiinteä <br> vesimerkki |
| Jousimies $\nearrow$ <br> - muuttuva <br> tulimerkki | Kauris $\textrm{VS}$ <br> - johtava <br> maamerkki | Vesimies $\approx$ <br> - kiinteä <br> ilmamerkki | Kalat $\textrm{H}$ <br> - muuttuva <br> vesimerkki |

## LAADUT

| JOHTAVAT MERKIT | KIINTEÄT MERKIT | MUUTTUVAT MERKIT |
|---|---|---|
| Oinas $\Upsilon$ | Härkä $\textrm{O}$ | Kaksonen $\textrm{II}$ |
| Rapu $\textrm{69}$ | Leijona $\Omega$ | Neitsyt $\textrm{M}$ |
| Vaaka $\triangleq$ | Skorpioni $\textrm{M}$ | Jousimies $\nearrow$ |
| Kauris $\textrm{VS}$ | Vesimies $\approx$ | Kalat $\textrm{H}$ |

Astrologiassa tarkastellaan myös näiden elementtien ja laatujen painotuksia. Jokin ylikorostunut tai puuttuva laatu tai elementti vaatii erityistä huomiota ja tulee ottaa huolellisesti huomioon tulkinnassa. Esimerkiksi puuttuva maaelementti (eli yksikään planeetta ei ole syntymähetkellä sijainnut maalementin merkissä Härässä, Neitsyessä ja/tai Kauriissa) kertoo, että yksilön täytyy kyetä maadoittumaan ja tuo-

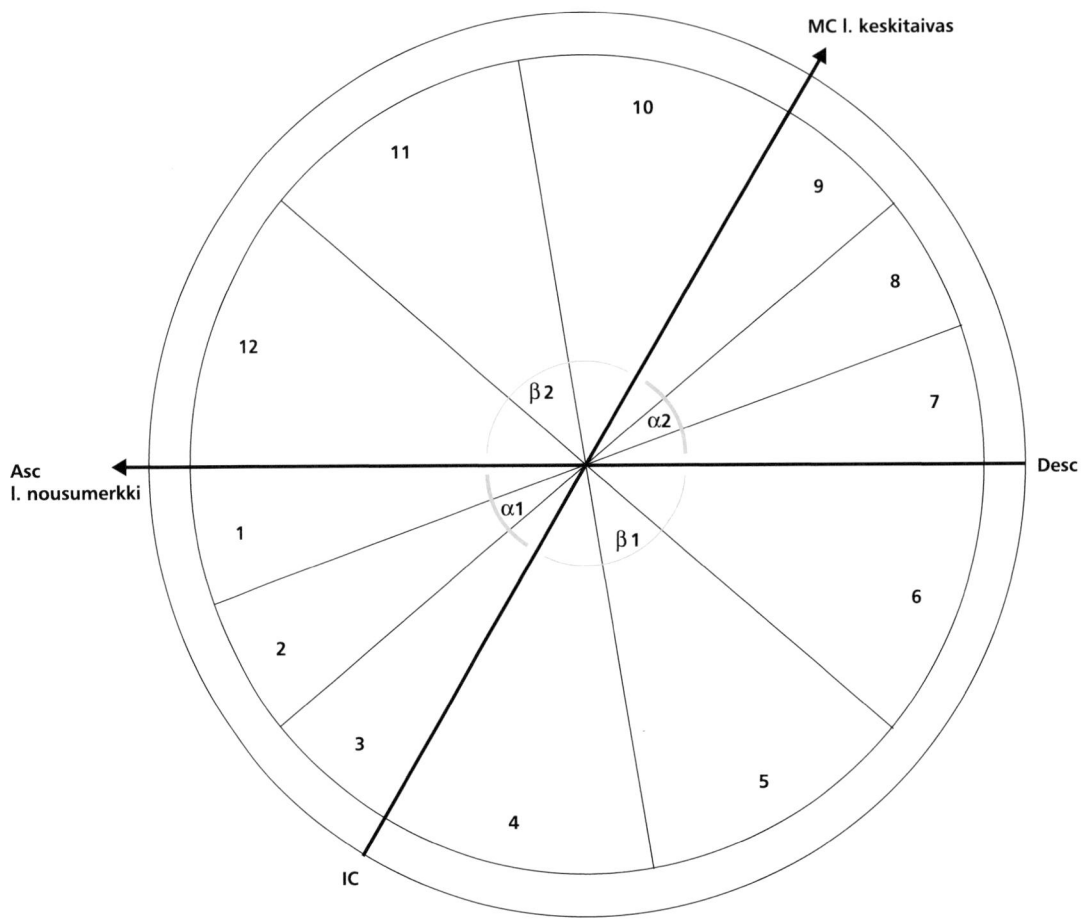

Piirros 8: **Porfyrioksen huonejaon perusidea**

maan asioita käytännön toteutukseen. Ylikorostunut kiinteä laatu (esimerkiksi viisi tai enemmän planeettoja kiinteissä merkeissä Härässä, Leijonassa, Skorpionissa ja/ tai Vesimiehessä) voi tehdä yksilöstä todella jääräpäisen vastarannan kiisken, jossa voi hyvin olla dogmaattisia piirteitä ja korostunutta muutosvastarintaa.

Merkki ja sen vastakkaisella puolella eläinrataa sijaitseva vastamerkki täydentävät aina toisiaan ja muodostavat tärkeän polaarisen parin. Esimerkiksi Auringon sijaitessa Oinaassa syntynyt yksilö voi oppia paljon vastamerkin eli Vaa'an ominaisuuksista, samoin tietysti Vaaka Oinaalta. Oinaan tulisuus, impulsiivisuus ja pioneerihenki täydentyvät tässä Vaa'an tasaisuudella, diplomaattisuudella ja sosiaalisuudella. Tässä tuli ja ilma ruokkivat hyvin toisiaan. Palaan eri merkkien keskeisiin piirteisiin tarkemmin seuraavassa luvussa.

On hyvä tietää ja ymmärtää, että on olemassa useampia eläinratoja. Klassinen erotus kulkee läntisen trooppisen ja itäisen sideerisen eläinradan välillä. Niiden pituusastei-

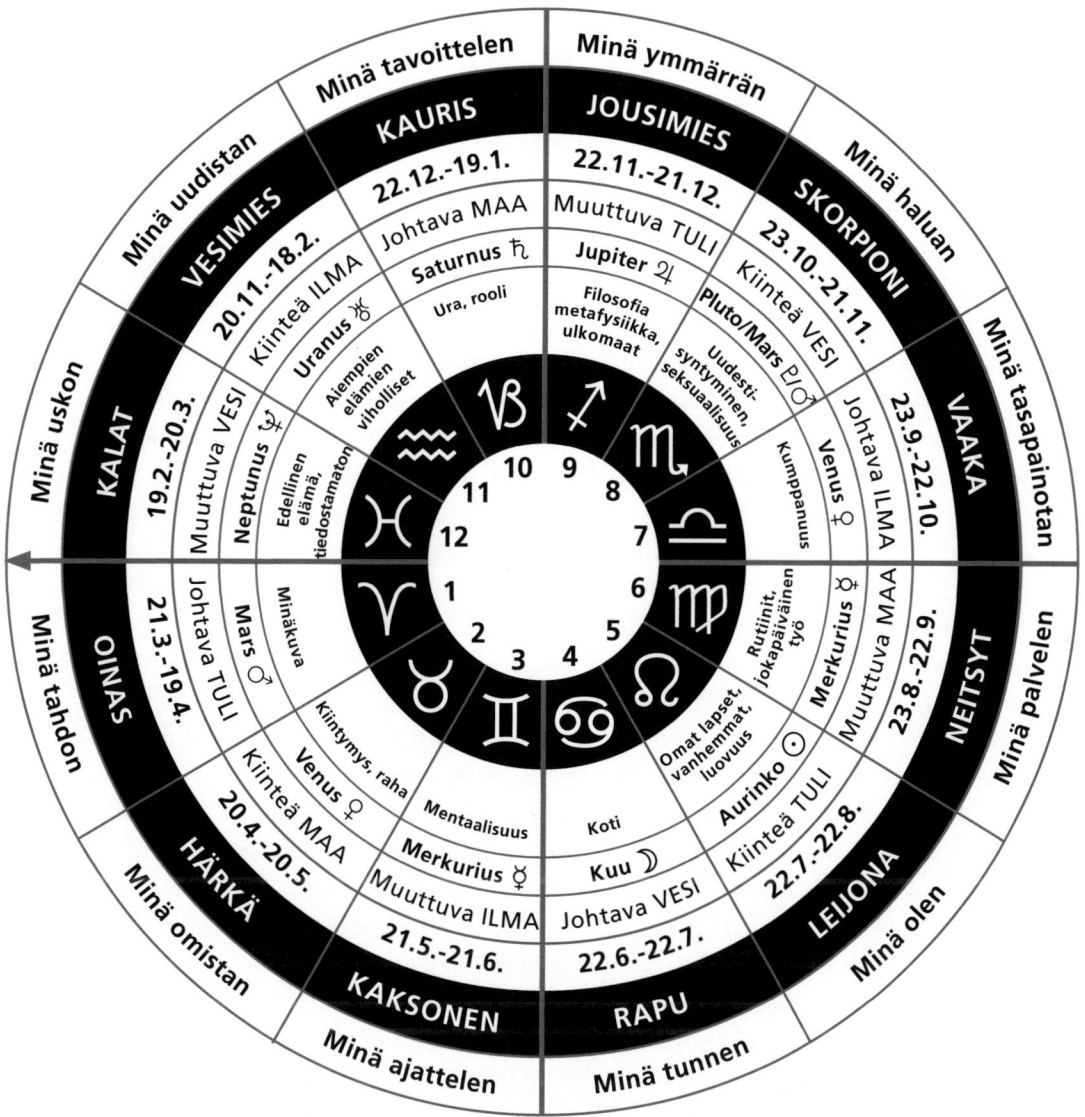

Astrologinen lunttilappu.

den välinen erotus eli ayanamsa on tällä hetkellä noin 24 astetta, eli esimerkiksi useim-
mat Oinaan merkissä syntyneet ovatkin sideerisessä katsannossa Kaloja, useimmat
Härän merkissä syntyneet Oinaita jne. Omassa työssäni henkisen astrologian parissa
käytän trooppista zodiakkia - jota useimmat astrologit käyttävät lännessä -, koska se on
osoittautunut toimivimmaksi järjestelmäksi täällä. Jälleen painotan si-
tä, että kannattaa tutkia käytännössä eri järjestelmiä ja sitten valita toimivin.
Nämä järjestelmät eivät ole keskenään ristiriidassa, vaikka niiden edustajat joskus
saattavatkin olla. Viime aikoina on pyritty luomaan synteesiä lännen ja idän järjes-
telmistä ja tekniikoista. Esimerkiksi James T. Brahan *Ancient Hindu Astrology for the*

*Modern Western Astrologer* (Hermetician Press, 1986) ja *Eastern Systems for Western Astrologers* -antologia (Samuel Weiser, Inc., 1997) ovat erinomaisia johdatuksia itäiseen astrologiseen ajatteluun.

Astrologiset huoneet vastaavat astrologiseen peruskysymykseen MISSÄ, millä elämänalueella taivaankappaleiden ja merkkien yhteisvaikutukset aktivoituvat ja tulevan "maan päälle". Huonejärjestelmiä on useita.

Hilarionin mukaan henkiset oppaamme käyttävät syntymäkarttaa laatiessaan **Porfyrioksen huonejakoa**, joka on nimetty uusplatonisti Porfyrioksen (n. 232-310) mukaan. Hän ja useat muut uusplatonistit, kuten Iamblikhos - yksi Hilarionin aiemmista jälleensyntymistä - ja Proklos, olivat eteviä astrologeja.

Porfyrioksen huonejärjestelmä on yksinkertainen ja kaunis. Se tuottaa kartalle vain kahdenkokoisia huoneita. Jotta voimme ymmärtää tämän, meidän tulee ensinnäkin hahmottaa kartan kaksi akselia. Vaaka-akseli, joka halkaisee horoskoopin horisontaalisesti, on itse asiassa syntymähetken horisonttiviiva nähtynä syntymäpaikkakunnalta käsin. Se määrittää vasemmalla laidalla askendentin eli nousumerkin, johon palaamme tarkemmin tuonnempana. Vaaka-akselin oikea laita määrittää ns. deskendentin eli 7. huoneen kärjen.

Pystyakselin ylempi kärki määrittää MC:n (medium coeli) eli keskitaivaan. Se on taivaan korkein kohta tarkasteluhetkellä ja aloittaa 10. huoneen. Tässä yhteydessä on hyvä huomata, että huonejärjestelmä "kulkee" vastapäivään. Pystyakselin alempi kärki (IC eli imum coeli) aloittaa puolestaan 4. huoneen.

Näiden neljän kärjen väliin jää neljä kulmaa, kuvassa α1, α2, β1 ja β2, joista alfat ovat keskenään saman suuruiset, samoin beetat keskenään. Porfyrioksen huonejaossa kukin näistä neljästä sektorista jaetaan kolmeen samankokoiseen huoneeseen, jolloin kaikki alfasektoreiden kuusi huonetta ovat keskenään samansuuruiset, samoin kaikki beetasektoreiden kuusi huonetta. Tästä seuraa mm. se, että yhden alfahuoneen ja yhden beetahuoneen summa on aina 60 astetta.

Huonejaosta on usein noussut kuumia astrologisia väittelyitä. Tämänkin asian suhteen on jälleen tervejärkistä hankkia riittävästi kokemustietoa ja esimerkiksi testata erilaisia järjestelmiä. Itselleni Porfyrios on antanut parhaat tulokset nimenomaan henkisen astrologian yhteydessä.

Tässä yhteydessä on hyvä ottaa huomioon myös kaksi tärkeää asiaa. Ensinnäkin huonejako määräytyy annetun ajan perusteella. Ei ole vaikea ymmärtää, että horisonttiviiva liikkuu eläinradan suhteen pallomme pyöriessä. Jos annettu aika on epätarkka, sillä on vaikutusta myös tulkinnan täsmällisyyteen. Mahdollisimman tarkka syntymäaika helpottaa suuresti astrologin työtä hänen tehdessään astrologista synteesiä. Sen sijaan syntymäpaikkakunta ei ole kovin kriittinen tekijä. Jos paikkakunnan koordinaatteja ei löydy, kannattaa ottaa vaikka lähimmän suuremman taajaman koordinaatit.

Toinen tärkeä huomioitava tekijä on se, että huonerajat eivät ole graniittiin hakattuja, vaan pikemminkin veteen piirrettyjä viivoja. Kokemus osoittaa, että mikäli planeetta sijaitsee edellisen huoneen lopulla, maksimissaan 3-4 asteen päässä seuraavan huoneen alkupisteestä eli kärjestä, se kannattaa tulkinnallisesti siirtää jo seuraavaan huoneeseen.

Henkinen astrologia antaa huonejaolle syvemmät merkitykset kuin maallinen kaimansa. Seuraavassa tiivistelmä huoneiden keskeisestä sisällöstä:

Taulukko 5: **Astrologiset huoneet henkisessä astrologiassa**

| | |
|---|---|
| **1. huone:** | Yksilön minäkuva tai ego. |
| **2. huone:** | Ensisijaisesti yksilön kiintymyksellinen luonto ja rakkauskokemukset, vasta toissijaisesti raha ja muut ihmisen käytössä olevat ulkoiset resurssit. |
| **3. huone:** | Mentaalisuus, yksilön mentaliteetin piirteet; tiedon ja informaation kokoaminen; kommunikaatio. |
| **4. huone:** | Koti ja elämän perusta. Tapa, jolla ihminen näkee ei vain vanhempansa vaan myös itsensä vanhempiensa jälkeläisenä tai "tuotteena". Vanhempien vaikutus yksilön minäkuvaan. |
| **5. huone:** | Kiintymyksellinen suhde - tai sen puuttuminen - omiin vanhempiin ja lapsiin. Luova itseilmaisu. |
| **6. huone:** | Yksilön kyky käsitellä rutiiniasioita ja käytännöllisiä yksityiskohtia elämässään. Jokapäiväinen, arkinen työ. |
| **7. huone:** | Avio- tai rakkauskumppani ihmisen elämässä; myös ne piirteet, jotka hankitaan jäljittelemällä muita. |
| **8. huone:** | Äärimmäinen uudistuminen/uudestisyntyminen, joka tulee kuoleman (symbolisen sellaisen), "sielun tumman yön" tai rehellisen, tietoisen, omien heikkouksien ja puutteellisuuksien voittamiseen tähtäävän ponnistelun kautta. Vasta toissijaisesti huone viittaa seksuaalisuuteen ja muiden ihmisten rahoihin, esimerkiksi perintöön. |
| **9. huone:** | Mentaalisten ja henkisten horisonttien avartuminen ensin matkustelun ja muihin kulttuureihin tutustumisen, myöhemmin opiskelun ja kontemplaation kautta. Pyrkimys nähdä olemassaolon aspektit filosofisemmasta, metafyysisemmästä näkökulmasta; syvempien merkitysten etsiminen. |
| **10. huone:** | Ura tai rooli, jonka ihminen on omaksunut elämässä; ne luonteenpiirteet, jotka yksilö on saanut geneettisenä perintönä. |
| **11. huone:** | Aiempien elämien vihollisten, kilpailijoiden tai vastustajien huone; ystävyys jonka ihminen saavuttaa/on saavuttanut muuntamalla vihan rakkaudeksi. |
| **12. huone:** | Tietoisen ajattelun tuolla puolen olevien tietämisen lähteiden (intuitiiviset lähteet, kanavoitu informaatio, välitön totuuden paljastuminen) tavoitteleminen; edellinen elämä, tiedostamaton, kätketty, salattu tai yksityinen puolemme; kielteisellä tasolla 12. huone viittaa depressioon, melankoliaan ja mentaaliseen epätasapainoon. |

Huonesijainteihin on tallentunut paljon tärkeää astrologista informaatiota. Tätä voidaan lukea monella eri tavalla. Mestari Hilarionin mukaan huonesijainneilla on useampia merkitystasoja, joista voidaan ottaa tässä esille kolme:

1) Kullakin huoneella on suora tai käytännöllinen merkitys;
2) Kullakin huoneella on myös merkitys, joka liittyy aiemmista elämistä tuotuun karmaan ;
3) Kullakin huoneella on lisäksi merkitys liittyen oppiläksyihin, jotka yksilön on tarkoitus oppia nykyisessä elämässään.

Lienee selvää, että näillä kahdella viimeksi mainitulla merkitystasolla on paljon tekemistä keskenään.

Seuraavissa luvuissa palaamme tarkemmin kunkin planeetan kvaliteetteihin ja keskeisiin vaikutuksiin niin merkki- kuin huonesijainnissakin. Näiden kolmen tekijän - planeettojen, merkkien ja huoneiden - väliset lukemattomat kombinaatiot sekä planeettojen väliset määräkulmat eli aspektit luovat perustan astrologian henkiselle tieteelle.

Aspektit ovat siis määräkulmia astrologisten tekijöiden välillä. Ne kertovat ko. tekijöiden välisestä dynamiikasta, onko se luonteeltaan pehmeää ja harmonista, vai kovaa, terävää ja potentiaalisesti konfliktipitoista. Klassisia aspekteja on viisi:

**Yhtymä** ☌ = 0° (tekijät enintään 8 asteen päässä toisistaan eli niiden asteväljyys, orbi, on 8°). Tämä voi olla pehmeä tai jännitteinen kuvio riippuen mukana olevien tekijöiden yhteensopivuudesta. Esimerkiksi häilyvän, feminiinisen ja tunteellisen Kuun ja tulisen, aggressiivisen ja maskuliinisen Marsin yhtymä eli konjunktio on aina jännitteinen ja viittaa tavallisesti konfliktienergioihin kotioloissa, luultavimmin jo lapsuudenkodissa. Toisaalta kauneuteen, rakkauteen ja harmoniaan liittyvän Venuksen ja mm. mentaalisuutta hallitsevan Merkuriuksen yhtymä on rakentava viitaten usein esimerkiksi mentaalisten taiteiden (kirjallisuuden, runouden ja musiikin) rakkauteen.

**Oppositio** ☍ = 180° ± 8°; astrologiset tekijät ovat kartan vastakkaisilla puolilla eli niin etäällä toisistaan kuin mahdollista. Tämä on aina jännitteinen stressitekijä, joka kuitenkin antaa mahdollisuuden tietoisuuden avartumiselle, koska yksilö on ikään kuin pakotettu tarkastelemaan asioita useammalta eri kantilta. Kuvio opettaa ihmiselle mm. kompromissien tekemisen tiedettä ja taidetta.

**Neliö** ☐ = 90° ± 8°; tämä on terävä, stressaava ja jännitteinen kulma.

**Kolmio** △ = 120° ± 8°; tämä on aina pehmeä, mutta usein myös "laiska" kuvio.

**Sekstiili** ✶ = 60° ± 6°; tämä on pehmeä ja harmoninen, mutta dynaamisempi kulma kuin kolmio. Sen lupausten eteen joutuu myös tekemään enemmän töitä.

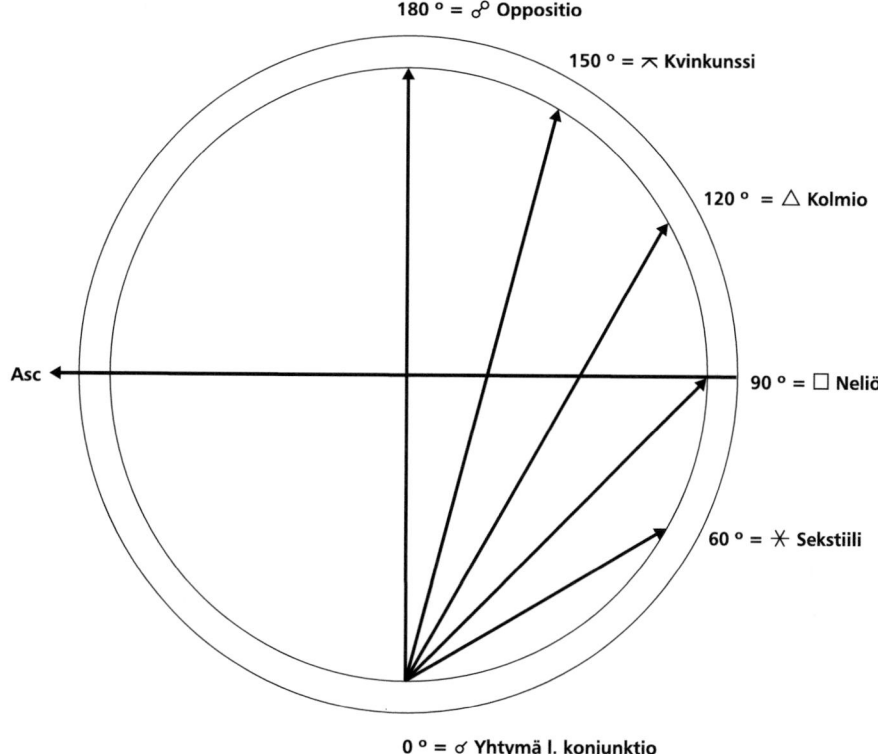

Piirros 9: **Keskeiset aspektit yhtymästä oppositioon.**

Näiden viiden perusaspektin lisäksi astrologit käyttävät usein monia muitakin aspekteja. Niistä mielestäni keskeisin on **kvinkunssi/kvinkunksi** eli in(kon)junktio ⚹. Se on 150°:een määräkulma (orbi 3-4°), jonka merkitys on noussut voimakkaasti esiin ajan saatossa. Se on ärsyttävä, jäynäävä ja stressaava aspekti, jota on joskus kutsuttu myös terveysaspektiksi, koska sen muodostamat tekijät eivät helposti saavuta keskinäistä balanssia ja voivat johtaa pitkässä juoksussa myös terveydellisiin ongelmiin. Tämä aspekti vaatii mukautuvuutta ja sopeutumista hankaliinkin olosuhteisiin ja tilanteisiin.

Yleisellä tasolla planeettojen välinen aspekti kertoo, miten ihminen on aiemmissa elämissään työskennellyt näiden planeettaenergioiden kanssa: onko hän onnistunut vai epäonnistunut niiden balansoinnissa. Jänniteaspektit (oppositiot, neliöt, kvinkunssit ja jotkut yhtymät) kertovat, että yksilöllä on ollut vaikeuksia löytää tasapainoa planeettojen edustamien asioiden välille, mikä on johtanut tyypillisesti kielteisiin ajatusmalleihin ja tunnetiloihin sekä sitä kautta negatiivisen karman luomiseen.

Näin voimme ymmärtää, että useimmissa tapauksissa kartalta löytyvä jänniteaspekti kertoo sekä negatiivisesta karmasta että sen mukana tulleesta oppiläksystä. Tässä elämässä hän joutuu sitten ponnistelemaan saattaakseen ko. asiat balanssiin. Tulkinnassa on syytä ottaa mukaan myös planeettojen merkki- ja huonesijainnit.

On viisasta huomioida seuraava astrologinen "tulkintayhtälö" liittyen planeettoihin ja niiden tekemiin aspekteihin:

1) Mihin tahansa kartalta löytyvään planeettaan voi liittyä ongelma;
2) Muista planeetoista tulevat **jänniteaspektit** antavat yksityiskohtaisempaa tietoa, joka voi auttaa täsmentämään ongelman;
3) Vielä muista planeetoista tulevat **positiiviset aspektit** viittaavat tapoihin tai mahdollisuuksiin voittaa tai ratkaista ko. ongelma.

Pehmeät aspektit kertovat, että yksilö on onnistunut yhdistämään harmonisella tavalla ko. planeettojen energioita. Hän on luonut näin positiivista karmaa ja pääsee nauttimaan tekojensa hyvistä hedelmistä tässä elämässä. Jälleen merkit ja huoneet antavat lisätietoa asiasta.

Myös aspektien suhteen on syytä tarkastella yksittäisten aspektien ohella myös kokonaistilannetta. Jos yksilön syntymäkartalla on runsaasti jänniteaspekteja, yksilö suorittaa tässä inkarnaatiossa varsin suuren määrän karmaa. Tällöin on hyvin tärkeää etsiä pehmentäviä tekijöitä, esimerkiksi kolmioita ja sekstiilejä, jotka auttavat häntä kantamaan karmansa. Ylipäänsä on erittäin tärkeää tukea kaikin tavoin yksilön kasvua, henkistä kehitystä ja positiivista elämänasennetta; niillä on ratkaiseva osa ihmisyyteen liittyvässä eheytymisprosessissa.

Taulukko 6: **Merkit, niiden hallitsemat huoneet ja niitä hallitsevat planeetat**

| Merkki | Huone | Planeetta |
|---|---|---|
| Oinas ♈ | 1. huone | Mars ♂ |
| Härkä ♉ | 2. huone | Venus ♀ |
| Kaksonen ♊ | 3. huone | Merkurius ☿ |
| Rapu ♋ | 4. huone | Kuu ☽ |
| Leijona ♌ | 5. huone | Aurinko ☉ |
| Neitsyt ♍ | 6. huone | Merkurius ☿ |
| Vaaka ♎ | 7. huone | Venus ♀ |
| Skorpioni ♏ | 8. huone | Pluto ♇, Mars ♂ |
| Jousimies ♐ | 9. huone | Jupiter ♃ |
| Kauris ♑ | 10. huone | Saturnus ♄ |
| Vesimies ♒ | 11. huone | Uranus ♅ |
| Kalat ♓ | 12. huone | Neptunus ♆ |

# Esimerkkikartta 1:

Keskitaivas l. MC (10. huoneen kärki)          8. huone

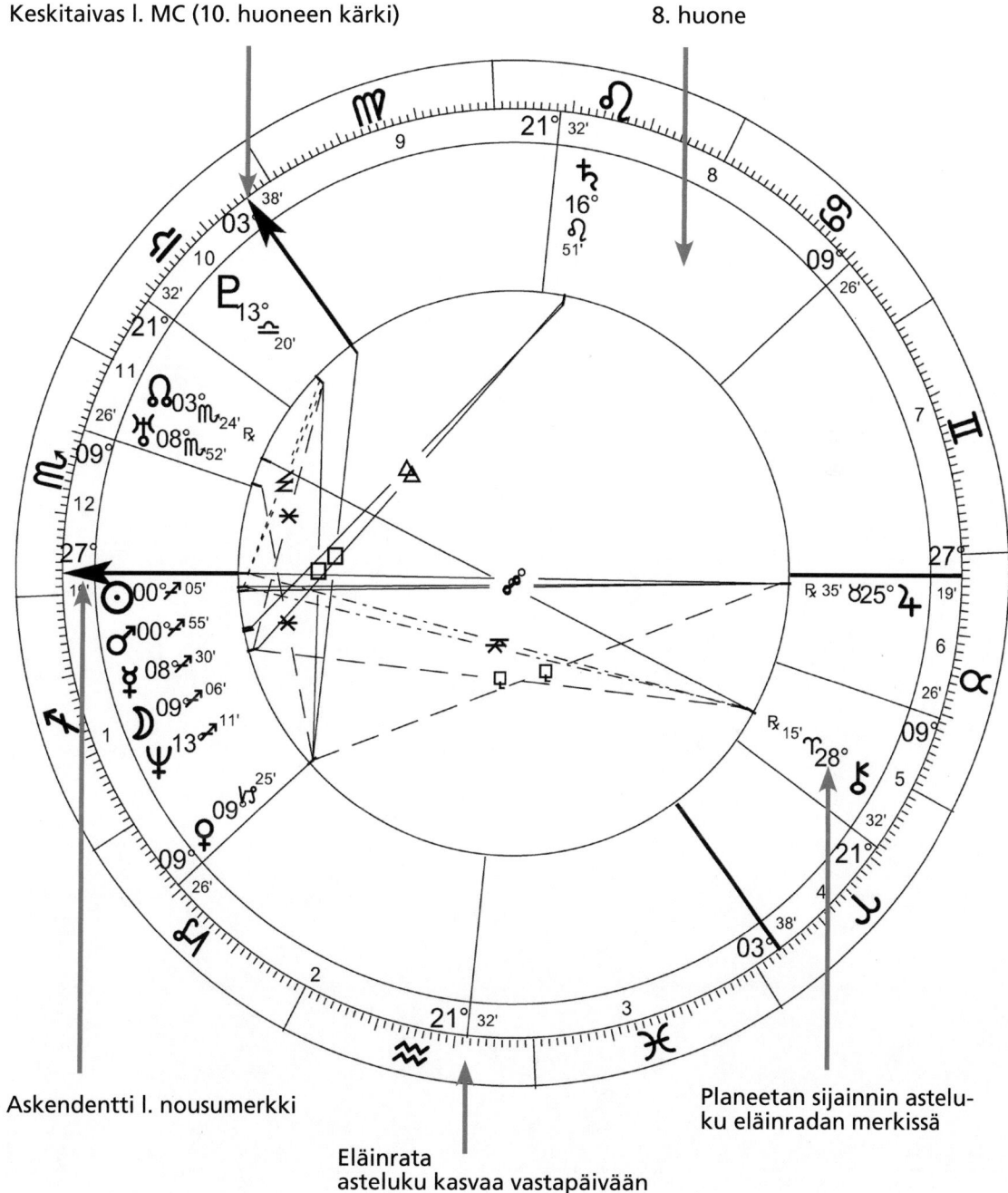

Askendentti l. nousumerkki

Eläinrata
asteluku kasvaa vastapäivään

Planeetan sijainnin astelu-
ku eläinradan merkissä

Astrologinen kartta kertoo planeettojen, eläinradan merkkien ja huoneiden sijainnit yksilön syn-
tymäajankohtana syntymäpaikalta nähtynä.

# 3

## Taivaan valot:

# Aurinko ja Kuu

Aurinko ja Kuu, taivaan valot, muodostavat henkisen tähtitaivaamme peruspolariteetin ja ovat muutenkin henkisen astrologian näkökulmasta erittäin tärkeitä tekijöitä. Ne näyttävät taivaalla yhtä suurilta, mikä johtuu siitä, että vaikka Kuu on 1/400 Auringon koosta, Latinankielellä, se myös "sattuu" olemaan 400 kertaa lähempänä Maata. Näissä lukusuhteissa on tärkeä vinkki liittyen Kuun suhteelliseen merkitykseen elämässämme.

Niin kuin kirjoitin jo edellisessä luvussa, Auringon ja Kuun välillä voi astrologiassa esiintyä kaikkiaan 144 (12 x 12) eri kombinaatiota, jotka antavat tärkeää tietoa ihmisen luonteesta ja perusominaisuuksista. Henkinen astrologia näkee niissä myös merkittäviä karmallisia ulottuvuuksia, joiden ymmärtäminen on keskeistä tulkinnassa.

Tarkastelkaamme ensin taivaan valojen keskinäistä dynamiikkaa. Niiden piirileikki taivaalla jäsentyy kuunkierroksi, jossa Kuu - häilyvin taivaankappale - vaihtaa alituisesti "kasvojaan". Jokaista täyttäkuuta seuraa parin viikon päästä uusikuu, ja sitä taas parin viikon päästä seuraava täysikuu.

Tällä Auringon ja Kuun syklillä on myös omat psykologiset piirteensä ja vaikutuksensa, jotka osaltaan saattavat tarjota selityksen sille, että toiset herkistyvät Kuun vaikutuksille kierron kulminaatiopisteissä täydenkuun ja uudenkuun aikoihin. Vaikka materialistinen tiede pyrkii kaikin keinoin kieltämään tällaisen vaikutuksen, ovat monet ihmiset kuitenkin todenneet sen voiman omassa elämässään.

Olin aikoinani jonkin aikaa radiotyössä eräässä ajankohtaistoimituksessa ja monet kerrat täydenkuun yhteydessä kuulin esimerkiksi poliisin ja hoitoalan ihmisten kertovan, kuinka täysikuu vaikuttaa selkeästi, tilastollisestikin merkittävällä tavalla, ihmisten käyttäytymiseen. Erityisesti monenlaiset sekoilut, ongelmat alkoholin, huumeiden ja muiden addiktiivisten aineiden kanssa, pyrkivät nousemaan tavallista voimakkaammin esiin näihin aikoihin. Lievemmässä muodossa unihäiriöt ja apinamielen levottomuus kuuluvat täydenkuun tuliaisiin, kun yksilö on herkistynyt sen vaikutuksille.

Uusikuu ja täysikuu näyttävätkin olevan tärkeitä tekijöitä asioiden laukaisijoina. Koska Aurinko edustaa muun muassa tiedostettua ja Kuu puolestaan tiedostamatonta, uusikuu pyrkii lähentämään näitä kahta psyyken osaa toisiinsa. Eli uusikuu on aika, jolloin yksilöt voivat odottaa saavansa omaan tiedostamattomaan puoleensa tavanomaista voimakkaamman kontaktin. Esimerkiksi liikemiehen bisnesvainu saattaa terävöityä, hänen naispuolisen kollegansa intuitio antaa puolestaan kuulua itsestään. Ne, jotka meditoivat säännöllisesti, voivat huomata pääsevänsä normaalia parempiin tuloksiin juuri uudenkuun aikana (kyseessä on n. 2-3 vuorokauden aika tarkan uudenkuun ympärillä). "Pimeän Kuun" päivinä juuri ennen seuraavaa uuttakuuta on hyvä päästä eroon vanhoista ajatuksista, muuntaa energiaa, mietiskellä ja avata tietoisuuttaan. Silloin on samalla aika valmistautua seuraavan jakson haasteisiin ja mahdollisuuksiin.

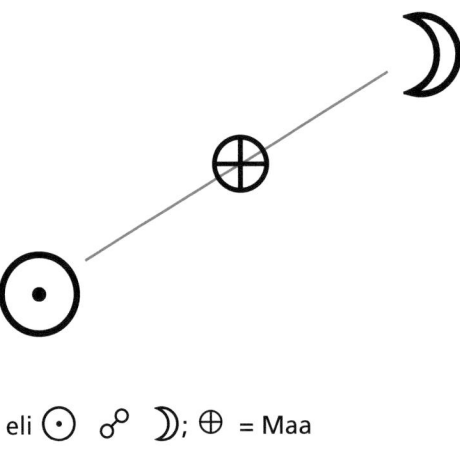

eli ☉  ♂  ☽; ⊕ = Maa

Piirros 10: **Täydenkuun tilanne taivaalla**

Täydenkuun symboliikka lienee edellämainitun valossa selvä. Silloin tietoisen ja tiedostamattoman mielen alueet vetävät ikään kuin eri suuntiin ja ovat mahdollisimman kaukana toisistaan. Kielteiset tunteet ja energiat voivat nousta esiin niissä, joiden tietoinen ja tiedostamaton mieli sisältävät keskenään ristiriitaisia, jännitteisiä komponentteja.

Niiden, joihin täysikuu vaikuttaa kielteisellä tavalla, on tärkeää ymmärtää tämä asia ja saattaa tietoinen mieli tasapainoon ja harmoniaan tiedostamattoman kanssa. Tämä onnistuu usein parhaiten rehellisen itsetutkiskelun ja meditaation avulla.

Auringon ja Kuun keskinäinen jännite, esimerkiksi oppositio tai neliö, yksilön syntymäkartalla kertoo henkisen astrologian näkökulmasta, että sisäinen mies ja sisäinen nainen, yksilön maskuliininen ja feminiininen arkkityyppi, ovat pois balans-

Astrologia ja Henkinen Tie

sista. Usein tällaisessa tapauksessa, erityisesti täydenkuun kartoilla, vanhemmat ovat eronneet yksilön ollessa vielä nuori. On myös mahdollista, että heidän avioliittonsa ulkoiset kulissit ovat pysyneet pystyssä, mutta he ovat etääntyneet kauas toisistaan.

Yksilö on voinut syyttää vanhempiaan omista ongelmistaan, mutta niiden juuret löytyvät kuitenkin omista tiedostamattomista kaavoista - jotka kenties ovat saaneet kyllä alkunsa lapsuudenkodin ilmapiiristä ja vanhempien vaikutuksesta. Joskus Auringon ja Kuun jännitteet antavat impulssin paeta rajoituksia etsiytymällä uusiin kokemuksiin, ennen kuin aiempien opit on kunnolla sulateltu. Tällaisissa tilanteissa on hyvä oppia kehittämään kestävyyttä ja stabiliteettia, jotta yksilö kykenee viemään ponnistukset positiiviseen lopputulokseen saakka. Joka tapauksessa on tärkeää lakata syyttelemästä ulkomaailmaa omista vaikeuksista. Palaan tähän teemaan luvun lopussa tarkastellessamme esimerkkikartta 2:een liittyvää Auringon ja Kuun polariteettia.

Tässä on hyvä muistaa tärkeä periaate: maailma on meidän näköisemme. Heijastuksen lain mukaisesti ulkomaailma kertoo meille aina jotain meistä itsestämme. Jos tällainen taivaan valojen keskinäinen jännite löytyy omalta kartalta, on syytä pyrkiä tietoisesti balansoimaan nämä eri puolet (sisäinen mies ja sisäinen nainen) keskenään, mikäli ihminen haluaa saada ulkoiset ihmissuhteet kuntoon.

Tarve saada aikaiseksi eräänlainen "sisäinen avioliitto" liittyy laajempaan kysymykseen siitä, kuinka henkiset "sisätyöt" edeltävät aina ulkoisia saavutuksia. Todellinen muutos alkaa sisältä käsin, mistä kehitys heijastuu sitten automaattisesti ulkoiseen todellisuuteen.

Planetaarisen valotyön merkityksessä täydenkuun aika on aina tärkeä Henkisen Tien näkökulmasta. Silloin planeettamme henkinen hierarkia, Suuri Valkoinen Veljes/Sisarkunta, vuodattaa ihmiskunnalle kohottavia energioita liittyen kulloiseenkin Auringon merkkisijaintiin. Tämä on erinomainen aika meditaatiolle ja muulle keskittyneelle ryhmätyöskentelylle.

# AURINKO - OLEMUKSEMME YDIN

Lähdemme seuraavaksi käsittelemään Auringon ja Kuun merkitystä sekä merkki- ja huonesijainteja henkisen astrologian näkökulmasta.

Keskustähtemme Aurinko antaa valon, lämmön, elämän ja kosmisen praanan koko aurinkokunnalle. Astrologisesti Aurinko liitetään perinteisesti vitaliteettiin, lämpöön, luovuuteen, itseluottamukseen, yksilölliseen identiteettiin, itsetietoisuuden ytimeen, tunteeseen omasta ainutlaatuisuudesta, arvokkuuteen, lojaaliuteen, tahdonvoimaan ja karismaattiseen johtajuuteen (Bill Clinton tulee tässä mieleen karismaattisena Leijona-johtajana).

Monet menneisyyden sivilisaatiot palvoivat Aurinkoa useilla eri tavoilla. Muinaisille egyptiläisille se oli Ra, aurinkoprinsiippi, joka oli vastuussa kaikesta luodusta.

Ra'n palvonnan ja opiskelun keskeinen paikka oli nykyisen Kairon itäpuolella oleva Onnu eli kreikkalaisten Heliopolis, joka oli yksi egyptiläisten neljästä kosmologisesta keskuksesta.

Muita Auringon synonyymejä muinaisissa sivilisaatioissa olivat mm. Mithra Persiassa, oikeudenmukaisuuden jumala Shamash Assyriassa ja Babyloniassa, sumerien Utu, Helios ja joskus Apollo kreikkalaisten auringonjumalana, Homeroksen Hyperion, japanilaisen mytologian auringonjumalatar Amaterasu, Intian varhaisen indoeurooppalaisen kulttuurin Surya ja Savitar sekä atsteekkien Tescatlioca. Nykypäivän auringonpalvojat - ja heitä on paljon! - kokoontuvat suorittamaan moninaisia riittejään ja rituaalejaan aurinkorannoille.

Aurinko on tärkein yksittäinen tekijä astrologian näkökulmasta. Latinaksi Aurinko on *sol*, mistä tulee englanninkielen *soul* ja suomen sielu. Ulkoisella Auringolla on voimakas yhteys omaan sisäiseen aurinkoomme, olemuksemme pyhään ytimeen.

Tässä on merkittävä vinkki Auringon ymmärtämiseen henkisyyden näkökulmasta. Se viittaa nimittäin niihin luonteenpiirteisiin, jotka muodostavat jonkin korostuneen piirteen sielussa tai korkeammassa minässämme, josta tietoinen minämme on heijastunut aineen maailmaan. Niin kuin kirjoitin aiemmin, me olemme ikään kuin sielumme satelliitteja.

Yleensä jokin merkittävän aiemman elämän taipumus ja ominaislaatu näkyy nykyisessä aurinkomerkissämme. Monissa tapauksissa tämä on eräänlainen lahja, jonka ihminen on antanut itselleen omilla ponnisteluillaan. Muutamissa tapauksissa kyseessä on taas tärkeä sielunläksy, jota henkilö opiskelee aurinkomerkkinsä puitteissa.

On hyvä ymmärtää, että aurinkomerkin keskeisten piirteiden ilmentämisen esteenä ovat usein erilaiset karmalliset, perinnölliset ja ympäristöön liittyvät filtterit tai suodattimet, joiden kohtaaminen on osa kulloistakin elämänsuunnitelmaa. Nämä filtterit voivat näkyä esimerkiksi Auringon jännitekulmissa muihin astrologisiin tekijöihin. Mikäli tällaisia löytyy yksilön kartalta, yksi hänen tehtävistään on löytää, tutkia ja ilmentää aurinkomerkkinsä positiivisia puolia.

Kannattaa muistaa, että jokaisella merkillä ja planeetalla on sekä positiivisia että kielteisiä ilmennyksiä. Henkisellä Tiellä on tarpeen pyrkiä aina ilmentämään näitä rakentavia, myönteisiä tekijöitä ja neutraloimaan kielteisiä tekijöitä. Tämä on astrologinen avain sujuvaan edistymiseen henkisessä kehityksessä.

## Aurinko merkeissä

Auringon sijainti eri eläinradan merkeissä vaihtelee hieman vuosittain; merkin taitekohta on yleensä kuun 20.-22. päivän tienoilla. Jos siis henkilö on syntynyt kahden merkin rajalla, täytyy aurinkomerkki tarkastaa astrologisesti.

Aurinko merkeissä v. 2020 (Helsingin korkeudella):

| | |
|---|---|
| Vesimies | 20.1.-19.2. |
| Kalat | 19.2.-20.3. |
| Oinas | 20.3.-19.4. |
| Härkä | 19.4.-20.5. |
| Kaksonen | 20.5.-21.6. |
| Rapu | 21.6.-22.7. |
| Leijona | 22.7.-22.8. |
| Neitsyt | 22.8.-22.9. |
| Vaaka | 22.9.-23.10. |
| Skorpioni | 23.10.-21.11. |
| Jousimies | 21.11.-21.12. |
| Kauris | 21.12.-19.1.2021 |

**Aurinko Oinaassa:**

*Motto: "Sisäinen valoni opastaa henkisen kehityksen tiellä"*

Marsin eksoteerisesti ja Merkuriuksen esoteerisesti hallitsema Oinas on eläinradan kuopus, kevään lapsi, impulsiivinen, tahdonvoimainen ja aloitteellinen. Tämän johtavan tulimerkin haasteina ovat mm. terveen harkinnan yhdistäminen innostuneisuuteen, ajatteleminen ennen toimintaa, kestävyyden hankkiminen aloitettujen projektien parissa, energioiden rakentava suuntaaminen ja itsekkyyden muuntaminen altruismiksi. Kehittynyt Oinas avaa uusia latuja ihmiskunnalle ja näyttää esimerkkiä rohkeudellaan. Auringon sanotaan olevan ylennyksessään tässä tulimerkissä.

Tässä sijainnissa Aurinko antaa ylimääräisen polttoainetankin energiaa, jonka Oinas-yksilö on ansainnut omalla rohkealla, uhrautuvalla toiminnallaan aiemmissa inkarnaatioissaan, jolloin hän kykeni asettamaan syrjään omat itsekkäät pyrkimyksensä ja motiivinsa auttaakseen lähimmäisiään. Näin hänen sielunsa sai pysyvän yhteyden universumin tyhjentymättömään energialähteeseen.

Jokaisen lahjan - joka Oinaan tapauksessa on enemmänkin sisäinen kuin ulkoinen - mukana tulee tietysti myös vastuu. Oinaan tapauksessa se on tämän runsaan energian käyttäminen rakentavalla, loukkaamattomalla tavalla. Oinas saattaa nimittäin käyttää energiaansa aggressiivisella, jopa väkivaltaisella tavalla.

Oinas on ideoiden syntymäkoti muinaisen viisauden mukaan. Kaikki mikä ilmentyy on saanut alkuimpulssinsa Jumalallisista Ideoista.

Oinaalle sopivia kukkauutteita ovat mm. Impatiens/jättipalsami (Bachin uutevalikoima), Heather/kanerva (Bach), Vine/viiniköynnös (Bach), Scarlet monkeyflower/apinankukka (FES:in uutteet, valmistajana Flower Essence Society Kaliforniassa) ja Tiger lily/tiikerinlilja (FES) sekä suomalaisista uutteista Kirjopillike. Näitä käyttämällä Oinas-yksilö voi tasapainottaa pulppuilevia energioitaan. Metalleista rauta ja hiiliteräs sekä jalokivistä karneoliakaatti, verikivi ja valkoinen timantti liittyvät Oinaan merkkiin.

**Aurinko Härässä:**

*Motto: "Luon rakkauden avulla oman todellisuuteni"*

Itsepäinen, päättäväinen, kärsivällinen, rakastava, kauneudentajuinen ja omistushaluinen Härkä on <u>kiinteä maamerkki</u>. Härän merkissä syntyneiden kehitystehtäviä ovat mm. rakkauden pyyteettömän puolen ymmärtäminen ja ilmentäminen, korostuneen nautinnonhalun hallitseminen sekä aineeseen takertumisen korvaaminen henkisemmillä arvoilla. Korkeatasoisen Härän silmistä loistaa viisaus, lempeys ja loputon kärsivällisyys, ja hän kykenee yhdistämään korkeatasoisen rakkauden käytännön toimiin.

Venuksen perinteisesti hallitsemassa Härässä sijaitseva Aurinko kertoo, että yksilöllä on sielunsa tasolla syvän rakkauden merkityksen ymmärrys. Tämä on peräisin aiemman elämän uhrautuvasta rakkaudesta, joka jäi useimmissa tapauksissa ilman vastarakkautta. Epäitsekäs omistautuminen toisen rakastamiselle antoi sielulle yhteyden puhtaan rakkauden lähteeseen hyvin korkealla henkisellä tasolla, josta sielu saa jatkuvasti ravintoa ilmennettäväksi rakkautena ja kiintymyksenä.

Jälleen lahjaan sisältyy myös vastuu. Härän kohdalla se on tämän rakkauden vapaa ja pyyteetön ilmentäminen niin, ettei siihen liity omistamishalua, patoamista ja ehtoja. Jos tämä rakkaus padotaan, mikä usein liittyy siihen, ettei rakkauden runsaudelle löydy ulkoisia kohteita, Härkä-yksilö saattaa suunnata rakkauden omaan fyysiseen kehoonsa ja aistinautintoihin. Tästä taipumuksesta on peräisin usein havaittu Härän nautinnonhalu.

Toinen keskeinen ongelma ja haaste on se, että rakkaus joka ei ole löytänyt kohdetta toisesta tai toisista ihmisistä, suuntautuukin rahan ja omaisuuden rakkauteen. Erityisen herkästi näin voi tapahtua, jos Härkä-yksilö ei ole varhaisessa lapsuudessaan saanut vanhemmiltaan riittävästi kiintymystä ja rakkautta osakseen.

Härkä on täällä opettamassa meille rakkautta ja siihen liittyvää viisautta. Buddhan sanotaan syntyneen, valaistuneen ja kuolleen juuri Härän merkissä. Kun ihminen lähtee tietoisesti korkeamman kehityksen tielle, jotkut planeettavaikutukset alkavat heiketä hänen elämässään ja jotkut muut taas voimistua. Tässä on tärkeää huomata, että ihminen ei tässä kehityksen vaiheessa ole enää oikkujen, mielihalujen ja viettien vanki, vaan hän ohjaa itseään tietoisesti ja tahtonsa avulla kohti korkeampia päämääriä.

Aineellisten asioiden vetovoima alkaa tässä prosessissa heiketä ja henkisten, taivaallisten asioiden vetovoima kasvaa. Tämä tarkoittaa myös voimistuvaa sieluyhteyttä. Persoonallisuus tuntee vetovoimaa ainetta kohti, kun taas sielu tuntee vetovoimaa taivasta ja henkeä kohti. Härän tapauksessa se tarkoittaa luopumista korostuneista aistinautinnoista ja itsekkyydestä. Tällöin rakkaus voi virrata kirkkaana ja himmentymättömänä hänen olemuksensa ja tekojensa kautta.

**Harva asia on niin väärinymmärretty ihmiskunnan keskuudessa kuin rakkaus, vaikka siitä puhutaan, kirjoitetaan ja lauletaan niin paljon.** Rakkaus ei ole hullaantumista, fyysisen ja tunnekehon haluja, velvollisuutta eikä kauppatavaraa. Todellinen rakkaus ei myöskään ole sokea, niin kuin poplauluissa kerrotaan, vaan vasta aito rakkaus tekee meidät näkeviksi.

Rakkaus on kirjaimellisesti liimaa, joka pitää universumin koossa. Sillä rakkaus - jota esimerkiksi Kristus tunsi ja tuntee - on perimmäinen syy luotujen maailmojen, tasojen ja alueiden ilmennykseen. Juuri tämän rakkauden tähden Jumala loi Kaiken Mikä On, ja tällä samalla korkeimmalla rakkaudella Hän katsoo kaikkia luotujaan.

Meidän tehtävämme on täyttyä tällä jumalallisella rakkaudella ja ilmentää sitä täällä ihmisten maailmassa, aineen vastuksen maailmassa. Rakkaus antaa kyvyn nähdä sydämen silmien kautta! Rakkaus on voima, joka avaa ja vapauttaa kaikki ihmisessä latenttina olevat jumalalliset ominaisuudet. Tämä on myös Härän korkeampi kutsu.

Härän kukkauutteita ovat mm. Gentian/horkkakatkero (Bach), Chestnut bud/ kastanjan nuppu (Bach), Chicory/sikuri (Bach), Iris/kurjenmiekka (FES), Tansy/ pietaryrtti (FES) ja Hound's tongue/koirankieli (FES) sekä suomalaisista uutteista Metsämansikka. Näiden uutteiden avulla Härkä-ihminen kykenee paremmin ilmaisemaan merkin korkeampaa puolta ja suuria mahdollisuuksia. Metalleista kupari ja jalokivistä tiikerinsilmä, lapis lazuli, safiiri ja turmaliini liittyvät Härän merkkiin.

**Aurinko Kaksosissa:**

*Motto: "Löydän moninaisuuden takaa ykseyden"*

Muuttuva ilmamerkki Kaksonen on eläinradan "ikiliikkuja": monipuolinen, kätevä, älyllisesti utelias. Kyseessä on elämänkokemusten keräämisen, uteliaisuuden, ihmissuhteiden ja asioiden toisiinsa suhteuttamisen ja verkostoitumisen merkki. Haasteita ovat mm. energioiden maadoittaminen ja keskittäminen kulloinkin käsillä olevaan tehtävään, pinnallisuuden välttäminen, ihmisten ja ajatusten yhdistäminen toimiviksi verkostoiksi sekä oman hermoenergian jalostaminen. Kehittynyt Kaksonen käyttää viisaasti monipuoliset lahjansa, muuntautuu ja jakaa eteenpäin oivalluksiaan.

Kaksonen tulee aurinkomerkiksi yksilölle, joka aiemmassa elämässään kehitti älyllisiä ja rationaalisia kykyjään huomattavaan mittaan ponnistelun ja periksiantamattomuuden avulla. Hän myös suuntasi ponnistelujensa hedelmät muiden ihmisten auttamiseen. Tämän kauniin palvelemisen myötä sielu sai syvän yhteyden älylliseen tai mielen energiaan hyvin korkealla tasolla. Tämä energia vuodattuu sitten sieluun ja ulottuu myös persoonallisuuden tasolle, jos vain aiemmin mainitut filtterit sen sallivat.

Kaksosten merkissä aurinkoenergian vastuuna on sitten käyttää ja kohdentaa tätä mielen energiaa tavalla, joka ei hajaannu niin moneen suuntaan tai jota ei käytetä sanan säilän heilutteluun. Kaksonen nimittäin saattaa usein tulla turhan tiedon mestariksi tai "metsästää kahta jänistä yhtä aikaa", niin kuin sattuva venäläinen sananlasku sanoo. Energiat ja voimat voivat silloin hajota ja tavoitteet jäädä saavuttamatta. Jos ihminen on koko ajan kaikkialla, hän ei ole lopulta enää missään.

Myös verbaali loukkaaminen kuuluu tässä kitkettäviin tekijöihin. Kaksonen arvostaa kunnon väittelyä ja mentaalista miekkailua, mutta hän ei usein muista, että lausutut sanat - niin kuin ajatellut ajatuksetkin - palaavat takaisin lähettäjäänsä.

Muiden loukkaaminen ja haavoittaminen, vaikka se tapahtuisi "vain" sanojen kautta, hidastaa aina yksilön etenemistä Henkisellä Tiellä.

Ihminen joka hallitsee ajatuksensa, hallitsee todennäköisesti myös puheensa. Puheessa ajatukseen liitetään värähtely, ääniaaltojen liike, ilmamolekyylien tanssi, siksi puhe vaikuttaa voimakkaammin fyysisellä tasolla kuin ajatus, joka ensisijaisesti operoi korkeammilla värähtelytasoilla.

Puhe on suuri okkulttinen väline. Mestari Hilarion saneli aikoinaan englantilaiselle teosofille Mabel Collinsille 1800-lopulla kirjan *Valoa tielle* (Teosofinen seura, 1965), jossa kerrotaan: "Ennen kuin kieli on menettänyt kykynsä haavoittaa, se ei voi puhua hengen totuuksia."

Tänä päivänä, kun ihmiset ovat jo sangen sivistyneitä, toisia ei loukata enää miekoilla tai muilla vastaavilla aseilla. Loukkaaminen tapahtuukin kaikkein eniten mentaalisesti, ajatusten ja puheen kautta. Meillä onkin siksi vielä perkaamista omassa ajattelussamme ja puheessamme, jotta emme loukkaisi ja haavoittaisi lähimmäisiämme - ja sitä kautta jälleen itseämme.

Puheen väärinkäyttöön kuuluu myös juoruilu, joka on syvästi vahingoittavaa toimintaa, suorastaan dopingia Henkisellä Tiellä. Nimittäin juoruilun avulla rakennetaan suurta yhteistä ajatuskoostumaa, joka sitten lähetetään uhrin - juorun kohteen - niskaan henkisesti. Luonnollisesti tästä seuraa raskas karma.

Eli kun ihminen lausuu ääneen lähimmäiseensä kohdistuvan negatiivisen ajatuksen, vaikutukset voivat olla kauaskantoiset. Ensinnäkin kielteiset ja kriittiset ääneen lausutut sanat nostavat puhujan kurkkuchakran alueelle tiukan tumman kehän, joka toimii ikään kuin muurina tai rajoitteena estäen muiden, jalompien ajatusten pääsyn hänen ajatusmaailmaansa.

Selvänäköiset ihmiset voivat usein nähdä kriittisyyteen ja kielteisyyteen taipuvaisen ihmisen kurkkukeskuksen alueella tumman, peittyneen tai tummanpunaisen alueen aurassa. Ihminen, jolla on tällainen väritys kurkkukeskuksensa ympärillä aurassa, ei kykene puhumaan hengen totuuksia.

Oikeiden sanojen ja oikean puheen arvoa ei voida yliarvioida. Ajattelussamme ja puheessamme on voima luoda, tuhota tai säilyttää. Eräs henkinen Mestari on sanonut, että **eniten harmia maailmassa aiheuttaa sanojen huolimattomasta käytöstä johtuva välinpitämättömyys**.

Kaksosten kukkauutteita ovat mm. Cerato/karvalehti (Bach), Hornbeam/valkopyökki (Bach), White chestnut/hevoskastanja (Bach), Madia (FES), Morning glory/elämänlanka (FES) ja Lavender/laventeli (FES) sekä suomalaisista kukkauutteista Tuomi ja Keltamo. Metalleista molybdeeni ja jalokivistä aleksandriitti ja akvamariini liittyvät Kaksosten merkkiin.

Henkiset oppaat pyrkivät inspiroimaan vanhempia valitsemaan lapselleen sen nimen, joka samalla tukisi äänivärähtelyillään hänen tärkeitä kehitysprosessejaan. Mestari Hilarionin mukaan tämä inspirointi myös useimmissa tapauksissa onnistuu.

Konsonanteista puhuttelunimessä esiintyvä K vastaa kaikkein eniten Kaksosten merkin energiatyyppiin. Konsonantti tuo mukanaan suuren mielenkiinnon kohteiden spektrin ja monipuolisuutta, mutta myös hieman pisteliäisyyttä. Tällaisten ihmisten on vaikea asettua toisten asemaan ja tietää ennakolta ne todennäköiset vaikutukset, jotka heidän teoillaan on ympärillä oleviin ihmisiin.

### Aurinko Ravussa:

*Motto: "Annan turvan tarvitseville"*

Rapu, <u>johtava vesimerkki</u>, on eläinradan "emo": tunteellinen, takertuva, herkkä ja hoivaava kodin rakentaja. Rapujen kehitystehtävinä ovat mm. hoivaavien vaistojen ilmaiseminen muita ihmisiä sitomatta, epävarmuuden ja haavoittuvuuden voittaminen omaa sisäistä itseä kuuntelemalla sekä positiivisen uskon ja luottamuksen kehittäminen elämän rakentaviin voimiin. Kehittynyt Rapu säteilee lämpöä ja rakkautta sekä kykenee näkemään muiden ihmisten tarpeet - ja vastaamaan niihin.

Rapu-ihminen on aiemmassa elämässään omistautunut kodin, muista huolehtimisen ja hoivaamisen teemoihin, vaikka ei välttämättä täysin epäitsekkäällä tavalla. Joka tapauksessa muiden palveleminen ja muista huolehtiminen on tehnyt sielun tasolla mahdolliseksi saada yhteyden hyvin korkeaan hoivaavien impulssien henkiseen lähteeseen, josta nämä impulssit voivat - filtterien niin salliessa - virrata sielun kautta persoonallisuuteen.

Rapu-ihmisen vastuu liittyy siihen, ettei hän anna näiden hoivaavien, muista huolehtivien impulssien sitoa toisia itseensä. Tämän merkin yhteydessä on usein havaittu takertuvuus, josta lapsiin takertuva Rapu-äiti on monissa tapauksissa klassikko. Tässä on tärkeää vapautua ajatuksesta, että hoivan kohteet olisivat jotain velkaa omistautuvalle ja paapovalle Rapu-ihmiselle. Keskeinen läksy Ravulle on pitää muista huolta ja antaa heille tarvittaessa turvaa ilman, että se tuottaisi muissa syyllisyyttä ja sitoisi nämä itseen.

Kuun perinteisesti hallitsema Rapu on usein herkkä ja saattaa reagoida muita voimakkaammin Kuun liikkeisiin. Vatsa on usein heikko kohta. Ravun merkki on vanhassa viisaudessa tunnettu "porttina jälleensyntymiseen".

Ravun kukkauutteita ovat mm. Chicory/sikuri (Bach), Honeysuckle/tuoksuköynnöskuusama (Bach), Centaury/rohtosappi (Bach), Chamomile/kamomilla (FES) ja Pomegranate/granaattiomenapuu (FES) sekä suomalaisista kukkauutteista Väinönputki. Metalleista hopea ja jalokivistä kuukivi, vaalea helmi ja vihreä turmaliini liittyvät Ravun merkkiin.

Puhuttelunimen kirjaimista erityisesti M ja N liittyvät Ravun merkin energioihin, varsinkin hoivaaviin vaistoihin. Näiden konsonanttien äänivärähtely voimistaa ko. puolia yksilössä. Toinen nämä konsonantit ja Rapun merkin yhdistävä piirre on loukkaantuminen tilanteissa, missä ei ollut loukkaamisen tarkoitusta. Tällaista taipumusta tulisi välttää kaikin keinoin.

### Aurinko Leijonassa:

*Motto: "Ravitsen ympäristöäni sydämeni lämmöllä"*

Leijona on <u>kiinteä tulimerkki</u>, yksilöllinen, tahdonvoimainen, ihailunkipeä, ylpeä, antelias, lojaali merkki. Se on itseilmaisun ja yksilöllistymisen merkki vailla vertaa.

Leijonille haasteina ovat mm. omien vaistojen ja halujen hallitseminen sekä itsetärkeyden ja ylpeyden viettelysten vastustaminen. Kehittynyt Leijona on jaloluonteinen johtaja, jolla on lämmin, avoin sydän ja suvaitsevainen mielenlaatu.

Leijonan merkissä syntynyt ihminen on aiemmassa inkarnaatiossaan osoittanut johtajuuden ja opastamisen piirteitä, jotka auttoivat suuressa hädässä olevia ihmisiä. Tämän toiminnan johdosta hänen sielunsa sai pääsyn johtajuuden ja aloitteellisuuden korkeaan henkiseen lähteeseen, josta näitä energioita voi virrata sielun kautta - suodattimien salliessa - persoonallisuuteen.

Lahjan mukana tulevana vastuuna on ilmentää nykyisessä inkarnaatiossa näitä piirteitä - johtajuutta ja ohjaamista - tavalla, jossa itse ja oma ego ei saa liian hallitsevaa merkitystä ja roolia. Nämä energiat voivat nimittäin ilman kontrollia johtaa helposti siihen ylpeyteen, ylimielisyyteen ja itseriittoisuuteen, joka silloin tällöin nähdään Leijona-yksilöiden olemuksessa ja elämässä. Yleensä paras tapa pitää nämä itsekeskeisyyden ja -tärkeyden taipumukset hallinnassa on ystävällisyyden ja muiden huomioon ottamisen kultivointi.

Leijona saattaa nimittäin nähdä itsensä aurinkona, jonka ympärillä muut pyörivät ja näyttelevät sivuosia näytelmässä, jonka pääosaa esittää ja käsikirjoituksen on laatinut Leijona itse. Tällaiset draamat ovat vaarallisia etenkin Henkisellä Tiellä. Jos ihminen pyrkii tavalla tai toisella muiden yläpuolelle, hänen henkiset oppaansa laittavat hänet välittömästi jonon hännille. On vain yksi ihminen, jonka puutteiden, kypsymättömyyden ja heikkouksien yläpuolelle tulee päivittäin ponnistella - jos unohtuu, kenestä on kyse, pieni vilkaisu kylpyhuoneen peiliin saattaa palauttaa asian mieleen. Oman itsen yläpuolella on lisäksi runsaasti tilaa kasvaa ja kehittyä, sillä "katto" ei tule kovinkaan pian vastaan.

Leijonan kannattaa opetella ensisijaisesti johtamaan itseään, omia voimiaan ja energioitaan - tämä on todellisen johtajan merkki. Parhaita tapoja kanavoida voimakkaat Leijona-energiat on löytää niille kanava, jossa muiden johtaminen tai opastaminen yhdistyisi viisaasti heidän palvelemiseensa. Opettajan rooli on tässä hienoimpia mahdollisuuksia. Opettajana Leijona saa johtaa, loistaa ja olla estradilla, mutta samalla hän auttaa muita kehittymään ja kasvamaan.

Leijonan kukkauutteita ovat mm. Vine/viiniköynnös (Bach), Borage/purasruoho (FES), Sunflower/auringonkukka (FES) ja Dandelion/voikukka (FES) sekä suomalaisista kukkauutteista Lemmikki. Metalleista kulta ja jalokivistä rubiini, punainen onyksi ja smaragdi liittyvät Leijonan merkkiin.

### Aurinko Neitsyessä:

*Motto: "Toteutan korkeampaa tarkoitustani palvelemalla"*

Muuttuva maamerkki Neitsyt on analyyttinen, kriittinen, työteliäs, hieman hermostunut ja usein siisteysintoilija. Neitsyt aurinkomerkkinä nostaa pintaan mentaalisen perusasenteen, jossa korostuu analyyttisen älyn, erottelukyvyn ja kriittisyyden piirteet. Reitti mielen ja sydämen välillä vaatii kuitenkin kehittämistä, koska Neitsyt yleensä vierastaa ja välttää syviä tunnekokemuksia. Tämän merkin ihminen yleensä asettaa itselleen korkeat standardit liittyen aktiivisuuteen, käytökseen ja ihanteisiin. Näitä standardeja vasten hän voi sitten mittauttaa tapaa, jolla hänen oppimisensa edistyy.

Mutta auta armias, jos Neitsyt ei pääse niiden tasalle, koska silloin hän usein lähtee soveltamaan niitä muihin ihmisiin - kuin välttääkseen sen mielipahan ja harmin, jonka epäonnistuminen itsessä aiheuttaa. Tämä on yksi keskeisiä syitä Neitsyiden ylikorostuneeseen kriittisyyteen, joka tosiaan kaipaa "pehmennystä" ja inhimillistämistä. Nämä kriittiset energiat tukahduttavat valitettavan usein myös itseilmaisua. Jos arvostelemisen pystyy muuntamaan arvioinniksi ilman negatiivisia arvovarauksia, pääsee helpommin tämän merkin alemman puolen kurimuksesta.

Puhtaus sen kaikissa ilmenemismuodoissa - ajatuksissa, sanoissa, toiminnassa jne. - kuuluu Neitsyen merkin läksyihin, samoin palveleminen, joka asenteena on usein tämän merkin silmiinpistäviä piirteitä. Ruoansulatusongelmat ovat aika tavallisia Neitsyt-ihmisille; mikäli sellaisia on esiintynyt, kyseessä on myös symbolinen viesti siitä, että joidenkin asioiden sulatteleminen ei ole oikein onnistunut henkisessä mielessä.

Neitsyt-yksilö oli aiemmassa elämässä tiettyjen tärkeiden sielun- tai elämänläksyjen oppimisen suhteen varhaisessa vaiheessa. Koska jokaisella sielulla on kiire oppia kaikki maaelämän mukanaan tuomat perusläksyt, aiempi elämä jossa saavutettiin tässä suhteessa vain vähän, on tehnyt tarpeelliseksi tässä elämässä oppia nopeammin näitä läksyjä. "Lahja" on tässä tapauksessa hieman erilainen kuin edellisten aurinkomerkkien yhteydessä. Neitsyt-yksilölle on nimittäin lainattu nykyistä inkarnaatiota varten joitain avuksi olevia luonteenpiirteitä ja ominaisuuksia, jotka liittyvät erityisesti mentaaliseen puoleen. Tavallisesti tämä apu on tullut oman sieluperheen muilta jäseniltä.

Tässä on toivottu, että Merkuriuksen hallitsema Neitsyt kykenisi ymmärtämään älyllisellä tasolla oppiläksyjä, joita hän ei ole vielä ymmärtänyt sydämen kautta. Sitten myöhemmissä elämissä hän kykenee siirtämään ymmärryksen mielen tasolta sydämeen. Kun sydän on ymmärtänyt oppiläksyt, ne siirtyvät automaattisesti sielun tai korkeamman minän ominaisuuksiksi. Tässä kannattaa muistaa, että sielu ei suinkaan ole mikään autuas ja täydellinen olento, vaan on mukana kehityksessä. Hyvin usein juuri persoonallisuuden tekemät positiiviset ponnistukset auttavat erinomaisesti sielua sen omassa kehityksessä. Kyseessä on kahden kauppa.

Neitsyen merkin hienoimpia puolia on palveleminen, niin kuin mainitsin jo edellä. Palveleminen on pääsylippu hengen korkeuksiin, se on sielun ja persoonallisuuden harmonista yhteistyötä. Ne, jotka haluavat palvella, saavat aina paluupostissa sen minkä tarvitsevat kasvaakseen ja oppiakseen. Tämän voisi kiteyttää myös sanoihin "unohda itsesi!", sillä itsesi unohtaessasi löydät - Itsesi!

Tässä yhteydessä on hyvä muistaa myös se, että merkki ja sen vastamerkki toisella puolella eläinrataa täydentävät hyvin toisiaan. Neitsyt voi oppia Kaloilta myötätuntoa ja syvää ymmärrystä.

Palveleminen ja sielun ohjauksen mukainen toiminta hallitsevat täysin sellaisen Neitsyen elämää, joka on herännyt sisäiselle valolleen. Tässä vaiheessa elämästä tulee kokonaisuutena rakkauden teko, pitkä ja kaunis ylistyslaulu elämälle. Neitsyen merkki liittyy osaltaan Kristus-tietoisuuden heräämiseen yksilössä.

Neitsyen kukkauutteita ovat mm. Beech/pyökki (Bach), Crab apple/metsä-omenapuu (Bach), Filaree/peltokurjennokka (FES), Corn/maissi (FES) sekä suomalaisista kukkauutteista keltamaksaruoho, pihlaja ja tuomi. Näistä esimerkiksi kaksi viimeksimainittua kehittävät kommunikaatiokykyjä. Metalleista magnesium ja jalokivistä tiikerinsilmä, kuukivi ja (tähti)safiiri liittyvät Neitsyen merkkiin.

**Aurinko Vaa'assa:**
*Motto: "Oman sisäavaruuteni harmonia säteilee ympärilleni"*

Johtava ilmamerkki Vaaka on eläinradan diplomaatti, harmoniantajuinen, tasapainoinen, oikeudenmukainen esteetikko ja sosiaalinen innovoija. Vaakojen kehitystehtävinä ovat mm. päätöksenteon oppiminen, lämmön ja empatian löytäminen inhimilliseen kanssakäymiseen sekä terveen realismin oppiminen läheisissä ihmissuhteissa. Korkeatasoinen Vaaka kykenee rauhoittamaan ympärillään olevia myrskyjä omalla rakastavalla, tasapainoisella olemuksellaan ja oikeudenmukaisuudellaan.

Vaa'an merkki aloittaa eläinradan jälkimmäisen puoliskon ja edustaa eräässä mielessä tyyntä ennen myrskyä: seuraavassa merkissä eli Skorpionissa käydäänkin sitten ihmiselämän suurimpia taisteluita.

Vaaka-yksilö on aiemmassa elämässä omistautunut sille, että kumppanuus, avioliitto tai parisuhde on toiminut huolimatta suunnattomista testeistä ja vastuksista. Tämän ponnistelun kautta hänen kumppaninsa oppi paljon henkilökohtaisen sitoutumisen ja toisen rakastamisen ymmärtämisen suhteen. Palkintona tästä omistautumisesta avioliiton ja uskollisuuden ihanteelle Vaaka-ihminen on saanut syvän yhteyden korkeaan kahden sitoutuneen ja omistautuneen ihmisen parisuhteen intuitiivisen ymmärryksen lähteeseen. Kun tämä intuitiivinen ymmärrys suodattuu sielun tasolta alas persoonallisuuteen, se saa aikaan syvän kaipuun sellaista kumppania kohtaan, jonka kanssa ja kautta nämä syvät toiveet voisivat toteutua.

Lahjan mukana tulee taas kerran vastuu. Vaa'an tapauksessa hänen tulee ymmärtää, että täällä Maa-planeetalla meillä kaikilla on omat puutteemme, heikkoutemme ja virheemme. Vaakaan on tavallisesti juurtunut aiemmasta sielunkontaktista johtuen näkemys, että täydellinen kumppanuus ja kumppani ovat mahdollisia aineen maailmassa. Tämä käsitys perustuu mytologiaan, kansantarinoihin, satuihin ja Hollywoodiin: "Ja he elivät onnellisina elämänsä loppuun asti..."

Mytologiassa ja tarinoissa viittaukset täydellisesti toisilleen sopivista kumppaneista eivät viittaa niinkään ulkoiseen todellisuuteen kuin sisäiseen tarpeeseen sovittaa toisiinsa oman olemuksen polaariset vastakohdat: mies-nais -energiat, positiivinen ja negatiivinen, hallitseva ja hoivaava puoli, logiikka ja intuitio jne. Kirjoitin tämän luvun alussa eräänlaisen "sisäisen avioliiton" ideasta, ja se on Vaa'an merkin yhteydessä varsinainen tavoite: yhdistää itsessään nämä vastakohtaisina pidetyt tekijät.

Samalla Vaaka saa ymmärryksen siitä, että täydelliset, taivaassa solmitut liitot toteutuvat korkeintaan Hollywoodin unelmatehtaan studioissa, ei täällä todellisten ihmisten maailmassa. Hän oivaltaa, että kypsä suhde ja kumppanuus toisen ihmisen kanssa vaatii kompromisseja, anteeksiantamista, suvaitsevaisuutta toisen puutteita ja oikkuja kohtaan sekä erilaisuuden kunnioittamista.

Vaa'an merkissä syntyneillä yksilöillä on myös toinen tärkeä, oikaistavaksi tarkoitettu piirre: liiallinen viileys ja varautuneisuus tunteiden suhteen. Tämä piirre on peräisin halusta välttää kaikkia äärimmäisyyksiä, missä muodossa ne sitten ilmenevätkin, koska Vaaka pitää niitä uhkana omalle, suuresti arvostamalleen tasapainolle ja rauhallisuudelle; hän näkee niiden hyvin syvällä tasolla uhkaavan mahdollisuuksia saavuttaa etsimänsä täydellinen kumppanuus.

Vaa'alle sopivia kukkauutteita ovat mm. Scleranthus/viherjäsenruoho (Bach), Cerato/karvalehti (Bach), Sweet pea/ruusunätkelmä (FES) ja Quaking grass/isoräpelö (FES) sekä suomalaisista kukkauutteista Vilukko. Metalleista palladium ja jalokivistä vaalea tai kirsikkaopaali, lapis lazuli ja turmaliini liittyvät Vaa'an merkkiin.

### Aurinko Skorpionissa:
*Motto: "Löydän kultaisen keskitien vastakohtien välillä"*

Kiinteä vesimerkki Skorpioni on intensiivinen, intohimoinen, tahdonvoimainen ja muuntautumiskykyinen. Skorpionien haasteina ovat mm. vapautuminen ehdottomuudesta, sarkasmista ja mustavalkoisuudesta, omien tuhoavien piirteiden voittaminen rakkauden avulla sekä omien pelkojen ja vanhojen tunnekaavojen voitokas kohtaaminen.

Skorpioni-ihmisen suuri tehtävä ja haaste on ilmentää luonteensa perinpohjaisen uudistumisen ja elvyttämisen tarvetta, nousta kotkan siivin alemman olemuspuolen yläpuolelle sekä näyttää muille oman esimerkkinsä voimalla Feeniks-myytin todellinen merkitys nousemalla tuhkasta puhdistuneena. Tässä onkin kuvattu eläinradan ehkä intensiivisimmän merkin kolme tasoa: skorpioni, joka voi tappaa lajitoverinsa, jopa itsensä, kotka joka kunnianhimossaan saattaa nousta liian lähelle Aurinkoa ja polttaa siipensä kuin Ikaros, sekä korkeimpana Feeniks joka uudistuneena nousee tuhkasta ja ilmentää kaikkea sitä, mikä on hyvää, totta ja kaunista ihmissielussa.

Skorpioni-ihminen on laittanut yhdeksi keskeiseksi tehtäväksi itselleen tämän kieltämättä vaativan merkin positiivisten piirteiden kultivoimisen, koska hänen takanaan on elämä, jolloin hän toimi itsetuhoisalla tavalla ja aiheutti oman turmionsa. Tämä itsetuhoisuus toimi eräänlaisena sovituksena jostain sellaisesta teosta ja toiminnasta, jota hän piti niin hirvittävänä ja inhottavana, että päätti päivänsä oman käden kautta.

Skorpionin merkissä olemme ihmiskunnan ikiaikaisen kamppailun ytimessä, kamppailun jossa on mahdollisuus päästä pimeydestä valoon, itsetuhosta itsetuntemukseen, kuolemasta kuolemattomuuteen. Skorpioni on esoteerisessa astrologiassa henkisen opetuslapsen ja Valon Soturin merkki, joka vie persoonallisuuden, alemman minän, taisteluun sielunsa eli ylemmän olemuspuolensa kanssa. Esiin nousee lopulta voitokas oppilas, sieluunsa sulautunut persoonallisuus. Korkeampi kehitys voi alkaa.

Esimerkiksi Bhagavad Gita, Herran laulu, kuvaa symbolisella tavalla hyvin tätä taistelutannerta, jossa taisteluun valmistautuva Arjuna saa vaununkuljettajakseen naamioituneen Krisnan. Antiikin sankarilegenda Herakles edustaa arkkityyppisesti Skorpionin merkin oppilasta, joka käy lävitse erilaiset kokeet ja koettelemukset. Mm. Alice A. Bailey ja Alan Oken hienossa kirjassaan *Soul-centered Astrology* ovat kirjoittaneet niistä. Apostoli Paavali edustaa hänkin Skorpionin merkin korkeampaa puolta.

Skorpionin kukkauutteita ovat mm. Judas Tree/Juudaksenpuu (Pegasus/Smiling Stars), Willow/keltapaju (Bach), Holly/rautatammi (Bach), Basil/basilika (FES) ja Trillium/kolmilehti (FES) sekä suomalaisista kukkauutteista Raate. Näiden uutteiden avulla Skorpioni-yksilö voi paremmin kyetä balansoimaan merkin voimakkaita energioita ja nostamaan pinnalle tämän vaativan - ja samalla suuria mahdollisuuksia sisältävän - merkin positiivisia puolia. Metalleista mangaani ja jalokivistä karneolia-kaatti, rubiini ja topaasi liittyvät Skorpionin merkkiin.

**Aurinko Jousimiehessä**:
*Motto: "Suuntaan energiani korkeiden ihanteitteni toteuttamiseen"*
<u>Muuttuva tulimerkki</u> Jousimies on optimistinen sisäisten ja ulkoisten maailmojen matkaaja, suorapuheinen, nautinnonhaluinen. Jousimiehen kehityshaasteita ovat mm. liian moneen suuntaan säteilevien energioiden kokoaminen, impulsiivisuuden hallitseminen ja suorasukaisuuden muuntaminen viisaaksi ja lempeäksi puheeksi. Korkeatasoinen Jousimies on viisas, lojaali, myötätuntoinen ja oikeudenmukainen yhteiskunnan tukipilari.

Jousimiehen planetaarisesta menneisyydestä löytyy elämä, mitä karakterisoi kunniallisuus, integriteetti ja suoraselkäisyys. Samassa inkarnaatiossa hän ilmensi näitä ominaisuuksia niin vakaalla tavalla, että muut ihmiset saivat hänen esimerkistään apua henkisessä kehityksessään. Tämän seurauksena sielu sai yhteyden sellaisten pyrintöjen korkeimpaan mahdolliseen henkiseen lähteeseen, josta nämä ominaisuudet suodattuvat sielun kautta persoonallisuudelle tässä elämässä, mikäli filtterit sen sallivat.

Jousimiehen tehtävänä on ilmentää näitä samoja integriteetin ja suoraselkäisyyden piirteitä nykyisessä elämässään ilman, että rehellisyyden ja suorapuheisuuden liiallinen korostaminen loukkaisi muita. Jousimies on tunnetusti eläinradan suorapuheisin merkki, totuudentorvi, joka haluaa tuoda julki oman totuutensa silloinkin, kun olisi viisaampaa vaieta. Voi nimittäin tapahtua niin, että kun Jousimies on päättänyt olla kätkemättä mitään asiaa, hän ei ehkä muista harkita sanojensa seurauksia - eikä suusta päästettyä sammakkoa saa tungettua sinne millään takaisin. Tässä onkin tärkeänä oppina hillitä omien ajatusten puhumista, ennen kuin on jo ensin harkinnut, mikä vaikutus niillä saattaisi olla toiseen ihmiseen.

Jousimiehen kukkauutteita ovat mm. Vervain/rohtorautayrtti (Bach) Agrimony/maarianverijuuri (Bach), Wild oat/villikaura (Bach) sekä Hound's tongue/koirankieli (FES) sekä suomalaisista uutteista Rohtoraunioyrtti. Näiden uutteiden avulla hän kykenee aiempaa helpommin ilmentämään Jousimiehen merkin positiivisia piirteitä ja ominaisuuksia. Metalleista tina ja jalokivistä ametisti ja malakiitti liittyvät Jousimiehen merkkiin.

**Aurinko Kauriissa:**

*Motto: "Ymmärrän että aine on vain hengen leikkiä todellisuuden pintatasolla"*

Johtava maamerkki Kauris on kunnianhimoinen, käytännöllinen, työteliäs ja voimakkaan itsekurin omaava. Kauriin kehitystehtäviä ovat mm. elämänilon ja terveen leikkimielen löytäminen sekä liian kankeista kaavoista ja kielteisistä ajatuksista vapautuminen. Kehittynyt Kauris kykenee auttamaan kanssaihmisiään, organisoimaan suuria projekteja sekä ilmentämään henkisyyttä aineen tasolla.

Kun yksilöllä on tämä Kauriin kunnianhimoinen aurinkomerkki, hän on eräässä aiemmassa elämässään saavuttanut paljon henkilökohtaista menestystä maailman silmissä tavalla, joka hyödytti myös muita jossain aineellisessa, konkreettisessa mielessä. Koska hänen elämänsä edisti tuolloin muiden hyvinvointia, vaikkakin materiaalisella tasolla, hän sai silloin yhteyden rakentavan ja luovan energian lähteeseen, joka ajaa Kauris-ihmistä jälleen suorittamaan jotain arvokasta fyysisellä tasolla.

Koska Kauris-yksilön antama apu rajoittui tuossa inkarnaatiossa elämän aineelliseen puoleen, hänen ei ole aivan helppo havaita ja ymmärtää henkisten käsitteiden ja korkeamman viisauden todellisuutta ja arvoa. Jos Kauris-ihminen kuitenkin lähtee Henkiselle Tielle, hän menestyy yleensä omistaen elämänsä korkeammalle todellisuudelle ja pyhille arvoille sekä pystyy saavuttamaan paljon enemmän ja nousemaan huomattavasti korkeampien esteiden yli kuin muuten olisi mahdollista!

Kauriin symboliikka ja kokemus esittävät joitain kaikkein huomattavimmista ja mystisimmistä tekijöistä henkisessä astrologiassa. Mikään muu merkki - kenties Skorpionia lukuunottamatta - ei edusta niin suurta henkistä amplitudia tai vaihteluväliä kuin juuri Kauris. Se on jossain suhteessa kaikkein maallisin merkki ja kuitenkin, paradoksaalisesti, myös vihkimyksen merkki, vihkimyksen valo.

Merkin hallitsija Saturnus tunnetusti hallitsee myös rakenteita, rajoja, ajan ja aineen vastusta ja luonnonlakeja, mutta samalla se antaa myös mahdollisuuden kavuta vihkimyksen vuorelle, saavuttaa valaistuminen ja murtautua aineellisten muotojen kahleista. Tällöin tavallinen Kauris muuttuu Vuorikauriiksi.

Kauriin merkin energioille sopivia kukkauutteita ovat mm. Rock water/kalliovesi (Bach), Elm/jalava (Bach), Mustard/sinappi (Bach), Oak/tammi (Bach) ja Scotch broom/jänönvihma (FES). Näiden kukkatippojen avulla Kauris-ihminen voi saada paremmin esille itsessään merkin parhaita puolia. Metalleista sinkki ja jalokivistä gagaatti, tiikerinsilmä sekä musta ja valkoinen onyksi liittyvät Kauriin merkkiin.

**Aurinko Vesimiehessä:**

*Motto: "Kuulen veljeyden kutsun ja seuraan sitä"*

Vesimies, kiinteä ilmamerkki, on kekseliäs, mentaalinen, viileän ystävällinen, yksinäinen. Vesimiehen haasteita ovat mm. mentaalisen energian ohjaaminen yhteisen hyvän palvelukseen, luopuminen eristäytymisestä, "norsunluutorniin vetäytymisestä" ja hermoston voimistaminen. Korkeatasoinen Vesimies palvelee ihmiskuntaa kekseliäisyydellään, universaalin rakkauden ja humanismin siivittämänä.

Aurinko Vesimiehen merkissä on seurausta tärkeästä aiemmasta elämästä, jossa yksilö omisti energiansa muiden tuomiseksi yhteen ryhmäksi ja toimivaksi kokonaisuudeksi ja jossa hän kannusti ihmisiä rakkauteen ja veljeyteen. Koska rauhanrakentajaa arvostetaan korkeammilla henkisillä tasoilla huomattavan paljon, Vesimies-yksilölle on sallittu erikoinen pääsy korkeimman ihmisten veljeyttä koskevan idealismin lähteeseen sekä sielun että persoonallisuuden tasolla. Tämä on kuitenkin samalla myös haaste, sillä ihmiskunta on edelleen kaukana tuosta veljeyden ihanteesta.

Vesimies-ihminen tietää vaistomaisesti, että universaali, poissulkematon ja pyyteetön rakkaus on mahdollista, mutta tämä voi tuoda vaikeuksia suhteissa muihin ihmisiin sillä tasolla, jolle ihmiskunta nykypäivänä yltää. Usein Vesimies pyrkii lähestymään sisäistä ihannettaan tavalla, joka voi johtaa pois avioliiton tai kumppanuuden vaatimasta läheisyydestä. Joskus ilmenee myös taipumus sisällyttää liian monia ihmisiä ystävä- ja tuttavapiiriin.

Oppina on pyrkiä elämään maailmassa sellaisena kuin se on sekä tehdä tarpeellisia kompromisseja ihanteellisen veljeyden käsitteen ja todella läheisten ihmissuhteiden välillä. Itse asiassa veljeys alkaa, kun kaksi ihmistä kohtaa aidosti ja positiivisesti toisensa. Vesimiehen ideaalia täytyy hellä ensin pienissä ryhmissä, ennen kuin sitä voi soveltaa suuriin ihmisjoukkoihin. Tämä on viisas marssijärjestys.

Vesimiehen kukkauutteita ovat mm. Water violet/vesisulka (Bach), Vervain/rohtorautayrtti (Bach), Chamomile/kamomilla (FES) ja Dill/tilli (FES) sekä suomalaisista uutteista Metsätähti. Metalleista kromi ja jalokivistä rhodoliitti eli spessartiinigranaatti ja sinisafiiri liittyvät Vesimiehen merkkiin.

**Aurinko Kaloissa:**

*Motto: "Löydän maallisen takaa henkisen, inhimillisen takaa jumalallisen"*

<u>Muuttuva vesimerkki</u> Kalat on uneksija, päättämätön, mystinen, myötätuntoinen ja usein taiteellinen ja herkkä. Kalojen kehitystehtäviä ovat mm. energioiden maadoittaminen, kestävyyden löytäminen, pessimismin ja itsesäälin voittaminen mm. lähimmäisiä auttamalla ja palvelemalla sekä inspiraation tuominen käytännön tasolle. Kehittynyt Kalojen merkissä syntynyt yksilö kykenee muuntamaan mystiset näkynsä lähimmäisten auttamiseen esimerkiksi parantajana tai taiteilijana.

Alakuloisuus ja pessimismi ovat erityisiä haasteita, jotka Kala-ihmisen täytyy kohdata ja ylittää. Niiden jäljet yltävät aiempiin elämiin, joissa esiintyi itsetuhoisia taipumuksia. Yksi erinomainen keino vapautua näistä tummista sävyistä on juuri kehittää myötätuntoa ja sympatiaa muita ihmisiä kohtaan; näin Kalat kykenee muiden huolia ja surua keventämällä voittamaan sisäisen taipumuksensa melankoliaan.

Kalojen merkissä syntynyt yksilö voikin olla suureksi avuksi muille, mutta samalla on hyvä pitää huolta siitä, ettei hänen kohonnut herkkyytensä muiden ihmisten kärsimyksille vie häntä mennessään. Eihän ole viisasta, että auttajasta tulisi autettu. Tätä herkkyyttä voi todellakin ilmetä, ja joskus Kalat turvautuvat alkoholiin tai vastaavaan paetakseen elämän karkeampaa puolta. Tällaisten taipumusten välttäminen kuuluu kehitysläksyihin.

Kalojen merkki edustaa eläinradan psyykkisintä ja samalla mystisintä - ehkä Ravun ohella - herkintä energiaa. Kalojen merkissä syntyneiden onkin osattava suojata itseään pitämällä auransa mahdollisimman puhtaana ja positiivisena, luopumalla itsesäälin ja marttyyriuden houkutuksista sekä opettelemalla hallitsemaan oman mielen lörpöttelyt. Meditaatio ja muut vastaavat henkiset praktiikat ovat Kaloille erittäin sopivia ja suositeltavia.

Kalojen kukkauutteita ovat mm. Aspen/haapa (Bach), Clematis/saksankärhö (Bach), Yarrow/siankärsämö (FES), Manzanita/riekonmarja (FES) ja Lotus/lootus (FES) sekä suomalaisista uutteista Lumme, Keto-orvokki ja Kirjopillike. Metalleista platina ja jalokivistä jade, turmaliini ja turkoosi liittyvät Kalojen merkkiin.

## Aurinko huoneissa

Ihminen tavallaan "asuu" siinä huoneessa, missä Aurinko sijaitsee hänen syntymäkartallaan. Auringon valovoima kohdistuu tämän huoneen asioihin niin kirkkaana, että kyseisellä alueella on havaittavissa paljon aktiviteettia ja ajatusenergiaa. Asiat, jotka liikkuvat mielessä päivittäin, eivät koskaan ole kaukana niistä teemoista, joista Auringon huonesijainti kertoo.

Huonesijainnin yhteydessä on syytä tarkastaa myös se, sijaitseeko Aurinko lähellä seuraavan huoneen kärkeä eli sitä kohtaa, mistä seuraava huone alkaa. Mainitsin jo aiemmin kokemuksen vahvistaneen, että jokaisen huoneenkärjen EDELTÄ löytyy n. 3-4 asteen suuruinen "herkkyysalue". Jos jokin taivaankappale sijaitsee kyseisellä alueella, on viisasta ottaa tulkinnassa huomioon sen vaikutus seuraavan huoneen hallitsemiin asioihin.

Esimerkiksi jos Aurinko sijaitsee henkilön kartalla 19° Oinasta 3. huoneessa, ja seuraavan huoneen kärki on 21° Oinasta, niin tällöin Aurinko kannattaa tulkinnallisesti sijoittaa 4. huoneeseen.

### Aurinko 1. huoneessa:

Kun Aurinko on sijoittunut horoskoopin 1. huoneeseen, yksilön minäkuva hallitsee voimakkaasti hänen mieltään. Hänen ajatuksensa, asenteensa ja tottumuksensa ovat saaneet sellaisen värityksen, että ne pyrkivät kohdistumaan häneen itseensä, jolloin toiset ihmiset ja ympäristö näyttäytyvät toisarvoisina. "Itseensä uppoutunut" olisi ehkä oikea määre tässä tilanteessa. Luonnollisesti yksilö on voinut oppia voittamaan tämän itseensä suuntautuneisuuden, mutta ihan helppoa se ei ole ollut.

Toinen piirre, jonka Auringon asema syntymäkartan Oinas-huoneessa tuo yksilön olemukseen, on voiman vaikutelma persoonallisuudessa. Siinä kuvassa, jonka hän heijastaa itsestään maailmaan, on selkeästi erottuva tahdon ja voiman aura, vaikka nämä tekijät eivät välttämättä olekaan keskeinen osa yksilön korkeampaa olemuspuolta. Tällä kaikella on ollut henkinen tarkoituksensa: tekijät on saatettu osaksi persoonallisuutta, jotta yksilö voisi niiden avulla kompensoida alemmuudentuntojaan, jotka kumpuavat joistain aiempien elämien episodeista.

Siten yksilön julkisivu tai ulkokuori tässä elämässä heijastelee voimakkuutta, tahtoa ja hallintaa, kun taas sisäisesti hän voi välillä pelätä sitä, että muut saavat selville hänen mahdollisen "arvottomuutensa" tai "epäpätevyytensä". Tiedostamattomaan tallentuneista muistoista saattaa myös kohota esiin nolostuneisuutta muiden pilkkanauruista. Niistä ei kannata välittää.

Karmallisesti on ollut välttämätöntä käydä läpi monia testijaksoja egon tai itsen kehityksen suhteen. Yksilön kohdalla on ehkä ollut tarve saada murretuksi ja voitetuksi joitain vanhoja, jo aikansa eläneitä kuvioita. Tämä on saattanut johtaa hermokriiseihin voimakkaan depression tai muiden ihmisten suunnalta tulleiden manipulointiyritysten myötä. Hilarion mainitsee tässä yhteydessä esimerkiksi erilaiset kultit, joita esiintyy nykyaikanakin varsin paljon. Niiden jäseniltä vaaditaan lojaaliutta ja tottelevaisuutta, ja mukana on usein tuo niin tyypillinen ilmaisu: "Jollet ole puolellamme, olet meitä vastaan!" Tällainen painostus sotii kaikkia Vesimiehen ajan periaatteita vastaan.

Mikäli vastaavaa painostusta tai manipulointia on esiintynyt tässä Auringon huonesijainnissa, yksilö on samalla maksanut karmavelkaansa aiheutettuaan muille aiemmissa elämissä ongelmia, jotka liittyvät henkiseen kehitykseen.

Varsinaisena opetuksena tässä on yksilön minäkuvan ja itsetunnon eheyttäminen ja tekeminen kokonaiseksi. On olennaista saavuttaa tasapaino persoonallisuuden monien puolien välillä, koska ilman sitä ei kovin merkittävää henkistä kehitystä voi saada aikaiseksi. Elämä lieneekin kuljettanut yksilöä läpi varsin vaihtelevien kokemusten, joiden myötä hän on juuri voinut kehittää varsin erilaisia puolia itsessään. On mahdollista, että esimerkiksi hyvin intensiivinen liikemiehen ura vaihtuukin vetäytyvämpään jaksoon tai urheilija lähtee tutkimaan elämän mentaalisempia tai henkisempiä ulottuvuuksia.

### Aurinko 2. huoneessa:
Tämä Auringon huonesijainti kiinnittää huomiota tarpeeseen olla huolellinen yksilön käytössä olevien ulkoisten resurssien, esim. rahan, suhteen. Hänen olemuksessaan on läsnä taipumus tehdä hätiköityjä päätöksiä rahan kanssa, ja voi olla että yksilö on menettänyt suuriakin summia, koska hän on ollut haluton ajattelemaan asioita tarkemmin etukäteen.

Sydämenasiat nousevat myös etualalle yksilön elämässä, ja hän on vatvonut niitä melko tavalla. Yleensä Auringon ollessa tässä Härkä-huoneessa on todennäköistä, että yksilö on ylikorostanut rakkaussuhteiden tärkeyttä, mikä on vääjäämättä johtanut puolestaan suureen sisäiseen kärsimykseen kestäviksi luultujen suhteiden purkauduttua. "Kaikki rakkauden puolesta", on saattanut olla sisäisesti hänen tunnuslauseensa jossain elämän vaiheessa. Hän on todella saattanut laittaa paljon uhrattavaksi rakkauden alttarilla! Se on tietysti täysin hyväksyttävää, mutta vaatisi samalla sitä, että hän vapautuisi kaikesta takertumisesta ja vastarakkauden janosta - mikä on aika paljon vaadittu.

Tässä on selviä karmallisia implikaatioita, jotka viittaavat välttämättömyyteen käydä läpi erilaisia emotionaalisen kärsimyksen ja sydänsurujen episodeja, koska aiemmassa elämässä muut joutuivat kärsimään vastaavasti sen oikullisuuden ja häilyväisyyden takia, jota yksilö silloin ilmensi rakkaussuhteissaan. Hänen olisi hyvä varoa noiden piirteiden ilmentämistä tässä inkarnaatiossa, koska nyt hän tietää myös sen, miltä seuraukset maistuvat.

## Aurinko 3. huoneessa:

Kolmas huone, Kaksos-huone, liittyy niihin mentaalisiin lahjoihin, kykyihin ja talentteihin, jotka ihmisellä on käytössään. Aurinko sijaitessaan tässä mentaalisessa huoneessa kertoo, että yksilön olemuksessa on paljon mentaalista kapasiteettia ja että mielen käyttö ja ajatteleminen ovat korkealla arvohierarkiassa, joka värittää koko inkarnaatiokokemusta.

Oppimisen mielessä tämä sijainti on vaatinut yksilöä käymään lävitse tiettyjä kokemuksia, jotka ovat shokeeranneet tai pakottaneet mentaaliset käsitteet laajempiin ymmärryksen yhteyksiin. Tämä on voinut tulla esimerkiksi matkustelun kautta, jolloin yksilö on joutunut vääjäämättä kohtaamaan eri kulttuureja ja elämänasenteita. Usein ihmisellä, jolla on tämä Auringon huonesijainti, on takanaan muutamia elämiä, joille oli leimallista mentaalisten käsitysten kapea-alaisuus tai sulkeutuneisuus. Nyt halutaan aiempi yksipuolisuus korjata tuuppaamalla mieli aiempaa universaalimman todellisuuskäsityksen suuntaan.

Karmallisesti sijainti on vaatinut joitain nolostumisesta aiheutuneita tuskia, jotka ovat syntyneet, kun yksilö tarkastelee aikuisiän näkökulmasta nuoruuden kapeita ja kypsymättömiä näkemyksiä. Karma on luonnollisesti peräisin edellisistä elämistä, jolloin yksilö pilkkasi muita tai nauroi heidän näkemyksilleen, ja saattoi siten heidät noloihin tilanteisiin.

## Aurinko 4. huoneessa:

Neljäs huone hallitsee kaikkea, mikä antaa ihmiselle suojan maailmassa: kotia, perhettä, varhaista elämää, vanhempia, jatkuvuutta jne. Tässä Aurinko viittaa siihen, että nuo alueet ovat korostuneen tärkeitä yksilön elämässä. Toisella vanhemmista on ollut dominoiva vaikutus yksilöön, mikä on saanut hänen tiedostamattomassaan aikaan joitain "ohjelmointeja", jotka ovat johtaneet ongelmiin aikuisiässä. Yksi näistä on tendenssi tarttua kiinni sellaiseen, jolla ei enää ole käyttöarvoa elämässä. Yksilöllä on sentimentaalisia ajatuksia menneisyyttä kohtaan, jota hän saattaa pitää nykyisyyttään parempana aikana.

Oppimismielessä Auringon sijainti Rapu-huoneessa viittaa siihen, että yksilön on käytävä läpi monia epävarmuuden täyttämiä jaksoja elämässään, joiden myötä hänen itseluottamuksensa ja tyytyväisyytensä saavat vakavia kolahduksia. Hän on saattanut menettää perheensä, työnsä, kotinsa tai vanhempansa, johon hänellä on ollut erityisen voimakas side. Vaikutus on ollut voimakas, voimakkaampi kuin jos yksilöllä olisi ollut jokin toinen Auringon huonesijainti kartallaan.

Karma jota nyt tasoitetaan kumpuaa aiemmista elämistä, jolloin yksilö oli aiheuttamassa samanlaisia traumoja muille ihmisille. Tämän solaarisen sijainnin pääläksy on yksinkertainen: Yksilön ei tule etsiä turvaa maailmasta ja ulkopuoleltaan. Se löytyy lopulta hänestä itsestään, hänen oman olemuksensa syvistä virroista ja yhteydestä omaan korkeampaan olemuspuoleen, joka on näkymättömästi ohjannut ihmistä.

### Aurinko 5. huoneessa:

Aurinko on vahvassa huonesijainnissa 5. huoneessa, onhan se tuolla mm. vanhemman ja lapsen suhdetta hallitsevalla sektorilla "omassa huoneessaan" eli Leijonahuoneessa. Valokeila kohdistuukin kahdelle alueelle: yksilön lapsiin ja vanhempiin, erityisesti isään. Isyyden käsite nousee kaikkein voimakkaimmin esiin. Auringon huonesijainnin takia yksilön ja hänen isänsä välille on muodostunut välimatka, joka voi olla pelkästään psykologinen, mutta yhtä hyvin fyysinen. Isä on voinut myös kuolla. Samanlaista etäisyyttä saattaa esiintyä myös suhteessa lapsiin.

Keskeinen opetus tässä Auringon huonesijainnissa on vähentää rakkaussuhteen fiksoitumia ja oppia kehittämään kahta muuta aluetta, joilla rakkauden pitäisi ilmetä: yksilön omia lapsiaan ja vanhempiaan kohtaan tuntemaa rakkautta. Näyttää siltä, että hän on lyönyt näitä alueita laimin, ja nyt on tullut aika paikata asia. Vanhempiin (erityisesti isään) ja/tai lapsiin rakentuneen fyysisen tai emotionaalisen eron myötä yksilöä yllytetään oppimaan lopultakin pitämään arvossa kaikkia perheen jäseniä - sukupolveen katsomatta. Karmallisesti tämä sijainti viittaa aiempien elämien tekoihin, jotka aiheuttivat hätää ja ahdistusta omille lapsille ja/tai vanhemmalle jättämällä hänet/heidät jollain tavoin taakse, oman onnensa nojaan.

### Aurinko 6. huoneessa:

Syntymäkartan kuudes sektori viittaa pohjimmiltaan tapaan, jolla ihminen on yhteydessä maailmaan ja siinä erityisesti kokemuksen käytännölliseen, yksityiskohtaiseen puoleen. Tässä Neitsyt-huoneessa sijaitessaan Aurinko viittaa yksilöön, joka on huomattavan kyvykäs rutiineissa ja käytännöllisissä asioissa. Tämän sijainnin keskeisenä läksynä on oppia korkeammalla tasolla samanlaista huomion keskittämistä yksityiskohtiin kuin mitä persoonallisuus ilmaisee aineellisessa maailmassa. Melkein poikkeuksetta tässä sijainnissa korkeampi olemuspuoli eli sielu ei ole riittävästi kehittänyt mainittua piirrettä.

Aiemmissa elämissä, kun sielu ei kyennyt heijastamaan tätä luonteenpiirrettä, sekä yksilö itse että muut joutuivat kärsimään hutiloinnista, joka liittyi johonkin olemassaolon puoleen, tarkkaamattomuuteen yksityiskohtien suhteen tai "suurempiin näköaloihin" syventymiseen. Tämän seurauksena jokapäiväiset askareet ja velvollisuudet tulivat laiminlyödyiksi. Siten Auringon lahja kuudennessa huoneessa on suunniteltu antamaan yksilölle ainakin tässä elämässä piirre, joka ei ole täysin osa hänen sieluaan.

Toiveena on, että harjoittamalla, kehittämällä ja suuntaamalla huomiokykyä yksityiskohtiin koko elämän ajan yksilön ylempi olemuspuoli saisi kyseisen ominaisuuden omakseen.

Astrologia ja Henkinen Tie

Karmallisesti tämä sijainti vaatii ihmistä käymään lävitse hyvän määrän monotonista, rutiininomaista työtä, jota sielu pitää tympäisevänä. Tämä kuvio on laadittu yksilölle, koska aiemmassa elämässä hän vaati muilta samanlaisia tylsiä ja toistoon perustuvia tehtäviä, kun hän itse nautiskeli suuremmista ja jännittävämmistä hankkeista. Näin elämä lähettää meille takaisin sen, minkä olemme aiemmin tehneet.

### Aurinko 7. huoneessa:

Aurinko sijaitessaan 7. huoneessa valaisee kumppanuuden sektoria elämässä ja antaa yksilölle voimakkaan taipumuksen korostaa toisen ihmisen asemaa yksilön omassa arvomaailmassaan. Ajatukset ja emootiot kääntyvät alati parisuhteen ja kumppanuuden suuntaan, ja rakkaussuhteen vakiinnuttamiseen ja voimistamiseen suuntautuu runsaasti erilaista energiaa. Yksilö onkin siis luultavimmin vienyt itsensä läpi monien kokemusten, joiden keskeinen nimittäjä on ollut "partneri" - vaikkakin jotkut näistä kokemuksista ovat olleet pelkästään sisäisiä.

Karmallisesti on ollut tarpeen kohdata nyt niitä seurauksia, joita yksilö on kerännyt henkisille harteilleen aiemmissa elämissään aviokumppaniinsa kohdistaman kovettuneen ja tunteettoman kohtelun takia. Siksipä elämään on jossain vaiheessa voinut antaa leimansa torjunta tai hylkääminen rakkauskumppanin puolelta - hylkääminen, joka on saattanut tuntua todella kipeältä. Sijainnin keskeisiä oppeja on hankkia suhteellisuuden- ja tasapainontaju asenteissa toista ihmistä, tässä tapauksessa rakkauskumppania, kohtaan.

Toisaalta nimittäin yksilön elämässä on ollut liian korostuneesti esillä partnerin tärkeys, kun taas toisaalta siinä on myös pyrkimystä yrittää manipuloida ja hallita toista niin, että omat ennakko-odotukset rakkaussuhteen toimivuudesta osoittautuisivat tosiksi. Valitettavasti vain manipuloimisen seurauksena tapahtuu juuri päinvastainen asia: se voi joskus luoda mielipahan kiilan yksilön itsensä ja hänen kumppaninsa välille.

Ymmärryksen lisääntyessä yksilö on kyllä lopulta havainnut, että kumppani on täysin itsenäinen yksilö ja että tätä tulisi helliä, kunnioittaa ja rakastaa sellaisena kuin hän on sen sijaan, että pyrkisi väkisin muuttamaan hänet omien fantasioitten mukaiseksi.

### Aurinko 8. huoneessa:

Aurinko kertoo tässä huonesijaintinsa puolesta erittäin merkittävän asian. Yksilö on nimittäin tässä elämässä joutunut tai joutuu käymään läpi kokemuksen, jota kutsutaan esoteerisesti "sielun tummaksi yöksi" ja josta hän kohoaa uudistuneena, ikään kuin itsensä ylittäneenä. Tuo kokemus on periodi, jonka aikana suuri määrä aiempien elämien aikansa eläneitä tapoja ja reaktioita "siistitään" pois yksilön olemuksesta; hän on silloin kuin käärme, joka luo nahkaansa. Yksilö on prosessin aikana ehkä järkyttynyt siitä, että mitään ei näytä näin lujassa muutoksessa jäävän jäljelle. Hänen korkeampi olemuspuolensa näkee kuitenkin pidemmälle ja on pitänyt huolen siitä, että yksilön uudistunut olemus tuottaa lopulta hänelle suurta iloa.

Karmallisesti kuvio vaatii yksilöä kestämään nämä "sielun tumman yön" rasituk-set, koska hän on itse pakottanut muut kestämään samanlaisen kokeen entisissä elä-missään. Hänen odotetaan tämän Auringon sijainnin perusteella muuttavan ajatte-lu- ja käyttäytymistapaansa ja omaksuvan näin uuden muotin, josta hän kuoriutuu perhosen lailla uuteen päivänvaloon entistä tietoisempana sisäisestä luonnostaan ja elämänsä tarkoituksesta.

Auringon sijainti Skorpioni-huoneessa saa yksilön usein kiinnostumaan esotee-risista ja okkulttisista asioista. Häntä saattavat erityisesti kiinnostaa syy ja seuraus - eli kausaalisuhteet.

### Aurinko 9. huoneessa:
Syntymäkartan 9. sektori viittaa moraalisuuden, rehellisyyden ja integriteetin kumu-loitumiseen aiempien elämien myötä. Useampien planeettojen sijaitseminen tässä Jousimies-huoneessa viittaa ainakin muutamiin oikeudenmukaisuuden ja kunnian sävyttämiin elämiin, mistä voidaan päätellä, että tässä inkarnaatiossa on luvassa jo-kin karmallinen palkinto.

Tavallisesti tämä palkinto on sellainen, joka stimuloi yksilön korkeampaa ajattelua ja ymmärrystä mielen kautta; jupiteriaaninen 9. huone liittyykin tavalla tai toisella korkeampaan opiskeluun ja ylempiin mielen toimintoihin. Mutta myös matkustele-minen johtaa mentaalisen elämän avartumiseen ja rikastumiseen, ja tällainen toinen "palkinto" on usein järjestetty niille, joilla 9. huone korostuu kartalla.

Erityisesti Aurinko sijaitessaan tällä sektorilla viittaa ei ainoastaan sisäiseen kun-nian sekä vahvan oikeudenmukaisuuden ja rehellisyyden tajun sävyttämään luontee-seen, vaan myös aiempiin elämiin, jotka samoin korostivat 9. huoneen hallitsemia asioita, sekä mentaalisen mielenylennyksen ja matkustelun palkintoihin.

Yksilön täytyy kuitenkin pitää huolta siitä, ettei hän anna korkeamman kou-lutuksen tai vaellusvietin viedä itseään kokonaan mukanaan, mikä jättäisi jotkut muut elämänsektorit toisarvoiseen asemaan. Mikäli näin on päässyt käymään, voi esimerkiksi tunne-elämä kärsiä. Pyrkimyksenä nimittäin on etsiä ja löytää mahdollisimman tasapainoinen elämännäkemys, jossa kaikilla ihmiselämän po-sitiivisilla puolilla on sijansa. Läksynä mentaalisuuden tai matkustelukokemus-ten ylikorostuessa onkin päästä irti kyseisten asioiden liialliseen painottumiseen liittyvistä haluista.

### Aurinko 10. huoneessa:
Aurinko 10. huoneessa viittaa saturniaanisiin auktoriteetin, velvollisuuden, vaka-vuuden ja omistautumisen teemoihin. Saturnuksen hallitsema kymmenes sekto-ri viittaa myös siihen vanhempaan, joka on ollut lapsen pääasiallinen auktoriteetti varhaisvuosina, ja niihin piirteisiin jotka yksilö on saanut geneettisenä perimänä vanhemmiltaan. Ehkä ydinkäsite on kuitenkin "ura" tai laajemmin "rooli elämäs-sä", jonka ihminen heijastaa maailmaan, oli se sitten työelämässä, koulussa tai vaik-kapa kotiäitinä. Ihmisen ei kuitenkaan tulisi määrittää itseään sen kautta, mitä hän

tekee, vaan mitä hän on sisäisesti. Samastuminen työhön ja uraan on tällä hetkellä yksi henkisesti vammauttavimmista suuntauksista länsimaissa.

Yksilöllä, jolla Aurinko on Kauris-huoneessa, on tavallisesti voimakas tarve heijastaa roolia maailmaan, saavuttaa jotain merkittävää maailman silmissä, jättää jälkensä todellisuuteen. Tämä tendenssi on rakentunut aiempien elämien saavutusten myötä. Sijainnissa on selkeä viittaus myös vanhempiin. Yksilö näyttää olleen toisen vanhempansa voimakkaan, dominoivan vaikutuksen alaisuudessa, ja tuo suhde on tässä elämässä herättänyt uudelleen lukkarinrakkauden maallista menestystä kohtaan, jota koottiin aiemmissa yhteisissä elämissä.

Läksynä ja korkeana kutsuna tässä on tarve oppia olemaan rehellinen omalle sisäiselle itselle, eikä tehdä kompromisseja totuuden suhteen menestyksen takia. Karmallisesti tämä sijainti vaatii yksilöä käymään läpi epävarmuuden ja huolen täyttämiä vaiheita suhteessa "rooliin elämässä". Kuitenkin Auringon sijainti syntymäkartan 10. sektorilla on tavallisesti myös voimakas indikaattori siitä, että menestys, asema ja kunnianosoitukset tulevat korkeassa asemassa olevien ihmisten kautta, jotka suosivat yksilöä ja auttavat siten häntä menestymään.

**Aurinko 11. huoneessa:**
Aurinko sijaitessaan kartalla 11. huoneessa kertoo, että yksilön on hyvä olla tarkka tuttaviensa ja mahdollisten liiketovereittensa taustoista. Kun tämä sektori on kovin painottunut, on hyvin todennäköistä, että yksilö joutuu elämänsä aikana kohtaamaan ihmissuhteissaan henkilöitä, jotka ovat aiemmissa elämissä olleet hänen vastustajiaan tai vihollisiaan. Nyt hän muodostaa näiden yksilöiden kanssa ystävyydenkaltaisia suhteita. Yksilöllä onkin tässä elämässä kultainen mahdollisuus voittaa vanhat jännitteet ja korvata esiin nousevat ristiriidat aidolla kiintymyksellä. Sillä ainoastaan rakkauden avulla voidaan nämä vanhat kaunat voittaa. Mutta mikäli niitä ei nyt voiteta, ne siirtyvät seuraaviin elämiin, ja läksyt tulevat silloin yhä vaativammiksi.

Yleisemminkin voi tässä yhteydessä todeta, että kohtaamaton ongelma ja henkinen oppiläksy a) siirtyy ei menneisyyteen, vaan nimenomaan omaan tulevaisuuteen ja b) se ei helpotu, vaan päinvastoin tulee entistä vaativammaksi.

Auringon huonesijainti kertoo Vesimies-huoneessa lisäksi, että toinen yksilön vanhemmista - todennäköisesti se jolla oli enemmän auktoriteettia hänen lapsuudessaan - on ollut hänen vihamiehensä tai kilpailijansa eräässä tärkeässä aiemmassa elämässä. Nykyiseen inkarnaatioon, etenkin sen varhaisiin vuosiin, on siirtynyt kaikuja aiemmasta vihamielisyydestä, pelosta tai mustasukkaisuudesta, mikä on luonut eräänlaisen viha/rakkaus -suhteen yksilön ja kyseisen vanhemman välille.

Kuvioon liittyy myös se, että yksilöllä on ollut taipumus muodostaa tuttavuuksia muiden, tavallisesti itseään vanhempien auktoriteettihahmojen kanssa, jotka myös ovat olleet hänen kilpailijoitaan tai vastustajiaan edellisissä elämissä. Karmallisesti on ollut välttämätöntä Auringon ollessa tässä huoneessa joutua alttiiksi useammalle vaikutusvaltaiselle ja voimakkaalle yksilölle, joilla on ollut pyrkimys käyttää yksilöä jollain tavoin hyväkseen saavuttaakseen omat päämääränsä.

Jälleen on syytä muistaa, että nyt on tullut mahdollisuus oikaista vanhat vääryydet oppimalla tuntemaan muita kohtaan aitoa kiintymystä. Pallo on itse asiassa nyt yksilöllä itsellään, mikäli hän saa asiasta tiedon astrologin välityksellä. Vihamielisyys painaa kuin lyijy ja siirtyy selvittämättömänä tuleviin elämiin. Ja niin kuin edellä kirjoitin, silloin läksyt tulevat tiukemmiksi, joten nyt pääsisi helpommalla sovittamisessa ja kädenojentamisessa. <u>Aika harva yksilö on tarttumatta ojennettuun käteen.</u>

Tässä yhteydessä kannattaa muistaa se rikkumaton lainalaisuus, että mikäli yksilö kuolee nykyisessä inkarnaatiossa tuntien vähäisintäkin kaunaa tai vastenmielisyyttä yhtäkin toista sielua kohtaan, on hänen vielä palattava fyysiselle tasolle ja kohdattava tuo toinen yksilö, jolloin samat vanhat jännitteet ja kaunat nousevat jälleen esiin. Rakkaudella - ja vain rakkaudella - voi nämä vanhat kaunat ja vihamielisyydet voittaa!

Me voimme tehdä ja itse asiassa joudumme tekemään tässä valinnan: joko opimme ko. asian nopeasti ja lähdemme tietoisesti, tahtomme avulla neutraloimaan kielteisellä tolalla olevia ihmissuhteitamme, tai sitten voimme siirtää oppimisen ja näiden kielteisyyksien neutraloinnin tuonnemmaksi. Nämä ovat Henkisen Tien kulkijan keskeisimpiä kotitöitä, joita ei ole viisasta siirtää enää tulevaisuuteen, edes mukavuudenhalusta.

### Aurinko 12. huoneessa:

Auringon sijainti kartan viimeisessä huoneessa on kompleksinen ja samalla hyvin paljastava osoitus niistä piirteistä ja ominaisuuksista, jotka yksilö on tuonut mukanaan edellisestä elämästään. Tiedostamattomaan mieleen on tallennettu paljon jäämiä tuosta edellisestä elämästä, ja astrologisen kartan 12. sektori viittaa joihinkin tiedostamattomassa oleviin muistoihin, yksipuolisuuksiin ja mieltymyksiin.

Olemme tekemisissä hyvin tärkeän itsemme osan kanssa, kun olemme tekemisissä tiedostamattoman mielen kanssa! Tiedostamaton on asia, josta emme pääse eroon, vaikka kuinka lakaisisimme asioita "maton alle". Astrologia antaa muutamia välineitä, joiden avulla voimme saada syvempää ymmärrystä tästä tietoisen mielen kääntöpuolesta ja samalla omasta varjostamme, joka seuraa meitä jokaisella askeleella. Kartan viimeinen huone on yksi käytössämme olevista avaimista.

Mainittakoon tässä, että syntymän jälkeen uusi persoonallisuus alkaa koota tietoa tiedostamattomaan mieleensä. Tämä tapahtuu pääasiassa lapsen nukkuessa. Uusi tietoisuus nostetaan unen aikana fyysisen kehon ulkopuolelle tiettyihin kohteisiin korkeammilla tasoilla, missä se tarkastelee uudelleen joitain aiempien elämien osia. Nämä kokemukset varastoidaan tiedostamattomaan, missä ne odottavat kokemusta, joka laukaisee ne vaikuttamaan yksilön elämään. Hyvin usein laukaisevana tekijänä käytetään astrologisia syklejä, mihin viittasin jo kirjan ensimmäisessä luvussa.

Yksilöllä oli mieskeho edellisessä inkarnaatiossaan. Jos yksilö on nainen tässä elämässään, hänellä voi olla jonkin verran sovittautumista "uuteen" kehotyyppiinsä. Jos Aurinko lisäksi sijaitsee tässä huoneessa ja jonkin eläinradan merkin ensimmäisten viiden asteen sisällä, on hyvin todennäköistä, että edellinen elämä päättyi nuorena, luultavasti ennen 21 vuoden ikää. Tällä on saattanut olla voimakas vaikutus yksilöön esimerkiksi niin, että nykyisessä elämässä hänellä on voimakas halu elää pitkä elämä, joka ikään kuin kompensoi aiempaa lyhyttä inkarnaatiota. Joskus kyseeseen tulee myös kohtuuton kuolemanpelko.

Aurinkoon kohdistuvat jänniteaspektit viittaa tuohon edelliseen elämään ja tarkentavat siinä vallinneita olosuhteita. Esimerkiksi Saturnuksen 12. huoneessa sijaitsevaan Aurinkoon kohdistuva jännite viittaa siihen, että edellistä fyysistä inkarnaatiota luonnehti suuri vastuu ja velvoitteet, kenties myös sairastelu. Saturnus indikoi usein kroonisia terveysongelmia. Tässä tapauksessa on myös luultavaa, että tuo elämä päättyi sairauteen.

Jos taas jänniteaspekti tulee Marsista, on luultavaa, että edellisessä elämässä esiintyi konflikteja ja aggressioita, kun taas jännite Neptunuksesta viittaa usein siihen, että tuossa elämässä oli kielteisiä neptuniaanisia elementtejä, kuten mahdollisesti alkoholismia tai muita addiktioita. Vesielementti, esimerkiksi hukkuminen, on voinut kuulua kuvaan.

Karmallisesta näkökulmasta Aurinko 12. huoneessa viittaa tarpeeseen käydä lävitse kokemuksia, jotka tuovat yksilön lähempään yhteyteen oman tiedostamattoman puolensa kanssa. Hänen on täytynyt myös kokea stressin ja paineen täyteisiä ajanjaksoja, jotka ovat tuoneet ja tuovat tiedostamattoman mielen sisältöjä tietoisen, tarkkailevan olemuspuolen näköpiiriin.

Aiemmissa elämissä pyrkimys olla välittämättä ja tukahduttaa tiedostamatonta aluetta johti toimintaan ja asenteisiin, jotka jollain tavoin aiheuttivat vahinkoa muille. Tästä on seurannut tarve käydä nyt lävitse traumoja, jotka tuovat uutta ymmärrystä siitä, että tätä mielen toista suurta aluetta tulee myös kuunnella. Yksilön täytyykin siis oppia kuuntelemaan tiedostamattomasta nousevia kuiskauksia, tietenkin terveen järjen ohjauksessa.

Aurinko on tavallaan kätkössä 12. huoneessa. Tämä on tyypillinen "harmaan eminenssin" eli kulissien takana työskentelevän yksilön huonesijainti.

## Auringon karmallisista aspekteista

### Auringon jänniteaspekti Marsiin:
Aurinko ollessaan jänniteaspektissa Marsiin viittaa maskuliinisiin, konfliktipitoisiin energioihin ja aiemmista elämistä peräisin olevaan ratkaisemattomaksi jääneeseen vihaan, kiukkuun tai suuttumukseen. Tämä on viisasta saada kanavoitua ja purettua jollain rakentavalla, positiivisella tavalla. Erityisen tärkeää tämä on, kun Aurinko tekee yhtymän Marsiin. Tällöin punainen planeetta aina heikentää Aurinkoa ja pyrkii nostamaan esiin sen merkki- ja huonesijainnin hankalat piirteet.

**Auringon jänniteaspekti Saturnukseen:**

Kyseinen kuvio tuo elämänsuunnitelmaan esteitä liittyen auktoriteetteihin - joista ensimmäinen on ollut toinen yksilön vanhemmista. Kuvion tarkoituksena on ollut niin sisäisesti kuin ulkoisestikin saada ihminen käsittämään, että säännöillä, ohjeilla ja laeilla on arvoa ja että meidän täytyy pelata sääntöjen mukaisesti, tai muuten "pelimme" eivät voi lainkaan olla olemassa!

Tämän läksyn oppimatta jättäminen vei menneisyydessä yksilöä taaksepäin ja aiheutti samalla menetyksiä. Nyt on tullut aika korjata virheet. Kuun ja Saturnuksen jänniteaspektilla on auktoriteettien suhteen sama sisältö.

Kuvio antaa astrologisen varoitusmerkin terveyden ja vitaliteetin suhteen. Saturnuksen lyijypaino voi nimittäin madaltaa elämänvoimaa, siksi yksilön on viisasta pitää hyvää huolta itsestään ja terveydestään.

**Auringon jänniteaspekti Uranukseen:**

Auringon jänniteaspekti Uranukseen kertoo epätavallisista mielenkiinnon kohteista, mutta samalla siitä, että näiden asioiden harjoittamisen tiellä on joitakin esteitä. Ne ovat luonteeltaan karmallisia; kun karma tältä osin taittuu, häviävät myös nämä esteet yksilön elämästä.

Kyseinen kuvio antaa lisäksi impulsiivisuutta ja päättäväisyyttä, johon liittyy hyvin individualistisia piirteitä, mutta ei aina sitä harkintaa, jota kuvion voimakkaissa energioissa tarvitaan. Tämä ihminen haluaa tehdä asiat omalla tavallaan, melkeinpä hinnalla millä hyvänsä! Kuvio tuo omapäisyyden lisäksi joskus mukanaan myös kapinamieltä. Näissä virtauksissa yksilön täytyy jollain tavoin oppia hillitsemään liian impulsiivista ja hätäistä toimintaa. Kunhan hän oppii hieman tulemaan vastaan ja myös kuuntelemaan muita ihmisiä, hänestä voi hyvinkin kehittyä ainutlaatuinen ja omaperäinen suunnannäyttäjä. Se vaatii kuitenkin itsekasvatusta.

**Auringon jänniteaspekti Neptunukseen:**

Yksilöllä on ongelma liittyen "miesprinsiippiin" itsessään. Koska tähän prinsiippiin tavallisesti on vaikuttanut voimakkaasti suhde omaan isään, on luultavaa, että yksilölle on muodostunut epätäydellinen kuva miehisyydestä elämän varhaisina vuosina jonkin oman isän riittämättömyyden tai yksipuolisuuden perusteella. Neptunus ikään kuin hämärtää mieskuvaa.

Ihmisen olisi hyvä välttää kaikkea petollisuuteen ja pettämiseen liittyvää elämässään. Mikäli hän kykenee välttämään sellaisia ansalankoja, on hänellä hyvät mahdollisuudet henkiseen kehittymiseen. Kuvio voi välillä vähentää Auringon antamaa vitaliteettia, nostaa esiin addiktiivisia taipumuksia ja tuoda itsepetosta.

**Auringon jänniteaspekti Plutoon:**

Tämä kontakti varoittaa käyttämästä valtaa ja voimaa väärin. Tavallisesti ongelmia ilmenee vitaliteetissa ja miespuolisten yksilöiden sekä oman egon suhteen. Auringon ja Pluton jänniteaspektien yhteydessä onkin hyvä oppia tietämään, milloin tulee lopettaa rehkiminen ja jäädä kokoamaan voimia. Tämä auttaa elämänvoiman kokoamisessa, samoin toimii omien sisäisten rytmien sopeuttaminen planetaarisiin sykleihin.

**Auringon yhtymäaspekti Plutoon:**

Hilarion mainitsee vielä edellisen kohdan erikoistapauksena Auringon tarkan yhtymän (orbi enintäin 3°) Plutoon. Konjunktio kertoo, että yksilö on aiemmassa elämässä lyönyt laimin jonkin erittäin tärkeän elämänalueen (avioliiton, lapset tai jonkin muun) ja että yksilö joutuu nyt käymään lävitse vaikeita kokemuksia sovittaakseen tuossa elämässä kumuloitunutta karmaa. Huone, jossa yhtymä sijaitsee, antaa usein vihjeen laiminlyödystä alueesta menneisyydessä.

Auringon yhteydessä on hyvä ymmärtää aurinkokuntamme keskustähden vaikutus myös sen transitoidessa eli ylittäessä syntymäkartan eri tekijöitä. Astrologeilta unohtuu usein, että Aurinko on myös dynaamisilta vaikutuksiltaan, ei vain syntymäkartan sijainnissaan, massiivinen tekijä. Sen liike saattaa esimerkiksi laukaista joitain tärkeitä asioita, vaikkapa luovia energioita ja impulsseja, yksilön elämässä. Auringon valtava energia vaikuttaa kirjaimellisesti elämämme olosuhteisiin sen voiman takia, joka sillä on mieleen ja tunteisiin.

Auringon sijaintia voi myös seurata sen kulkiessa yksilön henkilökohtaisella kartalla jokaisen astrologisen huoneen yli vuoden aikana. Niin kuin kirjoitin aiemmin, Aurinko valaisee aluetta, missä se kulloinkin sijaitsee. Niinpä sen valokeila kohdistuu parhaillaan juuri siihen sektoriin, missä se on tällä hetkellä horoskoopissasi. Tätä tietoa voi käyttää esimerkiksi asioiden suunnittelussa ja ajoituksissa muun astrologisen tiedon ohella.

Värähtelylääkinnässä Auringon energiat liittyvät suomalaisista kukkauutteista mm. Kevätesikkoon, Metsätähteen, Niittyhumalaan, Rentukkaan, Ulpukkaan, Suopursuun ja Valkovuokkoon. Näistä uutteista olemme kirjoittaneet tarkemmin teoksessa *Suomen luonnon valkoista magiaa* (Smiling Stars, 2007).

Myös muutamalla muulla uutteella on yhteys Aurinkoon. Esimerkiksi Papaija-uute (Pegasus) tuo helpotusta Auringon ja Neptunuksen välisiin neliöaspekteihin, ja Syreeni (Lilac, FES) auttaa, kun horoskoopista löytyy Auringon ja Saturnuksen jänniteaspekteja. Valkosipuliuutteen käyttö on suositeltavaa, kun Auringon ja Marsin välillä on neliö- tai oppositioaspekti.

Niittyhumalaa (Self heal, FES) on puolestaan hyvä käyttää, kun Aurinko on Kalojen merkissä. Uute vaikuttaa eetterikehoon ja chakrojen tasapainoon. Kyseessä on erinomainen uute ihmisille, jotka eivät itse usko paranemisen mahdollisuuksiin.

Niittyhumala auttaa ihmistä kasvamaan oman itsensä mestariksi, kypsymään vastuuseen omasta terveydestään. Uute tukee kaikkea paranemista.

Kesäpikkusydän (Bleeding Heart, FES) voimistaa Auringon ja Venuksen kolmioita esim. edistetyillä kartoilla. Kyseessä on myös erinomainen sydänbalsami, joka auttaa lisäksi kehittämään musiikillisia lahjoja.

Jalokivistä Auringon energioihin liittyvät mm. rubiini, punainen onyksi, smaragdi ja aurinkokivi. Hiomattomasta kivestä voi tehdä hienon jalokivieliksiirin (ohjeet löytyvät em. kirjastamme ja kotisivuiltamme www.smilingstars.fi).

Vitamiineista Aurinko liittyy A- ja D-vitamiiniin. D-vitamiini säätelee kalsium- ja fosforiaineenvaihduntaa, ja sitä tarvitaan luun ja hampaiden muodostumiseen. Kesällä tätä vitamiinia saadaan suoraan Auringosta. Joskus tätä vitamiinia lisätään vahingollisessa muodossa elintarvikkeisiin. A-vitamiini on rasvaliukoinen vitamiini, joka muodostuu karoteeneista. Se auttaa pitämään ihon ja limakalvot terveinä ja vaikuttaa hämäränäköön.

Auringolla on paljon yhteyksiä ja vastaavuuksia eri asioihin ja symbolikieliin. Esimerkiksi käden kieliopissa keskustähtemme vastaa nimettömään sormeen, jossa usein näkyy pidettävän Auringon metallista, kullasta, tehty sormus. Ihmisen korostunut käsitys omasta merkittävyydestään näkyy usein pitkänä, lähes keskisormen mittaisena nimettömänä. Silloin kannattaa katsoa myös syntymäkartalta, miten tämä itsetärkeys näkyy Auringon sijainnista ja aspekteista. Numerologiassa Aurinkoa vastaa numero 1. Yleisesti ottaen Aurinko korostaa todellisuuden yang-prinsiippiä siinä, missä Kuu hallitsee vetäytyvämpää yin-prinsiippiä.

Hyviä kirjoja Auringosta luonnontieteen näkökulmasta ovat tiedetoimittaja, dosentti Leena Tähtisen ja aurinkotutkija, dosentti Silja Pohjolaisen *Aurinko -- tähden tarina* (WSOY 2005) ja Leon Golubin ja Jay M. Pasachoffin *Lähin tähtemme - tutkimuskohteena Aurinko* (Ursa 2004).

# KUU - HEIJASTAJA JA REAGOIJA ☽

Kuu on aina ollut erityisen merkittävä ajan rytmittäjä, niin kuin kirjoitin jo tämän luvun alussa. Kaikki ihmiskunnan varhaiset kalenterit olivat kuukalentereita. Esimerkiksi ajalta 35 000 vuotta ennen ajanlaskumme alkua olevaan, Swasimaasta löytyneeseen paleoliittiseen Lemombo-luukalenteriin on selvästi koodattu kahden täydenkuun väliin jäävien päivien lukumäärä, samoin sitä 5000 vuotta myöhempään, Ranskasta löytyneeseen Blanchard-luuhun.

Eri kulttuureissa tämä Maan salaperäinen kiertolainen on yhdistetty luonnossa esiintyvään naispuoliseen, vastaanottavaan, negatiiviseen, passiiviseen prinsiippiin. Kuujumalatar on näyttäytynyt eri kulttuureissa kolmessa eri hahmossaan, neitsyenä, äitinä ja isoäitinä tai tietäjänaisena, eli luojana, säilyttäjänä tai tuhoajana. Kasvava Kuu vertautuu neitoon tai tyttäreen ja kevääseen (Hebe, Persephone, Diana, Venus tai Astarte), kun taas täysikuu edustaa äitiaspektia ja kesää (Hera, Demeter, Isthar, Yemeya) ja vähenevä Kuu puolestaan tietäjäeukkoa ja syksyä (Hekate tai Kali).

On luultavaa, että naiset kehittivät ensimmäiset kalenterit, koska he löysivät kuunvaiheita tarkkaillessaan selvän korrelaation omaan kuukautiskiertoonsa. Kiinalaiset naiset vakiinnuttivat kuukalenterin 3000 vuotta sitten ja jakoivat taivaankannen 28 "tähtikartanoon", joiden kautta Kuu kulki reitillään. Kiinassa kuukalenteria käytetään edelleenkin rinnan gregoriaanisen kalenterin kanssa.

Keski-Amerikan maya-kulttuurissa jokainen nainen tiesi, että suuri maya-kalenteri Tzolkin perustui alun alkaen hänen kuukautiskiertoonsa. Roomalaiset puolestaan kutsuivat ajan mittaamista *mensuraatioksi* eli kuukautisten tiedoksi.

Muinaiset heprealaiset saivat kalenterinsa Kaldeasta, legendaariselta Abrahamin huoneelta. Abrahamin varhaisempi nimi oli Ab-sin, "Kuu-isä". Usein juuri kaldealaiset mainitaan astrologian keksijöinä. He eivät kuitenkaan tutkineet niinkään Aurinkoa, vaan Kuuta. He olivat kuunpalvojia ja uskoivat, että Kuu määräsi ihmisten kohtalot siirtyessään eläinadan sektorilta toiselle.

Astrologian arkaainen nimi oli *mathesis*, "oppi" tai "oppiminen", joka kirjaimellisesti tarkoittaa "äiti-viisautta". Kaldealaiset astrologit olivat *mathematici*, "oppineita äitejä". Kaldeassa Nebo oli salaisen viisauden kuujumala.

Samanlaiset Kuuhun liittyvät myytit löytyvät Egyptistä, Pohjois-Euroopasta, Kreikasta ja Roomasta. Egyptin papit kutsuivat Plutarkhoksen mukaan Kuuta "universumin äidiksi", ja Ylä-Egyptiä kutsuttiin *Khemennuksi*, Kuun valtakunnaksi. Vaikka Kuuta palvottiinkin Egyptissä vähemmän kuin Kaldeassa, oli Isis-jumaluus siellä Luna-Lunuksen, "taivaallisen hermafrodiitin" edustaja.

Antiikin Kreikassa Kuu oli Artemis, Aurinko-Apollon kaksoissisar. Latinan kielessä puolestaan kuujumalattaren nimi oli Luna, vesien hallitsijatar, joka yhdessä tulisen Auringon kanssa tuotti Elämän Veren. Roomalaiset hallitsijat uhrasivat "pimeän Kuun", uudenkuun, kolmipäiväisen jakson (*ides*) aikana, jotta kuujumalatar palaisi turvallisesti manalasta. Kreikkalaiset vastaavasti toivat uhrilahjoja suuren *Noumeniaksi* kutsutun pyhän aikana (uusikuu). Toinen suuri pyhä oli *Dichomenia* (täysikuu), jolloin jumalatar oli syklinsä huippukohdassa.

Kuu liittyy tietysti myös kristilliseen traditioon. Keskiaikaisessa kirkossa pyhimysten muistopäivät määriteltiin *monologian*, "Kuun tiedon", perusteella. Liikkuvien pyhäpäivien ajankohdat vaihtelivat, koska ne laskettiin Kuun syklien, ei Auringon kierron, perusteella. Tärkein näistä eli pääsiäinen määritellään edelleen Kuun mukaan: pääsiäissunnuntai on kevätpäiväntasauksen jälkeisen täydenkuun jälkeinen sunnuntai.

Kuun astrologinen vaikutus on varsin monitahoinen. Yksi sen keskeisistä vaikutusalueista on varhainen kotimiljöö, jonka kautta ihmiset yleensä omaksuvat monia luonteenpiirteitä ja vaikutteita. Usein Kuu viittaa erityisesti lapsuudenkodin yleiseen ilmapiiriin sekä dominoivan vanhemman johonkin piirteeseen.

On hyvä muistaa, että lapsi mallittaa monia asioita kodin piirissä erityisesti ensimmäisten seitsemän ikävuotensa aikana. Tuolloin hän on kaikkein vastaanottavin ympäristön vaikutteille - ihmisille, tavoille ja ilmapiirille -, jotka jättävät jälkensä hänen kehittyvään persoonallisuuteensa. Monet näistä malleista ja kokemuksista painuvat vuosien myötä tiedostamattomaan mieleen, mutta jatkavat siitä huolimatta vaikutustaan.

Sanotaankin, että minkä nuorena oppii, sen vanhana taitaa. Lapsena opitut mallit ja kaavat tulevat tiedostamattoman mielen ja sympaattisen hermojärjestelmän reaktioiksi ja voivatkin sitten pulpahtaa pinnalle odottamatta ja kiusallisesti.

Yleisellä tasolla Kuu symboloi muotoa, muutosta, tunnetta, tarpeita, hoivaamista, perhettä, kotia, äitiä ja feminiinistä prinsiippiä siinä, missä Aurinko indikoi substanssia, tahtoa, energiaa, maskuliinista prinsiippiä ja luovaa itseilmaisua. Planeettamme kiertolainen liittyy lisäksi mm. kehon nestejärjestelmiin, vastaanottavuuteen, rutiineihin, häilyvyyteen ja muistin toimintaan.

Kuu on kautta aikojen liitetty myös kasvuun ja hedelmällisyyteen. Kasvava Kuu on ymmärretty jo ammoin kylvämisen ja kasvun aikana niin konkreettisessa kuin henkisemmässäkin mielessä, kun taas täysikuusta alkava vähenevä jakso on ollut sadonkorjuun aikaa. Tämä ikivanha viisaus pätee edelleenkin, ja tähän tietoon perustuu osin mm. biodynaaminen viljely. Samalla kuunkierto antaa myös hienon symbolisen kuvauksen ihmisen elämänkaaresta kehdosta hautaan – ja eteenpäin uuteen syntymään.

Kuu kääntää aina saman puolen Maata kohti. Kuun pinnasta on näkyvissä 41 % aina, 18 % vaihtelevasti, ja toiset 41 % ei näy koskaan. Tässä on mielenkiintoinen symbolinen viittaus Kuun piilossa olevaan puoleen, joka liittyy juuri tiedostamattomaan mieleen.

Karmallisesti Kuu liittyy lähimpiin inkarnaatioihin. Yleensä Kuun merkki- ja huonesijainti sekä keskeiset aspektit sisältävät vähintään yhden tärkeän karmallisen läksyn yksilön elämässä. Tämän läksyn tiedostaminen ja esimerkiksi sen osoittamien väärien tunnereagointien oikaiseminen on tärkeää ihmisen henkisen hyvinvoinnin kannalta.

Kuuta tarkastellessa täytyy aina ottaa huomioon myös aspektit, jotka omalla tavallaan modifioivat Kuun vaikutuksia.

## Kuu merkeissä

### Kuu Oinaassa:
Kuu Oinaassa voi tehdä ihmisestä aika levottoman, äkkipikaisen, impulsiivisen ja itsevarman. Pioneerihenki seuraa yleensä tätä sijaintia. Kaikessa uuden aloittamisessa tulisi kuitenkin olla huolellinen, ettei tulisi tehtyä harkitsemattomuuksia. Lapsuudenkotia karakterisoi jokin itsehillinnän puute, ehkä liittyen vanhempien taistelunhaluisiin piirteisiin.

Varhainen koti on saattanutkin olla ilmapiiriltään hivenen jännitteinen, ja on olemassa riski, että yksilö poimii varhaisilta vuosiltaan mukaansa tiedostamattomasti näkemyksen, että "koti" tarkoittaa kamppailua ja myrskyä.

Niinpä yksilö saattaa vartuttuaan etsiä kumppania, joka saisi aikaan samanlaiset olosuhteet. Hän on voinut itsekin provosoida sellaista myrskyisyyttä, jonka on yhdistänyt tiedostamattaan kodin käsitteeseen. Oli miten oli, Kuu Oinaassa tuo tärkeän testin elämänsuunnitelmaan: sielun on voitettava lapsuudenkodin kamppailun tai konfliktin subliminaalinen, piilevä vaikutus ja kieltäydyttävä ilmentämästä sitä omassa kodissaan.

## Kuu Härässä:

Kuu on Härässä ollessaan voimakkaassa merkkisijainnissa, onhan se nimittäin ylennyksessään tässä kiinteässä maamerkissä. Yleisellä tasolla tämä sijainti kertoo siis varhaislapsuudesta ja siitä, että varhaisina vuosinaan yksilö sai rakkautta toisen tai molempien vanhempiensa taholta. Tästä seurauksena omanarvontunne sekä kyky antaa ja vastaanottaa rakkautta ovat saaneet mahdollisuuden kehittyä hyvin.

Mikäli kartalla esiintyy jänniteaspekteja muihin taivaankappaleisiin, lapsuudenkoti ei ole kuitenkaan ollut täysin kitkaton, ja usein tällaiset jännitetekijät kartalla viittaavat siihen, että kodin kiintymyksellisessä ilmapiirissä on ollut myös jotain rajoittunutta tai typistettyä. Härän merkki vakauttaa tässä kuitenkin hyvin Kuun häilyviä energioita. Tämä on eräänlainen hedelmällisen Maaemon sijainti.

## Kuu Kaksosissa:

Kuu ollessaan kartalla häilyväisessä Kaksosten merkissä kertoo siitä, että lapsuudenkoti on antanut runsaasti mentaalista stimulaatiota sekä painottanut ajattelun tai rationaalisten kykyjen saavutuksia. Ilmapiirissä saattoi hyvin olla hermostuneisuutta, samoin kuin jotakin "kahdennettua" tai kaksinkertaista.

Yksilö on luultavasti saanut hermostuneisuutta ainakin latentissa muodossa; jos näin on, kyseessä on koe jonka avulla halutaan nähdä, pystyykö hän pitämään hermonsa kurissa ja välttämään "hermokimppu"-syndroomaa. Aikuisiällä yksilö on todennäköisesti pyrkinyt omassa kodissaan ilmentämään ilmapiiriä, jota on rikastanut opiskeleminen, mentaalinen stimulaatio, keskustelukulttuuri jne.

## Kuu Ravussa:

Tässä Kuu on voimakkaassa sijainnissa kartalla, onhan se omassa merkissään Ravussa. Luultavasti suuri osa siitä, mitä Kuu symbolisesti edustaa, on saanut ilmauksensa varhaisessa lapsuudessa. Täydessä ilmennyksessään Maan seuralainen esittää parhaat puolensa kotiympäristössä, joka on rakastava ja hoivaava ja jossa annetaan paljon emotionaalista tukea ja kannustetaan rakentamaan voimakasta itsetuntoa.

Tämä idealisoitu kuva toteutuu kuitenkin harvoin käytännössä Kuun jänniteaspektien takia. Tällöin on opittava hyväksymään jokapäiväinen realismi sellaisena kuin se tällä planeetalla esiintyy ja myös ihmiset sellaisina kuin he ovat - kyvyttömyys hyväksyä epätäydellisyyttä on itsessään epätäydellisyyden osoittaja. Elämän läksyihin kuuluu tässä kompromissien oppiminen ja ponnisteleminen oman kodin eteen. Sitten kun aika koittaa omille lapsille, on tärkeää antaa heidän kehittyä itsenäisiksi yksilöiksi, syyllistämättä heitä millään tavoin tai pakottamatta liian tiukkoihin tunnesiteisiin vanhempia kohtaan.

## Kuu Leijonassa:

Kuu Leijonassa on selvä osoitus siitä, että yksilöllä on sisäänrakennettuna sielullisena piirteenä kyky antaa anteeksi, mikä on yksi kaikkein hienoimmista ja jaloimmista ominaisuuksista ihmiskunnassa. Kyseessä on Kuun merkkisijaintien suhteen poikkeuksellinen indikaattori sielunominaisuudesta, ei vain persoonallisuuspiirteestä. Vanha hyvä sanonta kuuluu: "Erehtyminen on inhimillistä, anteeksiantaminen jumalallista." Tämä sopii hyvin juuri Kuun sijaintiin Leijonan merkissä.

Antaessaan anteeksi ihminen itse asiassa noudattaa Jumalan toimintaperiaatetta, koska Jumala ei koskaan tuomitse eikä Korkeimman silmien edessä mikään teko, ajatus tai tunne ole tuomittava. Ihminen on itse oma tuomarinsa. Hänen karmansa on sitä, minkä hän on itse luonut, eikä se tule mistään "tuomiontuvasta" rangaistuksena synneistä. Taustalla on ainoastaan henkinen luonnonlaki, joka toimii automaattisesti.

Jos Kuulla on tässä sijainnissa myös jännitteisiä aspekteja muihin taivaankappaleisiin, saattaa olla että jotkut varhaisen kodin piirteet ja vaikutukset yksilön elämässä ovat olleet ristiriidassa oman sisäisen anteeksiantamisen taipumuksen ilmentämisen kanssa. Ehkä jompi kumpi vanhemmista on ollut kaunainen tai periksiantamaton; tai sitten olosuhteet ovat voineet olla sellaiset, että kun yksilö yritti lapsena tuoda esiin anteeksiantamisen ja suvaitsevaisuuden piirteitä, sitä käytettiin hyväksi, tai sen ajateltiin olevan heikkoutta, tai sitten häntä jollain tavoin pilkattiin noiden piirteiden johdosta.

Nämä negatiiviset kokemukset ovat tässä tapauksessa toimineet kokeena, jonka avulla on pyritty näkemään, kykeneekö ihminen voittamaan vastukset ja löytämään uudestaan tuon anteeksiantamisen puhtaan lähteen, joka on ollut hänen synnyinoikeutensa ja itselleen antamansa lahja.

Yksilön on tässä tapauksessa kuitenkin hyvä pitää huolta siitä, ettei hän sulje silmiään kokonaan muiden virheiltä ja teeskentele, ettei niitä ole olemassakaan. Se on yksi itsepetoksen muodoista ja tuo vääjäämättä pettymyksen tullessaan, kun "pöly on laskeutunut". On paljon parempi nähdä alusta lähtien muut juuri sellaisina kuin he ovat, virheineen kaikkineen, ja samalla ymmärtää, että kaikki me olemme tavalla tai toisella virheellisiä ja puutteellisia. Kaikki puutteet antavat itse asiassa suuremman syyn rakastaa lähimmäisiä ja oppia ymmärryksen kallisarvoinen läksy.

## Kuu Neitsyessä:

Kuu ollessaan kartalla Neitsyen kriittisessä ja analyyttisessä merkissä kertoo mentaalisesti painottuneesta lapsuudenkodista ja siitä, että luultavasti toinen vanhemmista oli jotenkin ylitouhukas tai korostuneen siisteysintoilija. Jokin yksityiskohtiin tai muotoseikkoihin liittyvä ylikorostus on myös ollut taustatekijänä lapsuudessa, samoin yhtäläinen kyvyttömyys nähdä laajempaa kuvaa. Eli ei ole nähty metsää puilta, kuten sanonta kuuluu.

Luultavasti yksilö koki lapsuudessaan huomattavaksi taakaksi toisen vanhempansa taholta tulleen kritiikin, paheksumisen tai sen, ettei lapsi oikein saanut vanhempansa hyväksyntää. Tästä on saattanut olla seurauksena tendenssi, että yksilö on yhdistänyt kodin tiedostamattaan mielessään virheen etsimiseen ja ehkä saivartelemiseen ja että hän on saattanut - myös tiedostamattaan - etsiä kumppania, jolla nämä piirteet esiintyisivät. Tämä taipumus saattaa ilmetä myös hänen omassa toiminnassaan kodin piirissä.

Koska tämä piirre ei ole korkeamman olemuspuolen piirre, vaan seurausta oman varhaistaipaleen kokemuksista, on sijainnin keskeisenä läksynä välttää oman kotimiljöön tekemistä aikuisiällä kritiikin, virheen etsimisen ja vastaavan tyyssijaksi.

Kuu liittyy muuten synnyttämiseen ja kolmeen tärkeään naishahmoon: Eevaan, Isikseen ja Neitsyt Mariaan, joilla kaikilla on tekemistä juuri Neitsyen merkin korkeampien energioiden kanssa.

**Kuu Vaa'assa:**

Kuun sijainti Vaa'assa kertoo henkisen astrologian mukaan mm. sen, että yksilön varhaista kotimiljöötä luonnehti kaikkien emotionaalisten liioitteluiden hallitseminen sekä ainakin ulospäin näkyvä tasaisuus ja harmonia. Mikäli Kuulla on syntymäkartalla kuitenkin voimakkaita jänniteaspekteja, on tämä harmonia todennäköisesti ollut vain pintailmiö, eli kotielämä oli ainoastaan pinnallisesti pehmeää ja rauhallista, mutta alla virtailivat ratkaisemattomat konfliktit ja sekaannus. Lapset luonnollisesti ymmärtävät näitä asioita paljon paremmin kuin vanhemmat aavistavatkaan.

Yksilö on voinut omaksua lapsena tuossa tiukasti hallitussa atmosfäärissä ajatuksen ja tunteen siitä, että koti ja avioliitto vaativat sisältä nousevien asioiden absoluuttista hallitsemista, hinnalla millä hyvänsä. Valitettavasti vain energiat, joiden ei anneta purkautua luonnollisesti, nousevat pintaan jollain vähemmän toivottavalla tavalla. Yleensä käy niin, että täysin tyydyttävä koti ja avioliitto viivästyvät tässä Kuun asemassa, osin karmallisista syistä.

**Kuu Skorpionissa:**

Kuu sijaitessaan Skorpionissa saa väritystä tuon voimakkaan merkin hallitsijoiden Marsin ja Pluton vahvoista energioista. Niinpä tässä sijainnissa intohimoisuus tai seksuaalisuus hallitsee kiintymyksen ja rakkauden emotionaalista puolta. Lyhyesti sanottuna Kuu Skorpionissa viittaa ihmiseen, jonka seksuaalisuus määrittää jollain tavoin sen, mihin kiintymys asettuu elämässä tai minkä sijan se saa elämässä.

Koska fyysinen puoli dominoi tässä sijainnissa niin voimakkaasti emotionaalista elämää, saattaa hyvin olla, että puhdas, kiintymyksellinen rakkaus ilman fyysistä ja intohimoista elementtiä on jäänyt yksilölle varsin vieraaksi. Tämä nostaa esiin vain yhden puolen rakkauden koko kirjosta, mistä seuraa epätasapaino ja muiden alueiden laiminlyöminen.

Piirre korjautuu tavallisimmin sydänsurujen, menetysten tai yksinäisyyden kautta jossain elämänvaiheessa; yksilön halutaan ymmärtävän, kuinka tärkeä asia puhdas emotionaalinen rakkaus on ja kuinka kipeältä tuntuu, kun menetys kohdistuu yksinomaan sydämeen.

Ehkä jokin kokemus lapsuudessa viritti piilevän seksuaalisuuden tietoisuudessa. Tämä on voinut olla traumaattinen tapahtuma tai kokemus, tai toisaalta kyseessä on saattanut olla ainoastaan seksuaalisen tietoisuuden yleinen asenne kodin ilmapiirissä. Karma määrittää tämän vaikutuksen luonteen.

### Kuu Jousimiehessä:

Kuun ollessa syntymäkartalla Jousimiehessä on yksilön varhaiseen kotimiljööseen kuulunut joitain laajuuden, kasvamisen, joviaalisuuden, liioittelun, matkustamisen tai uskonnon piirteitä. Mukana on saattanut olla nimenomaan liioittelua jossain suhteessa. Ehkä kodin merkitys on korostunut normaalia enemmän, tai sitten siellä on ollut keskimääräistä enemmän ihmisiä.

Mikäli Kuu on hyvissä aspekteissa syntymäkartalla, koti on tarjonnut yksilölle myös hyvän perustan elämässä. Sijainti lisää tavallisesti tiedonjanoa ja sosiaalisuutta. Yleensä yksilö, jolla on tämä Kuun sijainti, on jokseenkin rauhaton ja tasaantumaton, mistä johtuu matkustelun- ja muutoksenhalu. Arvostelukyky on tavallisesti erinomainen, kunhan vain asia ei koske mitenkään suoraan häntä itseään.

### Kuu Kauriissa:

Tässä merkkisijainnissa varhaiseen kotimiljööseen on kuulunut joitain rajoituksia ja esteitä, esimerkiksi toisen vanhemman puuttuminen, emotionaalinen kylmyys tai etäisyys tms. Ehkäpä nuorena kohdalle tulleet vastuut ja velvollisuudet antoivat olemukseen vakavan, joskus melankolisenkin vireen. Kodin ilmapiirissä ei juuri ollut naurua ja normaalia iloitsemista, ja ehkäpä joskus taaksepäin katsoessaan yksilö näkeekin varhaiset vuotensa työläinä, jokseenkin valottomina.

Suuri läksy tässä kiellätämättä vaikeassa kuviossa on nouseminen varhaisvuosien synkän ja ilottoman kotimiljöön yläpuolelle sekä oman kodin luominen, jossa taakat voi unohtaa ja ilo vallita! Tämän saavuttaakseen yksilön on täytynyt oppia iloitsemaan ja nauramaan. "Vaiva" kannattaa varmasti!

### Kuu Vesimiehessä:

Kuu Vesimiehessä osoittaa, että varhaiseen kotiin on liittynyt yhdistelmä, jossa ovat kohdanneet yksilön rohkaiseminen vapauteen ja itseilmaisuun sekä jonkinlainen tunteiden ja rakkauden ilmaisemisen tukahduttaminen.

Varhainen koti on siis antanut itsehillinnän piirteen emotionaalisella tasolla ja samalla kaikenlaisten tunteiden näyttämisten tai äärimmäisyyksien kammon tai inhoamisen, mikä voi tietysti tuoda vaikeuksia yksilön omassa myöhemmässä elämässä kodin ja avioliiton piirissä; erityisesti, mikäli kumppani, on sellainen joka vaatii enemmän vastakaikua tunteisiin kuin Vesimies-Kuu on halukas antamaan.

Tässä tilanteessa voimme puhua kokeesta, jonka myötä pyritään saamaan yksilö oivaltamaan, ettei aito kiintymyksellinen vuorovaikutus ole vastakohta yksilöllisyyden ja itsenäisyyden säilyttämiselle. Todellisen ja epäitsekkään rakkauden luonne on aina ollut halu saattaa toisen ihmisen kaikki myönteiset puolet täyteen kukintoon ilman mitään rajoituksia ja kaventavia ajatuksia.

**Kuu Kaloissa:**

Kuu Kaloissa kertoo mm. sen, että varhaista kotimiljöötä on luonnehtinut jokin/ jotkin seuraavista tekijöistä: illusorisuus, ylitunteellisuus, tunnekeskeisyys, addiktiot ja eskapismi eli elämän tosiasioista pakeneminen. Oli tuo piirre mikä hyvänsä, se on jättänyt yksilöön syvän jäljen. Hänellä on saattanut olla taipumusta odottaa itse luomansa myöhemmän aikuisiän kodin heijastavan varhaisen kodin määräävää piirrettä.

Nämä odotukset ovat lähes poikkeuksetta tiedostamattomia. Siten voidaan olettaa, että mikäli tällaisia vaikeuksia on ilmennyt, yksilön on voinut olla äärimmäisen vaikea havaita, että vika saattaa olla hänessä itsessään.

Tämä on vaikea koe, mutta panokset ovat suuret ja ihmisen tulisi tehdä voitavansa läpäistäkseen kokeen. Mikäli hän ei saa nimittäin selville totuutta itsestään suhteessa kotiinsa/avioliittoonsa, ihminen voi silloin epäonnistua syvän siteen kehittämisessä toiseen ihmiseen, joka on välttämätön suhteen jatkumisen kannalta; ja tällöin sekä koti että avioliitto voivat karahtaa karille.

# Kuu huoneissa

Kuu on häilyvin kaikista taivaankappaleista vaihtaessaan "kasvojaan" kaiken aikaa. Kuu liikkuu 12-13° päivässä ja ylittää kunkin eläinradan merkin n. 2,5 päivässä.

Kuun indikoima häilyvyys paljastuu erityisesti sen huonesijainnin kautta. Tuolla alueella ihminen on usein häilyvimmillään. Hänen tehtävänsä onkin balansoida ja vakauttaa tähän Kuun huonesijaintiin omalla kartallaan liittyviä asioita, tunnereaktioita sekä toiminta- ja käyttäytymismalleja tai muita kulloiseenkin huonesijaintiin liittyviä asioita.

Kuuhun liittyvät tekijät voivat olla vaistomaisia, tiedostamattomia. Niiden nostaminen tietoisuuteen ei aina ole helppoa, mutta astrologia tarjoaa tähän mahdollisuuden.

**Kuu 1. huoneessa:**

Minäkuva on Kuun huonesijainnin takia jollain lailla melko heikko, mikä saa tavallisesti aikaan riittämättömyyden tai epäpätevyyden tunteita. Yksilö saattaa olettaa, että muut näkevät hänet heikkona tai avuttomana, ja kuvioon voi hyvin kuulua jonkinasteinen alemmuuskompleksi. Usein tällainen minäkuva on seurausta aiemmista elämistä, jolloin yksilöllä oli voimakas ja hyvin integroitunut minäkuva ja omanarvontunto, mutta hän antoi tämän voimakkaan persoonansa hallita ja rajoittaa muita ihmisiä. Eli elämä pyrkii aina tasapainottamaan, ja tässä elämässä hänen on täytynyt maksaa velkaansa löytämällä uudestaan balanssi feminiinisyyden ja maskuliinisuuden välille, koska aiemmin maskuliiniset ominaisuudet olivat olemuksessa yksipuolisia ja ylikorostuneita.

Aiemmin jossakin mieselämässä yksilö todennäköisesti kohteli naisia huonosti, miehistä ylemmyyttä tuntien. Nyt on aika kultivoida lempeämpiä, hieman vetäytyvämpiä ja myötätuntoisempia piirteitä, jotka perinteisesti liittyvät feminiinisyyteen. Tässä elämässä hän on joutunut kohtaamaan karmaa, joka syntyi siitä mentaalisesta, emotionaalisesta tai fyysisestä kivusta ja tuskasta, jota muut joutuivat aiemmin hänen toimestaan kokemaan. Mutta alemmuuskompleksiin, jonka tämä Kuun sijainti tavallisesti tuo tullessaan, ei ole mitään todellista syytä; ihmisen arvo ei ole siitä kiinni, mitä muut hänestä ajattelevat, vaan siitä mitä hän on sisimmässään ja oman ikuisen olemuspuolensa silmissä.

### Kuu 2. huoneessa:

Sijaitessaan kartan 2. sektorilla Kuu paljastaa syvällä tasolla tietyn tärkeän piirteen, joka liittyy yksilön kykyyn rakastaa. Tämä huone on nimittäin sekä käytössä olevien ulkoisten resurssien että myös kiintymyksen areena, ja mikäli Kuu on ollut siinä syntymähetkellä, merkitsee se selvää muutoksen ja vaihtelun piirrettä rakkaudessa ja hellyydessä. Tuo muutos heijastuu myös aineelliseen omaisuuteen.

Vaihtelu kiintymyksissä on saattanut jäädä yksilöltä itseltään huomaamatta. Kuitenkin usein Kuun ollessa tässä sijainnissa yksilö on vakaa rakkaussuhteissa vain niin kauan kuin rakkauden kohde on tavoittamattomissa. Mutta kun tuo haluttu kohde on saavutettu, on sydän alkanut taas vaelluksensa muille "metsästysmaille". Kuvioon kuuluu tiedostamaton henkinen vaatimus rakastua toistuvasti henkilöön, joka jää tavoittamattomaksi. Näiden kokemusten myötä on haluttu opettaa, että kiintymyksen vakaus puuttuu olemuksen syvemmällä tasolla.

Karmallisesti kokemusten aiheuttaman saavuttamattoman rakkauden tarkoitus on tasoittaa taakkoja, jotka yksilö on tehnyt itselleen aiemmissa elämissä. Niissä nimittäin se sama epävakaus, jota nyt korjataan yksilön olemuksessa, aiheutti samanlaista tuskaa kumppaneille, joita yksilö rakasti vain lyhyesti ja jätti sitten muiden toiveiden ja mahdollisuuksien takia.

### Kuu 3. huoneessa:

Sijaitessaan kartan kolmannella sektorilla Kuu viittaa siihen, että mentaaliset toiminnot ovat hyvin stimuloituneita, että monet eri alueet valtaavat yksilön ajattelun ja että hänen omat mielipiteensä ja näkemyksensä ovat alituisessa muutoksen tilassa. Keskeinen läksy tässä onkin välttää joutumasta "tuuliviiriksi" omien mielipiteiden suhteen. Vain vähän henkistä kehitystä on luvassa, mikäli ihminen ei kykene päättämään, mikä on hänen hyväksymänsä totuus ja pitämään niistä kiinni. Eli yksilön on viisasta pyrkiä hallitsemaan mentaalinen levottomuutensa.

Aiemmissa elämissä kestävyyden puute mentaalisessa sfäärissä johti idealismista luopumiseen tai liiallisiin kompromisseihin periaatekysymyksissä, mikä käänsi sielun pois ylöspäin vievältä polulta. Tässä inkarnaatiossa vaikeuksia on varmasti noussut esiin mielipiteitten vesittämisen seurauksena, ja näiden hankaluuksien myötä yksilöä on pyritty yllyttämään päätöksentekoon näkemystensä selkeyttämiseksi ja periaatteistaan kiinni pitämiseksi.

Oppimisen kannalta Kuu 3. huoneessa viittaa tarpeeseen kulkea epävakaisten, kirkastumattomien ajatusten ja ankkuroimattomuuden tunteen läpäisemien ajanjaksojen lävitse suhteessa elämän päämääriin ja suuntaan. Aiemmissa elämissä yksilö oli vastuussa muiden saattamisesta samanlaiseen epävarmuuteen ja epävakaisiin mentaalisiin tiloihin - syynä olivat hänen omat oikulliset toimensa.

**Kuu 4. huoneessa:**

Kuu on 4. huoneessa sijaitessaan hyvin voimakkaassa kohdassa kartalla, onhan se "omassa" huoneessaan. Tämä maan kiertolaisen sijainti kertoo, että yksilön luontaiset rytmit ja toiveet kulkevat eristäytymisen, vetäytymisen ja kotirutiinien suuntaan. Kuitenkin yksilön elämänsuunnitelma ehkäisee ainakin osin tämän kaipuun täyden toteutumisen. Hänen on toivottu tässä inkarnaatiossaan suuntaavan askeleensa enemmän maailmalle ja kokemaan olemassaolon vaatimukset ja palkinnot myötä- ja vastatuulessa, mikä kyky heikkeni joidenkin "suojattujen" elämien aikana. Hän on nimittäin saattanut viettää useita aiempia elämiä jossakin suojatussa yhteisössä, esimerkiksi luostarissa, ja vaikka sellaisessa voi toki oppia paljon elämästä, täytyy välillä hypätä itse ratsaille ja karauttaa kohti auringonlaskua, Indiana Jonesin malliin.

Karmallisesti kuva on hieman erilainen. Yksilö on aiemmissa elämissä jättänyt toiset ihmiset tilanteisiin, missä nämä ovat joutuneet kohtaamaan elämän koko kovuuden ja karheuden liian varhaisessa vaiheessa, ennen kuin he olivat valmiita siihen. Tämä on voinut tapahtua mm. karkottamalla lapset kodin suojeluksesta. Koska kaikki tekomme palautuvat ennemmin tai myöhemmin meille itsellemme, on hänenkin täytynyt käydä läpi jokin samanlainen kokemus verraten nuorella iällä. Eli hän on nyt itse luultavasti joutunut tutustumaan elämän karkeampaan puoleen varhaisessa vaiheessa.

**Kuu 5. huoneessa:**

Sijaitessaan 5. huoneessa Kuu nostaa esiin äitiyden käsitteen. Yksilön on tässä inkarnaatiossa opittava hyväksymään äidin tai äitihahmon rooli (joka on henkisesti sukupuolesta riippumaton) sekä löytämään uudestaan se läheisyys omaan äitiin, jonka hän torjui aiemmissa elämissä paljon "jännittävämpien" rakkausasioiden takia. Nyt suunnitelmaan on saattanut kuulua muutoksia, häilyvyyttä ja epävarmuutta koskien kiintymyksellistä elämää partnerin kanssa.

Tällä on ollut tarkoituksena vähentää aiempaa rakkaussuhteiden ylikorostumista. Suhteet ovat voineetkin muodostua nopeasti - ja lakata aivan yhtä nopeasti. Kuitenkin yksilö on kaivannut pysyvyyttä ja kiinteyttä rakkauden suhteen. Karmallisesti hänen on täytynyt käydä lävitse tämä "kujanjuoksu", koska oma häilyvyys aiheutti aiemmissa maaelämissä muille samanlaista tuskaa ja kärsimystä.

## Kuu 6. huoneessa:

Kuu sijaitessaan 6. huoneessa viittaa tarpeeseen löytää stimulaatiota mielen toiminnoista. Kuun värähtelyt eivät kuitenkaan ole aivan täydessä harmoniassa tämän huonesijainnin kanssa, koska planeettamme kiertolainen hallitsee alempia tai "jokapäiväisiä" mielentoimintoja, kun taas 6. huone viittaa enemmän loogisiin, keksimiseen ja oivaltamiseen vivahtaviin mentaalisiin prosesseihin. Niinpä yksilöllä on luultavimmin tendenssi ajatella arkipäiväisin käsittein, löytää tuttua kaikesta eksoottisesta ja otaksua huolettomasti, että asiat ovat hyvin yksinkertaisia, kun ne itse asiassa ovat kompleksisia ja vaativia ajattelun suhteen.

Tämän sijainnin keskeisenä oppina on ymmärtää, että on olemassa korkeampia mentaalisia toimintoja kuin banaali keskustelu ja päivän aktiviteettien suunnitteleminen. Tämä yksilö on kutsuttu tutkimaan abstraktin ajattelun jalostuneempia asteita - tiedettä, teologiaa, okkultismia, matematiikkaa ja monia vastaavia teemoja. Jossakin elämänsä vaiheessa hänen on kohdattava näitä alueita sekä opittava käyttämään mieltään johonkin laajempaan kuin jokapäiväisen olemassaolon strukturointiin.

## Kuu 7. huoneessa:

Kuun huonesijainti on tässä kovin paljastava. Erityisesti se viittaa henkilöön, joka on aiemmissa elämissä karttanut muiden ihmisten seuraa siihen pisteeseen asti, että myös nykyisessä inkarnaatiossa hänessä on ilmennyt voimakas tendenssi eristäytyä ja halu tulla jätetyksi rauhaan. Tämä asenne ei ole kuitenkaan omiaan edistämään uuden ajan henkisiä tavoitteita, esim. veljeyden periaatetta.

Siten yksilölle, jolla Kuu on 7. sektorissa kartalla, näyttää olevan pakollista tulla tavan takaa "heitetyksi" takaisin ihmisten seuraan. Vain tällä tavalla voi oppia nauttimaan inhimillisistä kontakteista. Toinen henkisten oppaiden käyttämä keino on ohjata yksilö opettamaan muita elämän eri kausina. Myös tällä tavoin voi oppia pitämään tilanteista, joissa joutuu kohtaamaan suuria ihmismääriä ja olemaan luontevalla tavalla heidän huomionsa keskipisteenä.

Eräässä aika etäisessä elämässä muiden ihmisten yksilöön kohdistama huomio aiheutti hänelle itselleen suurta tuskaa, ja niinpä hän on vielä tässäkin inkarnaatiossa halunnut tiedostamattaan välttää tämänlaista kontaktia. On luultavaa, että hän joutui tuossa elämässä muiden ihmisten takaa-ajamaksi ja vainoamaksi, mikä on herättänyt vastenmielisyyden ryhmiä ja ihmisten huomion keskipisteenä olemista kohtaan. Mutta tämä piirre tulee voittaa, ja Kuu kartan 7. sektorissa on valittu, jotta tämä yksipuolinen tendenssi voitaisiin korjata.

Usein Kuun ollessa tässä huoneessa elämään mahtuu myös vaihteluita ja muutoksia koskien kumppanuutta. Tavallisesti tämä ilmenee ylä- ja alamäkien kausina kumppanin tai avioliiton suhteen; joskus kyseeseen tulee kaksi avioliittoa tai niiden kaltaista suhdetta. Vaihteluissa on myös karmallinen puolensa: tasoittaa karmaa, joka syntyi silloin, kun muut joutuivat kärsimään yksilön oman epävakaan rakkausluonnon takia. Yleensä ihminen, jolla Kuu on 7. huoneessa syntymäkartalla, joutuu kohtaamaan muuttuvaisia ja tunteellisia ihmisiä, joiden kanssa hänen tulisi oppia tulemaan toimeen.

### Kuu 8. huoneessa:

Tämä Kuun huonesijainti viittaa kyvyttömyyteen tuntea rakkautta. Tuo kyky ei tietysti ole täysin kateissa, koska jokainen ihminen kykenee tuntemaan rakkautta ainakin jossain määrin. Mutta kun Kuu on 8. huoneessa syntymäkartalla, ovat yksilön henkiset oppaat järjestäneet tavallisesti niin, että ne luonnolliset kanavat korkeampaan Itseen, joita myöten rakkausvärähtelyt normaalisti virtaavat, ovat enemmän tai vähemmän tukossa.

Tukkeumaan on ollut karmallisia syitä, ja sen avulla on pyritty myös opettamaan tärkeä läksy. Rakkausenergian rajoittamisen karmallinen implikaatio on tarve käydä omassa elämässä lävitse se "tyhjyyden" tunne, jonka yksilö itse aiheutti aiemmin muille kieltämällä heiltä rakkautensa. Oppina on tietysti kamppailla sen puolesta, että rakkauden tunteet jälleen ilmenisivät. Ponnistelun myötä tunne sydämen "autioitumisesta" katoaa vähitellen, ja rakkauden lempeä virta voi taas virrata. Tämä tarkoittaa käytännössä sydänchakran aktivointia, koska sen kautta korkeamman Minän rakkausenergiat pääsevät persoonallisuuden käyttöön.

Salaisuus tämän rakkaudenkokemuksen saavuttamiseksi on sen oivaltaminen, että rakkaus ei ole millään muotoa riippuvainen aistillisista ilmennyksistä kasvaakseen. Aiemmissa elämissä näyttää yksilön kohdalla käyneen niin, että mukana on ollut fyysisen rakkauden ylikorostusta sen itsensä takia, jolloin puhtaan rakkauden kukinto on päässyt kuihtumaan. Yksilö on joutunut nyt kokemaan tätä "kuolemaa". Rakkaus voidaan elvyttää eloon ainoastaan, kun sen sallitaan tulla sydämeen puhtaalla tavalla - ilman fyysisiä intohimoja.

### Kuu 9. huoneessa:

Kuun huonesijainnilla on tässä ylevää kerrottavaa. Yksilö on aiemmissa elämissään saavuttanut paljon lähimmäisiään auttamalla - erityisesti lapsia hoivaamalla ja heistä huolehtimalla. Tämä henkinen ponnistus palkitaan nykyisessä elämässä. Palkinnoilla on tässä usein jotain tekemistä vesien päällä tapahtuvan matkustamisen kanssa.

Huonesijainnin oppina on yksinkertaisesti jatkaa näiden huolehtivien ja hoivaavien tapojen ilmentämistä, jotka ovat tulleet osaksi yksilön henkistä olemusta. Hänen kannattaa kuitenkin välttää kaukokaipuun sekoittumista kielteisellä tavalla emotionaalisen ja kiintymyksellisen elämän täyteen kehittymiseen. Hän nimittäin todennäköisesti rakastaa matkustamista (Kuu Jupiterin huoneessa!), ehkä erityisesti merisellaista.

### Kuu 10. huoneessa:

Kuu 10. huoneessa viittaa selkeästi siihen, että yksilö on kehittämässä ja tekemässä täydellisiksi useita sielun ja persoonallisuuden puolia - erityisesti suhteessa kykyihin, joita hän pystyy ilmentämään. Koska hän ei ole vielä sitonut yhteen monia lankoja, hän on kulkenut työstä työhön ja uralta uralle suhteellisen lyhyiden "pestien" viitoittaessa tietään. Yksilö on ehkä ollut huolissaan näiden muutosten tiheydestä ja siitä, miten ne vaikuttavat hänen rooliinsa elämässä, mutta nuo huolet ovat turhanaikaisia. Taustalla on nimittäin viisas, hyvään tähtäävä suunnitelma. Hänen nykyiseen elämäänsä kuuluu osana aloitteellinen toiminta ja johtajanominaisuuksien kehittäminen. Hänen on hyvä kuitenkin muistaa johtaa ensisijassa ITSEÄÄN, vasta sitten hän kykenee johtamaan muita!

Hän tulee nyt saavuttamaan oppimisen näkökulmasta (omien kykyjensä täydellistämisen lisäksi) sen ymmärryksen, että hänen minäkuvansa ja omanarvontuntonsa ovat täysin RIIPPUMATTOMIA siitä, mitä hän tekee työssään ja urallaan. Aiemmissa elämissä yksilöllä on ollut voimakas pyrkimys samastua työhönsä, uraansa ja sen mukaiseen rooliin, ja tässä inkarnaatiossa tuo tapa riisutaan pois jatkuvien hänen uraansa ja työhönsä liittyvien muutosten myötä, joita hän joutuu nyt käymään lävitse.

Karmallisesti jotkut yksilön läpikäymät muutokset uralla tuovat jonkin verran huolta ja epävarmuutta tullessaan. Nämä episodit on tarkoitettu tasoittamaan karmaa, jonka hän sai harteilleen aiemmassa elämässä saattaessaan muut kärsimään samanlaista mentaalista ahdistusta omien oikullisten toimiensa takia.

### Kuu 11. huoneessa:

Kuu 11. huoneessa osoittaa selvästi, että yksilön elämänsä varrella tapaamat aikuiset naiset ovat olleet aiemmissa elämissä hänen kilpailijoitaan tai vastustajiaan. Melkein aina tämä kattaa myös oman äidin, ja melkein aina myös ongelmana oli kilpailu jonkin kolmannen henkilön kiintymyksestä. Tämä kolmaskin on tavallisesti perheen piirissä, joko nykyinen isä tai sisar.

Oppina tässä on kaikkien vielä jäljellä olevien kielteisten tunteiden purkaminen ja voittaminen, erityisesti mikäli yksilö tuntee äitinsä kuuluvan tähän ryhmään. Karmallisesti tässä on vaatimuksena käydä läpi jotain huonoa kohtelua aikuisten naispuolisten tuttavuuksien tai oman äidin taholta; näin kompensoidaan karmaa, joka syntyi yksilön kohdeltua muita samalla tavoin.

### Kuu 12. huoneessa:

Kuu sijaitessaan horoskoopin viimeisessä sektorissa on varma merkki siitä, että yksilö oli edellisessä elämässään nainen. Karmallisesta näkökulmasta Kuu 12. huoneessa viittaa vaatimukseen päästä lähempään yhteyteen tiedostamattoman kanssa, ja itse asiassa elämä järjestää tilaisuuksia päästä tähän yhteyteen. Nämä tulevat usein stressin ja paineen täyteisten jaksojen muodossa, jotka tuovat tiedostamattoman mielen sisältöjä tietoisen, tarkkailevan mielen näköpiiriin.

Aiemmissa elämissä välinpitämättömyyden ja tiedostamattoman tukahduttamisen tendenssit johtivat toimintaan ja asenteisiin, jotka vahingoittivat muita. Tästä johtuu nykyinen tarve käydä läpi traumoja, jotka nostavat esiin uuden tietoisuuden siitä, että tätä toista laajaa mielen aluetta tulisi myös kuunnella. Sieltä nousevat kuiskaukset voivat opettaa monia tärkeitä asioita, mutta terve järki ja viisas erottelukyky tulisi toki aina pitää mukana.

# Kuun karmallisista aspekteista

### Kuun jänniteaspekti Merkuriukseen:
Aspekti nostaa esiin kitkaa Kuun hallitseman jokapäiväisen, rutiinien hoitamiseen suuntautuvan ja osittain tiedostamattoman mentaalisen puolen sekä innovatiivisen, luovan rationaalisen puolen välillä, jota puolestaan Merkurius hallitsee.

Tässä tapauksessa mentaaliset energiat ovat kyllä varsin voimakkaat, mutta niitä on hankala käsitellä. Ne saattavat hajaantua taivaan tuuliin päättymättömän jutustelun, juoruilun tms. seurauksena, jollei ihminen kykene hallitsemaan ajatuksiaan.

### Kuun jänniteaspekti Marsiin:
Tämä liittyy maskuliinisen ja feminiinisen arkkityypin keskinäiseen jännitteeseen yksilössä itsessään, mikä usein heijastuu myös kehon kielioppiin. Useimmiten se näkyy kasvoilla silmistä, jotka tässä tapauksessa ovat yleensä "eri paria", esimerkiksi eri korkeudella, erikokoiset tai muuten pois tasapainosta. Myös nenä voi olla jotenkin toispuolinen.

Kuvio on tavallisesti seurausta ongelmista aiemmissa elämissä löytää näiden kahden prinsiipin välille kunnollinen sisäinen kontakti. Tämä on tietysti heijastunut myös ulkoiseen todellisuuteen. Käytännön tasolla Kuun ja Marsin jännitteinen kontakti (myös yhtymä kuuluu näihin) viittaa mahdollisiin kiistoihin ja konflikteihin niin lapsuudenkodissa kuin aikuisuudessakin. Tässä on tärkeä vinkki yksilölle olla tuomatta kahta K:ta - kotia ja konfliktia - yhteen elämässään.

Hilarionin mukaan vanhat sukupuolten väliset kilpailuasetelmat, kaunat ja epäluulo edustavat suurta estettä ja kompastuskohtaa, joka täytyy selvittää, ennen kuin ihmisrotu voi kulkea luottavaisesti ja ilolla tulevan uuden ajan valoon.

Ainoa tapa ylittää tämä kompastuskohta on sen ymmärtäminen, että biologisia rooleja lukuunottamatta sukupuolten välillä ei ole paljonkaan eroja. Ratkaisu ei ole patriarkaalisuuden korvaaminen matriarkaalisuudella, vaan kummankin sukupuolen osalta toisen integriteetin ja vapauden tunnustaminen. Tämän kysymyksen tasapainottuminen tapahtuu automaattisesti, kun yhä useammat ihmiset ymmärtävät, että he ovat inkarnoituneet monia kertoja kummankin sukupuolen kehotyypissä. Tähän kuuluu myös se oivallus, että nykyinen sukupuoli-identiteetti on ainoastaan naamio, jonka korkeampi minä on valinnut tärkeiden läksyjen oppimiseksi.

Otan tässä esimerkkitapauksena Kuun yhtymän Marsiin kosmisen Leijonan ylpeässä, jalossa ja tulisessa merkissä. Kuvio viittaa feminiinisen arkkityypin heikentymiseen psyykessä. Usein tämä yhtymä tuo tullessaan tilanteen, missä yksilön varhaisempina vuosina selkeimmin feminiinistä prinsiippiä edustava ihminen (tavallisesti oma äiti, mutta joissain tapauksessa sisko, täti tai muu sukulainen) on ollut poissa, sairas tai muuten sellaisessa tilanteessa, että normaali vuorovaikutus hänen kanssaan oli rajoittunut. Kaikkein tärkein asia tässä on havaita, että tämä menneisyyden kuvio on vaikuttanut egoon tai minäkuvaan ja että vakavammat kielteiset seuraukset voidaan tässä korjata.

Marsin ja Kuun yhtymä Leijonassa viittaa lisäksi nuoruuden jaksoon, jolloin yksilön minäkuva vahingoittui tavalla tai toisella jonkinlaisen henkilökohtaisen epäonnistumisen myötä. Myös jokaisella muulla Kuun yhtymällä Marsiin eri merkeissä on voimakas vaikutus yksilön psyykeen.

**Kuun jänniteaspekti Saturnukseen:**
Kyseinen kuvio tuo elämänsuunnitelmaan esteitä liittyen auktoriteetteihin - joista ensimmäinen on ollut toinen yksilön vanhemmista. Kuvion tarkoituksena on ollut niin sisäisesti kuin ulkoisestikin saada ihminen käsittämään, että säännöillä, ohjeilla ja laeilla on arvoa ja että meidän täytyy pelata sääntöjen mukaisesti, tai muuten "pelimme" eivät voi lainkaan olla olemassa!

Tämän läksyn oppimatta jättäminen vei menneisyydessä yksilöä taaksepäin ja aiheutti samalla menetyksiä. Nyt on tullut aika korjata virheet. Auringon ja Saturnuksen jänniteaspektilla on auktoriteettien suhteen sama sisältö.

**Kuun jänniteaspekti Uranukseen:**
Tämä aspekti kertoo mentaalisesta terävyydestä ja huomattavasta kyvykkyydestä, jonka ilmenemisen esteenä on kuitenkin joitakin karmallisia tekijöitä. Kun karma osaltaan purkautuu positiivisten ajatusten ja tekojen myötä, myös nämä kartan lupaukset pääsevät ilmenemään yksilön elämässä. Joskus mukana on myös kuvitelmia siitä, että yksilö olisi itse jotenkin sosiaalisesti "kelvoton". Nämä ovat kuitenkin mielen luomia harhoja, jotka ihminen kykenee kyllä voittamaan kirkkaalla positiivisella ajattelulla.

**Kuun jänniteaspekti Neptunukseen:**
Yksilöllä on ongelma liittyen "naisprinsiippiin" itsessään. Koska tähän prinsiippiin tavallisesti on vaikuttanut voimakkaasti suhde omaan äitiin, on luultavaa, että epätäydellinen kuva "naiseudesta" on muodostunut elämän varhaisina vuosina jonkin oman äidin riittämättömyyden tai yksipuolisuuden perusteella. Naiskuva on ikään kuin hämärtynyt.

Ihmisen olisi hyvä välttää kaikkea petollisuuteen ja pettämiseen liittyvää elämässään. Mikäli hän kykenee välttämään sellaisia ansalankoja, on hänellä hyvät mahdollisuudet henkiseen kehittymiseen.

**Kuun yhtymäaspekti Plutoon:**
Kuun jänniteaspektit ovat poikkeuksetta työläitä liittyen erityisesti tunne-elämään, jossa saattaa esiintyä mm. kieppumista emotionaalisella vuoristoradalla. Esimerkiksi äitikompleksi ei ole harvinaista tämän kontaktin yhteydessä.

Hilarion mainitsee erikoistapauksena Kuun yhtymän Plutoon (max. asteväljyys 3°). Kyseessä on erittäin tärkeä aspekti, koska se viittaa yksilöön, joka on aiemmissa elämissään epäonnistunut sitoumuksissaan liittyen kotiin tai lasten kasvattamiseen. Tämän seurauksena nykyisessä elämässä on karman sovittamiseksi luvassa raskaita kokemuksia ja suruja kodin piirissä.

Kuu hallitsee ylipäänsä ravintoon ja kasvuun liittyviä asioita. Äidinmaito on jo symbolisestikin hyvin lunaarinen ravintoaine. Kehon nesteet, vatsa ja naisilla rinnat kuuluvat Kuun hallintaan. Hivenaineista sen piiriin lukeutuu kalium.

Kuu liittyy todellisuuden yin-prinsiippiin siinä, missä Aurinko on yangia. Numerologisesti Kuuta vastaa numero 2, metalleista kiertolaisemme piiriin kuuluu hopea ja kehon kieliopissa ns. kuunkukkula kämmensyrjällä. Se on samalla tiedostamattoman mielen valtameri, jonka pintavedet ovat lähellä sydämenviivaa (kämmenen korkein viiva) ja syvänteet lähellä rannetta. Kannattaa aina tarkastaa, kuinka syvälle tähän valtamereen merkuriaaninen päänviiva, tietoisuuden viiva (joka on kämmenen keskimmäinen suuri viiva ja alkaa etusormen ja peukalon välistä) ulottuu. Se kertoo, kuinka syvissä vesissä ihminen voi "kalastaa" tietoisen mielensä työkaluilla.

Värähtelylääkinnässä Kuun energioihin liittyvät kukkauutteista mm. Juhannusruusu, Lumme, Puna-ailakki, Ulpukka ja Purasruoho, joka tasapainottaa uudenkuun ja täydenkuun energioita, sekä jalokivieliksiireistä mm. kuukivi, helmi ja seleniitti.

Kuun metalli on hopea, josta tehty värähtelyuute vähentää hermoston stressiä, tasapainottaa feminiinisiä ominaisuuksia ja stimuloi hermokudosta ja aivojen puhekeskuksia sekä solutasolla kudosten uusiutumista

Tähtitieteen tohtori ja BBC:n tiedetoimittaja David Whitehousen kirja *Kuun elämäkerta* (WSOY 2004) on kiinnostava kartoitus Kuuhun liittyvän tutkimuksen vaiheista aikojen halki. Hyviä johdatuksia Kuun rytmiikkaan ja astrologisiin vaikutuksiin ovat Dane Rudhyarin klassikko *The Lunation Cycle* (Shambhala 1971) ja Johanna Paunggerin ja Thomas Poppen *Moon Time - The Art of Harmony with Nature and Lunar Cycles* (The C.W. Daniels Company Limited 1995). Suomalaisista kirjoittajista Raimo Nikula on kirjoittanut teoksen *Kuun vaiheet astrologiassa* (Esoterica Publishing 1993) ja Anne Pöyhönen teoksen *Yläkuu ja alakuu – ajoituksen taito suomalaisessa kansanperinteessä* (Yläkuu kustannus, 2005).

Auringon ja Kuun yhteisvaikutusta voidaan - ja kannattaa - aina tarkastella myös henkisestä näkökulmasta. Erikseen ja yhdessä taivaan valot voivat kertoa paljon mm. ihmisen persoonallisuudesta, tahdosta, tarpeista, luonteesta, tunne-elämästä, lapsuudenkodin antamista vaikutteista, tiedostamattomasta mielestä sekä karmallisista tekijöistä ja oppiläksyistä. Erityisen mielenkiintoiseksi tilanteen tekee se, jos näiden kahden merkittävän astrologisen tekijän välillä on jokin tarkka kontakti, niin kuin seuraavalla kartalla.

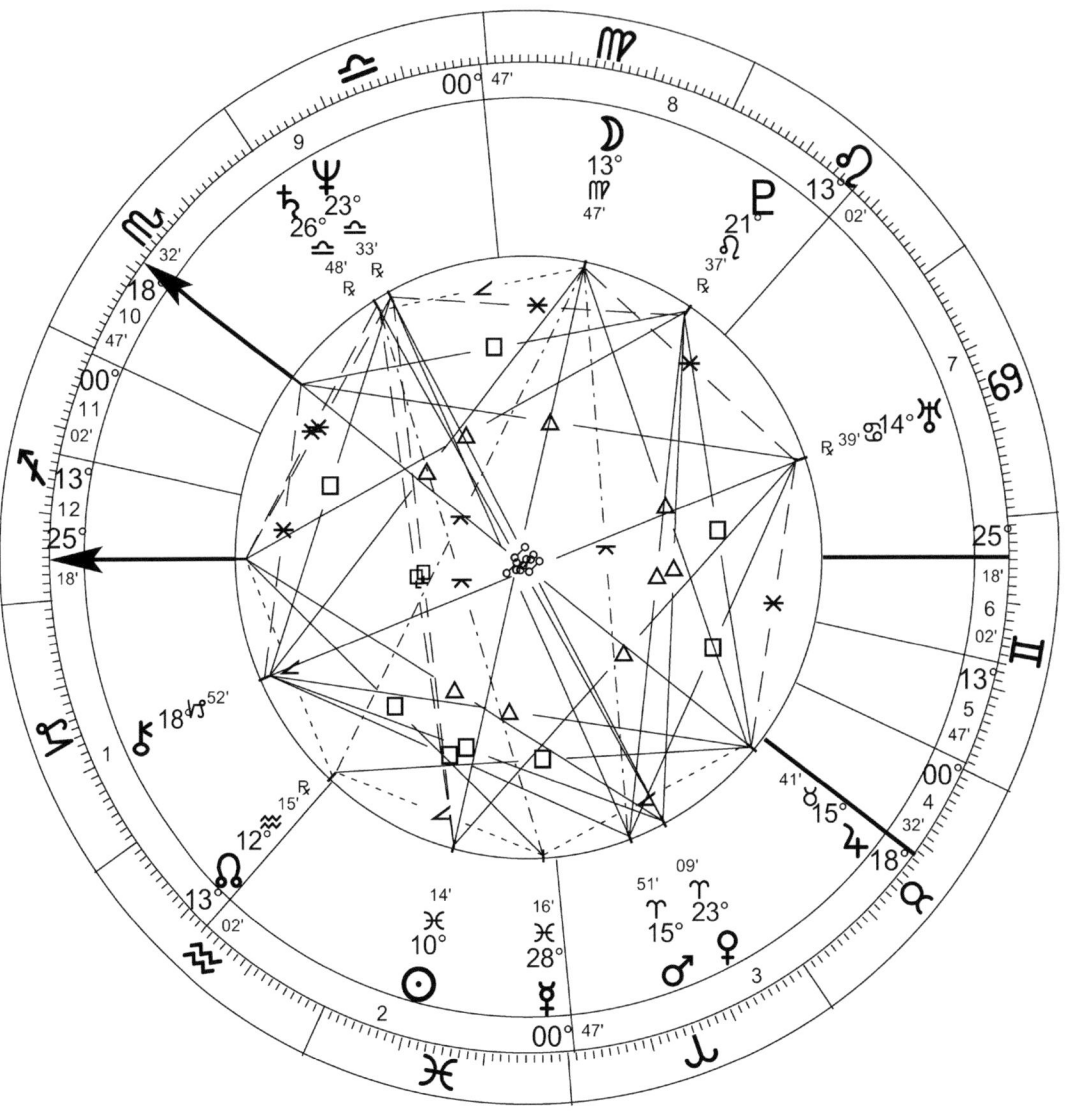

**Esimerkkikartta 2:**

Tässä yksilö on syntynyt täydenkuun lapsena eli Aurinko ja Kuu ovat olleet synty-mähetkellä oppositiossa. Kyseessä on aina haasteellinen ja samalla mielenkiintoinen jännite, joka yleensä näkyy niin yksilössä itsessään kuin hänen lapsuudenkodissaan ja vanhemmissaan. Tavallisesti tällaisessa tilanteessa on kyse karmallisesta kooda-uksesta, joka liittyy erityisesti yksilön henkisiin kotiläksyihin sisäisen maskuliini-suuden ja feminiinisyyden balansoinnissa.

Tämä on ollut vaikea alue aiemmissa inkarnaatiossa, ja nyt siihen etsitään ratkaisua saattamalla yksilö syntymään kotiin, jossa tämä maskuliinisten ja feminiinisten tekijöiden epätasapaino näkyy myös isän ja äidin välillä. Heijastuksen laki näkyy väkevänä nykyisessä koodauksessa.

Tässä elämässä ko. yksilö on syntynyt naiskehoon. Asiakkaani kertoo, että hänen vanhempansa olivat sekä henkisesti että fyysisesti etäällä toisistaan ja olivat lähellä erota yksilön ollessa parivuotias. Äiti oli lähtenyt kotoa, mutta palasi sinne takaisin, koska vaikutti siltä, ettei hän saisi lapsia itselleen. Vanhemmuus oli hukassa molemmilta vanhemmilta, ja varsinkin äiti jäi etäiseksi ja tuntemattomaksi (Kuu Neitsyessä). Isä oli uskoton äidille.

Yksilön omassa elämässä miessuhteet ovat takkuilleet, ja hän on joutunut kokemaan sekä mustasukkaisuutta että pettämistä. Hän ei helposti uskalla laskea miehiä lähelleen. Malli on jollain tavoin voinut siirtyä omasta lapsuudesta ja äidiltä, joka ilmeisesti joutui kokemaan seksuaalista hyväksikäyttöä. Se vaikutti vanhempien parisuhteeseen.

Parisuhdeproblematiikka näkyy tällä esimerkkikartalla myös niin Venuksen ja Marsin heikossa yhtymässä 3. sektorilla kuin Saturnuksen sijainnissa Vaa'an merkissä; tähän sijaintiin luo lisäksi oman vaikeaselkoisen, hämärryttävän ja mahdollisesti todellisuuspakoisen vaikututuksensa yhtymä Neptunukseen.

Aurinko Kaloissa kohtaa kartalla Kuun Neitsyessä. Kehitystehtävänä tässä on mies- ja naisenergioiden sisäisen balanssin ohella löytää herkän, tunteellisen ja itsesääliin taipuvaisen Kalojen sekä kriittisen, analyyttisen ja älyllisen Neitsyen väliltä se kultainen keskitie, jossa muuttuvan vesimerkin myötätunto ja kyky ymmärtää elämän näkymättömiä virtauksia saa rinnalleen muuttuvan maamerkin erottelukyvyn ja käytännöllisyyden. Niin kuin kirjoitin aiemmin, vastamerkit täydentävät monissa suhteissa toisiaan.

Auringon ja Kuun huonesijainnit ovat edellä kirjoitetun valossa mielenkiintoiset ja täydentävät hyvin kuvaa joistain nykyisen inkarnaation keskeisistä läksyistä. Aurinko 2. huoneessa liittyy rakkaus yli kaiken -tyyliseen lähestymistapaan (mukana on toki myös yhteys rahaan ja muihin yksilön käytössä oleviin resursseihin), joka on usein ylikorostunut ja siten epätasapainossa. Kuu puolestaan sijaitessaan 8. sektorilla viittaa elämänkaareen koodattuun sydämen "autiomaakokemukseen", jonka aikana rakkaus ei oikein pääse ihmisen elämään, ja hän tuntee tuon rakkaudettomuuden painon raskaana.

Lääkkeenä ja ohjeistuksena tässä tietysti on sydänchakran valtavan kapasiteetin vapauttaminen ja rakastaminen tavalla, johon ei enää liity pyyteitä, takertumista, vastarakkauden tarvetta tai, niin kuin usein Kalojen tapauksessa, marttyyrin elkeitä tai itsesäälin oireita. Voisi sanoa, että rakasta kuin Aurinko - tai Golf-virta. Nekin antavat lämpöään kaikille niiden piirissä eläville, niin "hyville kuin pahoille".

Aito rakkaus korjaa myös vähitellen mies-nais -epätasapainon. Mihin rakkaus koskee, sen se myös kohottaa.

# 4

Asc

Sisäinen ja
ulkoinen kuvamme:

# Askendentti
# ja keskitaivas

MC

Henkisen astrologian näkökulmasta Kuu edustaa menneisyyttä liittyen lähimpiin elämiin ennen nykyistä inkarnaatiota ja Aurinko puolestaan nykyisyyttä ja vähimmän vastuksen aluetta, kun taas nouseva merkki eli askendentti on tulevaisuutemme suuntaviitta. Nämä kolme tärkeää tekijää muodostavat siis eräänlaisen henkisen aikajanan, jota mietiskelemällä voimme saada paljon valoa omaan elämäämme: mistä olemme tulossa, missä olemme nyt ja mihin olemme täältä suunnistamassa?

Hieman Auringon ja Kuun tavoin myös askendentti ja keskitaivas muodostavat tärkeän kokonaisuuden ja astrologisen parivaljakon. Näiden kahden tärkeän pisteen kautta (joista ensimmäinen löytyy horoskoopin vaaka-akselin vasemmasta päästä, jälkimmäinen pystyakselin huipulta) voimme tarkastella yksilön sisäistä ja ulkoista kuvaa. Kartan tulkinnan yhteydessä niitä on hyvä tutkia yhdessä, mutta me lähdemme liikkeelle nousumerkistä eli askendentista.

## ASKENDENTIN MONET KASVOT $A_{SC}$

Askendentti on se eläinradan kohta, joka on ollut syntymähetkellä itäisessä horisontissa. Suomessa, joka sijaitsee pohjoisella pallonpuoliskolla, nousumerkit painottuvat syksyn merkkeihin välillä Leijona-Kauris. Tämä siksi, että nämä merkit nousevat hitaasti eli horisontti viipyy niiden piirissä pidemmän aikaa vuorokaudessa kuin ns. kevään merkkien piirissä. Tämän takia kevään nousumerkit ovat täällä melko harvinaisia.

Meidän leveysasteillamme nopeimmat ja samalla tilastollisesti harvinaisimmat nousumerkit ovat Kalat ja Oinas, hitaimmat puolestaan niiden vastamerkit Neitsyt ja Vaaka. Jokainen pitempään astrologian parissa työskennellyt tietää tämän kokemuksellisesti. Asia voidaan tiivistää myös näin:

Taulukko 7:

hidas nousu                nopea nousu                hidas nousu


Jos ihminen on syntynyt juuri auringonnousun aikoihin, hänen nousumerkkinsä ja aurinkomerkkinsä ovat identtiset. Jos hän taas on syntynyt tarkalleen auringonlaskun aikoihin, jolloin Aurinko on sijainnut deskendentillä, silloin Aurinko ja nousumerkki sijaitsevat toistensa vastamerkeissä.

Askendenttimerkki löytyy helposti kartan horisontaalisesti halkaisevan vaaka-akselin vasemmasta päästä. Askendentti on samalla 1. huoneen kärki, ja sitä vastapäätä löytyvä piste eli deskendentti on 7. huoneen kärki. Nyt on hyvä ymmärtää, että huoneen ja sen vastahuoneen kärjet, tässä tapauksessa askendentti ja deskendentti, muodostavat pikemmin soivan kielen kuin kahden erillisen pisteen staattisen yhdistelmän. Esimerkiksi voimakkaiden ylimenojen eli transiittien yhteydessä - kun


Taulukko 8:

| Merkki | Perinteinen hallitsija | Esoteerinen hallitsija |
|---|---|---|
| Oinas | Mars | Merkurius |
| Härkä | Venus | Vulkanus |
| Kaksonen | Merkurius | Venus |
| Rapu | Kuu | Neptunus |
| Leijona | Aurinko | Aurinko/Neptunus |
| Neitsyt | Merkurius | Kuu/Vulkanus/Neptunus |
| Vaaka | Venus | Uranus |
| Skorpioni | Mars/Pluto | Mars |
| Jousimies | Jupiter | Maa |
| Kauris | Saturnus | Saturnus |
| Vesimies | Uranus | Jupiter |
| Kalat | Neptunus | Pluto |

jokin kaukainen planeetta ylittää huoneen kärjen - koko kieli värähtelee niin kuin soittimessa, ja vaikutukset ulottuvat molempiin huoneisiin.

Askendentin hallitsijan huomiointi on tärkeää, koska tuo planeetta on samalla koko kartan hallitsija. Asian tekee erityisen mielenkiintoiseksi se, jos askendentin tarkasteluun otetaan mukaan myös ns. esoteeriset hallitsijat. Nämä hallitsijat avaavat syvempiä tulkintatasoja, eivätkä juuri kosketa maallisesti suuntautuneita ihmisiä.

Tämä traditio perustuu Mestari DK:n oppeihin ja löytyy Alice A. Baileyn kirjasta *Esoteric Astrology* (Lucis Publishing Company 1951). Edellisen sivun taulukossa näkyvät merkkien eksoteeriset eli perinteiset ja esoteeriset hallitsijat.

Emme tässä yhteydessä tarkastele lähemmin tätä astrologian osa-aluetta; siitä kertovat tarkemmin mm. Alan Okenin *Soul-Centered Astrology* (Bantam Books 1990) ja Errol Weinerin *Transpersonal Astrology* (Element Books 1991). Suomessa tätä aluetta on opettanut Michael Robbins, ja Baileyn klassikon suomentamista odotetaan. On kuitenkin hyvä katsoa, ovatko kartan perinteinen ja esoteerinen hallitsija kontaktissa ja jos ovat, niin minkälaisessa. Tämä voi antaa vinkkejä siitä, minkälainen kontakti persoonallisuudella ja sielulla on.

Seuraavalla aukeamalla kuvattu nousumerkkitaulukko on hyvin kätevä ja helppokäyttöinen. Siitä voi nopealla vilkaisulla saada selville ihmisen todennäköisen nousumerkin, jos syntymäaika on tiedossa. Jos tulee rajatapaus, niin sitten voi saada vinkkejä vaikkapa ihmisen ulkoisesta olemuksesta, kumpi merkki on kyseessä. Vierekkäiset merkit nousumerkkeinä usein tuottavat aika erilaiset fyysiset piirteet. Nämä oppii tunnistamaan kokemuksen myötä.

## Sielun sitoutuminen fyysiseen kulkuvälineeseen

Perinteisesti askendentti on nähty yhtenä fyysisen olemuksen määrittäjänä. Tämä on osittain paikkansa pitävä ajatus. Ns. **sielun sitoutuminen** fyysiseen kehoon kuvaa tätä asiaa. Usein sielu sitoutuu fyysiseen käyttövälineeseen syntymähetkellä, muttei aina. Joskus ajallista eroa voi olla tuntikausia, ja silloin nousumerkin fyysiset piirteet eivät oikein ilmene yksilössä.

Ihminen tulee tavallaan nousumerkin kautta fyysiseen inkarnaatioon ja herää aineellisen maailman valoon ja haasteisiin. Heräämme sen myötä uuteen elämään, niin kuin heräämme joka päivä uuteen aamuun. Ja synnymme uudestaan uuteen elämään, kun heräämme elämämme henkiseen tarkoitukseen ja päämäärään.

Askendentti pysyy ikään kuin uinuvana, kunnes tämä uudelleenherääminen tapahtuu. Vasta kun yksilö herää henkiseen tarkoitukseen, kysymyksiin "Kuka minä olen?", "Miksi olen täällä?" ja "Mihin olen menossa?", hänen askendenttinsa varsinaisesti aktivoituu ja alkaa virrata yksilön elämään.

Askendentti on siten yhteydessä heräämisprosessiin. Nousumerkki onkin *symbolisesti* auringonnousun kohta kartalla. Fyysinen "herääminen" on suorassa suhteessa siihen tosiasiaan, että nouseva merkki on keskeinen henkiseen heräämiseen liittyvä tekijä kartalla. Sielutietoisuuteen herääminen on henkisen talviunen päättymistä.

| | 23:30 | 23:00 | 22:30 | 22:00 | 21:30 | 21:00 | 20:30 | 20:00 | 19:30 | 19:00 | 18:30 | 18:00 | 17:30 | 17:00 | 16:30 | 16:00 | 15:30 | 15:00 | 14:30 | 14:00 | 13:30 | 13:00 | 12:30 | 12:00 |
|---|---|---|---|---|---|---|---|---|---|---|---|---|---|---|---|---|---|---|---|---|---|---|---|---|
| 01.01.-10.01. | ♎ | ♍ | ♍ | ♍ | ♍ | ♍ | ♍ | ♌ | ♌ | ♌ | ♌ | ♌ | ♌ | ♌ | ♋ | ♋ | ♋ | ♋ | ♋ | ♋ | ♊ | ♊ | ♊ | ♉ |
| 11.01.-20.01. | ♎ | ♎ | ♍ | ♍ | ♍ | ♍ | ♍ | ♍ | ♌ | ♌ | ♌ | ♌ | ♌ | ♌ | ♌ | ♋ | ♋ | ♋ | ♋ | ♋ | ♋ | ♊ | ♊ | ♊ |
| 21.01-31.01. | ♎ | ♎ | ♎ | ♍ | ♍ | ♍ | ♍ | ♍ | ♍ | ♌ | ♌ | ♌ | ♌ | ♌ | ♌ | ♌ | ♋ | ♋ | ♋ | ♋ | ♋ | ♋ | ♊ | ♊ |
| 31.01.-09.02. | ♎ | ♎ | ♎ | ♎ | ♍ | ♍ | ♍ | ♍ | ♍ | ♍ | ♌ | ♌ | ♌ | ♌ | ♌ | ♌ | ♌ | ♋ | ♋ | ♋ | ♋ | ♋ | ♋ | ♋ |
| 10.02-19.02. | ♎ | ♎ | ♎ | ♎ | ♎ | ♍ | ♍ | ♍ | ♍ | ♍ | ♍ | ♌ | ♌ | ♌ | ♌ | ♌ | ♌ | ♌ | ♋ | ♋ | ♋ | ♋ | ♋ | ♋ |
| 20.02.-01.03. | ♎ | ♎ | ♎ | ♎ | ♎ | ♎ | ♍ | ♍ | ♍ | ♍ | ♍ | ♍ | ♌ | ♌ | ♌ | ♌ | ♌ | ♌ | ♌ | ♋ | ♋ | ♋ | ♋ | ♋ |
| 02.03.-10.03. | ♏ | ♏ | ♎ | ♎ | ♎ | ♎ | ♎ | ♎ | ♎ | ♍ | ♍ | ♍ | ♍ | ♍ | ♌ | ♌ | ♌ | ♌ | ♌ | ♌ | ♌ | ♋ | ♋ | ♋ |
| 11.03.-20.03. | ♏ | ♏ | ♏ | ♎ | ♎ | ♎ | ♎ | ♎ | ♎ | ♎ | ♍ | ♍ | ♍ | ♍ | ♍ | ♌ | ♌ | ♌ | ♌ | ♌ | ♌ | ♌ | ♋ | ♋ |
| 21.03.-31.03. | ♏ | ♏ | ♏ | ♏ | ♎ | ♎ | ♎ | ♎ | ♎ | ♎ | ♎ | ♍ | ♍ | ♍ | ♍ | ♍ | ♌ | ♌ | ♌ | ♌ | ♌ | ♌ | ♌ | ♋ |
| 01.04.-10.04. | ♏ | ♏ | ♏ | ♏ | ♏ | ♏ | ♎ | ♎ | ♎ | ♎ | ♎ | ♎ | ♎ | ♍ | ♍ | ♍ | ♍ | ♍ | ♌ | ♌ | ♌ | ♌ | ♌ | ♌ |
| 11.04.-20.04. | ♏ | ♏ | ♏ | ♏ | ♏ | ♏ | ♏ | ♎ | ♎ | ♎ | ♎ | ♎ | ♎ | ♎ | ♍ | ♍ | ♍ | ♍ | ♍ | ♍ | ♍ | ♌ | ♌ | ♌ |
| 21.04.-30.04. | ♐ | ♏ | ♏ | ♏ | ♏ | ♏ | ♏ | ♏ | ♎ | ♎ | ♎ | ♎ | ♎ | ♎ | ♎ | ♍ | ♍ | ♍ | ♍ | ♍ | ♍ | ♍ | ♌ | ♌ |
| 01.05.-10.05. | ♐ | ♐ | ♐ | ♏ | ♏ | ♏ | ♏ | ♏ | ♏ | ♏ | ♎ | ♎ | ♎ | ♎ | ♎ | ♍ | ♍ | ♍ | ♍ | ♍ | ♍ | ♍ | ♌ | ♌ |
| 11.05.-20.05. | ♐ | ♐ | ♐ | ♐ | ♏ | ♏ | ♏ | ♏ | ♏ | ♏ | ♏ | ♎ | ♎ | ♎ | ♎ | ♎ | ♍ | ♍ | ♍ | ♍ | ♍ | ♍ | ♍ | ♌ |
| 21.05.-31.05. | ♐ | ♐ | ♐ | ♐ | ♐ | ♏ | ♏ | ♏ | ♏ | ♏ | ♏ | ♏ | ♎ | ♎ | ♎ | ♎ | ♎ | ♍ | ♍ | ♍ | ♍ | ♍ | ♍ | ♍ |
| 01.06.-11.06. | ♑ | ♐ | ♐ | ♐ | ♐ | ♐ | ♐ | ♏ | ♏ | ♏ | ♏ | ♏ | ♏ | ♎ | ♎ | ♎ | ♎ | ♎ | ♎ | ♎ | ♍ | ♍ | ♍ | ♍ |
| 12.06.-21.06. | ♑ | ♑ | ♐ | ♐ | ♐ | ♐ | ♐ | ♐ | ♏ | ♏ | ♏ | ♏ | ♏ | ♏ | ♎ | ♎ | ♎ | ♎ | ♎ | ♎ | ♎ | ♍ | ♍ | ♍ |
| 22.06.-02.07. | ♒ | ♑ | ♑ | ♑ | ♐ | ♐ | ♐ | ♐ | ♐ | ♐ | ♏ | ♏ | ♏ | ♏ | ♏ | ♏ | ♎ | ♎ | ♎ | ♎ | ♎ | ♎ | ♎ | ♍ |
| 03.07.-12.07. | ♈ | ♒ | ♑ | ♑ | ♑ | ♐ | ♐ | ♐ | ♐ | ♐ | ♐ | ♏ | ♏ | ♏ | ♏ | ♏ | ♏ | ♎ | ♎ | ♎ | ♎ | ♎ | ♎ | ♎ |
| 13.07.-22.07. | ♉ | ♈ | ♓ | ♒ | ♑ | ♑ | ♑ | ♐ | ♐ | ♐ | ♐ | ♐ | ♐ | ♏ | ♏ | ♏ | ♏ | ♏ | ♏ | ♎ | ♎ | ♎ | ♎ | ♎ |
| 23.07.-02.08. | ♊ | ♊ | ♉ | ♓ | ♒ | ♑ | ♑ | ♑ | ♐ | ♐ | ♐ | ♐ | ♐ | ♐ | ♏ | ♏ | ♏ | ♏ | ♏ | ♏ | ♎ | ♎ | ♎ | ♎ |
| 03.08.-12.08. | ♊ | ♊ | ♊ | ♉ | ♈ | ♒ | ♑ | ♑ | ♑ | ♐ | ♐ | ♐ | ♐ | ♐ | ♐ | ♏ | ♏ | ♏ | ♏ | ♏ | ♏ | ♎ | ♎ | ♎ |
| 13.08.-23.08. | ♋ | ♋ | ♊ | ♊ | ♉ | ♈ | ♓ | ♒ | ♑ | ♑ | ♐ | ♐ | ♐ | ♐ | ♐ | ♐ | ♏ | ♏ | ♏ | ♏ | ♏ | ♏ | ♏ | ♎ |
| 24.08.-02.09. | ♋ | ♋ | ♋ | ♊ | ♊ | ♊ | ♉ | ♈ | ♒ | ♑ | ♑ | ♑ | ♐ | ♐ | ♐ | ♐ | ♐ | ♐ | ♏ | ♏ | ♏ | ♏ | ♏ | ♏ |
| 03.09.-12.09. | ♋ | ♋ | ♋ | ♋ | ♋ | ♊ | ♊ | ♉ | ♈ | ♓ | ♒ | ♑ | ♑ | ♐ | ♐ | ♐ | ♐ | ♐ | ♐ | ♐ | ♏ | ♏ | ♏ | ♏ |
| 13.09.-23.09. | ♋ | ♋ | ♋ | ♋ | ♋ | ♋ | ♊ | ♊ | ♊ | ♈ | ♓ | ♒ | ♑ | ♑ | ♐ | ♐ | ♐ | ♐ | ♐ | ♐ | ♏ | ♏ | ♏ | ♏ |
| 24.09.-03.10. | ♌ | ♌ | ♋ | ♋ | ♋ | ♋ | ♋ | ♋ | ♊ | ♊ | ♉ | ♈ | ♒ | ♑ | ♑ | ♑ | ♐ | ♐ | ♐ | ♐ | ♐ | ♐ | ♏ | ♏ |
| 04.10.-13.10. | ♌ | ♌ | ♌ | ♌ | ♋ | ♋ | ♋ | ♋ | ♋ | ♋ | ♊ | ♊ | ♉ | ♈ | ♓ | ♑ | ♑ | ♑ | ♐ | ♐ | ♐ | ♐ | ♐ | ♐ |
| 14.10.-23.10. | ♌ | ♌ | ♌ | ♌ | ♋ | ♋ | ♋ | ♋ | ♋ | ♋ | ♊ | ♊ | ♊ | ♉ | ♓ | ♒ | ♑ | ♑ | ♑ | ♐ | ♐ | ♐ | ♐ | ♐ |
| 24.10.-02.11. | ♌ | ♌ | ♌ | ♌ | ♌ | ♌ | ♋ | ♋ | ♋ | ♋ | ♋ | ♊ | ♊ | ♊ | ♉ | ♈ | ♒ | ♑ | ♑ | ♑ | ♐ | ♐ | ♐ | ♐ |
| 03.11.-12.11. | ♌ | ♌ | ♌ | ♌ | ♌ | ♌ | ♋ | ♋ | ♋ | ♋ | ♋ | ♋ | ♊ | ♊ | ♉ | ♈ | ♒ | ♑ | ♑ | ♑ | ♐ | ♐ | ♐ | ♐ |
| 13.11.-22.11. | ♍ | ♌ | ♌ | ♌ | ♌ | ♌ | ♌ | ♋ | ♋ | ♋ | ♋ | ♋ | ♋ | ♊ | ♊ | ♊ | ♈ | ♓ | ♒ | ♑ | ♑ | ♑ | ♐ | ♐ |
| 23.11.-02.12. | ♍ | ♍ | ♌ | ♌ | ♌ | ♌ | ♌ | ♌ | ♋ | ♋ | ♋ | ♋ | ♋ | ♋ | ♊ | ♊ | ♊ | ♉ | ♈ | ♓ | ♒ | ♑ | ♑ | ♑ |
| 03.12.-12.12. | ♍ | ♍ | ♍ | ♍ | ♌ | ♌ | ♌ | ♌ | ♌ | ♌ | ♋ | ♋ | ♋ | ♋ | ♋ | ♋ | ♊ | ♊ | ♉ | ♈ | ♓ | ♒ | ♑ | ♑ |
| 13.12.-21.12. | ♍ | ♍ | ♍ | ♍ | ♌ | ♌ | ♌ | ♌ | ♌ | ♌ | ♌ | ♋ | ♋ | ♋ | ♋ | ♋ | ♋ | ♊ | ♊ | ♊ | ♈ | ♓ | ♒ | ♒ |
| 22.12.-31.12. | ♍ | ♍ | ♍ | ♍ | ♍ | ♍ | ♌ | ♌ | ♌ | ♌ | ♌ | ♌ | ♌ | ♋ | ♋ | ♋ | ♋ | ♋ | ♋ | ♊ | ♊ | ♊ | ♊ | ♉ |

Taulukko 9: **Nousumerkit Helsingin korkeudella**

| | | | |
|---|---|---|---|
| Oinas | ♈ | Rapu | ♋ |
| Härkä | ♉ | Leijona | ♌ |
| Kaksonen | ♊ | Neitsyt | ♍ |

| 11:30 | 11:00 | 10:30 | 10:00 | 9:30 | 9:00 | 8:30 | 8:00 | 7:30 | 7:00 | 6:30 | 6:00 | 5:30 | 5:00 | 4:30 | 4:00 | 3:30 | 3:00 | 2:30 | 2:00 | 1:30 | 1:00 | 0:30 | 0:00 | |
|---|---|---|---|---|---|---|---|---|---|---|---|---|---|---|---|---|---|---|---|---|---|---|---|---|
| ♓ | ♒ | ♑ | ♑ | ♑ | ♐ | ♐ | ♐ | ♐ | ♐ | ♐ | ♏ | ♏ | ♏ | ♏ | ♏ | ♏ | ♏ | ♎ | ♎ | ♎ | ♎ | ♎ | ♎ | 01.01.-10.01. |
| ♉ | ♈ | ♒ | ♑ | ♑ | ♑ | ♐ | ♐ | ♐ | ♐ | ♐ | ♐ | ♏ | ♏ | ♏ | ♏ | ♏ | ♏ | ♏ | ♎ | ♎ | ♎ | ♎ | ♎ | 11.01.-20.01. |
| ♊ | ♉ | ♈ | ♓ | ♒ | ♑ | ♑ | ♐ | ♐ | ♐ | ♐ | ♐ | ♐ | ♏ | ♏ | ♏ | ♏ | ♏ | ♏ | ♏ | ♎ | ♎ | ♎ | ♎ | 21.01.-31.01. |
| ♊ | ♊ | ♊ | ♉ | ♓ | ♒ | ♑ | ♑ | ♑ | ♐ | ♐ | ♐ | ♐ | ♐ | ♐ | ♏ | ♏ | ♏ | ♏ | ♏ | ♏ | ♏ | ♎ | ♎ | 31.01.-09.02. |
| ♋ | ♊ | ♊ | ♊ | ♉ | ♈ | ♒ | ♑ | ♑ | ♑ | ♐ | ♐ | ♐ | ♐ | ♐ | ♐ | ♏ | ♏ | ♏ | ♏ | ♏ | ♏ | ♏ | ♎ | 10.02.-19.02. |
| ♋ | ♋ | ♋ | ♊ | ♊ | ♊ | ♈ | ♓ | ♒ | ♑ | ♑ | ♐ | ♐ | ♐ | ♐ | ♐ | ♐ | ♏ | ♏ | ♏ | ♏ | ♏ | ♏ | ♏ | 20.02.-01.03. |
| ♋ | ♋ | ♋ | ♋ | ♊ | ♊ | ♊ | ♉ | ♓ | ♒ | ♑ | ♑ | ♑ | ♐ | ♐ | ♐ | ♐ | ♐ | ♐ | ♏ | ♏ | ♏ | ♏ | ♏ | 02.03.-10.03. |
| ♋ | ♋ | ♋ | ♋ | ♋ | ♊ | ♊ | ♊ | ♉ | ♈ | ♒ | ♑ | ♑ | ♑ | ♐ | ♐ | ♐ | ♐ | ♐ | ♐ | ♏ | ♏ | ♏ | ♏ | 11.03.-20.03. |
| ♌ | ♋ | ♋ | ♋ | ♋ | ♋ | ♋ | ♊ | ♊ | ♉ | ♈ | ♓ | ♒ | ♑ | ♑ | ♐ | ♐ | ♐ | ♐ | ♐ | ♐ | ♏ | ♏ | ♏ | 21.03.-31.03. |
| ♌ | ♌ | ♋ | ♋ | ♋ | ♋ | ♋ | ♋ | ♊ | ♊ | ♊ | ♉ | ♓ | ♒ | ♑ | ♑ | ♑ | ♐ | ♐ | ♐ | ♐ | ♐ | ♐ | ♏ | 01.04.-10.04. |
| ♌ | ♌ | ♌ | ♌ | ♋ | ♋ | ♋ | ♋ | ♋ | ♋ | ♊ | ♊ | ♉ | ♈ | ♒ | ♑ | ♑ | ♑ | ♐ | ♐ | ♐ | ♐ | ♐ | ♐ | 11.04.-20.04. |
| ♌ | ♌ | ♌ | ♌ | ♌ | ♋ | ♋ | ♋ | ♋ | ♋ | ♋ | ♊ | ♊ | ♉ | ♈ | ♓ | ♒ | ♑ | ♑ | ♐ | ♐ | ♐ | ♐ | ♐ | 21.04.-30.04. |
| ♌ | ♌ | ♌ | ♌ | ♌ | ♌ | ♋ | ♋ | ♋ | ♋ | ♋ | ♋ | ♊ | ♊ | ♊ | ♉ | ♓ | ♒ | ♑ | ♑ | ♑ | ♐ | ♐ | ♐ | 01.05.-10.05. |
| ♍ | ♌ | ♌ | ♌ | ♌ | ♌ | ♌ | ♌ | ♋ | ♋ | ♋ | ♋ | ♋ | ♋ | ♊ | ♊ | ♉ | ♈ | ♒ | ♑ | ♑ | ♑ | ♐ | ♐ | 11.05.-20.05. |
| ♍ | ♍ | ♌ | ♌ | ♌ | ♌ | ♌ | ♌ | ♋ | ♋ | ♋ | ♋ | ♋ | ♋ | ♊ | ♊ | ♉ | ♈ | ♓ | ♒ | ♑ | ♑ | ♑ | ♐ | 21.05.-31.05. |
| ♍ | ♍ | ♍ | ♌ | ♌ | ♌ | ♌ | ♌ | ♌ | ♋ | ♋ | ♋ | ♋ | ♋ | ♋ | ♊ | ♊ | ♉ | ♈ | ♓ | ♒ | ♑ | ♑ | ♑ | 01.06.-11.06. |
| ♍ | ♍ | ♍ | ♍ | ♌ | ♌ | ♌ | ♌ | ♌ | ♌ | ♋ | ♋ | ♋ | ♋ | ♋ | ♋ | ♊ | ♊ | ♉ | ♈ | ♓ | ♒ | ♑ | ♑ | 12.06.-21.06. |
| ♍ | ♍ | ♍ | ♍ | ♍ | ♌ | ♌ | ♌ | ♌ | ♌ | ♌ | ♋ | ♋ | ♋ | ♋ | ♋ | ♋ | ♊ | ♊ | ♉ | ♈ | ♓ | ♒ | ♒ | 22.06.-02.07. |
| ♎ | ♍ | ♍ | ♍ | ♍ | ♍ | ♌ | ♌ | ♌ | ♌ | ♌ | ♌ | ♋ | ♋ | ♋ | ♋ | ♋ | ♋ | ♊ | ♊ | ♉ | ♈ | ♓ | ♓ | 03.07.-12.07. |
| ♎ | ♎ | ♍ | ♍ | ♍ | ♍ | ♍ | ♌ | ♌ | ♌ | ♌ | ♌ | ♌ | ♋ | ♋ | ♋ | ♋ | ♋ | ♋ | ♊ | ♊ | ♉ | ♈ | ♈ | 13.07.-22.07. |
| ♎ | ♎ | ♎ | ♍ | ♍ | ♍ | ♍ | ♍ | ♍ | ♌ | ♌ | ♌ | ♌ | ♌ | ♌ | ♋ | ♋ | ♋ | ♋ | ♋ | ♋ | ♊ | ♊ | ♊ | 23.07.-02.08. |
| ♎ | ♎ | ♎ | ♎ | ♍ | ♍ | ♍ | ♍ | ♍ | ♍ | ♌ | ♌ | ♌ | ♌ | ♌ | ♌ | ♋ | ♋ | ♋ | ♋ | ♋ | ♋ | ♊ | ♊ | 03.08.-12.08. |
| ♎ | ♎ | ♎ | ♎ | ♎ | ♍ | ♍ | ♍ | ♍ | ♍ | ♍ | ♌ | ♌ | ♌ | ♌ | ♌ | ♌ | ♋ | ♋ | ♋ | ♋ | ♋ | ♋ | ♊ | 13.08.-23.08. |
| ♏ | ♎ | ♎ | ♎ | ♎ | ♎ | ♎ | ♍ | ♍ | ♍ | ♍ | ♍ | ♍ | ♌ | ♌ | ♌ | ♌ | ♌ | ♌ | ♋ | ♋ | ♋ | ♋ | ♋ | 24.08.-02.09. |
| ♏ | ♏ | ♎ | ♎ | ♎ | ♎ | ♎ | ♎ | ♍ | ♍ | ♍ | ♍ | ♍ | ♍ | ♌ | ♌ | ♌ | ♌ | ♌ | ♌ | ♋ | ♋ | ♋ | ♋ | 03.09.-12.09. |
| ♏ | ♏ | ♏ | ♎ | ♎ | ♎ | ♎ | ♎ | ♎ | ♍ | ♍ | ♍ | ♍ | ♍ | ♍ | ♌ | ♌ | ♌ | ♌ | ♌ | ♌ | ♋ | ♋ | ♋ | 13.09.-23.09. |
| ♏ | ♏ | ♏ | ♏ | ♏ | ♎ | ♎ | ♎ | ♎ | ♎ | ♎ | ♍ | ♍ | ♍ | ♍ | ♍ | ♍ | ♌ | ♌ | ♌ | ♌ | ♌ | ♌ | ♌ | 24.09.-03.10. |
| ♏ | ♏ | ♏ | ♏ | ♏ | ♏ | ♎ | ♎ | ♎ | ♎ | ♎ | ♎ | ♍ | ♍ | ♍ | ♍ | ♍ | ♍ | ♌ | ♌ | ♌ | ♌ | ♌ | ♌ | 04.10.-13.10. |
| ♏ | ♏ | ♏ | ♏ | ♏ | ♏ | ♏ | ♎ | ♎ | ♎ | ♎ | ♎ | ♎ | ♍ | ♍ | ♍ | ♍ | ♍ | ♍ | ♌ | ♌ | ♌ | ♌ | ♌ | 14.10.-23.10. |
| ♐ | ♏ | ♏ | ♏ | ♏ | ♏ | ♏ | ♏ | ♎ | ♎ | ♎ | ♎ | ♎ | ♎ | ♍ | ♍ | ♍ | ♍ | ♍ | ♍ | ♌ | ♌ | ♌ | ♌ | 24.10.-02.11. |
| ♐ | ♐ | ♏ | ♏ | ♏ | ♏ | ♏ | ♏ | ♏ | ♎ | ♎ | ♎ | ♎ | ♎ | ♎ | ♍ | ♍ | ♍ | ♍ | ♍ | ♍ | ♌ | ♌ | ♌ | 03.11.-12.11. |
| ♐ | ♐ | ♐ | ♏ | ♏ | ♏ | ♏ | ♏ | ♏ | ♏ | ♎ | ♎ | ♎ | ♎ | ♎ | ♎ | ♍ | ♍ | ♍ | ♍ | ♍ | ♍ | ♌ | ♌ | 13.11.-22.11. |
| ♐ | ♐ | ♐ | ♐ | ♏ | ♏ | ♏ | ♏ | ♏ | ♏ | ♏ | ♎ | ♎ | ♎ | ♎ | ♎ | ♎ | ♍ | ♍ | ♍ | ♍ | ♍ | ♍ | ♌ | 23.11.-02.12. |
| ♐ | ♐ | ♐ | ♐ | ♐ | ♐ | ♏ | ♏ | ♏ | ♏ | ♏ | ♏ | ♏ | ♎ | ♎ | ♎ | ♎ | ♎ | ♎ | ♍ | ♍ | ♍ | ♍ | ♍ | 03.12.-12.12. |
| ♑ | ♐ | ♐ | ♐ | ♐ | ♐ | ♐ | ♏ | ♏ | ♏ | ♏ | ♏ | ♏ | ♏ | ♎ | ♎ | ♎ | ♎ | ♎ | ♎ | ♍ | ♍ | ♍ | ♍ | 13.12.-21.12. |
| ♒ | ♑ | ♑ | ♑ | ♐ | ♐ | ♐ | ♐ | ♐ | ♐ | ♏ | ♏ | ♏ | ♏ | ♏ | ♏ | ♏ | ♎ | ♎ | ♎ | ♎ | ♎ | ♎ | ♍ | 22.12.-31.12. |

Vaaka ♎  Kauris ♑

Skorpioni ♏  Vesimies ♒

Jousimies ♐  Kalat ♓

Herättyään ihminen tietää nukkuneensa, mutta nukkuessaan hän ei sitä tiedä! Nämä ovat henkisiä paradokseja.

Errol Weiner kirjoittaa Noel Tylin toimittamassa esseekokoelmassa *Exploring Consciousness in the Horoscope* (Llewellyn Publications 1993), että nousumerkki liittyy sieluun siinä missä aurinkomerkki liittyy persoonallisuuteen: "Korkeimman minän tarkoitus ja sen paljastuminen, Pyhän Graalin etsintä, on saanut ilmauksensa nousevassa merkissä." Tämän ymmärtäminen on Weinerin mielestä monessa suhteessa horoskoopin suurin ilmestys.

Nousumerkki eli askendentti on siis eräänlainen sielun valitsema suuntaviitta, jota kohti ihminen suuntautuu elämässään. Nousumerkki määrittää suuresti sen voimakentän, jonka kautta sielu ilmaisee itseään ulkoisessa maailmassa. Askendentti on myös horoskoopin herkin yksittäinen piste, joka on syytä huomioida tarkasti esimerkiksi transiittien ja progressioiden yhteydessä.

Nousumerkki on tässä katsannossa syntymäkartan lähtökohta ja siksi yhteydessä sieluun, persoonallisuuden takana olevaan kausaaliseen tekijään.

Usein nousumerkin aktivoituminen ja yksilön henkinen herääminen tapahtuu Saturnuksen paluun aikoihin tai hieman ennen, ikävuosina 28-30. Tällöin on myös tullut ns. edistetyn Kuun ensimmäinen kierros päätökseen, mikä viittaa usein vapautumiseen menneisyyden kahleista ja suuntautumiseen tulevaisuuteen.

## Askendentti minäkuvan muokkaajana

Ns. ensihengityksen askendentti määrittää yksilön **minäkuvan**, johon kuuluu etenkin niitä asioita, joita sielu on halunnut kehittyvän persoonallisuuden avulla hankkia itselleen. Minäkuva on äärimmäisen tärkeä asia elämässä, sillä mikäli se on vakavasti puutteellinen tai heikko, on positiivisten puolten ilmaisemisen esteenä tavallisesti suuria esteitä. Yksi keskeisimmistä tehtävistämme henkisen kehityksen Tiellä onkin positiivisen, vahvan minäkuvan rakentaminen. Se on siis myös hyvä barometri henkiselle kehitykselle.

Askendentti liittyy minäkuvan rakentumisen kautta tietoisuuteen. Nousumerkki onkin eräänlainen henkinen rakennustyömaa. Se magnetisoi ja johtaa muuta karttaa niihin kokemuksiin, joiden kautta sisäinen olemus ja ulkoinen ympäristö voivat olla suhteessa toisiinsa. Mikäli yksilö käyttää oikealla tavalla askendenttiaan, hän tuntee läheisyyttä niihin elämänkokemuksiin, jotka vastaavat laadultaan hänen askendenttiaan. Samalla hän eheytyy ihmisenä ja kykenee paremmin toteuttamaan omaa todellista tarkoitustaan maaelämässä.

Esimerkiksi Kaksos-nousuisille on helppoa olla ikään kuin viritettynä sanoma- ja aikakauslehtien, radion, TV:n, internetin ja muiden kommunikaatiomuotojen nykyisen laadun kanssa, koska tämä ketterä ja utelias nousumerkki sisältää itsessään mediakommunikaation ja verkostoitumisen laadun.

Aivan samalla tavoin yksilö, jolla Oinas on nousumerkkinä, on viritetty sellaisiin tietoisuuden värähtelyihin, jotka liittyvät henkilökohtaiseen aktiviteettiin ja elämän mukanaan tuomien haasteiden rohkeaan, vitkastelemattomaan kohtaamiseen, ja Neitsyt-nousuinen haluaa analysoida, eritellä ja testata, kenties myös koota ja lainata ideoita ja asioita.

Askendentin kautta ihminen suhteuttaa toisiinsa sisäisen ja ulkoisen todellisuuden. Nousumerkki onkin filtteri kaiken sen välillä, joka on olemassa horoskoopissa ja sisäavaruudessa, ja sen välillä, joka on olemassa ulkoisessa maailmassa, "siellä jossain". Voimme tarkastella karttaa suljettuna ympyränä tai virtapiirinä, jossa askendentti on ovi tai venttiili ulospäin.

Kun askendentti on saatu toimimaan kunnolla, ihmisen sisäinen olemus ja ulkoinen ympäristö virtaavat persoonallisuuden kautta kuin kaksisuuntainen virta, joka luo uutta kehitystä molemmissa. Nousumerkkiä voisi verrata myös ikkunaan, jonka kautta tarkastelemme todellisuutta ja jonka kautta meidät usein nähdään. Joskus tässä yhteydessä puhutaan ensivaikutelmasta tai ikään kuin kirjan kannesta; sisältö avautuu vasta myöhemmin.

Jokainen sielunikkuna, jokaisen oma askendentti, on juuri hänelle valittu ja tarkoitettu. Nousumerkki voi harmonisoida sisäisen ja ulkoisen informaation ja kokemuksen virran sekä saattaa ylemmän ja alemman olemuspuolen, sielun ja persoonallisuuden, oikeaan suhteeseen ja harmoniaan keskenään. Meille on hyvin tärkeää oppia ilmaisemaan nousevan merkin positiivisia puolia.

Askendentilla on tärkeä rooli myös niiden asioiden suhteen, jotka liittyvät omaan karmalliseen kohtaloomme. Edellisessä elämässä viisaasti kohdattu nousumerkki voi siirtyä seuraavaan inkarnaatioon esimerkiksi kuumerkkinä. Joissain teksteissä mainitaan, että sama nousumerkki seuraisi ihmistä yleensä seitsemän inkarnaation ajan. Tästä ei ole saatu evidenssiä. Mestari Hilarionin mukaan nykyään 34 prosentilla ihmisistä on sama askendentti kuin edellisessä elämässään. Tämä riippuu sielun valinnoista ja kehitystarpeista.

Nouseva merkki osoittaa erityisesti tien tulevaan. Se on keskeisimpiä kehityskohtia henkisessä astrologiassa. Askendentin merkitys korostuukin jatkuvasti, MIKÄLI ihminen vie oikealla ja viisaalla tavalla henkistä kehitystään eteenpäin. Mestari DK:n mukaan askendentti pitää sisällään tulevaisuuden salaisuuden sekä ilmaisee sen voiman, jota oikein käyttäessään ihminen kulkee kohti menestystä, myös syvällisemmässä henkisessä mielessä.

On kuitenkin mahdollista, että askendentti edustaa samalla vahvan vastuksen aluetta yksilön taholta samalla tavoin kuin esimerkiksi Kuun yläsolmu. Tarvitaan usein paljon ponnistelua, aikaa ja omistautumista, kun pyritään virittäytymään ja työskentelemään sielun tarkoituksen, sen valitseman polun ja suunnitelman kanssa.

Askendentti antaa voimakkaita mahdollisuuksia myös ihmissuhteisiin, siihen mitä ja kuinka voimme oppia muilta ja mihin oppimamme voi meidät viedä. Monet ihmiset huomaavat, että askendentti on välillä hieman epämukava tekijä itselle, kuin väärässä jalassa oleva kenkä. Askendentin aktivoituminen voi viitata eräänlaiseen kohtaamisen ja samalla juuri heräämisen prosessiin, joka on ihmiselle jonkin verran vaikea. Se on myös lempeä astrologinen vinkki siitä, mihin kannattaa kiinnittää enemmän huomiota energian, ymmärryksen ja kokemuksen suhteen.

Hilarionin mukaan yksilöllä voi olla myös muita askendentteja, kuten ns. **karmallinen askendentti**, joka liittyy ensisijaisesti Saturnuksen vaikutuksiin eli elämän karmallisiin kuvioihin, mutta me tarkastelemme seuraavassa ensihengityksen määrittämää nousevaa merkkiä.

## Askendentti merkeissä

### Askendentti Oinaassa:

Tämä tuo minäkuvaan toiminnallisuutta, rohkeutta ja nopeat reaktiot eri tilanteissa, etenkin hätätilanteissa. Minäkuvaan liittyy Oinas-nousuisilla tavallisesti johtajuuden tai muille mallina olemisen piirre. Ei ole harvinaista, että Oinas-nousuinen näkee itsessään tai ihailee atleettisuutta. Tämä tekijä voi kuitenkin olla tukahdutettu, eikä siksi välttämättä näy ulospäin.

Tämä Suomessa harvinainen nousumerkki viittaa tavallisesti nopeaan reagointiin myös tunneasioissa. Joskus mukana on äkillisiä hullaantumisia, jotka voivat päättyä pettymykseen, jos ihminen ei ole kyennyt näkemään toista selkeällä, kirkkaalla tavalla ilman itsepetosta. Vapaudenrakkaus voi sekin kasvaa tässä suureksi.

Fyysinen aktiivisuus on leimallista tälle nousulle. Usein mukana kuvassa on jatkuva kiinnostus kuntoiluun, urheiluun jne. Oinas-nousuinen kävelee nopeasti eikä pidä viivytyksistä. Marsin sijainti ja aspektit syntymäkartalla kertovat yksilön temperamentista.

### Askendentti Härässä:

Nousevan Härän minäkuva on maanläheinen, käytännöllinen, kiinteä ja ailahtelematon. Hänellä on taipumus nähdä itsensä henkilönä, jolla molemmat jalat ovat tukevasti maan pinnalla. Mukana on luotettavuuden ja vakauden piirteitä, usein myös jääräpäisyyttä! Omavaraisuus on tässä merkissä tärkeää. Miehillä, joilla on Härkä nousevana merkkinä, on usein ns. härän niska.

### Askendentti Kaksosissa:

Tämä nousu antaa yksilölle mentaalisen painotuksen. Hän näkee itsensä mentaalisesti vikkelänä ja ketteränä, monipuolisena, kätevänä ja luovana. Piirteet voivat olla todellisia tai kuviteltuja, mutta yhtä kaikki ne vaikuttavat kanssakäymiseen toisten ihmisten kanssa. Sosiaalinen kanssakäyminen, verkostoituminen ja tiedonhankinta ovat luontaisia tälle nousulle.

### Askendentti Ravussa:

Minäkuvassa on kodinrakentajan piirteitä. Muiden hoivaaminen ja suojeleminen, muiden tarpeista huolehtiminen korostuu erityisesti naisilla, joilla on tämä askendentti. Näiden energioiden avulla pyritään tuomaan yksilön elämään vaikutteita, jotka ovat puuttuneet tai olleet epäbalanssissa tai riittämättömiä. Näin korjataan kotiin ja hoivaavaan vaistoon liittyvää asennetta. Kuun vaikutus voi tuoda tämän nousumerkin kautta herkkyyttä ja ailahtelevuutta.

## Askendentti Leijonassa:

Yksilöllä on tässä minäkuvansa kautta taipumus nähdä itsensä eleganttina, muita ylempänä, erikoisena. Mukana on sisäistä ylpeyttä ja ylimielisyyttä - noita Leijonan merkin helmasyntejä -, jotka eivät usein ilmene ulkoisesti. Tämän nousumerkin avulla ihmistä pyritään innostamaan ajattelemaan itsestään parempaa kuin hänellä oli tapana aiemmissa inkarnaatioissaan. Ei ole harvinaista nähdä tämä nousu esimerkiksi Aurinko-Skorpionin yhteydessä. Niin kuin kirjoitin edellisessä luvussa, Skorpioni tulee aurinkomerkiksi yksilölle, joka on aiemmassa elämässä ottanut hengen itseltään.

Nyt on nähty tärkeäksi, ettei yksilö väheksy itseään ja omaa arvoaan, vaan että hän löytää ja kykenee rakentamaan itselleen ehyen minäkuvan ilman ylemmyyttä tai alemmuutta. Aika usein tämä nousu tuo erityisesti elämän alkupuolella tullessaan eräänlaisen "vuoristorata"-efektin: välillä minäkuva on oikein ylväs ja leijonamainen, välillä taas vanhat itsen vähättelyn kielteiset mallit pääsevät esiin.

Tämän sisäisen taistelun avulla yksilön toivotaan lopulta oppivan, että jokainen ihminen on kokonainen ja arvokas omalla tavallaan ja paikallaan, ja että kukaan ei ole toisten ylä- tai alapuolella. Ihmisen tulee nousta vain oman itsensä yläpuolelle, muussa tapauksessa on luvassa ongelmia.

Tärkeintä tässä tapauksessa on löytää kultainen keskitie, joka juuri viittaa terveeseen, integroituneeseen minäkuvaan. Silloin sisäinen aurinko voi loistaa minäkuvan kautta myös yksilön ulkoiseen olemukseen.

Usein Leijona-nousuisella on "leijonanharja" ja ylväys ulkoisessa olemuksessaan. Jos nousu-Leijona sattuu yhteen keskitaivaalla olevan Härän kanssa, yksilön itsepäisyys korostuu, jos taas Oinaan kanssa, ihminen suuntautuu tavallisesti johtaviin tehtäviin tai itsenäiseksi yrittäjäksi.

## Askendentti Neitsyessä:

Nouseva merkki värjää yksilön minäkuvaa siisteyden, huolellisuuden sekä melkein turhantarkkuuden ja nirsoudenkin vivahteilla. Tässä nousumerkissä ihminen näkee itsensä hyvin organisoituneena, artikuloivana, melkein kaunopuheisena, systemaattisena ja hillitsevänä. Mukana ovat yleensä korkeat käyttäytymisstandardit, joita hän sitten odottaa muiltakin, mistä seuraa usein tunnistettava kriittinen piirre. Tämähän on eläinradan korostuneimman kriitikon merkki. Liiallinen kriittisyys onkin itse asiassa nousevan Neitsyen ansalankoja, ja sitä tulisi pehmentää ja kultivoida.

Neitsyt-nousuisen mieli on aktiivinen, joskus myös huolestunut. Apinamielen tyynnyttäminen on tärkeä projekti aina, kun Neitsyen merkki on korostunut. Olemuksessa on nuorekkuutta, ja esimerkiksi fyysinen keho pysyy pitkään nuorena. Työteliäisyys, siisteys ja palveleminen kuuluvat osaltaan tämän nousumerkin tuliaisiin.

Neitsyen rakentaviin, nyt työn alla oleviin puoliin kuuluvat puhtaus eri ilmenemismuodoissaan - ajatuksissa, tunteissa ja teoissa -, kehittynyt ja hienostunut älyn toiminta, "metsän näkeminen puilta", erottelu- ja harkintakyky, nöyryys, pyyteettö-myys ja ennen kaikkea PALVELEMINEN, joka on kehittyneen nousu-Neitsyen tun-nusmerkkejä. Neitsyen merkki liittyy lisäksi Kristus-lapsen syntymiseen ja Kristus-tietoisuuden kehittymiseen ihmisessä.

Tärkeä tekijä nousevan Neitsyen henkisessä opinto- ja elämänsuunnitelmassa on usein oppiminen; itse asiassa tässä samoin kuin Aurinko-Neitsyessä on malliesi-merkki elinikäisestä oppijasta, joka tulee läpi elämänsä etsimään ja tutkimaan tietoa sekä muuntamaan sitä sitten kokemuksen kautta viisaudeksi. Taipumusta voimistaa edelleen L-kirjain, mikäli sellainen löytyy yksilön puhuttelunimestä.

### Askendentti Vaa'assa:

Vaaka nousevana merkkinä antaa minäkuvaan emotionaalisen kontrollin ja tasaisen luonteen värityksen. Yksilö näkee näiden "henkisten silmälasiensa" kautta itsensä henkilönä, jolla ei ole äärimmäisyyksiin meneviä tunnereaktioita tai käyttäytymistä, ja luultavasti hän idealisoi itsessään tällaisia piirteitä. Todellisuus on kuitenkin usein aika tavalla toisenlainen, joskus melkeinpä päinvastainen. Vaa'an merkki on tavalli-sesti valittu yksilölle askendentiksi siksi, että ihminen omaksuisi olemukseensa te-kijöitä, jotka yllyttäisivät häntä hallitsemaan energiansa, emootionsa ja ajatuksensa. Näin ei ole tapahtunut aiemmissa inkarnaatioissa.

Tässä on syy siihen, miksi niin usein Vaaka-nousuiset ihmiset suorastaan kiep-puvat hallitun käytöksen ja emotionaalisen energian räjähdysten välillä - ja saavat usein muut täysin ymmälleen ("Mikähän sille oikein tuli..."). Mikään ei näytä selit-tävän tällaisia äkillisiä mielialan muutoksia. Tilannetta voisi hyvin verrata vuosia sammuneena olleeseen tulivuoreen, joka yhtäkkiä purkautuu räjähdyksenomaisesti.

Vaaka nousevana merkkinä sävyttää minäkuvaa myös kauneuden ja vetovoimai-suuden piirteillä; noita ulkoisen olemuksen miellyttäviä piirteitä tulisikin nousevan Vaa'an vaalia ja kehittää. Nousu-Vaa'oilla näkyy tavallista useammin rako etuham-paiden välissä. Tässä tapauksessa yksilö kompensoi sisäisen miehen ja naisen välillä olevaa ratkaisematonta konfliktia suuntautumalla maalliseen menestykseen.

Vaaka-askendentti tekee yksilöstä usein varsin päättämättömän, joskus suoras-taan jahkailijan. Kun lähdet hänen kanssaan Stockmannin "Hulluille päiville", niin asia kirkastuu aivan varmasti.

Nousu tuo usein tullessaan hienostuneisuutta, tyylikkyyttä ja taiteellisuutta, niin kuin Bill Clinton ja Tommy Taberman voisivat allekirjoittaa.

### Askendentti Skorpionissa:

Minäkuvassa on intensiteetin, oikullisuuden ja muiden hallitsemisen piirteitä. Jäl-leen, minkään näistä piirteistä ei tarvitse olla osa ihmisen todellista olemusta, mutta hän näkee yhtä kaikki itsensä niiden kautta.

Lisäksi mukana on tavallisesti jonkinlaisen painostavan seksuaalisuuden energi-oita, jotka voivat usein ilmetä valloituksina sänkykamarissa. Nämä piirteet johtavat yksilön usein kohtaamaan tiettyjä karmallisia kokemuksia ja saamaan harteiltaan sitä karmallista taakkaa, jonka hän on tuonut tähän inkarnaatioon. Elämänsuunnitelmaan saattaakin hyvin kuulua seksuaalienergian muuntaminen henkiseksi energiaksi, luovaksi voimaksi, parantavaksi energiaksi ja vitaliteetiksi.

Skorpioni-nousuisen tulee pyrkiä karttamaan muiden hallitsemisen ja manipuloimisen vähemmän toivottavaa piirrettä. Useimmilla Skorpioni-nousuisilla on pistävät, läpituntevat silmät ja joskus kotkannenä.

Tässä on hyvä palauttaa jälleen mieleen Skorpionin merkin kolme tasoa, joista kirjoitin tämän aurinkomerkin yhteydessä. Kyseessä on ilman muuta vaativimpia askendentteja, joka harvoin - jos koskaan - esiintyy heikolla ihmisellä. Tahdonvoima on suuri ja samoin kyky taistella voitokkaasti sekä sisäiset että ulkoiset taistelut. Esimerkiksi Paavo Lipponen ja Clint Eastwood saattavat olla tästä samaa mieltä.

Yksilö on tässä merkissä tekemisissä elämän perusenergioiden kanssa, ja hänen luovat voimavaransa ovat henkisen transformaation ansiosta melkoiset. Esoteerisella tasolla Marsin tietoinen ja tulinen suoraviivaisuus ammentaa Pluton tiedostamattomista syvyyksistä. Skorpioni-nousuinen pystyykin halutessaan porautumaan ongelman ytimeen laserinkaltaisella intensiteetillä. Hän voi myös olla esimerkkinä muille sekä inspiroida heitä transformoimaan itseään, hänellä kun on asiasta "tekijän tietoa".

### Askendentti Jousimiehessä:

Tämä nousu saa yksilön näkemään itsensä suoraselkäisenä, rehellisenä ja moraalisesti vahvana, olivatpa nuo piirteet todellisia tai eivät. Jousimies-nousu antaa hänelle myös kaipuun nähdä maailmaa matkustelemalla. Minäkuvassa saattaa olla jopa eräänlainen "vaeltavan juutalaisen" syndrooma.

Usein Jousimies-nousu viivästyttää avioliiton solmimista ja saa aikaiseksi sen, että elämässä on useampia kuin yksi aviollinen tai muu pitempi suhde. Tavallisesti syynä tähän on Jousimies-nousun takertuminen nuorekkuuteen ja seikkailunhaluun vielä vuosia sen jälkeen, kun muut ovat jättäneet nuoruudenunelmiensa jännityksen. Jousimies-nousu on tarpeellinen tänä aikana, jolloin liian monet ihmiset ottavat itsensä aivan liian vakavasti! Esimerkiksi Jari Tervolla on tämä nousumerkki.

### Askendentti Kauriissa:

Tämä nousu tuo minäkuvaan kaiken kuviteltavissa olevan vakavuuden. Mukana on tavallisesti "vanha pää nuorille harteilla" -idea ja se näkemys, että "elämä on kovaa ja totista". Joskus tämä johtuu terveysongelmien kohtaamisesta tai varhaisesta vastuusta elämänkaaressa, mikä on hyvin voitu koodata yksilölle, jotta vakavuus lisääntyisi minäkuvassa.

Vääjäämättä Kauris-nousu on tarkoitettu tasapainottamaan sielun yleistä taipumusta vakavuuden puuttumiseen ja sitä, että sielu on liian huoleton ja välinpitämätön tekemisissään muiden kanssa. Juuri tämän takia Kauris-nousuinen joutuu usein tasapainottelemaan asioiden liian kevyesti ottamisen ja vastakkaisen liiallisen vakavuuden välillä. Tavoitteena on tietysti kultaisen keskitien löytäminen. Nousu-Kauriilla voi olla eräänlainen vakava "Abraham Lincoln" -look.

### Askendentti Vesimiehessä:

Vesimies-nousun esiintyessä voimme olla varmoja, että elämänsuunnitelmaan kuuluu minäkuvan suhteen tiettyjä riippumattomuuden, yksilöllisyyden ja älyllisen kyvykkyyden piirteitä. Ihminen näkee itsensä jotenkin muista poikkeavana, erilaisena ja epätavallisena.

Useimmissa tapauksissa tämä on suunniteltu siksi, että yksilö laajentaisi olemustaan ja näkemyksiään, loisi jotain uutta, totutusta poikkeavaa tässä inkarnaatiossa ja vapautuisi näin aiempien elämien tutuista ja turvallisista kuvioista.

Usein menneisyydessä on ollut liian paljon totunnaisten elämäntapojen toistoa, minkä takia sielu on juuttunut uralle, niin kuin levysoittimen neula. Siten on odotettavissa, että yksilö joutuu tasapainottelemaan tavanomaisen käyttäytymisen ja varsin epätavallisen toiminnan jaksojen välillä pyrkiessään löytämään tasapainon.

### Askendentti Kaloissa:

Kalojen merkki nousuna värittää minäkuvaa melankolian ja uhrina olemisen piirteillä. Yksilö voi kokea itsensä jotenkin sorretuksi tai olevansa kovan kohtalon käsissä. "Murheen murtaman" kuvio saattaa tarttua minäkuvaan, ja voi olla vaikea saada yksilö näkemään, ettei elämän tarvitse olla niin synkkää ja pessimististä kuin hän kuvittelee. Tässä tapauksessa nouseva merkki edustaa koetta: voiko ihminen voittaa itsesäälin ja raskasmielisyyden positiivisella ponnistelullaan. Usein Jousimies keskitaivaalla auttaa tässä projektissa. Mm. rouva Jenni Haukiolla on tämä Suomen korkeudella harvinainen nousumerkki, joka antaa mielenkiintoista vastapainoa hänen Oinas-auringolleen tuoden sille lempeää, emotionaalista ja runollista vastapainoa. Olen tarkastellut hänen karttaansa kirjassani *Astrologia ja hyvinvointi*, s. 37.

Askendentin yhteydessä kannattaa tarkastella myös siihen kohdistuvia aspekteja ja erityisesti siihen yhtymässä olevia planeettoja, joista kukin värittää askendenttia omalla tavallaan. Esimerkiksi Kuu lisää ihmisen häilyväisyyttä ja herkkyyttä sekä tekee omien tunteiden salaamisen vaikeaksi, kun taas Saturnus tuo vakavuutta, raskasmielisyyttä ja vastuullisuutta ja Uranus riippumattomuutta, vapauden rakkautta ja epätavallista suhtautumista asioihin.

Varsinkin kaukaisten planeettojen ylimenot askendenttiin voivat laukaista esiin suuria muutoksia yksilön elämässä. Esimerkiksi Jousimies-nousuiset samoin kuin kaikki Jousimiehen merkissä syntyneet ovat joutuneet vuosien 1995-2008 välisenä aikana kohtaamaan Pluton transiitin, joka on voinut muuttaa yksilön minäkuvaa ja persoonallisuutta - ja sitä kautta hänen ulkoista elämäänsä - väellä ja voimalla.

Auringon, Kuun ja askendentin välillä voi olla yhteensä $12^3$ eli 1728 erilaista yhdistelmää, mikä kertoo siitä, kuinka isosta kieliopista astrologiassa on jo perustasolla kyse.

# KESKITAIVAS MC

Askendentin tavoin keskitaivaan eli MC:n (medium coeli, taivaan laki ja 10. huoneen kärki syntymähetkellä) merkitystä ei ole täysin ymmärretty astrologiassa. Pohjimmiltaan MC tuo esiin toisen puolen minäkuvasta: sen joka heijastetaan maailmaan. Tässä mielessä se on julkisivu, jonka yksilö omaksuu kyetäkseen toimimaan tehokkaasti muiden parissa.

Siten askendentti ja keskitaivas tuovat esiin kaksi egon tai alemman itsen puoliskoa, ja niitä onkin hyvä tarkastella yhdessä. Tässä yhteydessä tulee kuitenkin painottaa sitä, ettei MC:n vaikutus ole samassa määrin suora kausaalinen eli syy-seuraus -suhde tieteellisessä mielessä kuin on kyse askendentin suhteen. Kyseessä on enemmänkin astrologiseen orkestrointiin sekä syntymähetken valinnan symboliseen tasoon liittyvä vaikutus eli elämänsuunnitelma on sovitettu kehittämään sitä ulkoista kuvaa, jota jollain tavoin MC:n merkki ja 10. huoneessa sijaitsevat planeetat edustavat.

MC nähdään perinteisessä astrologiassa usein uran ja kunnianhimon indikaattorina, osoittaahan se taivaan lakea eli kartan symbolisesti ja konkreettisesti korkeinta pistettä syntymähetkellä.

## Keskitaivas merkeissä

### Oinas keskitaivaalla:
Keskitaivaalla esiintyessään tämä tulinen merkki näyttää ulkomaailmalle yksilön taipumuksen itsepäisyyteen, omapäisyyteen ja dynaamisuuteen, vastasi sisäinen minäkuva näitä piirteitä tai ei. Mukana saattaa olla taipumus kiivauteen ja tuittupäisyyteen, erityisesti mikäli 10. huoneessa sijaitsee Mars tai Uranus.

Sitä vastoin sitten Saturnuksen kaltainen planeetta 10. huoneessa Oinaan ollessa keskitaivaalla voi hyvin viitata raskasmielisyyteen ja eräänlaiseen Oinas-energioiden painostavaan hillitsemiseen tai tukahduttamiseen. Oinas-energiat olisivat kuitenkin tässäkin tapauksessa esillä ja nähtävissä. Feminiiniset planeetat 10. huoneessa Oinaan ollessa keskitaivaalla siirtävät impulsiivisuuden tässä tapauksessa kiintymysten alueelle. Uranus keskitaivaalla niin tässä kuin muissakin merkeissä viittaa epätavalliseen geneettiseen perimään.

### Härkä keskitaivaalla:
Härkä keskitaivaalla viittaa siihen, että yksilön ulkoinen julkisivu näyttää värittyvän voimakkaasti kiintymyksellisyydellä ja halulla olla emotionaalisessa vuorovaikutuksessa muiden kanssa. "Hyvin rakastava" on ilmaisu, jota muut saattaisivat hyvin käyttää kuvaillessaan tätä yksilöä, etenkin mikäli 10. huoneessa ei ole tälle energialle vastakkaisia planeettoja.

Esimerkiksi Saturnus voisi tässä lopettaa kiintymyksen ilmaisemisen, kun taas Mars voisi saada aikaan vakauden puutetta ja tietynlaista myrskyisyyttä siinä kiintymyksellisessä kuvassa, jonka ihminen heijastaa itsestään ulkomaailmaan.

## Kaksonen keskitaivaalla:

Tämän merkin sijaitessa MC:llä yksilö heijastaa itsestään älyllisen kyvykkyyden tai monipuolisuuden kuvaa. Yksilö saattaa näyttää älypäältä tai hyvältä keskustelijalta. Nämä piirteet voivat kuitenkin tukahtua, jos 10. huoneessa on vastustavia planeettoja. Saturnus voi tässä tuoda raskasmielisyyttä tai tosikkomaisuutta kanssakäymiseen muiden kanssa, kun taas Mars saattaa tehdä teräväkieliseksi ja aiheuttaa tässä riitelyä ja kiistelyä.

Tämä merkki esiintyy usein keskitaivaalla, kun toinen Merkuriuksen hallitsema merkki, Neitsyt, nousee. Kombinaatio voi saada aikaan yksilön, joka välittää jotain toisille. Kyseessä voi olla vaikkapa tiedon siirtäminen.

## Rapu keskitaivaalla:

Ravun ollessa MC:llä yksilön maailmaan heijastamasta kuvasta löytyy tähän merkkiin liittyviä hoivaamisen, huolehtimisen ja suojelemisen piirteitä. Rapu keskitaivaalla esiintyy tavallisesti Vaa'an ollessa nousumerkkinä. Niinpä voidaan aiemman nousu-Vaa'an kuvauksen pohjalta ymmärtää, että näiden kahden merkin yhdistelmä, joka ilmaisee sekä sisäistä että ulkoista kuvaa, yllyttää yksilöä etsimään jotain kotiympäristön muotoa (Rapu), jotta emotionaalisen luonteen balansointi (Vaaka) voidaan oppia.

Emotionaalisen ilmaisun ylikorostunut hillitseminen, jonka Vaaka tuo tässä sisäiseen kuvaan, on ristiriidassa aiemmista elämistä tuodun itsehillinnän puutteen taipumuksen kanssa. Koska kotimiljöö vaikuttaa osaltaan emotionaalisten konfliktien esiinnousuun, se muodostaa samalla erinomaisen areenan kohdata ja voittaa tämä sisäinen konflikti.

## Leijona keskitaivaalla:

Leijonan sijaitessa keskitaivaalla maailmaan heijastetussa kuvassa on jalomielisyyden, ylväyden, anteliaisuuden ja joskus myös ylimielisyyden piirteitä. Tämä kuva ei välttämättä vastaa yksilön sisäistä kuvaa, ja se ei ehkä ole kovin lähellä ihmisen ominaisuuksien todellista yhdistelmää, mutta sen on tarkoitettu pääasiassa antaa hänelle mahdollisuus voittaa ne alemmuudentunteet ja -kompleksit, jotka hän on väistämättä tuonut aiemmasta elämästään.

Leijonan sijainti keskitaivaalla antaa rohkeuden ilmentämisen ulkoisesti jopa silloin, kun yksilöllä on epävarma sisäinen kuva, ja saattaa lopulta saada aikaiseksi sisäisessä kuvassa olevan alemmuuskompleksin muuttumisen. Tämä on peräisin suuresta voimasta toimia, ei pelkästään fyysisellä tasolla, vaan yhtä hyvin myös emotionaalisella ja mentaalisella tasolla.

## Neitsyt keskitaivaalla:

Tämä merkki keskitaivaalla antaa taipumuksen heijastaa täsmällisyyden, käytännöllisyyden sekä yksityiskohtien ja organisoinnin tärkeyden ominaisuuksia. Muut voivat hyvin havaita kriittisyyden piirteen samoin kuin tietyn idealistisen tendenssin.

Neitsyen sijaitessa keskitaivaalla voimme varmuudella tietää, että sielulla on vähintään yksi äärimmäisen tärkeä läksy opittavanaan tässä inkarnaatiossa. Avain tähän läksyyn on Saturnuksen sijainti syntymäkartalla. Sen merkistä ja/tai huoneesta voidaan lukea äärimmäisen tärkeä oppimisen alue sielulle. Tämä ei tarkoita sitä, etteikö olisi muitakin tärkeitä oppimisen alueita.

**Vaaka keskitaivaalla:**
Vaa'an merkki keskitaivaalla viittaa yksilöön, joka tavanomaisesti heijastaa ulospäin hienostuneisuuden, viileyden ja emotionaalisen hillinnän kuvaa. Nämä piirteet eivät usein ole todellisuudessa läsnä yksilön luonteenlaadussa. Tarkoituksena tässä on yllyttää ihmistä kasvattamaan emotionaalisen luonteensa hallintaa hyvin samalla tavoin kuin Vaaka-nousun yhteydessä.

Tämä merkki esiintyy keskitaivaalla usein yksilöillä, jotka tavalla tai toisella luovat urallaan kauneutta.

**Skorpioni keskitaivaalla:**
Tämän merkin sijaitessa kartan huipulla yksilöllä on taipumus heijastaa seksuaalisuuden kuvaa, vaikka tämä taipumus saattaa olla täysin tiedostamaton. Muut huomaavat kuitenkin yksilön virittyneisyyden seksuaalisten energioiden hienoille vivahteille. Etenkin vastakkaisen sukupuolen edustajat havaitsevat yksilön säteilevän jotain tarkemmin määrittelemätöntä seksuaalisen vetovoiman auraa.

**Jousimies keskitaivaalla:**
Tämä merkki keskitaivaalla saa yksilön heijastamaan suoraselkäisyyden, suorapuheisuuden ja nuorekkaan, seikkailunhaluisen hengen kuvaa. Monilla näistä yksilöistä on Kalojen merkki askendentilla. Sellaisissa tapauksessa keskitaivaan positiivinen ja iloinen merkki toimii eräänlaisena vastavoimana sille melankolisemmalle ja tukahdutetummalle minäkuvalle, johon Kalat nousumerkkinä viittaa.

**Kauris keskitaivaalla:**
Tämä merkki esiintyy usein keskitaivaalla, kun nousumerkkinä on joko Oinas tai Härkä. Se pyrkii tuomaan ulkoiseen kuvaan Kauriin vakavamman ja varovaisemman piirteen. Muut näkevät yksilön käytännöllisenä ja työteliäänä ihmisenä, jolla on vain vähän aikaa rentoutumiselle ja huvituksille.

Mutta huvitukset ovat juuri oikea resepti tällaiselle yksilölle, erityisesti mikäli Härkä nousee hänen kartallaan. Sellaisessa tapauksessa maaelementin esiintyminen molempien akseleiden kärjillä painaa henkeä alaspäin, ja sille täytyy löytää vastapainoa kevyistä, puhtaan nautinnollisista aktiviteeteista, joita harrastetaan pelkästään niiden tuottaman iloa takia.

Myös niiden, joilla Oinas on tässä nousumerkkinä, tulisi välttää "työtä ilman hupia" -asenteen ansalankaa, jonka Kauris MC:llä nostaa esiin. Tässä jälkimmäisessä tapauksessa urheilulliset aktiviteetit ovat luontevampi valinta kuin Härän ollessa nousumerkkinä.

**Vesimies keskitaivaalla:**

Tämä merkki keskitaivaalla viittaa taipumukseen heijastaa maailmaan kuvaa riippumattomasta ajattelusta, emotionaalisesta hillinnästä ja tietystä "erilaisuudesta", jota muiden voi olla vaikea määritellä sen tarkemmin.

Keskeinen haaste tällä MC:llä on sen taipumus muodostaa emotionaalisen ilmaisun päälle eräänlainen kuori. Sielun tehtävänä on kuitenkin oppia ilmaisemaan rakkautta vapaasti huolimatta tästä välinpitämättömyyden maskista.

**Kalat keskitaivaalla:**

Tämä merkki keskitaivaalla esiintyy pohjoisilla leveysasteilla useimmiten Ravun nousumerkin yhteydessä (seuraavaksi eniten on nousu-Kaksosia). Kun kaksi vesimerkkiä sijaitsee akseleiden kärjillä, on olemassa lähes pakahduttava taipumus ilmaista emotionaalisuutta sekä sisäisesti että ulkoisesti. Tähän liittyvät lisäksi epävarmuuden ja uhrina olemisen piirteet. Kuvio viittaa hyvin herkkään yksilöön, joka voi tuntea vetovoimaa esimerkiksi spiritualismia kohtaan.

Tämä koko kuva edustaa suurta vaikeutta ja haastetta, jonka sielu on vapaaehtoisesti valinnut oppiakseen oikein kunnolla hallitsemaan oman emotionaalisen luonteensa. Aiemmissa elämissä yksilö satsasi liian vähän emootioidensa hallintaan, ja nykyinen elämä voidaan nähdä "viimeisenä ja parhaana" mahdollisuutena onnistua.

Tätä voisi verrata vaikkapa uimaan oppimiseen. Jos opit uimaan ideaaleissa olosuhteissa uimapuku päällä, hallitset asiat ihan hyvin. Mutta jos vedät kumisaappaat jalkaan ja puet vielä päällesi kolme raskasta villapaitaa sekä hyppäät myrskyvään veteen, niin jos opit siinä tilanteessa uimaan, niin niissä olosuhteissa *todella* opit asian. Tämä muistuttaa hyvin paljon tilannetta, missä sielu on ottanut kaksi vesimerkkiä akseleille.

**Esimerkkikartta 3:**

Tämä on äärimmäisen mielenkiintoinen ja poikkeuksellinen kartta, jossa nousumerkkinä on Rapu ja keskitaivaalla Vesimies. Tässä yhdistelmässä Ravun joskus lähes kaikkinielevä emotionaalisuus saa rinnalleen Vesimiehen viileyden, vapaudenrakkauden, riippumattomuuden ja erikoisuuden. Näiden kahden tekijän välinen astrologinen yhtälö kertookin, että yksilön on määrä tässä inkarnaatiossa saavuttaa tunneluonnon ja tunteiden ilmaisemisen balanssi.

Erityisen tärkeää se on kodin piirissä, mihin Rapu-nousu aina viittaa. Tärkeä oivallus tässä on, että emotionaalinen lämpö ja turvan antaminen eivät vie mitään pois yksilön vapaudesta. Aiemmissa elämissä kotiliesi on mahdollisesti jäänyt aika kylmäksi.

Asiaa alleviivaa vielä kartan 4. sektorilla, kotiin ja elämän perustaan liittyvällä alueella, oleva valtava planeettasuma. Kodin asiat nousevatkin tässä elämässä esiin "kaikilla mausteilla". Lisäksi on huomattava seitsemän (!) planeetan sijaitseminen Neitsyen kriittisessä, pikkutarkassa merkissä. Tässä on lisävinkki siitä, että yksilön tulisi pitää kaksi K:ta, koti ja kriittisyys, erossa toisistaan.

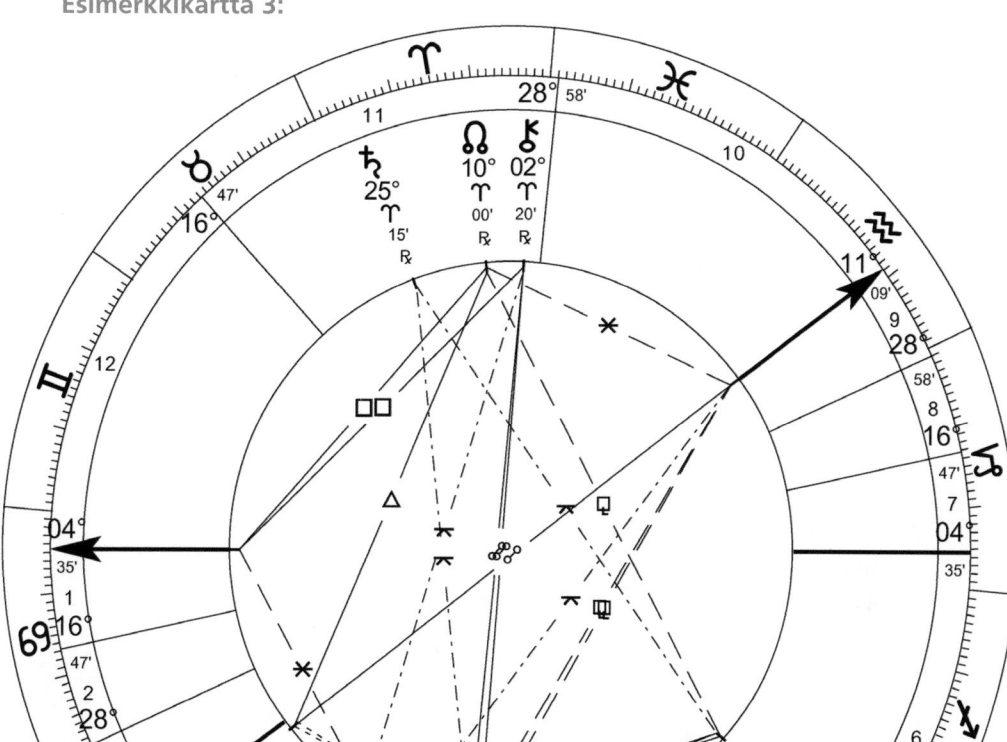

Kuu sijaitsee asteitten mukaan vielä kartan 4. huoneessa, mutta tulkinnallisesti se on 5. sektorilla. Saamme tästä vielä lisävalaistusta kodin piirin ja Rapu-nousun tematiikkaan. Nimittäin 5. huoneessa Kuu liittyy äitiin ja yksilön omaan tarpeeseen kehittää nykyisessä inkarnaatiossa hellyyden, hoivaavuuden ja turvan antamisen ominaisuuksia, jotka eivät aiemmissa inkarnaatiokokemuksissa päässeet kasvamaan täyteen mittaansa. Nyt hänen toivotaan myös ilmentävän näitä piirteitä kodin piirissä - niin kuin nousu-Ravulle oikein hyvin sopiikin.

On hyvä huomioida, että Kuu on Ravun perinteinen planeettahallitsija ja siten myös koko kartan hallitsija. Sen rooli on huomattavan tärkeä kartan kokonaiskudelmassa. Lisäksi Kuu muodostaa kauniin sekstiilin Ravun esoteeriseen hallitsijaan Neptunukseen, joka tekee persoonallisuuden ja sielun yhteistyön ja sulautumisen helpommaksi tässä inkarnaatiossa.

**5**

# Lähiplaneetat:
# Merkurius, Venus ja Mars

## - ihmisen peruskolminaisuus

Kirjoitin ihmisen peruskolminaisuudesta jo kirjan ensimmäisessä luvussa kolmen peruspilarin yhteydessä. Näillä tarkoitetaan niin olemuksemme kolmea keskeistä tekijää, ajatusta, tunnetta ja tahtoa, kuin myös näihin liittyviä energiamuotoja: ajatusenergiaa, tunne-energiaa ja fyysistä energiaa.

On kannaltamme hyvin mieluista, että nämä energiatyypit löytyvät myös kosmisen kotiseutumme lähiplaneetoista Merkuriuksesta, Venuksesta ja Marsista, joiden kautta ja avulla me rakennamme kussakin inkarnaatiossa persoonallisuuttamme ja sitä kautta myös sieluamme.

Lähiplaneetat voivat nimittäin juurruttaa yksilöön piirteitä ja ominaisuuksia, jotka eivät välttämättä ole läsnä samassa mitassa hänen korkeammassa olemuspuolessaan. Tässä on jälleen astrologinen muistutus siitä, että korkeampi Minä voi oppia ja omaksua itseensä tekijöitä alemman minän eli persoonallisuuden kautta.

Lähiplaneettojen edustama kolminaisuus on koodattu selkeästi ja viisaasti myös kirologian keinoin kämmeneen. Ylin kämmenen kolmesta suuresta viivasta, pikkusormen alta lähtevä sydämenviiva, viittaa nimittäin Venukseen ja

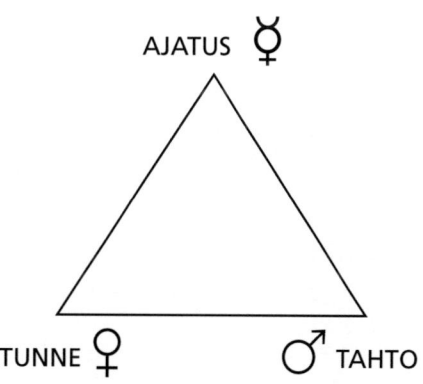

Piirros 11: **Lähiplaneettojen kolminaisuus**

yksilön tunne-, erityisesti rakkausenergioihin. Keskimmäinen suuri viiva, etusormen ja peukalon välistä lähtevä päänviiva, liittyy puolestaan Merkuriukseen ja ihmisen mentaaliseen puoleen, kun taas usein suunnilleen samasta kohdasta lähtevä elämänviiva liittyy Marsiin ja samalla yksilön käytössä olevaan fyysiseen energiaan ja vitaliteettiin. Näin maailmankaikkeus keskustelee kanssamme - myös kämmentemme välityksellä.

Jos haluat kirologian avulla lisätietoa lähiplaneettojen edustamista perusenergioista, sinun kannattaa tutkia nämä viivat tarkasti. Jos jokin viivoista on selvästi muita kahta heikompi, sen energiat virtaavat tukkoisesti ja vaativat enemmän huomiota. Voit samalla tarkastaa asian syntymäkartalta.

Muista samalla, että myös nämä kämmenen kolme tärkeintä viivaa elävät ja muuttuvat kokemustesi ja oppimisesi myötä. Esimerkiksi viisaasti toteutettu ponnistelu jonkin kyseessä olevan kolmen energiatyypin suhteen näkyy pitkässä juoksussa vääjäämättä myös tähän energiaan liittyvässä viivassa. Tämäkin kertoo, että me kykenemme omilla toimillamme vaikuttamaan omaan kohtaloomme.

Numerologisesti Mars liitetään usein numeroon 9, Venuksen numero on 6 ja Merkuriuksen 5. Esimerkiksi Ranska on hyvin merkuriaaninen maa, ja jos Ranskan karttaa katsotaan ja höylätään hieman sen rajoja, saadaan varsin mukavasti pentagrammi, viisikulmainen tähti.

Venus-energioita löytää vahvasti esimerkiksi Intiasta, maan rikkaan taiteen monista aistillisista, usein eroottisista muodoista. Tätä valtavaa maata hallitsee eläinradan merkeistä Kauris, joten intialaisessa kulttuurissa kohtaavat hyvin kiinnostavasti juuri Venus ja Kauriin hallitsija Saturnus. Se voi tuoda niukkuutta ja puutetta, mutta myös hengen jättiläisiä, onhan Kauris myös vihkimyksen merkki ja Saturnus vihkimyksen planeetta. Palaan tähän aihepiiriin tarkemmin tuonnempana.

Mars-energiat löytyvät mm. Ison-Britannian, etenkin Brittien imperiumin suunnalta. Myös roomalainen kulttuuri oli monessa suhteessa Marsin alaisuudessa, samoin kristinuskon verisempi puoli. On jännittävää vertailla Intiaa ja Englantia keskenään tässä valossa. Niillähän on paljon tekemistä myös karmallisessa mielessään keskenään. Ensinmainittu edustaa numeroa 6 ja Venusta, jälkimmäinen numeroa 9 ja Marsia.

Kun vielä katsotaan maiden maantieteellistä muotoa, voidaan havaita (jälleen hieman juustohöylää käyttämällä), että Intia on kolmio, jonka kärki on alaspäin, Englanti puolestaan ylöspäin oleva kolmio. Yhdessä niistä muodostuu sitten Daavidin tähti, hek-

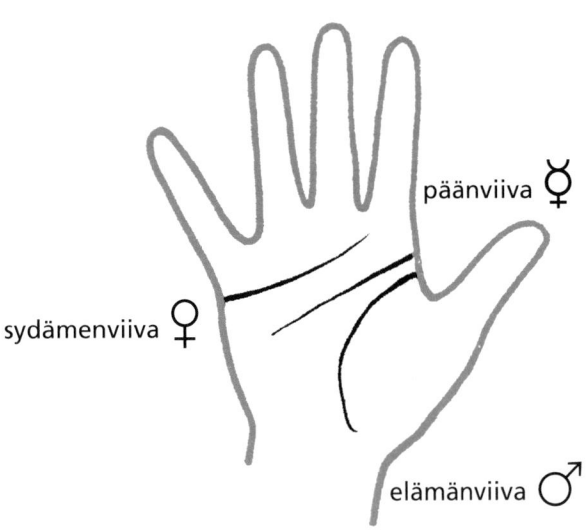

Piirros 12: **Kolme kämmenen keskeistä viivaa ja niihin liittyvät planeetat**

sagrammi. Maiden karmalliset kohtalot ovat kietoutuneet toisiinsa, ja usein sielut inkarnoituvat näihin molempiin maihin omissa jälleensyntymisketjuissaan.

Kasvojen kieliopissa Mars liittyy leukaan, Venus - tunnettu myös kauneuden planeettana - silmiin ja Merkurius korviin. Marsin vokaali puhuttelunimessä on energiaa antava I, Venuksen vokaali on hedelmällinen ja hoivaavia taipumuksia lisäävä E, ja Merkuriuksen vokaali on luovuutta voimistava A. Tulee vielä aika, jolloin ymmärrys lisääntyy liittyen ihmisen puhuttelunimen äänivärähteisiin ja planetaarisiin yhteyksiin.

## MERKURIUS - JUMALTEN SANANSAATTAJA

Merkurius on "virallisen" planeettaperheen pienin jäsen nyt, kun Pluto on äänestetty pois tästä piiristä. Planeetta on halkaisijaltaan alle puolet Maan koosta. Merkurius on ensimmäinen kivi Auringosta ja vauhdikas kulkija taivaalla. Tätä elohopeaa hallitsevaa planeettaa on kutsuttu mm. jumalten sanansaattajaksi, kaunopuheisuuden ja kaupankäynnin jumalaksi sekä viestintätaidon mestariksi, joka kykenee esittämään sanottavansa vakuuttavasti ja selkeästi. Se oli egyptiläisten Thot, Osiriksen ja Horuksen neuvonantaja sekä kirjoitustaidon ja tieteen erityinen suojelija, kreikkalaisten Hermes ja roomalaisten Mercurius.

Kreikkalaisessa mytologiassa Hermes oli Zeuksen ja Maian poika. Hänet kuvataan usein nopeana ja notkeana nuorukaisena (Merkurius hallitsee nuoruutta ihmisen elämässä), jolla on siivekäs päähine, *petasos*, ja siivekkäät sandaalit, jotka avittivat häntä hoitamaan jumalten antamia tehtäviä. Kädessään hänellä on siipikärkinen taikasauva, jonka nimi oli caduseus ja joka symboloi viisauden voimaa. Caduseus-sauvaa käytetään edelleenkin lääkärinammatin tunnuksena Yhdysvalloissa, vaikka tämän profession varsinainen tunnus onkin Asklepioksen sauva.

Myös Merkuriuksen symboli (M ) on mielenkiintoinen. Siinä tietoisuuden puolikuu on hengen ympyrän ja aineen ristin yläpuolella. Äly kamppailee tässä ylöspäin kohti henkistä tietoisuutta. Mieli voi tässä saada impulsseja kahdelta eri suunnalta,

Piirros 13: **Caduseuksen sauva, joka yhdistetään Hermes-Merkuriukseen.**

jotka liittyvät kahteen erilaiseen Merkurius-tyyppiin: jäljittelijään ja innovoijaan.

Luonteeltaan tämä lähellä Aurinkoa kiertävä planeetta on androgyyni; esoteerisesti nähtynä toinen kaksosista on mies-, toinen naispuolinen. Merkuriukseen liittyvä kaksinapaisuus näkyy planeetan hallitseman Kaksosten merkin kahdessa keskeisessä tähdessä, logiikkaa hallitsevassa Castorissa ja intuitiota hallitsevassa Polluxissa. Vasta näiden välille syntynyt yhteys tekee ihmisen mentaalisessa ja henkisessä mielessä täysi-ikäiseksi. Aivofysiologiassa se tarkoittaa aivopuoliskojen välissä olevan aivokurkiaisen (corpus callosum) aktivoitumista; vasen aivopuolisko liittyy yleensä logiikkaan, oikea puolestaan intuitiiviseen kapasiteettiimme.

Jos Kuu liittyy enemmän tiedostamattomaan mieleen ja arkisten, rutiininomaisten asioiden (kuten astioiden tiskaaminen ja autolla ajaminen) hallintaan, Merkurius liittyy puolestaan järkeilevään, rationaaliseen, analyyttiseen mieleen. Siinä missä Kuu on ikään kuin instrumentti, siinä Merkurius edustaa soittajan taitoa ajatusenergian käyttäjänä ja suuntaajana. Voimme yhdistää tämän ketterän planeetan aktiiviseen älyyn, joka liittyy niin oppimis- kuin kommunikaatiokykyymmekin.

Mahdollisuudet ja haasteet tulevat tässäkin samalla ovenavauksella. Merkuriuksen yhteydessä on nimittäin hyvä muistaa, että tietoinen mielemme - jota joskus kutsutaan apinamieleksi - on hallitsemattomana todellinen kärsimys- ja huoligeneraattori. Tyynnyttämättömänä mielen marakatti viihtyy kahdessa eri aikamuodossa, joista kumpikaan ei ole nykyhetki. Mieli märehtii mennyttä ja huolestuu tulevaisuudesta ja saa hyvin pitkälle ravintoa myös tiedostamattomassa mielessä olevista malleista ja materiaalista. Henkisellä Tiellä on syytä elää nykyhetkessä, sen ihmeellisessä ikuisuudessa. Tämä vaatii kuitenkin sitä, että ihminen hallitsee mielensä. Päinvastainen tila on suurimpia karman aiheuttajia maailmassa.

Kirjoitin jo aiemmin, kirjan ensimmäisessä luvussa, ajatuksen suuresta luovasta voimasta, ja juuri sen takia Merkuriuksen sijainti on erittäin tärkeä yksilön kannalta. Suurista kosmisista lainalaisuuksista Merkurius liittyy ajatuksen ja puheen lakeihin. Maailmankuvamme on hyvin pitkälti ajatustemme näköinen. Merkuriuksen sijainti syntymäkartallamme kertoo meille tyypillisistä ajatustavoista ja yleisemmällä tasolla koko mentaalisesta apparaatistamme, sen laadusta, tempomerkinnästä ja ominaispiirteistä. Lisäksi em. universaaleilla laeilla on tärkeä yhteys kolmanteen kosmiseen lainalaisuuteen, karman lakiin. Ajatus ja puhe voivat siis olla merkittävästi mukana sekä karman synnyttämisessä että sen purkamisessa.

Jos Merkurius sijaitsee samassa merkissä kuin Aurinko - Merkurius ei ole koskaan kauempana Auringosta kuin 28°:een päässä -, se voimistaa edelleen aurinkomerkin edustamia ominaisuuksia. Tässä tapauksessa on tärkeää, että yksilö kykenee voittamaan tuon merkkisijainnin kielteiset ilmaukset, koska niillä on taipumus painottua.

Jos Merkurius sen sijaan on jommassa kummassa vierekkäisessä merkissä, se tuo aurinkomerkin ominaisuuksiin oman lisävärityksensä. Merkuriuksen merkkisijaintiin liittyvät asiat nousevat erityisesti esille tässä jälkimmäisessä tapauksessa. Silloin Merkurius tuottaa kontrastin Auringon hallitseman vaistomaisen järkeilyprosessin ja Merkuriuksen hallitseman rationaalisen tai tietoisen järkeilyn välille.

# Merkurius merkeissä

### Merkurius Oinaassa:
Merkurius sijaitessaan kartalla Oinaan merkissä antaa yksilön mentaalisiin luonteenpiirteisiin impulsiivisuutta ja tarvetta kyetä kontrolloimaan mentaalista olemusta. Siitä löytyy nimittäin huomattavasti mentaalista energiaa, jolla yksilö voi tehdä paljon hyvää itselleen ja ympäristölleen, kunhan vain hän oppii hallitsemaan mieltään ja kanavoimaan sen energiat riittävän kauan yhteen suuntaan saavuttaakseen jotakin kestävää. Eli yksilön on hyvä harjoittaa mentaalista itsekuria, jotta hän voisi ajattelunsa avulla nousta mahdollisuuksiensa tasolle.

Kyseessä on klassinen aivotyöläisen kuvio. Tässä yhteydessä on hyvä muistaa, että Merkurius on Oinaan esoteerinen hallitsija.

### Merkurius Härässä:
Härässä ollessaan kommunikaation, älyn ja mentaalisuuden planeetta usein kääntää mentaaliset energiat jonkinlaiseen "itseensä uppoutumisen" ansaan. Tällöin elämällä on tapana järjestää todellisia shokkeja, joita on tarvittu, jotta saataisiin yksilö ajattelemaan muita ennen itseään. Näitä on erityisesti saattanut ilmetä rakkauselämässä. Merkurius tässä sijainnissa voi myös tehdä kurkun ja kaulan alttiiksi terveysriskeille, joten noihin alueisiin kannattaa kiinnittää erityistä huomiota ja oireiden ilmetessä hoitaa asiat ajoissa. Perusläksynä on päästä eroon itseen vajoamisesta.

Positiivisissa aspekteissa Merkurius lisää yksilön kauneudentajua erityisesti ns. mentaalisten taiteiden, kuten musiikin, kirjallisuuden ja runouden, alueella. Yksilö kykenee myös ilmaisemaan verbaalisti kiintymystä ja rakkautta koskettavalla tavalla.

### Merkurius Kaksosissa:
Merkurius sijaitsee Kaksosissa omassa merkissään, jota se hallitsee. Tässä sijainnissa on pari ongelmaa näköpiirissä: voimien mahdollinen hajaantuminen liian moneen suuntaan ja liian terävä kieli, joka saattaa haavoittaa muita. Ensimmäinen läksy on: hallitse haavoittava kielesi. Juuri sanoilla ihmiset loukkaavat ja haavoittavat nykyään toisiaan kaikkein eniten ja onnellinen se, joka on kyennyt hallitsemaan ja muuntamaan positiiviseksi sekä ajatuksensa että puheensa. Silloin henkinen kehitys etenee harppauksittain eteenpäin! Jokainen toisia haavoittava ääneen lausuttu sana tai ajatus sen sijaan tukkii yksilön kurkkuchakraa.

Positiivisissa aspekteissa Merkurius antaa Kaksosissa sijaitessaan monipuolisuutta, hyvät keskustelijanlahjat sekä joskus myös kielellisen lahjakkuuden.

### Merkurius Ravussa:
Ravun emotionaalisessa vesimerkissä Merkuriuksella on joskus vaikeuksia järkevien, emotionaalisuudesta riippumattomien mentaalisten prosessien toiminnassa. Kielteiset tunteet ja emootiot saattavat samentaa järjen käyttöä. Keskeisenä läksynä tässä on ilman muuta ajattelun kirkastaminen ja erottaminen emotionaalisista vai-

kutuksista. Jos Merkurius tekee tässä ainoastaan positiivisia aspekteja, se antaa kodin rakkauden ja erityisesti lämpöä kodin piirissä olevia lapsia kohtaan.

**Merkurius Leijonassa:**
Merkurius sijaitessaan syntymäkartalla Leijonassa kertoo, että ylpeys, ylimielisyys ja ylemmyydentunne kuuluvat kitkettäviin asioihin elämässä. Ajatukset saattavat pyöriä liiaksikin oman itsen ympärillä; myös muut on otettava huomioon yksilöinä, jotka ovat tärkeitä omilla paikoillaan ja rooleissaan. Jonkinlaisia "shokkeja" onkin ollut odotettavissa, jotta huomio kiinnittyisi itsestä enemmän ulkomaailmaan. Nämä järistykset ovat tulleet/tulevat todennäköisimmin rakkausasioiden ja lasten kautta.

**Merkurius Neitsyessä:**
"Jumalten sanansaattaja" sijaitsee omassa merkissään Neitsyessä. Tässä Merkurius voimistaa kriittisyyden ja yli-idealismin piirteitä mentaalisessa olemuksessasi. Keskeinen läksy on: Hyväksy muut ihmiset virheineen kaikkineen, älä pyri täydellistämään maailmaa ennen kuin itse olet virheetön.

Yksilön on viisasta jättää myös omien ongelmiensa valittaminen, mikäli sellainen piirre on tarttunut hänen olemukseensa. Ongelmien mentaalinen vatvominen ei kanna kauas, mikäli se ei johda positiiviseen toimintaan. Joskus tähän sijaintiin liittyy myös ripaus luulotautisuutta ja liiallista huolestuneisuutta, jotka ihminen voi voittaa antamalla analyyttiselle mielelleen selkeän tavoitteen tai päämäärän, jota kohden hän kykenee kulkemaan määrätietoisesti.

**Merkurius Vaa'assa:**
Merkurius ollessaan Vaa'an merkissä viittaa tunteiden ilmaisemisen jäykkään mentaaliseen kontrollointiin. Keskeisenä läksynä on oppia ilmaisemaan vapaammin kiintymystä. Mukana on myös täydellisyyspyrkimyksiä.

**Merkurius Skorpionissa:**
Merkurius sijaitessaan Skorpionissa antaa usein - etenkin jännitteisissä aspekteissa - mentaliteetille taipumuksen kiinnostua korostuneesti seksuaalisuudesta, samoin taipumuksen kehittää maanläheinen, hieman seksikäs ääni. Kommunikaatio on läpäisevää, ehkä hieman salailevaakin. Havaintokyky kehittyy yleensä erinomaiseksi ja voi kohdentua muiden ihmisten heikkouksiin.

Intensiteetti, kriittisyys ja ehdottomat mielipiteet kuuluvat kuvaan, usein voimakkaat ennakkoasenteet ja myös lojaalius syntyvät silmänräpäyksessä. Hyvissä aspekteissa Merkurius antaa tässä sijainnissa mahdollisuuden menestyä hyvin taloudellisesti.

**Merkurius Jousimiehessä:**
Jousimiehessä sijaitessaan Merkurius viittaa tarpeeseen pitää kriittisyys aisoissa, etenkin mikäli planeetta on jännitteisissä aspekteissa. Tämä merkkimiljöö liittyy usein myös korostuneeseen suorapuheisuuteen. Tarve kommunikoida voi olla suuri.

Positiivisesti aspektoitunut Merkurius antaa tässä selvästi erottuvan nuorekkuuden ja seikkailunhaluisen asenteen, joka kestää aina korkeaan ikään asti.

### Merkurius Kauriissa:

Mentaalisuuden planeetta Kauriin hitaassa ja kunnianhimoisessa maamerkissä vakavoittaa jonkin verran mieltä, ja elämään tuleekin löytää riemua ja kepeyttä. Tulevaisuuden sisältämät riskit, pelot ja vastuut saattavat joskus täyttää ajatukset. Keskeinen läksy tässä Merkuriuksen merkkisijainnissa on ollut taistella mielen ylivakavia tendenssejä vastaan, ja juuri ilo on siihen paras lääke.

### Merkurius Vesimiehessä:

Merkurius sijaitsee Vesimiehessä ylennyksessään , mikä on erinomainen merkkisijainti tuolle "Jumalten sanansaattajalle". Merkurius antaa tässä mentaalisia ja älyllisiä kykyjä suorastaan tuhlailevasti. Sijainti tuo usein tullessaan tieteellisyyteen ja metafysiikkaan taipuvaisen mielen, joka on samalla käsityskykyinen, kriittinen ja originelli.

Tämä sijainti helpottaa usein tutustumista ihmisiin, mutta yksilö saattaa samalla olla hyvinkin jääräpäinen ja jäykkä kannoissaan. Hän kykenee ehkä käyttämään voimakasta tahtoaan purkaakseen jähmettyneet, urautuneet ajatusmuodot ja auttaakseen siten uusien ajatusten synnyttämistä.

### Merkurius Kaloissa:

Merkurius Kalojen emotionaalisessa, herkässä merkissä on tälle planeetalle kenties hankalin merkkisijainti. Merkurius hallitsee nimittäin Kalojen oppositiomerkkiä Neitsyttä, ja siksi kaikki kuviteltavissa olevat esteet ovat löytäneet tiensä rationaalisen päättelykyvyn sujuvan ja tehokkaan toiminnan tielle.

Tällaisia vastuksia voivat olla esimerkiksi mentaalisen energian tyhjentyminen, emotionaalisten tilojen liian korostunut vaikutus, joka estää selkeää ajattelua, liiallinen huolestuneisuus, aiempien surujen märehtiminen, korostunut pessimistinen ajattelu, yliaktiivinen mielikuvitus ja päiväunelmointi jne. Tässä yhteydessä voi lämpimästi suositella meditaatiota.

## Merkurius huoneissa

Merkuriuksen huonesijainti kertoo usein elämänalueesta, jolla yksilö ei ole vielä oikein kasvanut täysi-ikäiseksi. Kirjoitin edellä, että tämä planeetta hallitsee nuoruutta, mikä joissain suhteissa viittaa kypsymättömyyteen.

### Merkurius 1. huoneessa:

Yksilön minäkuva on saattanut olla voimakkaasti mentaalisen ylemmyyden värittämä eli hänellä on voinut olla ylikorostunut kuva omasta mentaalisesta kyvykkyydestään. Tärkeä läksy tässä on oppia näkemään itsensä oikeassa perspektiivissä, ilman ylikorostumia ja vinoutumia.

Yksilö joutuu kohtaamaan toistuvasti elämän aikana sellaisia oppiaineita, jotka ovat osoittautuneet vaikeiksi. Minäkuva kärsii tästä, kunnes oma ylikorostunut näkemys mentaalisesta ylemmyydestä on tasoittunut.

Karmallisena vaatimuksena on käydä mentaalisella alueella läpi nöyryyttäviä kokemuksia ja epäonnistumisia, jotka kompensoivat sitä, että yksilö on samalla lailla nolostuttanut muita ihmisiä aiemmissa elämissä. Merkurius 1. huoneessa antaa toisaalta myös nuorekkaan, leikkisän elämänasenteen, joka kestää keski-ikään ja pidemmällekin. Tietynlainen levottomuus näyttää myös kuuluvan kuvaan.

### Merkurius 2. huoneessa:
Merkuriuksen huonesijainti viestittää, että yksilön emotionaaliseen kehitykseen on jäänyt joitain lapsenomaisia puolia. Tämä on viite siitä, että kyvyssä rakastaa on epäkypsyyttä, ja oppina on löytää ne todelliset kiintymyksen syvyydet, joihin ihmisyksilö kykenee. Oppiakseen tämän tärkeän asian yksilön on täytynyt elämässään käydä läpi tiettyjä emotionaalisesti tuskallisia jaksoja, joiden seurauksena emotionaalinen vastaanotto- ja reagointikyky on syventynyt. Rakkauden koetun tuskan tarkoituksena on keventää karmallista taakkaa, joka kumuloitui aiemmissa elämissä, kun yksilö aiheutti muille samanlaisia kärsimyksiä omien kiintymystensä oikuilla.

### Merkurius 3. huoneessa:
Huonesijainniltaan Merkurius on tässä hyvässä sijainnissa, koska 3. huone on voittopuolisesti mentaalinen huone ja samalla Merkuriuksen oma sektori. Mentaaliset kvaliteetit ovat terävät ja voimakkaat, ja yksilön olemuksessa on läsnä kyky koota tosiasioihin perustuvaa materiaalia. Kun hän lisäksi voittaa taipumuksen mielenkiinnon kohteittensa jatkuviin muuttumisiin ja oppii tyynnyttämään mielensä ja ajatuksensa, hän kykenee myös kehittyneeseen pitkäntähtäimen suunnitteluun, mistä kyvystä on suurta hyötyä työelämässä.

Läksynä tässä on välttää voimien hajottamista liian laajalle alueelle. Karmallisesti tällä sijainnilla ei ole juuri merkitystä, jollei Merkurius ole kovassa jänniteaspektissa Saturnukseen. Silloin mukana on mentaalisen depression mahdollisuus, niin kuin aina, kun näiden planeettojen välillä on keskinäinen jännite.

### Merkurius 4. huoneessa:
Merkuriuksen sijainti kartan 4. sektorilla (varsinkin lähellä 4. huoneen kärkeä eli IC:tä) viittaa usein siihen, että genitaalisella alueella on terveysongelmia, joilla on karmallinen taustansa. Ihminen on tässä tapauksessa voinut aiemmassa elämässä vahingoittaa toista juuri samalla alueella.

### Merkurius 5. huoneessa:
Yleensä sijaitessaan 5. huoneessa älyn ja kommunikaation planeetta viittaa ihmiseen, joka ajattelee liikaa rakkaussuhteita. Niin suuri osa mentaalisesta energiasta kohdistuu suunnittelemiseen, muisteluihin, toiveisiin ja mielikuvitteluun, että elämän tällä

sektorilla on tuskin enää emotionaalista sisältöä. Niinpä rakkaussuhteet ovat tässä enemmän mielen kuin tunteiden asia, mikä muodostaa ongelman sinänsä.

Tavallisesti tähän sijaintiin liittyy myös tekijä, joka auttaa pääsemään ongelman yli: yksilö tulee todennäköisesti kohtamaan jossain elämänsä vaiheessa lapsen, joka synnyttää suuria rakkauden tunteita hänessä. Lapsen ei välttämättä tarvitse olla hänen oma jälkeläisensä. Muutenkin yksilön kiinnostus lapsia kohtaan on suuri.

### Merkurius 6. huoneessa:
Kuudennessa huoneessa mentaalinen planeetta on pohjimmiltaan hyvässä huonesijainnissa. Tällä sektorilla sijaitessaan Merkurius antaa usein analyyttisen taipumuksen ja myös kielellisen lahjakkuuden, mutta tuon potentiaalisuuden toteuttamiseen tarvitaan usein hitaampien planeettojen tukea.

Karmallisesti sijainti viittaa välttämättömyyteen käyttää tätä analyyttistä mentaalisuutta työssä, jonka yksilö kokee tylsäksi tai epämieluisaksi, vaikkakaan tämä vaatimus ei kestä koko elämää. Tavallisesti helpotus tulee noin 45 vuoden iässä. Läksynä on tietysti ollut käyttää Luojan antamia lahjoja, kuten analyyttistä mieltä, missä tahansa esiin nousevassa työssä - ja olla valittamatta.

### Merkurius 7. huoneessa:
Merkuriuksen sijaitessa kartan 7. sektorissa on olemassa viitteitä siitä, että yksilön asenteet tai näkemykset liittyen aviokumppaniin ovat olleet jollain tavoin kypsymättömiä. Läksynä on ollut kasvaa aikuiseksi tällä alueella. Karmalliset vaatimukset ovat perua aiemmista elämistä, jolloin muut joutuivat kärsimään yksilön samanlaisen kypsymättömän asenteen takia. Yksilö oli todennäköisesti ylikriittinen, liian kärsimätön, itsekeskeinen, epäluotettava ja jollain tavoin petollinen. Myöskään arvomaailma ei kenties ollut ihan kohdallaan henkisessä mielessä.

Nyt vaaditaan rehellisyyttä, oikeita motiiveja ja huolellista ajattelua ennen mihinkään kumppanuuteen - avio- tai liikesellaiseen - lähtemistä. Tässä inkarnaatiossa on luultavasti ainakin yksi "tärkeä" rakkausside katkennut yksilön omien lapsellisten tapojen takia.

### Merkurius 8. huoneessa:
Merkuriuksen huonesijainti viittaa selkeästi seksuaaliseen painotukseen. Tämä planeetta on luonteeltaan androgyyni, ja on todennäköistä, että seksuaalisten roolien suhteen on olemassa jokin syvällinen sekaannus. Usein tässä on viittaus siihen, että yksilö on edustanut edeltävissä elämissään toista sukupuolta ja kokenut tuolloin huomattavaa seksuaalista painetta.

Nykyisessä inkarnaatiossa nämä impulssit pyrkivät ilmenemään erilaisessa kehossa, mutta tuottavat vähemmän täydellisen tyydytyksen, koska yksilö ei ole oppinut ilmaisemaan seksuaalisuuttaan uudessa "kaavussaan".

Melkein poikkeuksetta seksuaalisen identiteetin muutoksen tarkoituksena on ollut saada ihminen pois suunnalta, joka olisi vienyt seksuaaliseen tyydytykseen vain sen itsensä, ei rakkauden ja hellyyden, takia - ja vienyt samalla yksilöä henkisesti alaspäin.

Tällä järjestelyllä pyritään antamaan se näkemys, että seksi ilman rakkautta on tyhjä kokemus. Kun asenne asiaan muuttuu, frustraation tunteet poistuvat elämästä.

**Merkurius 9. huoneessa**:
Huonesijainti osoittaa sen, että yksilö on ehtinyt hieman unohtaa "oikeudenmu-kaisuuden sääntöjä", jotka hän oli oppinut aiemmissa elämissään. Yksilö on siis pu-donnut tietämisestä unohtamiseen, ja yksi hänen nykyisen elämänsä tavoitteista on palauttaa mieleen ne asiat, jotka pääsivät matkalla unohtumaan.

Karmallisena vaatimuksena yksilö joutuu käymään lävitse useampia periodeja, joissa hänen yrityksensä olla muuta kuin täysin rehellinen vievät hänet "heikoille jäille". Tästä seuraava noloudentunne on niiden velkojen maksamista, jotka kumu-loituivat aiemmassa "oikeudenmukaisessa" elämässä. Siinä yksilö oli niin kiihkeä moraalisuuden ja nuhteettomuuden puolustaja, että muut joutuivat kärsimään hä-nen tuomitsevuudestaan. Näin elämä heijastaa meihin oikeudenmukaisesti takaisin kaiken sen, minkä lähetämme itsestämme.

**Merkurius 10. huoneessa**:
Tässä sijainnissa on vivahde, että yksilö ei kykene olemaan täysin tyytyväinen omaan rooliinsa maailmassa, eikä hän ehkä ole ollut aivan kypsä ottamaan täyttä vastuuta elantonsa hankkimisesta. Oppina on tietenkin ollut jokapäiväisen "taakan" kantami-nen valituksitta, koska se kuuluu meidän itsellemme suunnittelemiin jälleensynty-miskokemuksiin. Karmallisesti tämä kuvio tavallisesti pakottaa kokemuksiin, joissa tarkkaamattomuus yksityiskohtia kohtaan aiheuttaa ongelmia työssä.

**Merkurius 11. huoneessa**:
Huonesijaintinsa puolesta Merkurius viestittää vanhojen vihollisten kohtaamisesta. Koska Merkurius on lasten hallitsija, yleensä käy niin, että ihminen joutuu tämän sijainnin takia rakentamaan ystävälliset välit itseään nuorempiin. Joskus aiempien elämien vihollinen syntyy omana lapsena. Tärkeänä läksynä on voittaa vanhat vi-hollisuudet rakkauden avulla. Jos niitä ei voiteta, ne siirtyvät automaattisesti seu-raavaan elämään - ja tulevat aiempaa hankalammiksi selvittää.

**Merkurius 12. huoneessa**:
Merkuriuksen sijainti syntymäkartan viimeisessä huoneessa kertoo, että yksilön edellinen elämä on päättynyt nuorena. Hän on saattanut tuoda tähän inkarnaatioon jonkin pelon tai fobian lyhyestä edellisestä elämästään. Se hänen on kohdattava ja voitettava. Yksilön mieli saattaa olla jotenkin salaileva ja mielikuvitus aktiivinen.

## Merkuriuksen aspekteista

Merkuriuksen kontaktit muihin planeettoihin täsmentävät tietoamme yksilön men-taliteetista. Joskus mukana on myös karmallisia vaikutteita.

**Merkurius kontaktissa Aurinkoon**:

Jos Merkurius on yhtymässä tai puolisekstiilissä (= 30°:een määräkulmassa) Auringon kanssa, voimme olettaa, että Merkuriuksen merkkisijainnin osoittamat mentaaliset piirteet ovat myös osa korkeampaa Minää.

**Merkurius kontaktissa Kuuhun**:

Kuun ja Merkuriuksen välinen jänniteaspekti saattaa nostaa esiin kitkaa jokapäiväisen, rutiinien hoitamiseen suuntautuvan ja osittain tiedostamattoman mentaalisuuden (jota Kuu hallitsee) sekä innovatiivisen, luovan rationaalisen puolen välillä. Tässä tapauksessa mentaaliset energiat ovat kyllä varsin voimakkaat, mutta niitä on hankala käsitellä. Ne saattavat hajaantua taivaan tuuliin päättymättömän jutustelun, asioiden "kelailun" tms. seurauksena, jollei ihminen kykene hallitsemaan ajatuksiaan.

Erityisesti juoruilu vie ihmisen aina henkisesti kaltevalle pinnalle, koska ajatuksilla on oma olemassaolonsa - ja koska ne aina palaavat lähettäjäänsä. Impulssit voivat nousta korostuneesti tiedostamattoman puolelta, jolloin terve järki saattaa hämärtyä ja jäädä lomalle. Yksilö voi joutua kärsimään epäviisaasta ja impulsiivisesta puheesta, ehkä myös kielensä terävyydestä. Eli juoruilua ja korostunutta kriittisyyttä tulisi välttää. Mikäli hän on itse joutunut sellaisen uhriksi, hän on vain saanut bumerangina takaisin itseensä omien ajatustekojensa seurauksia. Meditaatio auttaa voittamaan kyseiset ongelmat.

Rakentava aspekti Kuun ja Merkuriuksen välillä tuo sitä vastoin monia erilaisia mentaalisuuden puolin yhteen harmonisella tavalla. Tämä vapauttaa yksilön käyttöön lisää mentaalisia energioita, kun mentaalisuuden rationaalinen puoli (jota Merkurius edustaa) ja jokapäiväinen puoli (joka kuuluu Kuun piiriin) tukevat toisiaan. Yhtymäaspektissa on tarpeen tarkastella merkkiä, missä nämä planeetat sijaitsevat. Se kertoo, kumpi planeetoista on hallitsevampi. Esimerkiksi Kuun ja Merkuriuksen yhtymä Kaloissa viittaa siihen, että tiedostamaton puoli vaikuttaa tiedostavaan enemmän, kun taas Kaksosissa tilanne on päinvastoin.

**Merkurius kontaktissa Venukseen**:

Jänniteaspekti näiden planeettojen välillä antaa taipumuksen mentaalisille energioille joutua hukkaan hullaantumisten, rakastuneisuuteen liittyvien päiväunelmien ja vastaavien myötä.

Merkuriuksen positiivinen kontakti (myös yhtymä luetaan tällaiseksi) tekee yksilön äänestä miellyttävän ja saa hänet tavallisesti arvostamaan "mentaalisia" taiteita, kuten kirjallisuutta, runoutta ja musiikkia. Yksilö voi halutessaan käyttää viisaasti rakkauden sanoja, joilla voi tehdä paljon henkistä rakennustyötä.

**Merkurius kontaktissa Marsiin**:

Merkurius muodostaessaan jänniteaspektia Marsiin saattaa tuoda mukanaan mentaalista hyökkäys- ja väittelyhalua. On kuitenkin tärkeää välttää loukkaavaa puhetta, koska sanamme palautuvat - ennemmin tai myöhemmin - takaisin meihin itseemme.

Merkuriuksen ja Marsin positiivinen määräkulma lisää yksilön mentaalista kapasiteettia. Lisäksi kontakti voi antaa hänelle mekaanista, matemaattista ja kirjallistakin kyvykkyyttä. Merkuriuksen luova rationaalisuus ja Marsin tulinen toiminnallisuus ovat tässä hyvässä yhteistyössä.

**Merkurius kontaktissa Jupiteriin**:
Merkuriuksen jänniteaspekti Jupiteriin liittyy johonkin liioittelun piirteeseen yksilön mentaalisessa olemuksessa. Hän voi olla joskus hajamielinen, ja hänen on viisasta oppia hallitsemaan taipumuksensa sännätä liian nopeisiin johtopäätöksiin.

Merkuriuksen harmoninen kontakti Jupiteriin lisää yksilön mentaalista kyvykkyyttä ja kykyä omaksua uusia asioita erityisesti näiden planeettojen merkkisijainteihin liittyvissä asioissa. Kuvio lisää ihmisen myötätuntoa ja laajentaa hänen sympatioitaan.

**Merkurius kontaktissa Saturnukseen**:
Älyn planeetan jännitteinen kontakti Saturnukseen on hieman raskas, jopa melankolinen aspekti, joka viittaa esteisiin ja rajoituksiin mentaalisten energioiden vapaassa virtaamisessa korkeammasta olemuspuolesta pään chakroihin. Tästä seurauksena mentaalisten operaatioiden ja manipulaatioiden suorittaminen on tavallista vaikeampaa.

Ulkoisessa todellisuudessa Saturnuksen ja Merkuriuksen kontaktit aiheuttavat vääjäämättä rajoituksia merkuriaanisten toimintojen (matkustamisen, koulunkäynnin, kommunikaation jne.) piirissä. Näiden rajoitusten ja esteiden tarkoituksena on yllyttää yksilöä arvostamaan kyseisiä alueita paremmin kuin tapahtui eräässä edellisessä elämässä, jolloin mahdollisuudet olivat olemassa, mutta hän jätti ne käyttämättä tai oli niiden suhteen välinpitämätön.

Tässä on hyvin tärkeää, että päässä olevat tärkeät chakrat (päälakikeskus ja kolmas silmä eli ajna-keskus) pysyvät hyvin avoinna korkeammasta Minästä tuleville virtauksille. Esimerkiksi lootuksesta tehty kukkauute voi olla suureksi avuksi tässä.

Merkuriuksen rakentava aspekti Saturnukseen vakavoittaa sekin hieman mieltä, mutta tekee sen samalla varsin filosofiseksi. Tämä kontakti myös stabiloi jonkin verran yksilön mentaalisia energioita. Mukana seuraavat yleensä hyvät järkeilynlahjat ja erinomainen muisti sekä usein myös opiskelun ja sisarusten kautta saavutettu hyöty.

Tässä kontaktissa on viittaus opettamiseen, systemaattisuuteen ja organisatoriseen kyvykkyyteen. Yksilön ei kuitenkaan tule pakottaa lähimmäisiään pitämään omia näkemyksiään ainoina oikeina. Hänellä voi olla myös kätkettyä tarvetta muovailla toisten ihmisten elämää. Se työ kannattaa kuitenkin jättää korkeammille tahoille.

**Merkurius kontaktissa Uranukseen**:
Merkuriuksen jänniteaspektit Uranukseen häiritsevät mielen tasapainoa ja tekevät vaikeammaksi kestää mentaalisesti stressaavia tilanteita ja olosuhteita. Hermoro-

mahduksenkin vaara on olemassa. Vasta yksilön elämän olosuhteet ja karma ovat määrittäneet sen, onko hän joutunut kohtaamaan sellaista. Keskittymiskyvyn puute ja mielen levottomuus saattavat vaivata ihmistä.

Jokin mietiskelyn muoto on ilman muuta hyväksi yksilölle, koska sellaisen avulla hän pystyy voimistamaan mielensä tasapainoisuutta ja myös vastaanottavuutta korkeammille vaikutteille, esim. henkisten opastajiensa vihjeille. Tässä tulisi ehdottomasti välttää kaikkea hätäilyä ja hosumista sekä olla tarkkana erilaisten teknisten laitteiden kanssa.

Jalokivistä tähän auttavat mm. lapis lazuli, safiiri ja akvamariini. Sininen väri esimerkiksi vaatteissa auttaa parantamaan ja rentouttamaan hermojärjestelmää. Mineraaleista puolestaan magnesium ja mangaani ovat tärkeitä hermojen tasapainottamisen kannalta, vitamiineista esim. B6 ja B12. Kukkauutteista kenties merkittävimmät hermobalsamit ovat Angelica eli väinönputki ja Walnut eli saksanpähkinä.

Merkuriuksen harmoniset aspektit Uranukseen ovat erinomaisia mentaalisuuden virkistäjiä ja kehittäjiä. Tällainen kuvio viittaa huomattavaan intuitioon ja välähdyksenomaisiin oivalluksiin. Yksilö kykenee siis ymmärtämään ajatuksia ja ideoita välittömästi, ilman perinteisen aristoteelisen logiikan pitkää järkeilymenettelyä, etenkin mikäli hän lähtee kehittämään henkisiä lihaksiaan mietiskelyn tai vastaavan avulla.

Yksilön on tietysti hyvä harjoittaa ja siten vahvistaa näitä "lihaksiaan". Lihakset - fyysiset tai henkiset - vahvistuvat, kun niitä käytetään, kun taas käyttämättöminä ne surkastuvat.

Ihmisen tiedonjano on suuri ja samoin hänen halunsa oppia uutta. Juuri mikään älyllinen haaste ei näytä hänelle mahdottomalta saavuttaa, kunhan vain hän saa energiansa koottua asian taakse. Itse asiassa tämä yksilö nauttii oppimisesta ja haluaa käyttää mielensä kapasiteettia parhaalla mahdollisella tavalla. Tämä siunauksellinen aspekti antaakin siihen hyvät mahdollisuudet.

**Merkurius kontaktissa Neptunukseen:**
Merkuriuksen jänneaspektit Neptunukseen viittaavat puolestaan siihen, että koko kommunikaation alueella on ollut neptuniaanisia sekaannuksen ja hämärtymisen tekijöitä. Mukana on saattanut seurata myös jokin puhumiseen tai omien ajatusten artikulointiin liittynyt ongelma. Mentaaliset prosessit ovat epämääräisempiä ja sekavampia kuin tavallisesti.

Vaikeudet ovat luonnollisesti karmallisia viitaten tässä aiempiin elämiin, jolloin yksilö epäonnistui käyttämään mentaalisia kykyjään osittain tai kokonaan. Toiveena onkin nyt, että aiempi mentaalisten lahjojen laiminlyönti voitaisiin oikaista hänen joutuessaan työskentelemään tavallista ankarammin mentaalisten voimiensa keräämiseksi ja kanavoimiseksi.

Merkuriuksen positiiviset kontaktit Neptunukseen antavat tavallisesti eloisan mielikuvituksen, joskus jopa visionäärin lahjat. Enneunet ja vastaavat voivat muodostua osaksi yksilön todellisuutta. Kyseessä on erinomainen kuvio kirjoittamisen, kommunikaation, luovuuden ja taiteellisen toiminnan näkökulmasta.

**Merkurius kontaktissa Plutoon:**

Erityisen merkityksellinen on tarkka yhtymä (orbi enintään kolme astetta) näiden planeettojen välillä. Se kertoo, että yksilö on jollain tavoin laiminlyönyt mieltään tai käyttänyt sitä väärin aiemmassa elämässä, minkä takia hänen täytyy nyt kärsiä tällä samalla alueella. Kyseessä voi olla vain lyhyt aika, tai ongelma voi kestää koko elämän, mikä riippuu asiaan liittyvän karman luonteesta.

Merkuriuksen voimakas jänniteaspekti Plutoon on varsin hankala kuvio, sillä se nostaa esiin vaikeuden saada muut uskomaan yksilön ideoihin, olivatpa ne kuinka hyviä tahansa. Hänen on myös itse luovuttava tavastaan painostaa muita hyväksymään omat ajatuksensa ja kajota näin mentaalisella voimalla heidän vapaaseen tahtoonsa. Vapaan tahdon kunnioittaminen on Henkisen Tien keskeisiä arvoja.

Kuvio voi tuoda ongelmia liittyen matkoihin, kommunikaatioon ja tapaamisiin esimerkiksi myöhästelyn myötä. Tietysti kaikkia näitä Merkuriuksen ja Pluton jänniteaspektin ilmaisemia asioita voi omien ponnistusten myötä saada oikaistuksi. Aivan helppoa se ei aina ole.

Merkuriuksen positiivinen kulma Plutoon lisää yksilön mielen voimaa, auttaa häntä kehittämään syvällisen älyn ja lisää optimistista mentaalista asennetta. Originaalius on avainsana, ja tässä voidaan jopa puhua spesialistista, joka itsekurin ja hienon intellektuaalisen lahjakkuuden avulla saavuttaa huomiota ja jättää ehkä maailmaan oman leimansa. Hän kykenee helposti kommunikoimaan ajatuksensa, ja myös kyvyt kirjoittajana voivat olla huomattavat. Ihmisen pitää vain käyttää annetut tilaisuudet hyväkseen kehittääkseen kykyjään.

Tämä on hyvä kuvio sellaisille ihmisille, jotka haluavat tulla tekemisiin politiikan, kirjoittamisen, yleisön kanssa toimimisen tai minkä tahansa kommunikaatiomuodon kanssa. Yksilön olisikin viisasta kehittää taitojaan voidakseen välittää ajatuksiaan viisaalla ja positiivisella tavalla muille ihmisille. Toiset ihmiset luultavimmin nauttivat hänen ajatustensa syvällisyydestä ja kuuntelemisesta ja kenties noudattavat hänen neuvojaan. Siksi hänen tulee neuvoa viisaasti ja rakkaudella.

**Merkurius ilman aspekteja:**

Joskus Merkurius ei tee ainoatakaan tärkeää kontaktia kartan muihin taivaankappaleisiin. Tällöin se ja sen edustamat asiat elävät jossain mielessä omaa elämäänsä, ja yksilön olisi hyvä saada nämä asiat jollain tavoin yhdistettyä muihin planetaarisiin energioihin. Muuten Merkurius voi jäädä hänen karttansa "mustaksi lampaaksi". Ilman aspekteja olevan Merkuriuksen problematiikka voi ilmetä esimerkiksi jonkinlaisena kaikki-tai-ei-mitään -syndroomana liittyen mentaliteettiin, kommunikaatioon ja tiedonhankintaan. Kuvio voi viitata vaikkapa puheen ja muun kommunikaation epäselvyyteen ja -tarkkuuteen.

# Merkurius perääntyvänä (R,retrograde):

Vuosittain on keskimäärin kolme ajanjaksoa, jolloin Merkurius-planeetta, jumalten siivekäs sanansaattaja, näyttää lähtevän kulkemaan taivaalla taaksepäin. Astrologinen kokemus on osoittanut, että juuri silloin on luvassa tällaisia merkuriaanisiin asioihin liittyviä viivästymisiä, väärinkäsityksiä ja muita ongelmia. Näihin kuuluvat mm. ongelmat tiedonvälityksessä, tietotekniikan kenkkuilu ja serverien kaatuileminen, postin viivästyminen ja meneminen vääriin osoitteisiin sekä neuvotteluiden, matkustelun ja kaupankäynnin takkuilu. Tällaisia asioita tapahtuu tietysti aika ajoin, mutta joskus niiden todennäköisyys kasvaa.

Kyseessä on ns. perääntyvä tai taannehtiva liike (retrograde, R), joka liittyy ko. planeetan, tässä tapauksessa Merkuriuksen, ja Maan kiertoliikkeisiin Auringon ympäri. Tilannetta voi havainnollistaa kuvittelemalla esimerkiksi kahden vierekkäisen junan kulkua. Me istumme junassa, joka kulkee 60 km/h ja ohitsemme menee toinen juna, jonka vauhti on 80 km/h. Tällöin nopeampi juna liikkuu eteenpäin, kun taas meillä voi olla tunne, että seisahdumme paikoillemme.

Mutta jos tilanne onkin toisinpäin, eli meidän nopeutemme olisi 80 km/h ja mainittu toinen juna hidastaisi nopeutensa 60 km/h, silloin näyttäisi että se pysähtyisi paikoilleen ja me kiitäisimme eteenpäin. Tuo "pysähtynyt" juna vertautuu esimerkissämme jonkin planeetan perääntyvään liikkeeseen Maa-planeettaan nähden, joka olisi tässä tapauksessa nopeampi kulkuväline.

Useimmilla ihmisillä on ainakin jokin planeetta perääntynyt syntymähetkellä. Vain n. 7 % ihmisistä on syntynyt hetkellä, jollain kaikilla planeetoilla on ollut "suora" liike. Perääntyvyys sulkee tai ehkäisee ko. planeetan energioiden suoraa, esteetöntä vaikutusta. Nämä esteet ja rajoitukset viittaavat suurimmassa osassa tapauksia jossain aiemmassa elämässä tapahtuneeseen epäonnistumiseen käyttää ko. energioita rakentavalla tavalla.

Joissakin tapauksissa yksilön korkeampi Minä on kuitenkin halunnut omien syidensä takia olla antamatta uudelle persoonallisuudelle mahdollisuutta päästä suoraan kosketukseen näihin planetaarisiin energioihin ilman edellä mainittua karmallista syytä. Tällöin tavoitteena on se, että kun persoonallisuus joutuu ponnistelemaan kyetäkseen ilmaisemaan näitä energioita, yksilö oppii paljon täydemmin pitämään arvossa perääntyvän planeetan symboloimia ja energisoimia asioita ja teemoja sekä työskentelemään niiden kanssa viisaasti.

Perääntyvä Merkurius esiintyy noin joka viidennen-kuudennen ihmisen kartalla. Se ei siis ole kovin harvinainen ilmiö. Jos löydät syntymäkartaltasi Merkuriuksen symbolin perästä tuon pienen R-lyhenteen, kuulut tähän ryhmään. Vuosittain mentaalisuuden planeetta perääntyy keskimäärin kolme kertaa ja yleensä noin kolmen viikon jakson kerrallaan.

Yleisesti ottaen perääntyvyys kääntää jollain lailla merkuriaaniset mentaaliset prosessit sisäänpäin. Tämä vaikuttaa usein myös aistien toimintaan - ne eivät ehkä tuo niin tarkkaa informaatiota kuin normaalisti. Todennäköisesti yksilön kyky prosessoida ja kommunikoida informaatiota hidastuu ja samalla syventyy.

Kun "input" saa sitten joskus ulkoisen muodon näiden sisäisten prosessien jälkeen, ihminen on laittanut siihen oman puumerkkinsä kokemustensa ja tietomääränsä kautta. Tällöin tuotos on saattanut hahmottua aivan uudenlaiseksi ajatusmateriaaliksi, joka voi heijastella alkuperäisyyttä ja ainutlaatuisuutta melkeinpä nerokkaalla tavalla. Monilla erinomaisilla ajattelijoilla on perääntyvä Merkurius syntymäkartallaan.

Merkuriuksen perääntyvyys antaa yksilölle usein kyvyn ottaa vastaan impulsseja tiedostamattomasta. Usein tällainen ihminen ilmaisee itseään mieluummin kirjallisesti kuin suullisesti ja ajattelee pikemminkin symbolien ja syvän ymmärryksen kuin tosiasioiden ja lukujen ehdoilla. Hän operoi usein alueilla, joita käytännöllinen, faktoja painottava mieli hyljeksii.

Yksilö saattaa Merkuriuksen perääntyvyyden ansiosta ja mentaalista itsekuria kehittämällä pystyä pitkiinkin ajatusprosesseihin, jotka nykyaikana ovat aika harvinaisia: myös ajatusmarkkinoilla on liikkeellä paljon pikaruokaa, kun ihmiset eivät aina viitsi mennä asioissa tarpeeksi syvälle. Syvällähän ne isot kalat uivat.

Perääntyvä Merkurius tekee yksilöstä nuorempana usein aika ujon, etenkin mitä tulee puhumiseen julkisuudessa. Sijainti viestittää oikean käyttäytymisen ja oikeiden syiden merkitystä elämässä - motiivien tärkeys korostuu, samoin arvot ja oikea erottelukyky. Ajatteluprosessit ovat saattaneet olla aiemmissa elämissä epäkäytännöllisiä, hätäisiä tai impulsiivisia, mikä on voinut aiheuttaa sekaannusta ja kaoottisia olosuhteita noissa inkarnaatioissa. Sijainti antaa vihjeen siitä, että nyt on opittava ajattelemaan ENNEN toimintaa, ei päinvastoin!

Merkuriuksen perääntyvyyttä kannattaa mielestäni aina seurata myös kollektiivisella tasolla. Olen moneen otteeseen voinut todeta niin omalla kohdallani kuin muita ihmisiä seuraamalla, että perääntyvässä vaiheessa oleva siivekäs sanansaattaja voi aiheuttaa melkoisia kommunikaatio-ongelmia ja muita kommervenkkejä, joita mainitsin jo edellä. Kyseessä on aika, jolloin on hyvä hidastaa vauhtia ja pysytellä mieluummin rutiineissa kuin lähteä aloittamaan uusia asioita.

Ihmiset, joilla Merkurius perääntyy syntymäkartalla, saattavat kyetä paljon tavallista suurempiin saavutuksiin näinä perääntymisjaksoina. Tähän voi olla syynä se, että he ovat jo oppineet tulemaan toimeen näiden energiarajoitusten kanssa.

Mutta muutkin yksilöt voivat hyötyä huomattavasti ottaessaan huomioon mentaalisuuden planeetan "suunnanmuutokset". Merkuriuksen suoran liikkeen aikana suunnitellut asiat itävät planeetan perääntyessä, ja kun liike jälleen suoristuu, on niiden sadonkorjuun aika - silloin on tullut aika toimia suunnitelmien pohjalta.

Perääntyvällä jaksolla on syvempi symbolinen merkitys, se on nimittäin verraton aika lähteä sisäiselle matkalle syventämään omaa sisäistä ymmärrystä ja herättämään omia sisäisiä periaatteita, jotka saavat myöhemmin ulkoisen ilmennyksen Merkuriuksen liikkeen käännyttyä suoraksi. Tämä on erinomainen aika löytää uudenlainen yhteys omaan sisäiseen olemuspuoleen, tuohon hiljaiseen, rauhalliseen, intuitiiviseen itseen, joka tuntee rakkauden.

Merkuriuksen perääntymisjaksot kannattaa mielestäni laittaa omaan allakkaan ja tutkia sitten näiden jaksojen aikana, minkälaisia tilanteita elämä heittää eteen. Löydät hieman tuonnempaa nämä jaksot vuosilta 2020-2027.

## Mitä on viisasta huomioida Merkuriuksen perääntyessä:

1. Ole tavallistakin tarkempana allekirjoittaessasi mitä tahansa sopimuksia, asiapapereita jne. Lue erityisen huolellisesti kaikki pienellä printattu ko. papereissa.

2. Matkusteluun saattaa liittyä viivästymisiä ja myös matkojen peruuntumisia. Jos sinulla on tiedossa pidempi matka esim. jatkoyhteyksineen, varaa tarpeeksi aikaa vaihtoihin, älä tee minuutintarkkoja aikatauluja. On viisasta myös tarkistaa - vielä kerran - tehdyt matkavaraukset.

3. Ihmisillä on tällöin taipumus ymmärtää toisiaan väärin. Pyri ilmaisemaan itseäsi ja ajatuksiasi tavallistakin tarkemmin, jolloin väärinkäsityksille jää mahdollisimman vähän elintilaa.

4. Kommunikaatiohäiriöt voivat ulottua postin, niin tavallisen kuin sähköisenkin, lisäksi tietokoneyhteyksiin ja Internetiin. Pyri jälleen varmistamaan, että viestisi on ylipäänsä mennyt perille - ja että se on myös ymmärretty tarkoittamallasi tavalla.

5. Nyt suunnittelun alla olevilla projekteilla on taipumus viivästyä tai muuttua luonteeltaan.

6. Voit joutua tekemään uudestaan asioita, joiden luulit jo olevan valmiita. Tee siis keskeneräiset asiat valmiiksi, ennen kuin aloitat uusia.

7. Maakauppojen suhteen on syytä olla hyvin huolellinen esimerkiksi mitä tulee tontin kokoon ja muihin kauppaan liittyviin tekijöihin.

8. Kaikenlaiset kirjoitusvirheet ja myös kirjanpidon ongelmat voivat tuoda yllätyksiä. Lueta esimerkiksi kirjoittamasi teksti jollain tarkkanäköisellä ihmisellä, koska saattaa hyvin olla, että et nyt näe itse tekemiäsi virheitä.

## Mitä kannattaa tehdä Merkuriuksen perääntyessä:

1. Käytä aika hyväksesi oppiaksesi uudestaan mitä tahansa asioita; kyseessä on yleensä hyvä jakso asioiden toistamiselle ja uudelleen arvioinnille.

2. Jos kirjoittaminen kuuluu elämääsi, tämä on hyvää aikaa saattaa jokin teksti, käsikirjoitus tms. valmiiksi.

3. Nyt kannattaa satsata aikaa ja energiaa sellaisten asioiden päätökseen saattamiselle, jotka aloitit jo aikoja sitten.

4. Voit nyt puhdistaa vanhoja tiedostoja tietokoneesi kovalevyltä, mutta ole kuitenkin tarkkana, ennen kuin annat "delete"-komennon!

5. Järjestele muutenkin uuteen uskoon kirjastosi, arkistosi, artikkelisi, tietokonetiedostosi ja - ajattelusi.

6. Pyri pääsemään eroon mahdollisesta tarpeestasi saada välitöntä tyydytystä elämässäsi.

7. Tutki teoksia, jotka sisältävät positiivisia ja henkisiä teemoja. Meditoi ja harjoita muitakin henkisiä praktiikoita. Tee sisäisiä matkoja ja avarra niiden kautta tietoisuuttasi.

8. Harkitse seuraavien matkojesi tai varaustesi tekemistä aikana, jolloin Merkurius **EI** ole perääntyvässä liikkeessä.

| | |
|---|---|
| 17.02.2020 – 10.03.2020 | 13.12.2023 – 02.01.2024 |
| 18.06.2020 – 12.07.2020 | 02.04.2024 – 25.04.2024 |
| 14.10.2020 – 03.11.2020 | 05.08.2024 – 29.08.2024 |
| | 26.11.2024 – 15.12.2024 |
| 30.01.2021– 21.02.2021 | |
| 30.05.2021 – 23.06.2021 | 15.03.2025 – 07.04.2025 |
| 27.09.2021 – 18.10.2021 | 18.07.2025 – 11.08.2025 |
| | 09.11.2025 – 29.11.2025 |
| 14.01.2022 – 04.02.2022 | |
| 10.05.2022 – 03.06.2022 | 26.02.2026 – 20.03.2026 |
| 10.09.2022 – 02.10.2022 | 29.06.2026 – 24.07.2026 |
| | 24.10.2026 – 13.11.2026 |
| 29.12.2022 – 18.01.2023 | |
| 21.04.2023 – 15.05.2023 | 09.02.2027 – 03.03.2027 |
| 23.08.2023 – 15.09.2023 | 10.06.2027 – 04.07.2027 |
| | 07.10.2027 – 28.10.2027 |

Ennen Merkuriuksen perääntyvää liikettä ja liikkeen suoristumisen jälkeen on parin-kolmen päivän katvealue, joka on myös hyvä huomioida tässä yhteydessä.

Värähtelyuutteista Rantakukka ja Kahvi (kahvipensaan kukasta tehty uute) ovat erinomaisia, kun Merkuriuksen liike on kääntymässä perääntyväksi tai suoraksi. Myös Mäntykukka auttaa mentaalisen planeetan pakittaessa. Pujo voimistaa monia Merkuriuksen positiivisia aspekteja, erityisesti kun planeetta on Kaksosten merkissä. Myös Sinivuokolla ja Tuomella on yhteyksiä Merkuriuksen hallitsemien korkeampien kykyjen kanssa.

Greippiuute auttaa kaikissa Merkuriuksen jännitekuvioissa. Kamomilla helpottaa Merkuriuksen ja Marsin jännitteisissä kontakteissa. Villiporkkana voimistaa näiden planeettojen positiivisia aspekteja, kun taas Päärynä tuo helpotusta Pluton ja Merkuriuksen jännitteisiin. Väinönputkea kannattaa kokeilla Merkuriuksen ja Uranuksen jännitteisissä kontakteissa sekä Merkuriuksen ja Jupiterin yhtymissä.

Metalleista Merkurius liittyy elohopeaan. Planeetan jalokiviä ovat mm. akvamariini ja aleksandriitti.

Merkurius liittyy kehon esoteerisessa kieliopissa korvien ja päänviivan ohella mm. pikkusormeen ja -varpaaseen. Terveysastrologian näkökulmasta Merkurius hallitsee osin hermostoa, hengitys- ja puhe-elimiä sekä käsiä.

Koska Merkurius hallitsee Kaksosten merkkiä, se hallitsee keuhkoja ja kehon kanavia, tiehyitä ja putkia, niitä kanavia joiden kautta veri ja happi samoin kuin hormonit virtaavat. Merkurius hallitsee myös Neitsyen merkkiä ja on siten mukana haiman toimintaan liittyvässä sokerin pilkkomisessa glukoosiksi, joka tapahtuu Neitsyen hallitsemassa ohutsuolessa.

Vitamiinien suhteen planeetan hallintaan kuuluvat yleisellä tasolla B-kompleksin vitamiinit, jotka auttavat tasapainottamaan hermojärjestelmää. Vaikeat aspektit Merkuriuksen ja muiden planeettojen välillä voivat viitata stressiin ja huolestuneisuuteen, jotka puolestaan saattavat vaikuttaa fysiologisiin prosesseihin.

# VENUS - AURINKOKUNNAN RAKKAUSLAULU

Venus on planeetoista kirkkain ja muistuttaa sekä kooltaan, massaltaan että sisäiseltä rakenteeltaan omaa planeettamme, mutta on muuten hyvin erilainen. Henkisessä mielessä Venus on Maan sisarplaneetta, ja esoteerisesti se on samassa suhteessa planeettaamme kuin sielu on persoonallisuuteen tai korkeampi Minä alempaan minään.

Esoteerinen traditio kertoo, että korkeat henkiolennot saapuivat Venukselta n. 18 miljoonaa vuotta sitten planeetallemme aloittaakseen täällä ihmiskunnan pitkän pyhiinvaellusmatkan ajan ja aineen kolmiulotteisessa yhtälössä. Näiden olentojen johtaja Sanat Kumara on planeettamme logos, jonka sanotaan asuvan fyysistä tasoa korkeammilla värähtelytasoilla sijaitsevassa Shamballassa.

Aamu- ja iltatähtenä, Hesperuksena ja Phosphoruksena, näkyvä Venus on Kristus-rakkauden läpäisemä planeetta. Kun kiinnität katseesi ja tietoisuutesi Venukseen yötaivaalla ja meditoit sitä, saat nopean kontaktin tähän korkeaan rakkauden energiaan. Samanlaisen tähtimietiskelyn voit tehdä minkä tahansa planeetan tai tähden kanssa, mutta Venuksen yhteydessä se on erityisen suositeltavaa.

Klassisessa astrologiassa Venus tunnetaan rakkauden, kauneuden, kumppanuuden ja harmonian planeettana. Kreikkalaisille Venus oli Afrodite, joka syntyi meren vaahdosta. Roomalaisille Venus oli kauneuden ja rakkauden jumalatar. Babylonialaiset puolestaan liittivät planeetan Ishtariin, hedelmällisyyden, kauneuden ja myös sodan jumalattareensa.

Venus liittyy kosmisista lainalaisuuksista erityisesti rakkauden lakiin. Venuksen kautta kohtaamme sen rakkauden, jota olemme aiemmin antaneet. Voimme kuitenkin sanoa myös seuraavasti: se kipu jota olet kantanut on se rakkaus jota et ole antanut! Tämäkin puoli rakkaudesta näkyy Venuksen sijainnista sen tehdessä jännitekulmia muihin planeettoihin.

## Venus merkeissä

Venus on korkeintaan 48 °:n päässä Auringosta eli se voi sijaita syntymäkartalla ainoastaan samassa merkissä kuin Aurinko, vierekkäisessä merkissä tai korkeintaan kahden merkin päässä keskustähdestämme. Venuksen merkki- ja huonesijainti kertovat, missä yksilö on kaikkein halukkain tekemään yhteistyötä ja mistä hänen yleisönsä, ihailijansa, löytyvät.

**Venus Oinaassa**:

Venus johtavassa tulimerkissä ja samalla hallitsijan vastamerkissä antaa usein kiihkeän ja malttamattoman piirteen kiintymyksille sekä saattaa aiheuttaa vaikeuksia rakkauden kiihkon hallitsemisessa. Äkilliset hullaantumiset ovat tässä sijainnissa tavallisia. Keskeinen oppi on esiin nousevien impulssien hallitseminen kiintymyksen alueella. Tämä ei tietystikään tarkoita kiintymyksistä luopumista tai niiden tukahduttamista, vaan sen oivaltamista, että rakkaus vaatii aikaa kasvaakseen ja kukoistaakseen.

**Venus Härässä**:

Omassa merkissään Härässä Venus nostaa esiin rakkausluonteen parhaita puolia: tunteen syvyyttä ja kiintymyksen aitoutta. Yksilön on helppo ymmärtää, että rakkaus ei ole kynttilänliekki tuulessa vaan ikään kuin henkinen Golf-virta, joka lämmittää kaikkea ympärillään olevaa.

**Venus Kaksosissa**:

Venus Kaksosissa viittaa taipumukseen joutua mukaan useampaan kuin yhteen suhteeseen kerrallaan, koska ulkoiset olosuhteet heijastavat jotakin yksilön sisäisestä jakautuneesta rakkausluonnosta. Yksilöllä onkin kyky tuntea kahta ja useampaakin rakkautta tai kiintymystä tasavahvasti ja halu yrittää kokea kumpaakin samanaikaisesti.

Jos ja kun tämä piirre ilmaantuu elämään, voidaan pitää varmana, että kyseessä on koe. Se kohdistuu siihen, pystyykö ihminen ymmärtämään, että todellinen syvä rakkauskokemus vallitsevien olosuhteiden kontekstissa voi toteutua vain yhden ihmisen kanssa.

Siinä määrin kuin tämän Venuksen sijainnin omaava yksilö epäonnistuu "rajoittamaan" itsensä yhteen kumppaniin, siinä määrin suru ja menetys astuvat hänen elämäänsä. Joskus kuvio tuo sellaisen tilanteen, että niistä kahdesta tai jopa useammasta ihmisestä, joita pidetään "langalla roikkumassa", se joka ensimmäisenä irtisanoutuu suhteesta, on myös ihminen, jota kohtaan yksilö tuntee suurempaa rakkautta.

Esoteerisella tasolla kyseessä on korkea sijainti Venukselle, onhan se Kaksosten merkin esoteerinen planeettahallitsija.

**Venus Ravussa**:

Tässä herkässä merkissä sijaitessaan Venus antaa lempeyttä, kotielämään suuntautuneisuutta ja romanttisuutta. Omien emootioiden hallitseminen voi tässä liioittelevien tunteiden merkissä osoittautua tavallista vaikeammaksi, varsinkin jos Venus tekee jänniteaspekteja. Yksilön olemuksessa voi hyvin olla sentimentaalisuutta ja vastaanottavaisuutta sekä herkkyyttä aistia ympäristön näkymättömiä voimavirtoja.

Astrologia ja Henkinen Tie

**Venus Leijonassa:**

Venus Leijonassa antaa usein rakkausluonnolle voimakkaan idealismin leiman. Tässä on oltava tarkkana, etenkin mikäli rakkauden planeetta tekee jänniteaspekteja, ettei tule sokeaksi toisen ihmisen virheille, joiden paljastuttua seuraa pettymys. Niinpä ihmissuhteissa tulisi olla alusta alkaen todella rehellinen itselle ja toki myös kumppanille.

On hyvä nähdä toinen ihminen virheineen ja puutteineen päivineen ja rakastaa tätä niistä huolimatta - tai jopa niiden takia. Tavallisesti Venus tuo Leijonassa sijaitessaan nautinnonhalua, sydämellisyyttä ja teatteritaiteen rakkautta.

**Venus Neitsyessä:**

Venus on alennuksessaan tässä kriittisessä maamerkissä, jossa sen energiat eivät oikein pääse ilmenemään parhaalla mahdollisella tavalla. Sijainti nostaa kumppania koskevat ihanteet usein kohtuuttomiksi ja mahdottomiksi täyttää. Tämä puolestaan voi johtaa pitkiin yksinäisiin jaksoihin elämässä tai mahdollisesti kumppanin päättymättömään kritisointiin. Keskeisenä oppina tässä on muiden hyväksyminen juuri sellaisina kuin nämä ovat ja kriittisen luonteen karsiminen erityisesti kiintymyksellisten suhteiden yhteydessä.

**Venus Vaa'assa:**

Tämä on ilman muuta Venuksen lempipaikkoja merkkisijainnin suhteen, hallitseehan planeetta Härän ohella myös tätä diplomaattista, esteettistä ja tasapainoon pyrkivää merkkiä. Syvä ja herkkä rakkausluonne pyrkii tässä esiin jopa jänniteaspekteissa. Jos ne ovat hyvin voimakkaat, ne johtavat yksilön tavallisesti päättämättömyyteen kumppanin valinnassa, mutta tämäkin aiheuttaa pahimmillaan vain kiintymyksellisen täyttymyksen viivästymisen.

Yleensä Venuksen sijainti Vaa'assa viittaa avioliiton onneen elämän jossain vaiheessa. Voidaan myös pitää varmana, että tämä tulee karmallisena palkintona, koska yksilö on eräässä aiemmassa elämässään uhrannut paljon syvän ja tavallisesti yksipuoliseksi jääneen rakkauden kautta. Hilarionin mukaan nykyisessä inkarnaatiossa onni löytyy tuon saman sielun kanssa, jonka suhteen ihminen aiemmin uhrautui.

**Venus Skorpionissa:**

Venus ei ole Skorpionissa oikein hyvin sijoittunut, koska planeetta hallitsee vastapäätä eläinradalla olevaa Härän merkkiä. Puhtaan rakkauden on melko vaikea ilmetä tässä sijainnissa. Usein fyysiset intohimot saattavat hämärtää rakkausluontoa ja johtaa sen seurauksena kiintymyksen kohteen menettämiseen ja suruun.

Keskeinen oppi tässä kuviossa on sen oivaltaminen, että rakkaus voi olla täysi ja ehyt ilman ilmennystä fyysisellä tasolla. Haasteena onkin sen ymmärtäminen, että rakkauden emotionaalinen puoli ei ole riippuvainen fyysisestä puolesta eikä vie siltä yhtään voimaa. Tähän sijaintiin liittyy joskus myös korostunut mustasukkaisuus.

**Venus Jousimiehessä:**
Venus sijaitessaan Jousimiehen merkissä osoittaa, että yksilön korkeammalla ole-muspuolella eli sielulla on hyvin voimakas seikkailun ja matkustamisen halu niiden itsensä takia. Yksilö voi tuolloin jopa ohittaa mahdollisuuden rakkaussuhteen löy-tämiseen edessään väikkyvien seikkailujen takia. Sisäistä keskustelua käydäänkin vapauden ja sitoutumisen välillä.

Kiintymyksen suhteellisen tärkeyden merkitystä opetetaan tälle ihmiselle toden-näköisesti niin, että hän joutuu jossain elämänsä vaiheessa jatkamaan rakkaussuh-detta pitkien välimatkojen päästä ja olemaan huomattavia jaksoja erossa kumppa-nistaan. Tällä järjestelyllä toivotaan myös yksilön korkeamman olemuspuolen oi-kaisevan asennettaan rakkautta kohtaan. Rakkauden ja vapauden ei tarvitse sulkea toisiaan pois ehyessä, kypsässä ihmissuhteessa.

**Venus Kauriissa:**
Venus Saturnuksen hallitsemassa Kauriin merkissä viittaa jonkin asteiseen emotio-naaliseen kylmyyteen, jota yksilö itse ei useinkaan huomaa. Keskeisenä oppina tässä sijainnissa on lisätä lämmön ja kiintymyksen osoittamista. Ehkäpä empaattisuus ja myötätunto ovat avainsanoja Venuksen lukkojen avaamisessa. Hyvissä aspekteissa yksilö on kärsivällinen, omistautunut ja vakaa rakkaudessa.

**Venus Vesimiehessä:**
Venus Vesimiehen viileän humaanissa ja älyllisessä merkissä tuo ripauksen tunne-kylmyyttä ja kykenemättömyyttä ilmaista lämpöä ja kiintymystä toiseen ihmiseen. Rakkauselämän ongelmat ovat seurausta karmallisista syistä, kun yksilö aiemmassa elämässä jäähdytti toisen ihmisen häntä kohtaan tunteneen kiintymyksellisen läm-mön. Näin elämä tasapainottaa viisaasti. Erinomainen kukkauute tasapainottamaan näitä Venus-energioita Vesimiehen merkissä olisi suomalainen Metsätähti.

**Venus Kaloissa:**
Venus sijaitsee tässä vesimerkissä ylennyksessään. Yksilön tulisi hallita emotionaa-lisuutensa ja sentimentaalisuutensa, jotka ovat saattaneet ylikorostua tässä sijainnis-sa. Hänellä on voinut nimittäin olla taipumus heittäytyä vaistonvaraisesti rakkauden valtamereen ilman tasapainon tai kestävyyden ajatuksia, mikä voi johtaa menetyk-siin ja suruun kiintymyksen alueella.

Mikäli tällaisia vaikeita kokemuksia on esiintynyt yksilön elämänkaaressa, niiden tarkoituksena on ollut rohkaista häntä saamaan rakkausluontonsa jollain lailla hal-lintaan - ei sitä tukahduttaen, vaan mieluumminkin ilmaisemalla rakkautta vakaalla tavalla, joka ei ole emotionaalisten tilojen, pelkojen, "tuulenpuuskien" ja vastaavien armoilla. Yleensä tätä Venuksen sijaintia seuraa syvä myötätunto ja usein myös tai-teellisuus. Esimerkiksi musiikin merkitys saattaa korostua ihmisen elämässä.

Joskus tämä herkkä, myötätuntoinen sijainti orkestroidaan yksilölle, joka on aiemmis-sa elämissään ollut kiintymyksen ilmaisemisen suhteen liian jäykkä, kova ja kylmä. Sijainti pehmentää tunneluontoa ja auttaa muuntamaan sielun tasolla olevaa kylmyyttä ja kovuutta saamalla aikaan persoonallisuuden tasolla juuri päinvastaisia ominaisuuksia.

## Venus huoneissa

Venuksen huonesijainteihin liittyy usein jonkin verran positiivista karmaa ja sen myötä suojelusta, vaikka varsinainen positiivisen karman planeetta onkin Jupiter.

**Venus 1. huoneessa:**
Rakkausluonne liittyy yksilön kohdalla voimakkaasti minäkuvaan. Hän saattaakin nähdä itsensä korostuneesti siinä kiintymyksellisen vuorovaikutuksen kontekstissa, joka hänellä on ollut muiden kanssa. Kauneudenrakkaus ja taiteellinen luonne seuraavat usein tätä Venuksen huonesijaintia.

Haasteellisissa aspekteissa itsetunto on liian riippuvainen rakkauden saamisesta muilta. Yksilön täytyykin oppia olemaan onnellinen itsensä kanssa ilman muiden tukea.

**Venus 2. huoneessa:**
Venus on tässä huonesijaintinsa puolesta oikein hyvässä paikassa. Venus toisessa huoneessa ollessaan antaa nimittäin suojaavan vaikutuksen yksilön aineellisten resurssien ylle. Myös rakkausluonto näyttää vakaalta ja aidolta; kiintymys virtaa syvällä yksilön olemuksessa.

**Venus 3. huoneessa:**
Sijaitessaan 3. huoneessa Venus indikoi sitä, että kiintymyksellisen elämän kulku vaikuttaa voimakkaasti yksilön mentaalisiin toimintoihin. Kun rakkauskokemukset ovat positiivisia ja etenevät pehmeästi, mentaaliset toiminnot ovat parhaimmillaan. Mutta kun sydänsurut astuvat mukaan kuvaan, yksilön kyky ajatella selvästi ja käyttää mieltä tuotteliaasti häiriintyy. Läksynä on yksinkertaisesti olla antamatta emotionaalisen elämän äkillisten vaihteluiden vaikuttaa harkintakykyyn, järjenkäyttöön tai mentaalisiin kykyihin.

**Venus 4. huoneessa:**
Tämä huonesijainti on indikaattori siitä, että kodin luoma perusta - perusta josta yksilö lähti maailmalle - värittyi kiintymyksellä ja rakkaudella. Samasta varhaisesta lähteestä hän sai melkoisen annoksen voimistavaa rakkautta, joka on itse asiassa annettu hänelle aiemmissa elämissä tehtyjen positiivisten tekojen takia eräänlaisena "ansaittuna lahjana". Venuksen sijainti viittaa tässä usein myös musiikinrakkauteen ja suureen myötätuntoon.

**Venus 5. huoneessa:**
Venus tässä Auringon hallitsemassa huoneessa alleviivaa tärkeää läksyä: rakkausenergiat pyrkivät ohjautumaan pääasiallisesti parisuhteen suuntaan, jopa niin että

muut elämänalueet jäävät huomiotta. Siten rakkaus keskittyy kumppaniin, ja lapset ja vanhemmat saavat huomattavasti pienemmän osan siitä. Tämän aiemmista elämistä peräisin olevan taipumuksen voittamiseksi elämänkaari on tavallisesti suunniteltu niin, että yksilö tuntee voimakasta kiintymystä vähintään yhteen parisuhteen ulkopuoliseen ihmiseen, joko lapseen tai vanhempaan.

Luultavasti kyseessä on ihminen, joka on aiemmassa elämässä ollut hänen elämäntoverinsa. Nyt yhteen saattamisella on ollut tarkoituksena rohkaista tutkimaan ja löytämään kiintymyksen alueita, jotka ulottuvat normaalin parisuhteen ulkopuolelle.

### Venus 6. huoneessa:

Tämä Venuksen huonesijainti kertoo, että yksilöllä on halu ympäröidä itsensä monilla kiintymyksen kohteilla, jotka eivät tavallisesti kuitenkaan ole muita ihmisyksilöitä. Sisäisenä toiveena on välttää sitoumuksia ja kompromisseja, joita täytyy tehdä muiden ihmisten kanssa. Siksi usein sisäiset kiintymykselliset kohteet löytävät lemmikkieläimistä, useimmiten kissoista. Yleensä yksilö, jolla Venus on 6. huoneessa, valitsee kissan siksi, että ne ovat suhteellisen itsenäisiä eläimiä, mutta kuitenkin riittävän pörröisiä ja pehmeitä kiintymyksen kohteiksi.

Sijainti tuo mukanaan läksyn oppia rakentamaan antamiseen ja saamiseen pohjautuva, kypsä ja tasapainoinen, kiintymykseen perustuva suhde toisen ihmisyksilön kanssa. Elämänsuunnitelma on tavallisesti "orkestroitu" niin, että ihminen joutuu kohtamaan ainakin yhden intensiivisen suhteen, missä hän joutuu valintatilanteeseen: joko hän suostuu kompromisseihin ja myönnytyksiin TAI hän menettää tuon toisen ihmisen. Mikäli onnea on matkassa, rakkaus voittaa!

### Venus 7. huoneessa:

7. huoneessa sijaitessaan Venus on "kotikentällään", missä se kykenee ilmaisemaan kaikkea sitä, mikä on kaunista todellisessa rakkaussuhteessa. Karmallinen kumppani löytyy tai on löytynyt todennäköisesti aiempien elämien perusteella. Yksilö tarvitsee tässä nimenomaan kärsivällisyyttä ja luottamusta.

### Venus 8. huoneessa:

Venuksen huonesijainti Marsin ja Pluton hallitsemassa Skorpioni-huoneessa on hankala. Siitä voi päätellä mm. sen, että planeetan rakkausaspekti on yksilön kohdalla aika tavalla sidoksissa 8. huoneen aistilliseen tai intohimoiseen luonteeseen. Vaarana on erityisesti se, että ihminen sallii aistillisuuden määrätä liian voimakkaasti sydämen valitseman suunnan.

Hän on voinut esimerkiksi antaa liian suuren painoarvon potentiaalisen kumppanin fyysiselle vetovoimalle, mikä on saattanut johtaa myöhemmin menetyksiin, kun emotionaalisen tai mentaalisen yhteensopivuuden puute nousee esiin intohimon laannuttua. Tämän sijainnin keskeinen opetus on nähdä kiintymyksen fyysisen aspektin tuolle puolen, eikä lähteä rakentamaan kumppanuutta ainoastaan fyysisen "kemian" varaan.

Astrologia ja Henkinen Tie

**Venus 9. huoneessa:**

Tässä Jupiter-huoneessa sijaitessaan rakkauden, kumppanuuden ja kauneuden planeetta viittaa voimakkaasti siihen, että yksilön sielussa on vallalla kaipuu totuuteen ja oikeudenmukaisuuteen. Hänen tulisi kuitenkin nähdä integriteetin, kunnian ja moraalisuuden alueet vähemmän emotionaalisella tai äärimmäisellä tavalla. On tärkeää muistaa, että meillä kaikilla on omat virheemme. Rehellisyyden puute ei ole suurempi synti kuin korostunut nautinnonhalu, yliemotionaalisuus tai itsekeskeisyys.

**Venus 10. huoneessa:**

Venuksen sijainti kartan 10. sektorilla viittaa selkeästi siihen, että yksilöllä on uraan ja rooliin liittyvissä asioissa mahdollisten haasteiden ja oppiläksyjen (jotka liittyvät jänniteaspekteihin) ohella myös henkistä suojelua ja siunausta. Samalla hänen tulisi kuitenkin pyrkiä olemaan vähemmän emotionaalinen päivittäisessä työssään. Perusopetuksena tässä sijainnissa on saavuttaa aiempaa suurempi objektiivisuus ulkomaailman kohtaamisessa. Yksilö kykenee luultavasti luomaan kauneutta urallaan.

**Venus 11. huoneessa:**

Kun Venus sijaitsee mm. entisten vihollisten huoneessa, merkitys on varsin selvä: tulisi etsiä tapoja ilmaista kiintymystä niitä kohtaan, jotka vielä synnyttävät yksilössä kaiun vanhasta aiemman elämän vihamielisyydestä tai kilpailuasetelmasta.

Jos Venuksella ei ole tässä sijainnissa yhtään jänniteaspektia, yksilöllä on ainakin yksi hyvin syvä ystävyyssuhde - toveruus, joka on ansaittu aiemmissa elämissä, joissa yksilö ponnisteli voittaakseen saman sielun kanssa kohdatut, niitä edeltäneissä inkarnaatioissa syntyneet vihamielisyydet.

**Venus 12. huoneessa:**

Venus sijaitessaan kartan viimeisessä huoneessa viittaa usein salaisiin rakkaussuhteisiin. Edellinen elämä oli naiskehossa, ja siinä yksilö saattoi kokea sydänsuruja, joista voi kantautua heijastumia myös tähän inkarnaatioon. Kyseessä on voinut olla esimerkiksi tällainen salainen rakkaussuhde.

Tässä on hyvä katsoa kämmenen ns. Kuun kukkulalta (alueelta, jota kohden päänviiva, käden suurista viivoista keskimmäinen, kulkee), löytyykö siltä jommassa kummassa kädessä jokin selkeä arpi, syylä tai muu erottuva merkki. Jos löytyy, silloin on selvä, että ihminen kantaa tiedostamattomassaan henkisiä arpia edellisestä elämästään. Läksynä tässä on voittaa kaikki siitä peräisin olevat kielteiset emotionaaliset taipumukset.

Kehittyneille ihmisille sijainti antaa kuitenkin voimakkaan myötätunnon ja halun palvella Korkeinta Energiaa muita ihmisiä auttamalla. Omistautuminen jollekin ihanteelle voi olla tässä motivoiva voima.

# Venuksen aspekteista

**Venus kontaktissa Marsiin:**
Venuksen ja Marsin jänniteaspekti (yhtymä kuuluu näihin) viittaa sisäiseen konfliktiin tiedostamattomassa olevien feminiinisten ja maskuliinisten energioiden välillä. Yksilön onkin hyvä tasapainottaa tietoisesti nämä planetaariset vektorit, etteivät ne riistäydy hänen hallinnastaan. Kyseessä on loistava tapa tasapainottaa kaikkia ulkoisia ihmissuhteita universaalin heijastumisen lain kautta. Kun ihminen sovittelee feminiinisiä ja maskuliinisia energioita sopivasti toisiinsa, hän löytää kultaisen keskitien - ja kestävän sisäisen harmonian.

Tämä kontakti viittaa kompromissien tekemisen taidon tärkeyteen. Kaunaa ja mustasukkaisuutta on viisasta välttää kaikin mahdollisin keinoin.

**Venus kontaktissa Jupiteriin:**
Venuksen ja Jupiterin jännitekulma voi nostaa esiin liioittelua, kohtuuttomuutta ja ylimielisyyttäkin. Tämä on tyypillinen riskinottajan aspekti, joka voi viedä tilanteisiin, joissa eletään yli varojen. Myös taipumus levottomuuteen ja uusien kokemusten etsimiseen ennen kuin aikaisempien opit on sulateltu liittyy tähän kuvioon, joka varoittaa myös ruuan ja juoman kohtuuttomasta nauttimisesta. Tällöin maksa ja sappirakko saattavat ilmaista vastalauseensa.

**Venus kontaktissa Saturnukseen:**
Venuksen jänniteaspekti Saturnukseen tarkentaa yksilön karmallisia kuvioita viitaten sisäiseen tukkeumaan sydänkeskuksen energioiden virtaamisessa, mikä aiheuttaa emotionaalista rajoittuneisuutta, kylmyyttä ja usein myös tunteettomuutta tai sellaiseksi tulkittua toimintaa. Vain ponnistelemalla voidaan nämä asiat voittaa.

Tavallisesti tämä karmallinen aspekti aiheuttaa ulkoisessa elämässä ongelmia kiintymyksellisessä elämässä, esim. sydänsuruja, eroja jne. Tässä on kyseessä karman sovitus liittyen rakkaudettomuuteen aiemmissa elämissä, ja samalla tarkoituksena on yllyttää yksilöä avautumaan enemmän emotionaalisesti, tuntemaan enemmän kiintymystä sekä ilmaisemaan sitä avoimemmin.

Meidän ei tule unohtaa, että rakkaus on tärkeintä mitä meillä ja meissä on. Ilman sitä elämästä tulee halpa b-luokan elokuva, jota on surullista katsoa - ja jossa on surullista näytellä! Yksilö voi suuresti auttaa sydänkeskuksensa aktivoitumista Bleeding Heart -nimisen kukkauutteen avulla. Se stimuloi sekä fyysistä sydäntä että sydänchakraa harmonisoiden rakkausenergioita ja antaen sisäistä rauhantunnetta. Samalla se auttaa ihmistä kehittämään omia musiikillisia lahjojaan.

**Venus kontaktissa Uranukseen:**
Venuksen aspekti erikoisuuksien ja yllätysten planeetta Uranukseen liittyy tavallisesti kompleksiseen tiedostamattomaan mieleen, jossa aiemmista elämistä peräisin olevat muistot vastakkaisen sukupuolen jäsenenä ovat yhtä vahvoja kuin vastaavat

muistot nykyisessä kehotyypissä. Tämä ei tarkoita, että esimerkiksi homoseksuaaliset yllykkeet olisivat läsnä tietoisella tasolla. Vaikka niin onkin joissain tapauksissa, on paljon tavallisempaa, että tällaisen kontaktin omaavan ihmisen seksuaalisessa identiteetissä oleva hämmennys tai sekaannus pysyy tiedostamattomassa.

Yleisemmin kuitenkin tämä kuvio tuo tullessaan varsin suuren valikoivuuden kumppanin suhteen. Yksilön saattaakin olla vaikea löytää tyydyttävää kumppania. Tämä yleensä liittyy tiedostamattoman alueella olevaan näkemykseen sielun biseksuaalisesta luonteesta, mikä saattaa tuottaa ongelmia fyysiseen suhteeseen kumppanin kanssa, mikäli ihminen ei ole riittävän huolellinen kumppanin valitsemisessa.

Kun hän on ITSESSÄÄN yhdistänyt feminiinisen ja maskuliinisen puolensa tekemällä eräänlaisen sisäisen avioliiton, balanssi voi löytyä - ja samalla ratkaisu Venuksen ja Uranuksen keskinäisen aspektin esittämään ongelmaan. Jos näiden planeettojen välillä on positiivinen aspekti, se auttaa ihmistä joka tapauksessa tulemaan sosiaalisesti suosituksi ihmiseksi, joka on mielellään tekemisissä muiden ihmisten ja kenties myös jossain vaiheessa laajemmankin yleisön kanssa.

Jännitteinen aspekti sen sijaan voi tuoda ongelmia liittyen juuri sosiaalisuuteen. Kuvio viittaa eroihin, välien katkeamisiin ja menetyksiin rakkaussuhteiden alueella. Näiden tarkoituksena on ollut korjata rakkausluonnossa oleva epäbalanssi.

**Venus kontaktissa Neptunukseen:**
Neptunuksen ja Venuksen jännitekulma valaisee joitakin rakkauteen liittyviä ongelmia. Kuvio viittaa nimittäin vääjäämättä huomattavaan sekaannukseen ja itsepetokseen, mitä tulee elämän kiintymykselliseen ulottuvuuteen. Yksilöllä on tässä sisäinen taipumus pettää itseään rakkauden suhteen idealisoimalla rakkaussuhdetta suurena, täydellisenä rakkautena, ja tästä saattaa seurata vain pettymys, kun suhteen *todelliset* ulottuvuudet paljastuvat sitten "pölyn laskeuduttua". Niinpä onkin aivan olennaista nähdä toinen ihminen heti alusta saakka selkeällä, kirkkaalla tavalla, jotta yksilö voi välttyä pettymyksiltä ja sydänsuruilta.

Venuksen positiivinen kontakti Neptunukseen tuo yksilön elämään henkisyyttä ja taiteellisuutta. Tämä on klassinen taiteen indikaattori kartalla. Rakkaudessa on todennäköisesti suurta ihanteellisuutta, kunhan se ei vain karkaa yli-ihanteellisuudeksi ja sitä kautta pettymyksiksi ja korostuneeksi kriittisyydeksi. Joka tapauksessa muille ihmisille aiemmissa elämissä annettu hyvä palaa nyt takaisin ihmiselle itselleen tämän siunaavan kuvion kautta. Ehkäpä musiikki voi tarjota hänelle valtavan portin korkeampiin tietoisuudentasoihin. Jonkin taideharrastuksen avulla ihminen voi avata inspiraation kanaviaan.

**Venus kontaktissa Plutoon:**
Venus tehdessään jänniteaspektin Plutoon voi joskus eristää yksilön sosiaalisesti. Tämä on kuitenkin ainoastaan sisäinen tuntemus, eikä välttämättä lainkaan heijastele sitä, mitä mieltä muut ovat. Luultavasti hänen näkemyksensä rakkaudesta on hyvin idealistinen, minkä takia hänen on ehkä vaikea löytää itselle sopivaa kumppania.

Rakkauteen voi jänniteaspekteissa kuulua myös pakottamista. Jos Venus tekee yhtymän Plutoon ja orbina on enintään kolme astetta, yksilö joutuu vääjäämättä käymään elämässään läpi pitkän yksinäisen periodin, jonka aikana kiintymyksellinen täyttymys ei voi tulla hänen elämäänsä. Tämä on karmallista ja liittyy siihen, että hän on ollut vastuussa samanlaisen kokemuksen aiheuttamisesta toiselle ihmiselle.

Värähtelyuutteista Venuksen energioihin sopii erinomaisesti Granaattiomenauute, joka voimistaa monia Venuksen positiivisia aspekteja. Se on myös loistava uute moniin naistenvaivoihin. Myös Cosmosuute voimistaa Venuksen harmonisia aspekteja ja lisää hienosti kommunikaatiokykyjä. Laventeli voimistaa kukkauutteena Venuksen ja Saturnuksen kolmiota, Maksaruoho ja Nokkonen puolestaan Venuksen ja Neptunuksen positiivisia aspekteja. Zinnia eli Oppineidenkukka, Banaani ja Persikka voimistavat erityisesti Venuksen ja Jupiterin välille rakentuvia harmonisia määräkulmia.

Metsätähti on erityisen suositeltava peräntyvän Venuksen yhteydessä. Muita verrattomia Venus-uutteita Luontoäidin kotimaisesta lääkekaapista ovat mm. Metsäruusu, Ruiskukka, Yövilkka ja Komealupiini. Venus on tärkeä planeetta karttavertailuissa, ja Yövilkkaa kannattaa harkita aina, kun kahden ihmisen kartoilta löytyy keskinäinen Venusten oppositio tai neliö.

Jalokivistä Venuksen kanssa resonoivat mm. opaali, lapis lazuli, turmaliini, vaaleansininen safiiri ja scholziitti. Metalleista Venus yhdistetään kupariin, jolla on erikoinen ominaisuus lisätä tai vähentää astrologisia vaikutuksia kasvattamalla fyysisen kehon ja hienokehojen sähkömagneettisia ominaisuuksia. Esimerkiksi Paramahansa Yoganandan henkinen opettaja Sri Yukteswar on kertonut metallien, kasvien ja jalokivien suojaavista vaikutuksista Yoganandan klassikossa *Joogin omaelämäkerta*.

Venus hallitsee mm. bioflavonoideja. Ne ovat luonnosta, erityisesti marjoista ja hedelmistä, saatavia yhdisteitä, jotka vahvistavat hiussuonten seinämiä ja sidekudosta, ovat hyödyllisiä sydämelle, maksalle ja vatsalle, ovat antioksidantteja, suojaavat säteilyn vaikutuksilta ja estävät vapaiden radikaalien aiheuttamia soluvaurioita.

Rakkauden ja kauneuden planeetta hallitsee kilpirauhasta ja sen liika- ja vajaatoimintaa. Venuksen piiriin kuuluvat Vaa'an merkin kautta myös munuaiset ja kehon happo-emäs -tasapaino. Venus yhdistetään sokeriin ja makeisiin, ja kovissa aspekteissa Jupiteriin, Neptunukseen tai joskus myös Kuuhun, se voi aiheuttaa taipumuksen hypoglykemiaan tai diabetekseen.

Venus hallitsee kahta mineraalia, kuparia ja jodia. Jodia löytyy erityisesti merilevästä ja kalasta, ja se auttaa kilpirauhasen toimintaa. Kupari puolestaan on välttämätöntä raudan imeytymiselle; rautaa hallitsee Mars. Näin Venus ja Mars tarvitsevat toisiaan.

# MARS, TAIVAAN PUNAINEN KIIHKO ♂

Tämä punainen planeetta on liitetty milloin energiaan, tulisuuteen, aktiivisuuteen ja aloitteellisuuteen, milloin kuumaverisyyteen, rohkeuteen, impulsiivisuuteen ja huimapäisyyteen, milloin seksuaalisuuteen ja maskuliiniseen konfliktitaipumukseen. Marsin avainsanoja ovat lisäksi mm. viha, kiukku, itsekkyys, kärsimättömyys, aggressiivisuus, väkivalta, taistelu, hyökkäys, tuho, hävitys, valloitus, vaara, räjähteet, teräaseet, kirurgia, veri, haavat, lihakset, onnettomuudet, kipu, kuume ja tulehdukset. Niin Rooman ajan gladiaattorit kuin oman aikamme poliisit, sotilaat, palomiehet ja elokuvien stunt-näyttelijät edustavat tätä energiatyyppiä.

Muinaisessa kreikkalaisessa mytologiassa Mars oli Ares, lähes irrationaalisen rohkea ja raivokas jumala, jota hänen isänsä Zeus moitiskeli juuri sotaisuudesta. Kieltämättä punaisen planeetan energioissa on edelleen sotaisa, äkkipikainen puolensa. "Nähdä punaista" on tyypillinen Mars-ilmaisu silloin, kun nämä energiat riistäytyvät hallinnasta.

Antiikin Roomassa Mars oli paitsi sodan, myös kasvun jumala ja jumalista toiseksi tärkein heti Juppiterin jälkeen. Mars oli lisäksi Romuluksen ja Remuksen isä ja Rooman, näiden kaksospoikien perustaman kaupungin samoin kuin sotilaiden suojelija. Arkaaisessa Roomassa Martius eli maaliskuu oli omistettu Marsille ja merkitsi luonnon jälleensyntymistä - ja sotakauden alkua.

Jos taas katsotaan kristinuskon historiaa, niin eikö se pakanallinen Mars ole läsnä sielläkin! Koko kristillinen traditio on täynnä Mars-symboliikkaa alkaen ristinkuolemasta (naulat - teräaseet!), Kristuksen verestä, usein yksisilmäisestä omistautumisesta, ristiretkistä, konflikteista muiden uskontojen ja "pakanoiden" kanssa, valtavasta urhoollisuudesta ja fanaattisuudesta, sokeasta uskosta ja inkvisitiosta, seksuaalisuuden pelosta ja selibaatista.

## Mars ja Maldek

Vanha esoteerinen traditio kertoo, että Marsin planetaariseen historiaan liittyy hyvin mielenkiintoinen tausta. Tradition mukaan aurinkokunnassamme oli aikoinaan planeetta nimeltä Maldek tai Jmojer, jonka keskietäisyys Auringosta oli noin 320 miljoonaa kilometriä. Maldek tuhoutui törmäyksessä Phaeton-nimiseen asteroidiin, ja yhdessä näistä jäännöksistä muodostui sitten asteroidivyöhyke Marsin ja Jupiterin väliselle avaruuskaistalle. On mielenkiintoista, että myös tähtitieteen parissa on esitetty näkemyksiä siitä, että ko. vyöhyke olisi juuri jäänne tuhoutuneesta planeetasta.

Maldekin tuhoutuminen sai samaisen tradition mukaan aikaiseksi huomattavan epäbalanssin aurinkokunnassa, sen eri voimakentissä ja energioissa. Tuhoutuneen planeetan asukkaiden karman synnyttämä vihan, suuttumuksen ja tuhoamisen energiakooste, eräänlainen jättimäinen ajatuskoostuma, siirrettiin Marsiin sen takia, että aurinkokunta on henkisesti kuin yksi suuri perhe - sen sisäisiä asioita ei voida siirtää muille "perheille", vaan ne on hoidettava "kotioloissa".

Sinnikäs traditio antaa yhden selitysmallin Marsin tuhoaville energioille. Sanotaan myös, että Mars on oman planeettamme suhteen aktiivisimmillaan ja haasteellisimmillaan silloin, kun punainen planeetta on perääntyvän liikkeensä aikana lähimmillään Maata. Tämä tapahtuu hieman yli kahden vuoden välein.

Planeettaperheen kuumakallen perääntyvän liikkeen aikana planeetan konfliktienergioille altistuneet ihmiset ja ihmisryhmät imevät itseensä näitä energioita, mutta eivät yleensä toimi ennen kuin Marsin liike on suoristunut. Tämä johtuu siitä, että planeetan perääntyessä sen edustamia energioita ei ole helppo ilmaista fyysisellä tasolla ja käytännössä, mutta samalla väkivaltaan ja vihaan virittyneet ihmiset keräävät niitä varastoon. Mars edustaa ihmiskunnan suhteen eräänlaista väkevää koulutusohjelmaa, jota ei voi sivuuttaa olankohautuksella.

Kun näitä perääntyvän Marsin liikkeitä tarkastelee pitkällä aikavälillä, voi saada selville jaksoja, jolloin ihmiskunta kollektiivina on ollut eräässä mielessä Marsin "testissä". Esimerkiksi Serbian tilanne oli sangen huolettuvaa Marsin perääntyessä vuoden 1999 keväällä. Se kuitenkin laukesi Ahtisaari-Milosevic -kontaktin myötä kesäkuun alussa 1999 melkein samaan aikaan, kun Marsin liike kääntyi suoraksi taivaalla. Sattumaako?

Kaikki nuo Marsin retrograde-jaksot eivät siis ole tuoneet mukanaan kansainvälisiä aggressioita ja selkkauksia, vaan vapaa tahto on mahdollistanut myös rauhanomaiset ratkaisut. Jos teoria pitää paikkaansa, ihmiskunta olisi vähitellen pääsemässä pois ikiaikaisesta vihan ja koston kierteestä, joka on ollut niin tyypillistä planeetallamme.

Kanadalainen Maurice B. Cooke on mielenkiintoisessa kirjassaan *The Mars Connection* (Marcus Books 1988) kirjoittanut juuri näistä Marsin liikkeen suoristuvista jaksoista ja ottanut esiin mm. seuraavat lähihistorian tapahtumat:

Taulukko 11:

## Marsin perääntyvän jakson päättymisen yhteys maailmantapahtumiin

| | Liikkeen suoristuminen | Käynnistyminen | Tapahtuma | Aikaero |
|---|---|---|---|---|
| 1. | 24.8.1939 | 1.9.1939 | II Maailmansota puhkeaa | 7 pv |
| 2. | 11.11.1941 | 7.12.1941 | Pearl Harbor | 4 vk |
| 3. | 29.3.1948 | 1.4.1948 | Berliinin saarto | 2 pv |
| 4. | 29.3.1948 | 14.5.1948 | 1. arabien ja Israelin välien sota | 6 vk |
| 5. | 3.5.1950 | 25.6.1950 | Korean sota alkaa | 8 vk |
| 6. | 27.5.1967 | 5.6.1967 | Kuuden päivän sota (Israel) | 8 pv |

Tässä oli ainoastaan muutamia esimerkkejä Cooken kirjasta liittyen kansainvälisiin selkkauksiin ja Marsin kiertoradan suoristumiseen. Lisää löytyy helposti selailemalla efemeridejä ja palauttamalla mieliin maailmantapahtumia. Kirjoittaja viittaa teoksessaan myös siihen, että Marsin sykleillä saattaa olla yhteys pörssikurssien heilahteluihin. Ehkä bisnesastrologian tuntijat osaavat paremmin kommentoida tätä näkemystä.

Cooke tarjoilee retrograde-teoriallaan selitysmallin Marsin maineelle sotaisana planeettana, jonka vaikutukset voivat hallitsemattomina ulottua kansainvälisiin konflikteihin. Yksilötasollakin voi tietysti tutkia, onko omalla syntymäkartalla jokin planeetta tai herkkä piste juuri Marsin suoristuvan liikkeen kulminaatiopisteessä (stationary direct). Kyseessä saattaa olla tärkeä energioiden laukaisija.

Joka tapauksessa me tarvitsemme Marsia, sen energiaa, aloitteellisuutta, rohkeutta, kiihkeyttä ja innostavaa vaikutusta. Mitään suurta ei maailmassa saavuteta ilman Marsin apua. Meillä on myös mahdollisuus hallita punaisen planeetan konfliktienergian antama haaste. Parhaita kuulemiani Marsiin liittyviä vertauksia on ymmärtää se villihevosena, joka meidän tulee kesyttää saadaksemme ohjattua sen antaman energian, impulsiivisuuden ja innostuneisuuden oikeaan suuntaan. Kesyttämättömänä ja kahlehtimattomana tuolla energialla on suuri taipumus viedä konflikteihin.

Mars on säilyttänyt jotain menneiden kulttuurien ja aikakausien sille antamista piirteistä myös omaan aikaamme. Planeetan sijainti syntymäkartalla kertoo juuri niistä alueista, joilla energioilla on suuri mahdollisuus riistäytyä hallinnasta. Niin merkki- kuin huonesijainti ja tietysti myös Marsin tekemät aspektit on tässä otettava huomioon. Hyvin usein näillä sijainneilla on karmallisia sävyjä, jotka kertovat aiemmissa elämissä tapahtuneista laimin- ja ylilyönneistä sekä niiden balansoinnista nykyisessä inkarnaatiossa.

Niin kuin hyvin tiedetään, Marsin energiat liittyvät myös seksuaalisuuteen, jossa ei välttämättä ole mukana rakkautta. Silloin kun seksuaaliseen ilmaisuun ei liity rakkaus - jota olen joskus kuvannut yrityksenä sammuttaa jano juomalla suolavettä - ihminen joutuu kehityksessään alaspäin vietävälle tielle. Aiemmista elämistä periytyneet ylikorostuneet seksuaaliset energiat näkyvät hyvin kartalla.

Mars on Skorpionin toinen planeettahallitsija ja sijaitessaan tässä intohimoisessa, usein äärimmäisyyksiin menevässä merkissä punainen planeetta kertoo todella aiempien inkarnaatioiden ylikorostumista seksuaalisuuden tärkeällä alueella. Samanlainen koodaus löytyy myös silloin, kun Mars sijaitsee Härässä tai ylennyksessään Kauriissa, missä sen energiat viittaavat myös hyvin kunnianhimoiseen luonteeseen ja uran merkityksen voimistumiseen.

Huonesijainneista Mars erityisesti toisessa ja kahdeksannessa huoneessa kertoo samaa. Kaikissa näissä sijainneissa on samanlainen viesti taivaalta: oppia ilmaisemaan rakkautta laaja-alaisemmin, ei ainoastaan pelkän fyysisen kemian puitteissa. Palaan näihin Mars-sijainteihin tarkemmin tuonnempana tässä luvussa.

Myös muita koodauksia on löydettävissä syntymäkartalta liittyen vastaavanlaisiin seksuaalisuuden ylikorostuksiin aiemmissa elämissä. Tässä yhteydessä on kuitenkin tärkeää ymmärtää nimenomaan se, että myös seksuaalienergia on energiaa yhdessä muodossa ja että tätä energiaa voi oppia kohottamaan uusille, korkeammille tasoille. Silloin se muuntuu mm. henkiseksi energiaksi ja tarmoksi, luovuudeksi, vitaliteetiksi ja joskus myös parantavaksi energiaksi. Pohjimmiltaan kyse on jumalallisesta energiasta, sen hallitsemisesta ja kohdentamisesta mahdollisimman viisaalla ja tarkoituksenmukaisella tavalla.

Marsin konfliktienergiat ilmenevät mentaalisuuden alueella erityisesti silloin, kun planeetta sijaitsee Kaksosissa tai tekee jänniteaspektin Merkuriukseen. Kotitöinä tässä on terävän kielen ja loukkaavan puheen sekä mentaalisen energian kurittomuuden hallitseminen. Se ei yleensä onnistu pelkästään tukahduttamalla - enkä muutenkaan suosittele asioiden tukahduttamista - vaan rehellisellä oman itsensä perkaamisella, ongelman ymmärtämisellä ja sen työstämisellä.

Kontrolloimattomasta sanansäilän heiluttelemisesta on syytä päästä eroon, koska myös käyttämämme sanat ja ajatukset, teoistamme puhumattakaan, heijastuvat omaan tulevaisuuteemme. Niistä juuri syntyy se karma (sanskritin kielellä teko, toiminta), joka kuulostaa monesta niin kovin karmaisevalta. Kyseessä on kuitenkin tärkeä henkinen luonnonlaki, joka toimii - vaikka ei niin haluaisikaan.

## Mars ja pikakarma

Esoteerisen astrologian tuntija, englantilainen tohtori Douglas Baker on kirjoittanut, että Mars liittyy erityisesti lyhytaikaiseen - siis sangen tuoreeseen - karmaan, joka on luotu tässä tai parissa-kolmessa edellisessä elämässä. Bakerin mukaan nämä karmalliset vaikutukset nousevat hyvin usein esiin väkivaltana ja liittyvät tavalla tai toisella vereen. "Yksi tavoista, joilla Mars ilmaisee tämän tyylistä karmaa, ovat autokolarit, joita horoskoopissa voisi indikoida Mars seitsemännessä huoneessa tai Mars Vaa'assa", Baker kirjoittaa teoksessaan *Esoteric Astrology - A New Astrology for a New Millennium* (Baker Publications 1998).

Itse en ole tehnyt vastaavia havaintoja, mutta kolarialttiutta näyttää esiintyvän tavallista enemmän esimerkiksi Marsin tehdessä jännitetransiittia Jupiteriin. Silloin energia pyrkii riistäytymään käsistä ja voi johtaa harkitsemattomuuksiin juuri esimerkiksi liikenteessä.

Bakerin näkemys lyhytkestoisesta karmasta tuntuu oikealta. Saturnus viittaa mielestäni pitkäkestoiseen karmaan, niihin toiminta,- ajatus- ja asennemalleihin, jotka ovat aikojen saatossa kristalloituneita ja ovat nyt tulleet "selvitystilaan". Ehkäpä Saturnuksen ja Marsin vauhtierot taivaalla voivat konkretisoida tätä: punainen planeetta liikkuu meihin nähden eläinradan ympäri yli kymmenen kertaa nopeammin kuin Saturnus.

## Mars nykyhetken kimpussa

Marsin potentiaalisen konfliktienergian pääasiallinen purkautumiskanava näkyy siis syntymäkartan kuvioista. Kannattaa tietysti ottaa huomioon myös Marsin liike progressiokartalla. Se tulee erittäin tulenarkaan ja tärkeään kohtaan tehdessään yhtymää johonkin syntymäkartan eli radixin planeettaan yhden asteen orbilla. Tai päinvastoin: kun edistetty taivaankappale tekee vastaavaa yhtymää syntymäkartan Marsiin. Tällöin avautuu ikään kuin aikaikkuna, jonka myötä ihmisen kyky hallita esiin nousevat kiukku- tai vihaenergiat tulee testattaviksi.

Mars tekee nopean kiertoliikkeensä takia varsin paljon transiitteja syntymäkartan sijainteihin. Nämä kontaktit voivat olla joskus kipinöitä tai energiapiikkejä, jotka potkaisevat asiat käyntiin, ne saattavat nimittäin laukaista liikkeelle vaikkapa jonkin hitaamman transiitin. Kannattaa tarkkailla erityisesti Marsin ylimenoja kartan akseleihin, jolloin asiat intensifioituvat ko. kulmahuoneessa (I, IV, VII tai X huone). Yleisesti ottaen en pidä Marsin transiitteja kovin merkityksellisinä verrattuna esimerkiksi edistetyn kartan Mars-kontakteihin.

Auringonpaluukartoilla Mars on samalla tavoin latauksen antaja kuin syntymäkartalla. Erityisen painokas se on tietysti kulmahuoneissa tai kahdeksannella sektorilla, jota se yhdessä Pluton kanssa hallitsee. Kannattaa myös huomioida, mikäli esimerkiksi auringonpaluukartalla on nousumerkkinä Oinas tai Skorpioni. Se nostaa Marsin korostetusti esiin.

## Mars merkeissä

### Mars Oinaassa:
Kun Mars sijaitsee kartalla "omassa" merkissään Oinaassa - jota se siis hallitsee -, luvassa on melkeinpä energian ylenpalttisuus, jonka yksilö voi sitten kohdentaa haluamallaan tavalla haluamiinsa kohteisiin. Energia ei ole millään muotoa rajoittunut fyysiseen tai lihasenergiaan, vaan se saattaa ilmetä esim. luovassa mentaalisessa työssä tai emotionaalisissa kokemuksissa. Hänen tulee kuitenkin olla tarkkana, että kykenee hallitsemaan ja kanavoimaan kohonneen energialatauksensa.

### Mars Härässä:
Mars on hankalassa sijainnissa Härässä, missä se on Pluton kanssa hallitsemansa Skorpionin vastamerkissä ja missä sen energiat eivät oikein pääse ilmenemään kahleitta. Tavallisesti esteet viittaavat johonkin itsekeskeisyyden piirteeseen tai taipumukseen. Fyysinen nautinnonhalu korostuu tavallisesti tässä Marsin asemassa. Tärkein oppi on välttää juuri näitä nautinnonhalun tendenssejä erityisesti aistillisuuden ja seksuaalisuuden alueella.

### Mars Kaksosissa:
Mars sijaitessaan Kaksosten merkissä ilmaisee tulisia energioitaan mentaalisten lahjojen kautta. Yksilön olemuksessa onkin tässä aika suuri määrä mentaalista energiaa, jota tulee oppia kanavoimaan ja ohjaamaan oikeaan suuntaan. Sijainti voi nimittäin lisätä myös verbaalista hyökkäävyyttä tai loukkaavuutta.

Riitelynhalu voi saada yksilön etsimään tilanteita, joissa saisi heilutella sanan miekkaa. Täytyy vain pitää mielessä, että myös sanoilla ja ajatuksilla voi haavoittaa.

Ihminen joutuu kuitenkin parantamaan tavalla tai toisella jokaisen tekemänsä haavan! Yksilön olisi hyvä kehittää kärsivällisyyttä liittyen mielen toimintoihin ja muihin, erityisesti hitaammin ajatteleviin ihmisiin.

**Mars Ravussa:**
Mars on alennuksessaan herkässä, emotionaalisessa Ravun merkissä. Planeetan tulinen, energinen luonto ei oikein sovi yhteen Ravun äidillisen, konservatiivisen ja takertuvan olemuksen kanssa. Tässä asemassa punainen planeetta on selvä osoittaja siitä, että yksilön lapsuudenkotia on hallinnut kamppailun ja myrskyisyyden elementti.

Tämä on sitten saattanut seurata myös hänen omaan, aikuisena rakentamaansa kotiin, koska meillä ihmisillä on aikuisina usein tiedostamattamme taipumus etsiä sellainen kotimiljöö, joka muistuttaa varhaista kotiamme. Tärkeänä läksynä tässä sijainnissa on kamppailun, jännitteiden ja kiistojen välttäminen kotioloissa.

**Mars Leijonassa:**
Mars kuumassa Leijonan merkissä on hyvä indikaattori johtajanominaisuuksien kehittämiselle. Suurin ongelma tässä liittyy ylpeyteen ja ylimielisyyteen, jotka tulisi voittaa muiden hyväksymisellä ja vihamielisten tunteiden hallitsemisella. Joskus sellaiset saattavat syntyä ihan ilman mitään näkyvää syytä. Mielipiteet ja vakaumukset ovat usein jäykkiä, ja ego varsin suuri.

**Mars Neitsyessä:**
Marsin sijaitessa Neitsyen kriittisessä merkissä ongelmana on se, että energiat saattavat hajaantua liian moneen suuntaan, esimerkiksi vähäpätöisiin projekteihin, liialliseen tulevaisuuden suunnittelemiseen, huoliin terveydestä ja ruokavaliosta jne. Päätavoitteena tässä onkin sen välttäminen, että energiat hukkautuisivat mitättömiin toimintoihin. Yksilö voi olla hyvin omistautunut kutsumukselleen ja panna paljon painoa työlleen. Hänen on kuitenkin varottava liiallista rauhattomuutta, joka voi aiheutua hänen tuntemastaan tyytymättömyydestä itseään tai ympäristöään kohtaan.

**Mars Vaa'assa:**
Mars Vaa'an merkissä tuo elämään ajanjaksoja, jolloin ihminen tuntee olevansa aivan erillään muista, kuin hyljätty. Tähän on karmalliset syynsä, sillä hän itse on aiemmassa elämässään aiheuttanut sen, että toinen ihminen on hänen toimestaan erotettu tai ajettu pois ihmisten yhteisöstä. Nykyisen elämän mukanaan tuoma yksinäisyys kompensoi yksilön karmavelkaa.

Mars voi tuoda myös tendenssin luoda kamppailuja, epäsopua ja debatteja läheisiin ihmissuhteisiin. Yksilö on itse asiassa varsin temperamenttinen kumppanuuteen liittyvissä kysymyksissä. Kumppaniksi valikoituu tavallisesti henkilö, joka nostaa pintaan nämä aggressiiviset energiat, joita yksilö ei ole aiemmissa elämissään kyennyt balansoimaan. Kyseessä ei siis sinänsä ole mikään "paha" asia, vaan pikemminkin mahdollisuus löytää ponnistelemalla kestävä harmonia kumppanuuden alueella.

## Mars Skorpionissa:

Mars Skorpionissa on tuliselle taivaankappaleelle korostunut sijainti, koska se on merkissä, jota se hallitsee eli "omassa" merkissään. Tässä intensiivisessä merkissä tulisen Marsin energiat ovat täydessä ilmennyksessään, ja ne suuntautuvat pääasiassa seksuaalisuuden alueelle. Tämä sijainti voimistaa huomattavasti yksilön seksuaaliviettiä. Siten läksynä on seksuaalisuuden ylikorostumisen välttäminen. Seksuaalisuus voi olla jopa jotenkin vääristynyt, ja siihen voi liittyä pakkomielteitäkin. Tämä on karmallinen sijainti viitaten aiempaan elämään, missä yksilö on väärinkäyttänyt ihmisiä - väärinkäyttö kohdistuu nyt jollain tavoin häneen itseensä.

Usein sijainti viittaa karmalliseen menetykseen, joka täytyy käydä lävitse tässä inkarnaatiossa - ero jostakin ihmisestä, johon on muodostunut voimakas seksuaalinen side. Tämä opetus sisältää tietysti vihjeen olla laittamatta liian suurta painoa energioiden seksuaaliselle purkamiselle.

## Mars Jousimiehessä:

Jousimiehessä sijaitessaan Mars värittää yksilön olemusta voimakkaasti lisäten siihen energisiä, ehkä hieman aggressiivisiakin ja taatusti maskuliinisia sävyjä. Tässä saattaa olla myös jonkinlaista "kauppamatkustajan" sävytystä, viitaten ihmiseen, jonka voi olla vaikea asettua aloilleen. Kyseinen Mars-planeetan sijainti antaa tavallisesti suuren fyysisen kestävyyden. Sanotaan että se on siunaus, joka on peräisin maksetuksi tulleesta menneestä karmavelasta. Yksilö saattaa kuitenkin liioitella jotain Mars-energian ilmennystä, joka voi olla aistillinen, mentaalinen, atleettinen tms. puoli.

## Mars Kauriissa:

Mars on Kauriissa hyvin vahvassa sijainnissa, koska energian, aloitteellisuuden ja aggression punainen planeetta on ylennyksessään juuri tässä johtavassa maamerkissä. Siinä sijaitessaan Mars kanavoi energiat varsin voimakkaasti uraan ja ylipäänsä rooliin elämässä. Vaarana tässä on - etenkin mikäli Mars tekee kartalla jänniteaspekteja -, että ihmisen kyky puskea töitä uupumatta työpaikallaan tai valitsemassaan "roolissa" saattaa tehdä hänet jollain tavoin sokeaksi muille elämän aspekteille. Eli hän voi uhrata liian paljon halutessaan päästä melkein hinnalla millä hyvänsä eteenpäin urallaan tai elämässään.

Erityisesti tämä koskee henkilökohtaista, emotionaalista elämää. Tässä on hyvin tärkeää olla määrittämättä itseään liian tekemisen kautta. Ihminen on ytimeltään jumalallinen olento, eikä hänen tarvitse saada oikeutusta olemassaololleen työn tai uran kautta. Itse asiassa samastuminen uraan on tänä päivänä monille ihmisille kehitystä alaspäin vievä tekijä.

Fyysinen lataus voi tässä sijainnissa saada yksilön mittailemaan omaa kestävyyttään joissakin kestävyyslajeissa. Myös Marsin impulsiivisuus voi parhaimmillaan löytää hyvät ja vastuulliset kanavat Saturnuksen hallitsemassa merkkiympäristössä.

**Mars Vesimiehessä**:
Vesimiehen merkissä punainen planeetta ilmaisee energioitaan mentaalisten lahjojen kautta. Olemuksessa onkin aika suuri määrä mentaalista energiaa, jota tulee oppia kanavoimaan ja ohjaamaan oikeaan suuntaan. Mars tehdessään jänniteaspekteja Vesimiehessä voi johtaa taipumukseen antaa mielen leikkiä liikaa seksuaalisuuden, aistillisten fantasioiden ja vastaavien parissa. Tämä on sijainnin varsinainen vaikeus ja haaste, mutta mentaalisten lahjojen voima on tavallisesti sellainen, että yksilön tarvitsee ainoastaan tulla tietoiseksi näistä taipumuksista voidakseen ottaa ne hallintaansa.

**Mars Kaloissa**:
Marsin sijainti kartalla Kalojen merkissä on sen edustamille energioille sangen ongelmallinen sijainti. Yksilöllä on tässä luultavimmin taipumus huomata, että emotionaaliset kohtaukset ovat totaalisen kuluttavia, samoin kuin mikä tahansa tarve olla tekemisissä emotionaalisesti polaroituneiden ihmisten kanssa. Yksilöllä, jolla on tämä Marsin sijainti syntymäkartallaan, on aina jokin ongelma tai vaikeus liittyen jalkoihin, ja tämä vika tai puutteellisuus palvelee sitä tarkoitusta, että hän kiinnittäisi huomiota maanpäällisiin, käytännöllisiin asioihin ja pohdintoihin.

Aiemmassa elämässä hän nimittäin löi laimin tällaiset maalliset välttämättömyydet ja keskittyi niiden sijasta sellaisiin, joita itse piti korkeampina pyrintöinä. Tämän seurauksena tietyt sielut, jotka oli annettu hänen huolehdittavikseen, joutuivat jollain tavoin kärsimään. Siten tässä inkarnaatiossa on tarpeellista suunnata energiaa hyvin käytännöllisellä tavalla, mahdollisesti muista huolehtimiseen ja ruokkimiseen (esimerkiksi lapset).

Tietysti monet muutkin ihmiset kuin ne, joilla on tämä Marsin sijainti, joutuvat huolehtimaan toisista ihmisistä, mutta tässä nimenomaisessa Marsin sijainnissa asia on vakavampi ja vaikeampi. Mukana saattaa samalla tulla taipumus olla harmissaan siitä tosiasiasta, että nämä velvollisuudet vievät niin paljon yksilön aikaa ja energiaa. Se on vain kestettävä, koska se kuuluu yksilön henkiseen "koulutusohjelmaan".

Kalojen merkkimiljöö edustaa Marsille sen tekemistä aspekteista riippumatta erityisen hankalaa ympäristöä. Näin voi myös sanoa Merkuriuksen ja Saturnuksen sijaitessa tässä kosmisen valtameren epäkonkreettisessa merkissä.

## Mars huoneissa

**Mars 1. huoneessa**:
Mars on voimakkaassa huonesijainnissa kartan ensimmäisellä sektorilla, onhan se "omassa" huoneessaan. Minäkuva värittyy tässä miehekkyyden, itsevarmuuden ja atletisminkin piirteillä. Oppina on yksinkertaisesti kohtuullistaa itsevarmuutta ja

aggressiivisuutta - mikäli sellaista ilmenee - niin, etteivät ne pääse haittaamaan ja vahingoittamaan ihmissuhteita. On myös tärkeää, ettei Oinaalle tyypillinen halu olla "Numero Yksi" pääse tässä liian korostuneesti esiin.

Karmallisesti kuvio viittaa aiempaan elämään, jossa yksilö ilmensi huomattavaa fyysistä aggressiivisuutta muita vastaan sillä seurauksella, että nykyisessä inkarnaatiossa hän on voinut joutua kärsimään fyysisestä väkivallasta muiden käsissä - tyypillisesti toisen vanhempansa taholta tulleesta.

### Mars 2. huoneessa:

Huonesijainnin oppina on tässä ollut sen oivaltaminen, että seksuaalisuus on vain kehon tapa ilmaista rakkautta ja että sellainen tapa on aina epätäydellinen ja -tyydyttävä, jollei mukana ole voimakasta, sitoutunutta emotionaalista kiintymystä. Oppi on mahdollisesti viety perille juuri rakkauskumppaneitten menettämisen myötä, kunnes on noussut esiin näkemys, että seksi ilman rakkautta on tyhjä kokemus.

Karmallisesti tämä kuvio viittaa ketjuun aiempia elämiä, joissa muut joutuivat kärsimään yksilön seksuaalisten taipumusten ja oikutteluiden takia. Tästä johtuen hän on joutunut nykyisessä elämässään käymään lävitse joitakin kärsimyksen episodeja, koska on tuntenut toistuvasti kiintymystä partnereihin, jotka ovat olleet kykenemättömiä sitoutumaan kiintymyksineen häneen.

### Mars 3. huoneessa:

Marsin huonesijainti energisoi tässä huomattavasti mielen aluetta. Melkoinen mentaalinen kyvykkyys on ohjattavissa mielen käyttämiseen minkä tahansa ongelman ratkaisemiseen. Mars pyrkii kuitenkin rakentamaan mielen tässä sijainnissa sellaiseksi, että se ikään kuin toimii "itsekseen", omien sisäisten prosessiensa varassa. Energian planeetan jänniteaspektit voivat tässä huonesijainnissa vaikuttaa mielen toimintoihin niin, että sen sisäisten prosessien kiihkeys aiheuttaa yksilölle unettomia öitä.

Tämä piirre on seurausta sellaisten aiempien elämien ketjusta, jotka yksilö omisti mentaalisten kykyjensä harjoittamiseen ja voimistamiseen. Jos tämäntyyppinen mentaalinen stimulaatio on kuitenkin esiintynyt puhtaasti MAALLISESSA ympäristössä ilman henkisyyden kohottavia virtauksia, tässä elämässä on viisasta hankkiutua jonkin henkisen praktiikan pariin, jotta mielen sisäinen mylläkkä saataisiin kuriin ja järjestykseen. Esimerkiksi rajajooga on tässä suhteessa erinomainen valinta, koska sen avulla voi rauhoittaa ja tyynnyttää mielensä, jolloin intuitio ja henkisten opastajien ja auttajien ohjaus tavoittavat paremmin ja täsmällisemmin yksilön tajunnan. Jos taas mieli myrskyää, on tätä ohjausta vaikea saada ja seurata.

### Mars 4. huoneessa:

Huonesijainti viittaa siihen, että yksilöllä on karmallisia velkoja maksettavanaan liittyen kotiin ja perhesiteisiin. Marsin asema nimittäin kertoo, että hän on aiheuttanut aiemmissa inkarnaatioissaan lapsilleen ja aviokumppanilleen paljon kärsimystä oman väkivaltaisuutensa takia. Samat taipumukset pyrkivät tietysti ilmenemään myös nykyisessä inkarnaatiossa, ja yksilö onkin luultavasti joutunut jälleen yhteyteen niiden kanssa, joita kohtaan hän on tuntenut vihaa ja ärtymystä. Hän joutui myös itse todennäköisesti kokemaan kotonaan varhaisina vuosinaan konflikteja, jotka ovat jättäneet häneen jälkensä.

Yksilö on saattanut tuntea myös vetoa sellaista kumppania kohtaan, joka on nostanut esiin hänen omat taistelijan piirteensä ja taipumuksensa. Jatkuva riitely ja kinaaminen ei kuitenkaan pitkän päälle stimuloi, vaan sitä on seurannut todellinen ärtymys ja vihanpito, jota suhde ei kyllä ole kauan kestänyt. Yksilön ajattelussa ehkä "kodin" ja "konfliktin" käsitteet ovat jossain vaiheessa kuuluneet yhteen, vaikka niin ei tietysti tule olla.

### Mars 5. huoneessa:

Marsin sijainti on 5. huoneessa hyvin tärkeä ja samalla paljastava, koska se kertoo yksilön aiempien elämien taipumuksesta kehittää konfliktintäyteisiä suhteita joko lastensa tai isänsä, tai molempien kanssa. Myös tässä nykyisessä elämässä sama tendenssi pyrkii nousemaan esiin, ja jälleen kerran hän on joutunut kohtaamaan ne aivan samat ihmiset joko omina lapsinaan tai vanhempinaan. Ja taas nousevat vanhat kaunat ja vihan tunteet pinnalle. Hyvin tärkeää on nyt oppia voittamaan nuo jännitteiset tunteet ja asenteet, koska mikäli niin ei käy, ihminen joutuu kohtaamaan seuraavassa elämässä samat ihmiset ja samat konfliktit. Ja tehtävä tulee kerta kerralta vaikeammaksi.

Mikäli yksilö on solminut rakkaussuhteen ennen vanhempi/lapsi -ongelman selvittämistä, hän tulee vääjäämättä huomaamaan, ettei voi paeta konflikteja RATKAISEMATTA niitä, ja ratkaisemattomina ne seuraavat myös hänen solmimaansa suhteeseen. Eli yksilö on joutunut jälleen peruskysymyksen eteen. Pallo on joka tapauksessa hänellä, ja hän tekee itselleen suuren palveluksen hiomalla jännitteet vähitellen pois.

### Mars 6. huoneessa:

Mars on sinänsä erinomaisessa huonesijainnissa 6. huoneessa, missä se energisoi mieltä ja auttaa selvittämään organisatorisia taipumuksia, joita yksilöllä on. Marsin jänniteaspektit tuovat tässä energioihin luultavimmin kurittomuutta ja jonkinlaista sysäyksellistä luonnetta, jonka yksilö voi voittaa itsehillinnällä.

### Mars 7. huoneessa:

Yksilön omat aggressiiviset ja repivät tendenssit pääsevät pinnalle todennäköisesti parisuhteen alueella, jolloin ne tietysti voidaan tunnistaa ja käsitellä. Ja käsittelyä nämä konfliktienergiat todella tarvitsevat. Olisi opittava mm. luopumaan pyrkimyksestä sännätä heti taisteluareenalle, kun kumppanin puolelta tulee vastustusta, ja koetettava nousta erimielisyyksien YLÄPUOLELLE todellisen kiintymyksen ja rakkauden siivin!

Yksi keskeisistä läksyistä koko maaelämässä on lopulta oppia myötätuntoisen kiintymyksen todellinen muoto, joka kiteytyy sanoihin: "Rakkaus antaa kaiken anteeksi." Karmallisesti yksilön on täytynyt käydä lävitse toistuneita episodeja, joissa rakkaussuhteet ovat "ajaneet karille" hänen itse luomiensa konfliktien takia. Eron tuska on ollut tapa keventää aiemmissa elämissä kertynyttä karmallista taakkaa, jolloin muut joutuivat kärsimään hänen kauttaan samanlaista tuskaa.

## Mars 8. huoneessa:

Huonesijaintinsa puolesta Mars nostaa voimakkaasti esiin seksuaalisten tai intohimoisten kiintymysten elementit ja vihjaa tässä siihen, että nämä puolet ovat saaneet yksilön elämässä liian voimakkaan korostuksen. Mars vaatii tässä yksilöä käymään läpi useita periodeja, joiden aikana seksuaalinen ilmaisu kielletään kokonaan. Tämän tarkoituksena on yllyttää kokemaan ja kokeilemaan muita kiintymyksen muotoja, nimittäin mentaalista ja emotionaalista kiintymystä.

Heti kun ihminen voi oppia tuntemaan rakkautta sydämessä ILMAN että seksuaalinen puoli vaatii ilmaisemista, tämä vaativa läksy on opittu. Sijainnilla on voimakkaita karmallisia viitteitä liittyen etupäässä aiempien elämien seksuaalisiin tottumuksiin, jotka tuottivat tuskaa toisille. Pidättyvyyden kautta voi tätä karmaa saada huomattavasti tasoitettua.

## Mars 9. huoneessa:

Mars ollessaan 9. huoneessa korostaa moraalista oikeudenmukaisuutta ja voi tehdä ihmisen "ristiretkeläiseksi" jonkin oikeaksi katsomansa asian puolesta.

Mars saa tässä perinteisesti aikaiseksi varsin kiihkeän totuudentorven, joka erinomaista oppiaan julistaessaan unohtaa maltillisuuden hyveen. Tämä on oivallinen sijainti mm. maallikkosaarnaajalle. Olisikin viisasta omaksua hieman maltillisempi, vähemmän hätäinen ja impulsiivinen rooli näissä "käännytystöissä". Joskus tämä sijainti on erinomainen filosofian opinnoille.

## Mars 10. huoneessa:

"Työnarkomania" seuraa usein tätä kuviota. Mars usein aiheuttaa lisäksi konflikteja ja aggressiota uraan liittyvissä asioissa, erityisesti ylempien taholta. Yksilön olisikin hyvä pehmentää aggressiivisia tendenssejään, koska muuten hänen uransa saattaa kärsiä. Hän voi menettää asemansa esimerkiksi kohtelemalla työtovereitaan väärällä tavalla. Karmallisesti tämä Marsin sijainti viittaa aiempiin inkarnaatioihin, jolloin yksilö pakotti muut menettämään elantonsa oman "ruoskansa" kautta.

## Mars 11. huoneessa:

Marsin sijainti kartan 11. huoneessa on selvä indikaattori sille, että aiemmissa elämissä vastustajan tai vihollisen roolissa olleet ihmiset ovat jälleen osa yksilön inkarnaatiokokemusta. Lisäksi tässä on vahva viittaus siihen, että vanhat kaunat ja konfliktit ovat jääneet ratkaisematta. Nyt yksilölle onkin tullut kultainen mahdollisuus etsiä ja kartoittaa niitä ihmisiä, joilla on ollut "vihollisen" rooli tässä elämässä ja pyrkiä kaikin mahdollisin tavoin laukaisemaan mahdolliset jännitteet. Vielä siinäkin tilanteessa, että ko. ihmiset eivät enää olisi häneen kontaktissa, ihmisen on viisasta tutkia itseään ja vapautua KAIKESTA kaunasta tai vastenmielisyydestä, jota yksilö vielä kantaa sisällään.

Yksilön on syytä muistaa, että mikäli hän kuolee tässä elämässä tuntien vähäisintäkin kaunaa tai vastenmielisyyttä jotain toista sielua kohtaan, on hänen vielä palattava fyysiselle tasolle ja kohdattava tuo toinen yksilö, jolloin samat vanhat jännitteet ja kaunat nousevat jälleen esiin. Tämä laki on rikkumaton ja koskee meitä kaikkia.

**Mars 12. huoneessa:**
Tässä sijainnissa Mars osoittaa, että yksilö oli mies edellisessä inkarnaatiossaan, mikä saattaa selvittää joitain piirteitä hänen olemuksessaan ja suhtautumisessaan (erityisesti, mikäli hän on nyt syntynyt naiseksi). Mikäli Mars tekee lisäksi jänniteaspekteja muihin taivaankappaleisiin, liittyi tuohon elämään luultavimmin jotakin väkivaltaista; nykyisessä elämässä yksilön olisi hyvä positivisoida magneettikentässään olevaa epäsopua ja jännitteitä, jotka voivat hallitsemattomina aiheuttaa yllättäviä ja äkillisiä onnettomuuksia. Myös kiihkeä rytmi psykologisessa varustuksessa saattaa kaivata harmonisointia, koska muuten jännitteet voivat aiheuttaa esim. päänsärkyä.

## Marsin aspekteista

### Marsin haasteet yhtymissä:
Marsin tekemät yhtymät syntymäkartalla ovat hyvin tärkeitä yksilön karman ja elämänsuunnitelman kannalta. Tällöin nousevat esiin tavallisesti ratkaisemattomat, vihaa tai suuttumusta sisältävät konfliktit aiemmista inkarnaatioista. Yhtymät toimivat eräänlaisina katalysaattoreina, joiden myötä yksilön toivotaan saavan uusia näkökulmia ja toimintamalleja asioihin. Konjunktioiden kautta myös aiemmissa elämissä tavalla tai toisella jämähtäneet energiat voidaan vapauttaa ja kohdentaa uusiin, luoviin kanaviin.

Voidaan hyvin sanoa, että Mars tuo haasteen mukanaan kaikkiin tekemiinsä yhtymiin, planeetasta riippumatta. Helpointa tämä on ymmärtää esimerkiksi Kuun, Saturnuksen ja Neptunuksen yhteydessä, ovathan näiden taivaankappaleiden luonteet niin kerta kaikkiaan päinvastaiset kuin Marsin.

Esimerkiksi Neptunus pyrkii hämärtämään Mars-energioiden kohdentamista, ja niinpä ihminen voikin hukata tai käyttää väärin voimiaan ja energioitaan. On myös mielenkiintoista, että Kanadassa tehdyn tutkimuksen mukaan alkoholismin tai vakavien alkoholiongelmien yhteydessä yleisin kahden planeetan välinen aspekti on Marsin ja Neptunuksen konjunktio.

Pieni mielenkiintoinen detalji liittyy muuten Marsin ja Merkuriuksen yhtymään. Jos sellainen esiintyy syntymäkartalla, ihmisellä on usein jokin fyysinen merkki, arpi tai vastaava indikaattori aivan nenän alaosan alla tai sivulla. Marsin ja Venuksen yhtymä puolestaan näkyy usein vastaavanlaisena merkintänä ylähuulessa. Marsin ja Jupiterin yhtymä taas saa aikaan robustin fyysisen kehon, mikäli kartan muut tekijät sen sallivat.

### Mars jänniteaspektissa Saturnukseen:

Mars ja Saturnus, tulikuuma ja jääkylmä, muodostavat tärkeän polariteetin astrologiassa ja myös melkoisen haasteen tehdessään kontaktia syntymä- tai transiittikartalla. Maineeltaan molemmat ovat vähintään arveluttavia, onhan perinteisessä astrologiassa Marsia pidetty pienenä ja Saturnusta suurena pahantuojana ja niiden välistä kontaktia kaikkein vaikeimpana ja haasteellisimpana aspektina. Kuitenkin parivaljakko on ainakin joissain suhteissa mainettaan parempi; ajat ovat muuttuneet näiden arviointien suhteen.

Karman planeetta Saturnus tuo meille lahjomattomasti sen, minkä olemme ansainneet, ja tullessaan aktiiviseksi Isä Aika kääntää tarkan katseensa juuri sinne, missä "kotityömme" ovat kesken. Siitähän me ihmiset emme aina pidä. Mars lisää tässä kontaktissa vielä pökköä pesään tuoden kuvioon oman räjähtävän vaikutuksensa. Näillä planeetoilla on valtava "lämpötilaero" - nyt ei puhuta Celsiuksista -, joka täytyy tavalla tai toisella kohdata ja ratkaista.

Jos nämä planetaariset tekijät kohtaavat hallitsemattomasti toisensa, on tuloksena huikea määrä kiukkuenergiaa, suuttumusta, sokeaa vihaa, joskus myös julmuutta. Saturnus yleensä rajoittaa ja estää Marsin energialatausta pääsemästä esiin, mutta jossain vaiheessa raja ylittyy ja tukahdutettu voima syöksyy tulivuorenpurkauksen lailla esiin.

On ehkä mielenkiintoista palauttaa mieliin, että Mars hallitsee rautaa ja terästä siinä missä Saturnus lyijyä. Jos tätä planetaarista symboliikkaa viedään sodan ja väkivallan maailmaan, niin hyvin monet aseet on tehty teräksestä ja ammuksissa puolestaan käytetään lyijyä painon antajana. Kuinka havainnollista!

Jos kartalla on tämä Marsin ja Saturnuksen kieltämättä vaativa kuvio, onko kohtalona sitten vain tyytyä osaansa ja antaa sapen kiehua rauhassa? Ei toki. Mielestäni viisainta mitä ko. kuvion kanssa voi tehdä, on etsiä kultainen keskitie Saturnuksen rajoitusten ja Marsin räjähdysten välistä. Silloin Marsin antama innostuneisuus ohjautuu Saturnuksen antaman itsekurin ja fokusoinnin kautta rakentaviin uomiin.

Käytännössä tämän latauksen saa neutraloitua tyypillisimmin voimakkaan fyysisen ponnistelun kautta, kunhan kohdentaa esiin nousevan paineen johonkin rakentavaan. Mikään pieni "juoksen tässä korttelin ympäri" -tyylinen juttu ei kuitenkaan riitä, vaan olen usein suositellut asiakkailleni reilua kymmenen kilometrin hölkkää räntäsateessa vastatuuleen - tai muuta vastaavaa ponnistelua. Sellaisen avulla saa kiukkuenergiat maadoitettua ja samalla jotain hyödyllistä aikaiseksi.

### Mars jänniteaspektissa Uranukseen:

Näiden kuvioiden yhteydessä tarvitaan lujasti harkintaa ja tervettä järkeä. Jarrut on keksitty, on kuitenkin eri juttu, käytetäänkö niitä. Näiden planeettojen välinen jännitekontakti tekee yksilön mm. alttiiksi onnettomuuksille, ja uusien asioiden aloittaminen saattaa takkuilla elämän eri alueilla. Tässä olisi hyvä, mikäli hänen työnsä ja vapaa-ajan harrastuksensa olisivat sellaisia, että niissä olisi minimaalinen onnettomuusriski. On hyvä luottaa myös sisäiseen ohjaukseen, joka kehottaa pysymään poissa tilanteista, missä on olemassa onnettomuuden mahdollisuus.

### Mars jänniteaspekteissa Neptunukseen:

Marsin jänniteaspekti (yhtymä kuuluu tässä mukaan) Neptunukseen voi hämärtää energioiden käyttöä ja ohjata niitä jotenkin harhaan. Eli tämä kuvio vaatii hyvää ymmärrystä ja erottelukykyä, jotta ihminen kykenisi kohdentamaan Marsin energian positiivisella tavalla ja välttämään voimiensa ja energioittensa väärinkäyttöä. Kuvio kehottaa myös tarkkuuteen ja huolellisuuteen esimerkiksi lääkkeiden, alkoholin ja vastaavien käytössä. Tämä aspekti esiintyy tilastollisesti merkittävän usein alkoholisteilla. Se ei kuitenkaan itsessään tee kenestäkään alkoholistia!

### Mars jänniteaspektissa Plutoon:

Marsin yhtymä Plutoon (etenkin, mikäli orbina on maksimissaan 3°) viittaa johonkin fyysisen energian tai kehon väärinkäyttöön aiemmissa inkarnaatioissa. Tästä seurauksena nykyinen fyysinen keho joutuu tavallisesti keskimääräistä jonkin verran vakavampien karmallisten rajoitusten, kärsimysten tai vastaavien kohteeksi. Tämä riippuu kuitenkin myös muista tähän yhtymään kohdistuvista jänniteaspekteista.

Yleisemmällä tasolla Marsin jänniteaspektit Plutoon tuovat vastakkain energian ja voiman planeetat, jotka tässä kuviossa eivät juuri tue toisiaan: Mars imee Pluton antamaa voimaa, kun taas Pluto vähentää Marsin tuottamia energioita. Aspekti voi tehdä ihmisen myös onnettomuusalttiiksi, ja ihmisen onkin syytä olla huolellinen ja varovainen tilanteissa, joissa Mars- tai Pluto-energiat saattavat riistäytyä käsistä. Näin voi tapahtua esimerkiksi ihmismassojen keskellä. Kuvio on usein heijastuma jostain aiempien elämien voimien väärinkäytöstä.

Henkinen kehitys on se todellinen lääke näihin jänniteaspekteihin; sen avulla yksilö kykenee voittamaan suurimman osan kontaktin potentiaalisista haitoista. Ja aina voi pyytää näissä asioissa jumalallista ohjausta ja suojelusta - anovalle annetaan, kuten sanonta kuuluu. Tällöin yksilö saattaa kyetä hajoittamaan vanhoja, aikansa eläneitä rakenteita jollain positiivisella, ei-tuhoavalla tavalla.

Värähtelyuutteista Kesäkurpitsa ja Punainen unikko balansoivat Marsin voimakkaita jännitteisiä vaikutuksia. Keto-orvokki ja Rohtoraunioyrtti tuovat helpotusta Marsin ja Saturnuksen neliöihin. Aloe vera auttaa kohtaamaan Marsin ja Neptunuksen yhtymän kielteisiä vaikutuksia, kun taas Aprikoosiuute helpottaa, jos yksilön syntymäkartalla on Marsin ja Pluton neliö. Puna-ailakki ja muurain laajentavat ja voimistavat Marsin positiivisia vaikutuksia.

Metalleista Mars liittyy rautaan ja hiiliteräkseen. Tyypillisiä Mars-kiviä ovat mm. verikivi ja karneoliakaatti; jälkimmäinen liittyy sekä Oinaan että Skorpionin merkkiin.

Vitamiineista Mars liittyy erityisesti E-vitamiiniin, jonka tehtävänä on toimia antioksidanttina vesi- ja rasvaliukoisten ainesten rajapinnassa mm. solukalvoilla. E-vitamiini hidastaa myös elimistön kudosten rappeutumista eli vanhenemismuutoksia. Mars hallitsee rautaa, jota on vaikea saada imeytymään ilman sopivia määriä B-12-vitamiinia ja foolihappoa, toista B-vitamiinia, jotka molemmat auttavat torjumaan anemiaa ja ovat mukana DNA-synteesissä. Punainen planeetta liittyy myös vereen ja lisämunuaisiin, jotka tuottavat adrenaliinia. Mars hallitsee lisäksi mm. tulehduksia, jonkin terveysongelman nopeaa ilmestymistä ja ylenmääräistä lämpöä, kuumetta.

Kannattaa tarkastaa Marsin sijainti syntymäkartalla, koska merkin hallitsema alue on altistunut tapaturmille ja tulehduksille. Esimerkiksi Mars Härässä voi tuoda kurkkukipuja.

**Esimerkkikartta 4**

Olen ottanut tarkasteluun espanjalaisen visionäärin, arkkitehti Antonio Gaudin (1852-1926) kartan.

Katalonialaisen Gaudin monumentaalinen *La Sagrada Familia* -katedraali Barcelonassa on modernin arkkitehtuurin huippusaavutuksia; se jäi keskeneräiseksi - ja on edelleen sitä. Katedraalin epäsovinnaiset, unenomaiset muodot ja kaavaratkaisut ovat puhuttaneet paljon niin aikalaisia kuin jälkipolviakin. Gaudi itse on haudattu mestariteoksensa kryptaan.

Gaudin kartta on hyvin monessa mielessä poikkeuksellinen. Siitä löytyy - jos otamme tulkinnassa mukaan myös kuunsolmut - kaksi harvinaista suurkolmiota, jotka yhdessä muodostavat äärimmäisen harvinaisen kuusisakaraisen tähden eli ns. Daavidin tähden. Se on pyhän geometrian tärkeimpiä kuvioita, joka kertoo astrologisesti suuresta sielusta ja suuresta tehtävästä.

Mars on korostunut kartalla, mitä symboloivat jännittävästi La Sagrada Familian monet terävät kärjet. Punainen planeetta on omassa huoneessaan aivan askendentilla, mistä sen energia välittyy koko kartalle värittäen minäkuvaa ja persoonallisuutta rohkeudella, aloitteellisuudella, kunnianhimolla, riippumattomuudella ja myös mekaanisten taitojen runsaudella. Samalla Mars on yhtenä suuren maakolmion kärkenä maadoittaen energioita ja tuoden innostuksen ja innoituksen hedelmät konkretiaan.

Marsin kontaktit 9. huoneeseen, henkisten horisonttien avartumisen, korkeampien perspektiivien ja mm. uskonnollisuuden alueeseen, ovat hyvin voimakkaat. Kolmio Saturnukseen auttaa juuri kanavoimaan Marsin energiat yhteen fokukseen, kolmio Uranukseen antaa puolestaan halun jättää epätavallisen merkin maailmaan ja lisää mm. teknologista kapasiteettia, kun taas kolmio Plutoon yhdistää energian ja voiman (ne eivät ole sama asia) parhaalla mahdollisella tavalla.

Antonio Gaudi
Natal Chart
25 Jun 1852 NS
09:30 LMT −0:04:28
Reus, Spain
41°N09' 001°E07'
Geocentric
Tropical
Porphyry
True Node

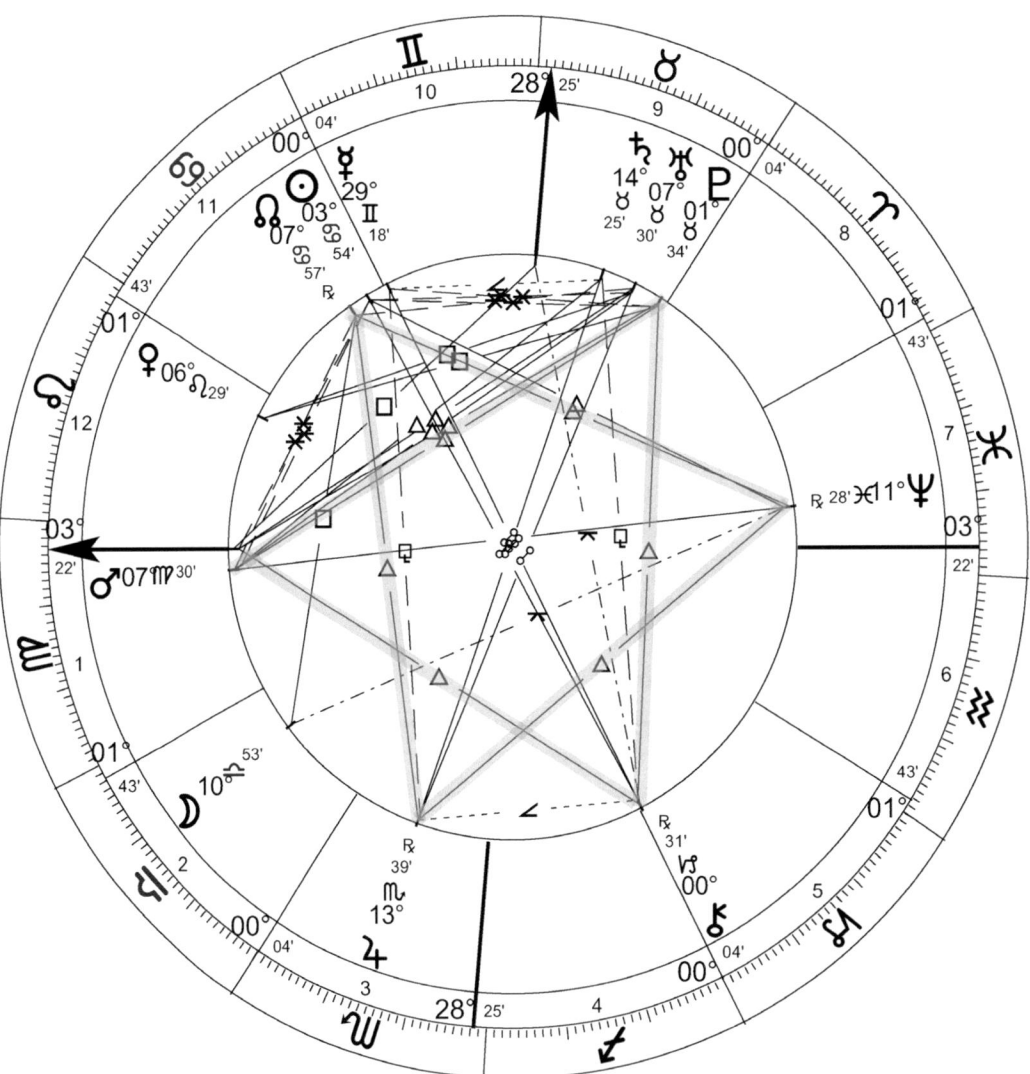

Uranus-kolmio alasolmuun taas viittaa siihen, että Gaudi sai huomattavaa tukea projektilleen aiempien elämien saavutusten kokonaissummasta, missä sielläkin on ollut paljon konkretisoivaa voimaa (alasolmu Kauriissa). Uranuksen ja Saturnuksen yhtymä on tietysti tässä äärimmäisen mielenkiintoinen, antaahan se mahdollisuuden yhdistää menneisyys (Saturnus) tulevaisuuteen (Uranus). Ja niinhän Gaudi mestariteoksessaan juuri teki.

Marsin ainoa varsinainen jänniteaspekti rakentuu seitsemännessä huoneessa sijaitsevaan Neptunukseen, eli Marsin tulinen realismi kohtaa Neptunuksen tuonpuoleisen idealismin. Tässä on vaarana, niin kuin jo aiemmin kirjoitin, energioiden ja voimien hukkaantuminen tai niiden kohdentamisen hämärtyminen. En tiedä mitään Gaudin avioelämästä tai kumppanuuksista, mutta tässä on voimakas vinkki siihen suuntaan, että kyseisellä alueella häneltä on vaadittu uhrautumista.

Mars Neitsyessä viittaa tavallisesti energioiden hajaantumiseen liian moneen suuntaan, mutta tässä voimakkaat positiiviset aspektit auttavat tuoden mielenvoimaa ja kykyä analysoida. Gaudín tapauksessa punaisen planeetan merkkisijainti liittyy mielestäni myös työteliäisyyteen ja suureen tarkkuuteen yksityiskohdissa. Neptunuksen sijainti aspekteineen viittaa Gaudín arkkitehtuurin mystiseen unenomaisuuteen ja uskonnolliseen idealismiin (Neptunus kolmio Jupiter!), jota on syystä verrattu mm. Thaimaan Wat Phra Keon temppelialueen lumottuun arkkitehtuuriin.

Oma lukunsa on tietysti Neptunuksen sijainti yhtenä vesikolmion kärkenä. Vesikolmio viittaa voimakkaaseen magnetismiin, karismaan, mystiseen mielenlaatuun sekä kykyyn ottaa vastaan henkistä ohjausta ja inspiraatiota korkeammilta tasoilta. Mikä parasta, Gaudin kartalla juuri Mars tekee vesikolmiosta leijakuvion. Suurkolmioilla on nimittäin taipumus muodostua ikään kuin suljetuiksi virtapiireiksi, jotka voivat johtaa hedelmättömään itsetyytyväisyyteen. Johonkin kolmion kärkeen muodostuva oppositio on hyvin tärkeä "varaventtiili", jonka kautta energiat - Gaudin tapauksessa korkeat tunne-energiat - löytävät helpommin ilmaisunsa ulkoisessa todellisuudessa. Tulokset ovat meidän kaikkien nähtävissä.

# 6

## Positiivinen ja negatiivinen karma:

# Jupiter ja Saturnus

Jupiter ja Saturnus muodostavat polariteettiparin, joka auttaa yksilöä löytämään paikkansa yhteiskunnan jäsenenä, oppimaan suunnistamista Jupiterin laajentavien ja Saturnuksen rajoittavien virtausten ristiaallokossa. Eli Jupiter laajentaa ja kertoo mm. positiivisen karman laadusta ja mahdollisuuksista ilmentyä tällä fyysisellä tasolla, mutta Saturnus antaa rajat, joiden puitteissa tämä laajentuminen voi tapahtua. Ne toimivat erikoisena parivaljakkona ja polariteettina, joiden voimakentässä ihminen voi joutua "kahden tulen väliin".

Jupiterin kiertoaika eläinradalla on hieman alle 12 vuotta, kun taas Saturnus kiertää eläinradan n. 29,5 vuodessa. Niiden keskinäinen planetaarinen rytmiikka on sellainen, että planeetat tulevat suunnilleen 20 vuoden välein yhtymään taivaalla. Tämä tapahtuu parillisten vuosikymmenten alussa, esimerkiksi 1940-, 60- ja 80 -lukujen alussa. Parittomien vuosikymmenten alussa ne ovat taas oppositiossa toisiinsa.

Jupiterin ja Saturnuksen yhtymät ja oppositiot ovat karmallisesti hyvin merkityksellisiä kontakteja, joihin palaan tarkemmin tämän luvun lopussa.

Jupiter antaa optimismin ja inspiraation, Saturnus realismin ja konkretian. Nämä kaikki ominaisuudet ovat Henkisellä Tiellä enemmän kuin toivottavia, ne ovat lopulta välttämättömiä. Realistinen optimismi vie kehitystä hienosti eteenpäin ja auttaa inspiraation hedelmiä löytämään hyvän maaperän. Henkinen Tie levenee mahdollisuuksien kasvaessa kehityksen myötä, mutta paradoksaalisesti ihmisen pyhiinvaelluspolku myös kapenee eettisten askelmerkkien tarkentuessa. Jupiter avaa tien, mutta Saturnus laittaa sille nopeusrajoituksia. Niiden kanssa tulee oppia elämään. Yhdessä nämä suuret planeetat generoivat viisautta.

# JUPITER - POSITIIVINEN PANKKITILIMME ♃

Jupiteria on perinteisesti pidetty suurena hyväntuojana, eräänlaisena joulupukkiplaneettana, joka saa elämän maistumaan hyvälle. Mutta suopealla Jupiterillakin on kääntöpuolensa: se voi tehdä ihmisen laiskaksi, nautinnonhaluiseksi yksilöksi, henkiseksi sohvaperunaksi, jonka saattaa olla vaikea motivoida itseään ponnistelemaan. Tällainen ihminen voi alkaa pitää asioita liian itsestäänselvyyksinä - mitä ne eivät koskaan ole - ja liioitteleminen, ylenpalttisuus ja tuhlailutaipumukset kuuluvat silloin usein kuvaan.

Jupiter on filosofinen, henkisiä horisontteja avartava planeetta, joka liitetään usein myös papistoon ja uskonnollisuuteen, metafysiikkaan, pitkiin matkoihin ja kaukaisiin kulttuureihin. Etymologisesti jättiplaneetta liittyy latinan *jovialikseen*, vanhan latinan *jovikseen*, Isä Joveen - joskus myös Jahveen -, italian *giovialeen*, henkilöön joka on syntynyt "Jove-planeetan alaisuudessa". Kreikan mytologiassa Jupiter oli Zeus.

Kyseessä on aurinkokuntamme suurin planeetta, jonka sisään mahtuisi yli 1321 Maa-planeettaa. Jupiterin valtavalle säteilyvoimalle vetää omassa aurinkokunnassamme vertoja vain itse Aurinko. Jupiter pyrkii laajentamaan, suurentamaan, monistamaan - esimerkiksi kirjan painaminen, "yhdestä moneksi", on tyypillinen jupiteriaaninen asia - saamaan asiat kasvamaan ja sulattamaan asioita, olipa kyseessä sitten ruoka, kokemukset, ideat jne.

Jupiter hallitsee suuria eläimiä, ja planeetalla on tekemistä myös rehellisyyteen, reiluuteen, suoraselkäisyyteen sekä toisten ihmisten oikeuksien ja vapauden kunnioittamiseen liittyvien asioiden kanssa.

Keskeinen piirre Henkisen Tien näkökulmasta on kuitenkin se, että Jupiter liittyy mitä kiinteimmin aiemmissa elämissä kumuloituneeseen positiiviseen karmaamme. Jos Jupiter tekee syntymäkartalla lähinnä positiivisia kontakteja muihin planeettoihin, silloin voimme olla varmoja, että tämän hyvän karman suotuisat vaikutukset pyrkivät ilmenemään yksilön elämänkaaressa. Jos taas aspektit ovat pääasiallisesti jännitteisiä, viestinä on se, että vain vähän hyvää karmaa on tulossa ilmennykseen.

Tätä asiaa meidän on hyvä tarkentaa. Voimme ymmärtää positiivisen karmamme myös sijoituksina, joita olemme tehneet henkiselle pankkitilille. Sieltä voimme sitten nostaa näitä sijoituksia korkojen kanssa. Mutta on tärkeää ymmärtää, että tällä plustilillä täytyy olla talletuksia, tyhjästä kun on paha nyhjäistä. Jupiter antaa ihmisille rehellisesti sen, mikä heille kuuluu, ei yhtään enempää eikä vähempää. Tämä on hyvä muistaa, kun ihmiset joskus pettyvät Jupiterin tuomisiin.

## Jupiter merkeissä

### Jupiter Oinaassa:

Oinaan energisessä, dynaamisessa ja aloitteellisessa merkissä sijaitessaan jättiläisplaneetta lataa yksilön olemukseen elämänvoiman ja energian runsautta jopa niin, että näiden energioiden hallitseminen rakentavalla tavalla saattaa joskus tuottaa vaikeuksia. Näin tapahtuu erityisesti Jupiterin tehdessä jänniteaspekteja. Ollessaan positiivisissa aspekteissa planeetta antaa tässä ihmiselle hyvän fyysisen kestävyyden, kyvyn kohdata voitokkaasti terveysongelmat sekä positiivisen "valloittajan" asenteen elämään. Hän ei juuri pelkää esteitä, koska hänellä on sisäinen vakaumus, että kykenee helposti selviytymään niistä elämässään. Tässä on mukana rakentava "olen voittaja" -asenne.

### Jupiter Härässä:

Jupiter Härässä sijaitessaan lupaa menestystä elämän aineellisella tasolla. On kuitenkin hyvä pitää huolta, etteivät nämä materiaaliset asiat tule ylikorostetuiksi, jolloin emotionaalinen, kiintymyksellinen tyytyväisyys jää saavuttamatta. Tällainen puute ilmaisee aina ihmiselle sen, että aineellinen omistaminen on yhtä tyhjän kanssa, mikäli henkilökohtainen rakkauselämä on epätyydyttävä.

### Jupiter Kaksosissa:

Merkuriuksen hallitsemassa Kaksosten merkissä sijaitessaan Jupiter tuo ihmisen olemukseen monipuolisuutta ja mentaalisten lahjojen runsautta, luultavimmin myös paljon matkustelua tai matkustelunhalua. Menestys tulee usein paikkakunnan vaihdoksen myötä. Jos siis yksilö tuntee joskus jämähtäneensä paikalleen tai onnen hylänneen, silloin voi hyvin olla oikea aika vaihtaa paikkakuntaa.

Kuitenkin samalla Jupiter antaa tässä myös taipumuksen hajottaa voimia liian moneen suuntaan, liioitella mentaalisuuden ja älyn tärkeyttä tai jotain puolta siinä ja samalla aliarvioida emotionaalisen tai kiintymyksellisen puolen tärkeyttä. Onkin tärkeää löytää tasapaino mentaalisuuden ja kiintymyksellisten impulssien välille. Kannattaa välttää myös liioittelua kommunikoinnissa, samoin kaikkia puolitotuuksia. Totuudellisuus on yksi henkisyyden mittareista.

### Jupiter Ravussa:

Jupiter viihtyy Ravussa, onhan jättiplaneetta ylennyksessään juuri tässä herkässä ja tunteellisessa vesimerkissä. Sijainti on vääjäämättä tuonut yksilölle jonkin selvän hyödyn lapsuudenkodin antaman positiivisen tekijän kautta. Eli ainakin yhdellä elämänalueella hän on saanut kotoaan huomattavasti apua myöhempää elämäänsä varten.

Tuo etu voi olla aineellinen, emotionaalinen, mentaalinen tai vaikkapa jomman kumman vanhemman antama tuki positiivisen minäkuvan muodostumisessa - mikä on erinomaisen tärkeä asia ihmiselle. Mikäli Jupiteriin kohdistuu tässä jänniteaspekteja, mukana on saattanut olla myös toisen vanhemman merkityksen ylikorostaminen tai liioitteleminen. Tällöin on luultavaa, että toisesta vanhemmasta muodostunut kuva on jotenkin vääristynyt varhaisen kotiympäristön kokemusten myötä. Tässä sijainnissa Jupiter antaa usein myös melkoisen herkkyyden, joka voi saada ihmisen muodostamaan jonkinlaisen kilven tai panssarin ympärilleen.

**Jupiter Leijonassa:**

Leijonan merkissä Jupiter viittaa ystävällisyyden ja muiden huomioimisen piirteisiin yksilön olemuksessa. Ihmisellä saattaa kuitenkin olla taipumus lähteä rakkaussuhteeseen liian hanakasti, ilman riittävää harkintaa. Mieli voikin korostuneesti leikitellä "rakastuneisuuden" käsitteellä. Tämä Jupiterin merkkisijainti osoittaa sen, että yksi yksilön lapsista (mikäli hän on koodannut niitä elämänsuunnitelmaansa) tulee menestymään maailman silmissä ja luomaan arvostetun uran. Tavallisesti tähän lapseen muodostuu myös hyvin voimakas emotionaalinen side.

**Jupiter Neitsyessä:**

Sijaitessaan Neitsyen merkissä Jupiter viittaa kykyyn kirjoittaa erityisesti lyhyempiä tekstejä, esseitä, kertomuksia jne. Yksilön keskittymiskyky ei tässä sijainnissa ole kuitenkaan niin voimakas, että hän kykenisi selviytymään pidemmistä teksteistä. Jänniteaspektien takia rajoitukset voivat ilmetä esimerkiksi sen takia, että vähäpätöiset, energiaa kuluttavat toiminnat valtaavat välillä mielen. Niihin kuuluvat tavallisesti liiallinen suunnittelu, päättymätön tapahtuneiden asioiden sisäinen setviminen jne. Tässä tietysti olisi jostakin apinamielen hiljennyspraktiikasta esimerkiksi meditaation tai muun vastaavan muodossa erinomaista apua.

**Jupiter Vaa'assa:**

Kumppanuuden merkissä Vaa'assa Jupiter lupaa aina lopulta onnellisen avioliiton tai vastaavan suhteen, joskaan ihan vastoinkäymisittä sen rakentaminen ei välttämättä tule sujumaan. Viivästymisillä ja ongelmilla on karmallinen taustansa, mutta niin on myös onnellisella liitolla.

**Jupiter Skorpionissa:**

Jupiter tuo sijaitessaan Skorpionissa usein esiin korostuneen kiinnostuksen energian aistilliseen purkautumiseen. Mieli saattaa jatkuvasti telmiä seksuaalisten fantasioiden parissa ja voi aiheuttaa myös sen, että tällaisten kokemusten etsiminen korostuu. Tärkein läksy onkin näiden taipumusten hallitseminen ja pitäminen kohtuudessa. Sijainti korostaa yksilön salaperäisyyttä, suorastaan salailunhalua. Positiivisissa aspekteissa Jupiter antaa yksilölle hyvän mahdollisuuden menestyä taloudellisesti.

**Jupiter Jousimiehessä:**

Jupiter on merkkisijaintinsa puolesta erinomaisessa sijainnissa, koska se hallitsee Jousimiehen merkkiä. Tämä merkitsee sitä, että rehellisyyden, suoruuden, vilpittömyyden, seikkailun ja matkustelunhalun sekä ylipäänsä nuorekkaan ja optimistisen elämänasenteen piirteet nousevat esiin yksilön olemuksessa. Asioiden liioittelua tulisi kuitenkin varoa.

**Jupiter Kauriissa:**

Jupiter on aika hankalassa sijainnissa Kauriin merkissä (jota muuten juuri Saturnus hallitsee), missä se on ns. alennuksessaan ja missä sen indikoimat nuorekkuuden, seikkailunhalun ja leikkimielen vaistot on jotenkin tukahdutettu. Vakavamielinen kypsyys on todennäköisesti noussut esiin yksilön kohdalla tavallista aikaisemmin, ehkä jo hänen varhaisina vuosinaan, jolloin ikään kuin lapsuus olisi hänen kohdallaan päättynyt liian aikaisin.

Sijainti on voinut tuoda tullessaan tavan seurata jäykän preussilaisesti ja ilottomasti sääntöjä. Yksilön tuleekin päästää välillä villi luova puolensa esille, jotta hän voi karistaa turhat pölyt niskastaan!

Jupiter hyvissä aspekteissa lupaa tässä menestystä yksilön ulkoisessa roolissa, olipa se ura, vanhemmuus tai jokin muu. Mitä vaikeammat aspektit ovat, sitä vaikeampi yksilön on pysytellä uran huipulla sen kerran saavutettuaan. Hänen täytyy oppia muuttamaan päämääriään elämäntaipaleellaan; esimerkiksi nuorena koettu varhainen menestys maallisessa mielessä saattaa myöhemmin vaihtua korkeampiin henkisiin päämääriin. Näin tulisikin tapahtua. Mikäli näin ei kuitenkaan ole käynyt, ihminen voi joutua kohtaamaan turhautumista ja menetyksiä roolissaan/urallaan. Hänen on hyvä koettaa välttää kaikkea itsepetosta ja illuusioita liittyen uraansa.

**Jupiter Vesimiehessä:**

Jupiterin sijainti Vesimiehen merkissä ei ole paras mahdollinen sijainti laajenemisen ja avartumisen planeetalle; merkin planeettahallitsija Uranuksen energiat eivät oikein soi hyvin yhteen Jupiterin vastaavien kanssa. Tavallisesti yksilö tunteekin, että hänen energiansa ja hyvinvointinsa ovat jatkuvasti äkillisen muutoksen tai hajaannuksen uhkaamina. Siten esimerkiksi ura on voinut olla oljenkorren varassa tai muiden ihmisten armoilla, tai kumppanuutta ovat saattaneet uhata säännöllisesti painostavat muutokset.

Kaikilla näillä epävarmuustekijöillä on syynsä: saada ihminen nostamaan katseensa aineelliselta tai käytännölliseltä tasolta ja suunnata katseensa okkulttisen tiedon kaukaiseen tähteen. Yksilön olisi hyvä ymmärtää niitä salattuja virtoja, jotka kulkevat tapahtumien pintatason takana, sekä se tosiasia, että olemassaoloa ohjaa viisas suunnitelma, joka tähtää hyvään. Olisi viisasta sallia korkeampien voimien näyttää, mihin suuntaan huomio olisi seuraavaksi syytä kiinnittää.

Jupiter viittaa tässä veljeyden merkissä kykyyn tuoda yhteen keskenään riiteleviä ryhmiä, luoda lähemmän ystävyyden ja veljeyden siteet ihmisten välille sekä edistää universaalia hyvää tahtoa ja rakkautta. Tämän kyvyn ilmaiseminen on itse asiassa korkein kutsu ihmiselle, jolla Jupiter sijaitsee Vesimiehessä. Rauhan rakentaminen on tänään tärkeämpää kuin koskaan.

**Jupiter Kaloissa:**

Jupiter on tässä erinomaisessa sijainnissa. Jupiter on nimittäin Kalojen merkin toinen hallitsija (toinen on Neptunus). Emotionaalinen puoli ylevöityy suuresti tämän sijainnin takia, ja kyky tuntea empatiaa muita kohtaan korostuu. Korostunut herkkyys saattaa jopa estää tai pidätellä yksilön potentiaalisuutta aktivoitumasta.

Luova taiteellinen potentiaalisuus on joka tapauksessa suuri, samoin kiinnostus okkulttisiin ja psykologisiin tutkimuksiin. Yksilön tulisi tasapainottaa ja hillitä lisääntyneestä herkkyydestään johtuvia emotionaalisia reaktioita oman ympäristönsä impulsseihin.

## Jupiter huoneissa

Jupiterin huonesijainti kertoo, millä elämänalueella jättiplaneetan indikoima positiivinen karma pyrkii ilmentymään. Tässä yhteydessä on tärkeää ymmärtää, että Jupiterin vaikutus on suurelta osin orkestroitu ennakkoon. Tämä tarkoittaa myös sitä, että Jupiterilla ei ole mitään kausaalista vaikutusta yksilöihin syntymähetkellä. Kunkin yksilön henkiset oppaat orkestroivat elämän tapahtumat täyttämään lupaukset, joita Jupiter hyvissä aspekteissa ilmaisee. Mikäli lisäksi kyseisessä elämässä jupiteriaanisen positiivisen kartan on määrä ilmentyä, oppaat pitävät huolta siitä, että ensihengityksen aikana Jupiter on hyvässä sijainnissa tai jonkin kulmahuoneen (I, IV, VII ja X huone) kärjellä.

**Jupiter 1. huoneessa:**
Jupiterin huonesijainti kertoo, että yksilön minäkuva ja itsetunto rakentuu luultavimmin varmaksi ja turvalliseksi vuosien mittaan.

**Jupiter 2. huoneessa:**
Kartan toisella sektorilla sijaitessaan Jupiter viittaa siihen, että rakkaudella on tärkeä sijansa yksilön elämän kokonaiskudelmassa. Hänen aineellisen omaisuutensa yllä on näkymätön suoja.

**Jupiter 3. huoneessa**:
Jupiterin huonesijainti kertoo, että mielen käyttö on yksilön elämässä rikas ja miellyttävä kokemus, erityisesti siksi että hänen mielensä kykenee suuresti venyttämään pinta-alaansa. Tällainen mentaalisuus pystyy mielentyyneydellä ja hyväksyvästi tarkastelemaan mitä epätavallisimpia ja kummallisimpia ideoita tuntematta joutuvansa mitenkään niiden uhkaamaksi.

**Jupiter 4. huoneessa**:
Vaikutus on paljolti samanlainen kuin Jupiterin sijainnissa Ravun merkissä. Tämä Jupiterin huonesijainti nimittäin kertoo, että yksilö on hyötynyt huomattavasti jostain varhaisen kotinsa positiivisesta tekijästä. Tämä ei kuitenkaan tarkoita, että hänen varhainen kotinsa olisi KAIKISSA suhteissa ollut ideaalinen, mutta varmasti löytyy ainakin yksi alue, jonka kautta hän on saanut huomattavasti apua ja myötätuulta taipaleelleen. Kyseeseen voi tulla esimerkiksi minäkuvan positiivinen voimis-

taminen, perheen hyvinvointi, vaikutusvaltainen tausta tai suuri määrä aitoa rakkautta vähintään yhdeltä kodin piiriin kuuluneelta ihmiseltä.

Jupiterin merkkisijainti ja ne planeetat, jotka muodostavat positiivisen aspektin Jupiteriin, antavat usein hyvän vihjeen asiasta.

### Jupiter 5. huoneessa:

Tässä on luultavaa, että yksi yksilön lapsista (hänellä saattaa hyvin olla useampia) on hänen "silmäteränsä". Tämä lapsi voi myös nousta aikuisena johonkin merkittävään asemaan maailmassa. Ihminen voi hyötyä jollain tavoin rakkaussuhteistaan, mutta hänen on kuitenkin yleisesti ottaen varottava liioittelemasta niitä.

### Jupiter 6. huoneessa:

Jupiterin sijainti kuudennella sektorilla viittaa siihen, että rehellisyyden merkityksen ymmärtäminen ja oppiminen on erittäin tärkeä asia yksilön elämässä, koska ennen kuin se on juurta jaksain opittu, pysyttelee todellinen henkilökohtainen onni häneen elämänsä ulkopuolella. Onnen merkitys nousee esiin myös yksilön työssä, joka voi toimia todellisena onnen generaattorina läpi koko elämän - mikäli yksilö haluaa niin. Hän pystyy luultavimmin olemaan onnellinen päivittäisissä työrutiineissaan, ja hänellä on lisäksi hieno kyky kohottaa työtovereittensa mielialaa.

### Jupiter 7. huoneessa:

Jupiter 7. huoneessa ja positiivisissa aspekteissa on klassinen sijainti liittyen avio-onneen ja hyvään kumppanuuteen. Jänniteaspekteissa planeetta kertoo kuitenkin, että yksilöllä saattaa ola taipumus liioitella jotain aspektia kumppanuudessa tai avioliitossa. Tällainen korostunut asia voi olla esimerkiksi turvallisuus, pako yksinäisyydestä tai seksuaalinen tyydytys, jonka parisuhde antaa. Usein kumppani on tämän kuvion myötä syvällisempi, kärsivällisempi ja uskonnollisempi sekä joskus myös lähtöisin hyvistä sosiaalisista ja taloudellisista asemista.

### Jupiter 8. huoneessa:

Ollessaan 8. huoneessa Jupiter viittaa taipumukseen liioitella rakkauden seksuaalista puolta, mistä saattaa seurata parisuhteen hajoamisen vaara seksuaalisuuden yksipuolisen painotuksen myötä. Kuitenkin tämä sijainti suo myös mahdollisuuden odottamattomiin onnenpotkuihin. Joskus se tuo tullessaan esim. perinnön. Tällöin Jupiterilla on tässä sijainnissa positiivisia kontakteja muihin taivaankappaleisiin.

### Jupiter 9. huoneessa:

Jupiterin sijainti kartan 9. sektorilla viittaa selvästi moraaliseen luonteeseen, ihmiseen, joka tietää mikä on oikein. On kuitenkin toinen juttu, TEKEEKÖ tämä ihminen aina oikein. Tämä on pohjimmiltaan koe kaikille, joilla on kyseinen huonesijainti kartallaan. Elämänsuunnitelmaan onkin koodattu monia testejä, jotta saataisiin selville, kykeneekö yksilö valitsemaan kulloinkin oikean toimintatavan tai reaktion. Asema voi saada aikaan kauaskantoisia haaveita ja suunnitelmia, ja usein mielenkiinto suuntautuu vieraisiin maihin ja kaukaisiin kulttuureihin. Menestys voi tulla matkustelun kautta. Mieli on optimistinen, filosofinen ja profeetallinen, eivätkä toteutuneet enneunet ole tässä millään tavoin harvinaisia.

**Jupiter 10. huoneessa:**
Jättiplaneetan sijainti uran ja maailmaan heijastetun roolin huoneen kärjellä viittaa siihen, että positiivinen karma aiempien elämien ponnisteluista luoda jotain arvokasta fyysisellä tasolla pyrkii ilmennykseen tässä inkarnaatiossa. Tämän positiivisen karman manifestoituminen liittyy ko. huonesijainnissa "hyvään onneen" uralla. Yksilön valitsema ura tulee jollain tavoin olemaan henkisessä suojeluksessa, joten hän näyttää putoavan jaloilleen tiukoistakin paikoista, joissa asiat näyttävät olevan häntä vastaan.

**Jupiter 11. huoneessa:**
Yksilö on aiemmissa elämissään tehnyt jo paljon työtä toisia kohtaan tuntemansa vihamielisyyden muuttamiseksi rakkaudeksi monien inkarnaatioiden ponnisteluiden kautta. Tämän seurauksena, ja erityisesti mikäli jättiplaneetta on voittopuolisesti harmonisissa aspekteissa, hän kohtaa nykyisessä elämässä positiivisia asioita vaikutusvaltaisten tai voimakkaiden yksilöiden taholta - sellaisten ihmisten, jotka pitävät yksilöstä, koska hän pyrki aiemmin voittamaan heidän välillään olleet konfliktit.

**Jupiter 12. huoneessa:**
Jupiter kartan 12. huoneessa kertoo siitä, että yksilö on hiljattain hyötynyt suuresti onnellisesta ja kukoistavasta inkarnaatiosta - sellaisesta, jonka hän epäilemättä ansaitsi ponnisteltuaan muiden ihmisten eduksi tuota edeltäneissä elämissä. Tuon onnellisen elämän seurauksena yksilö on saanut vakaumuksen elämän mielekkyydestä ja kaiken taustalla olevasta perimmäisestä hyväntahtoisuudesta. Hän on saattanut kuitenkin tuoda tuosta elämästä mukanaan myös joitakin kielteisiä tai rajoittavia tapoja, joista olisi hyvä pyrkiä eroon. Näistä voi saada lisätietoa tutkimalla Jupiteriin kohdistuvia jänniteaspekteja.

## Jupiterin aspekteista

Jupiterin olemus ja vaikutus on suopea jopa jänniteaspekteissa. Asiat kääntyvät niidenkin yhteydessä yleensä parhain päin, joskin matkassa voi olla mutkia ja hidasteita.

**Jupiter kontaktissa Aurinkoon:**
Jupiter on itsekin eräänlainen pienoisaurinko, ja sen sisäinen voimakeskus saa planeetan säteilemään ulospäin enemmän energiaa kuin mitä se ottaa vastaan. Niinpä Jupiterin ja Auringon harmoninen kontakti voimistaa vitaliteettia ja sitä kautta ter-

veyttä, tuo elämänuskoa ja auttaa monin tavoin, jos yksilön kartta on muuten hyvin haasteellinen.

Jännitteisen kontaktin yhteydessä tulee välttää ylilyöntejä, liioittelua ja elämistä yli omien varojen. Kehon kieliopissa tämä voi näkyä maksaongelmissa. Sijainti vaatiikin kurinalaisuutta ja tervettä suhteellisuudentajua.

### Jupiter kontaktissa Kuuhun:

Nämä taivaankappaleet tulevat mukavasti keskenään juttuun, onhan Kuun hallitsema Rapu samalla Jupiterin ylennysmerkki. Positiivisissa kontakteissa tämä merkitsee lämmintä tunneluontoa, empaattisuutta, harmoniaa kodin piirissä ja usein hyvää suhdetta äitiin.

Jänniteaspektit vaativat jälleen kohtuullisuutta. Kehoon voi kerääntyä paljon nestettä, varsinkin jos jompi kumpi planeetoista sijaitsee Ravun merkissä. Ruoansulatusongelmat ja maksavaivat liittyvät joskus Kuun ja Jupiterin jännitteisiin.

### Jupiter kontaktissa Merkuriukseen:

Positiivinen kontakti näiden planeettojen välillä lisää yksilön mentaalista kapasiteettia erityisesti niiden merkkien puitteissa, joissa planeetat kartalla sijaitsevat. Kirjoittajan- tai opettajanlahjat voivat kuulua mukaan kuvaan, ja usein menestys liittyy ulkomaihin tai matkusteluun.

Jännitekontaktissa ihmisen mentaalisessa olemuksessa on jokin vahva liioitteluun viittaava piirre. Tässä tuleekin välttää liioittelua, ylioptimismia ja vääränlaista huolettomuutta. Hermostossa ja maksassa saattaa esiintyä ongelmia.

### Jupiter kontaktissa Venukseen:

Positiivinen kontakti näiden hyväntuojien välillä on eräänlainen luksusaspekti, joka lupaa ja antaa paljon siunausta yksilön elämään. Yksilön aiemmissa elämissä muille antama hyvä palaa nyt takaisin hänelle itselleen. Mukana on usein taiteellisuutta, hienostuneisuutta ja myötätuntoa.

Jänniteaspekti puolestaan viittaa jälleen ylilyönteihin, tuhlailutaipumuksiin, korostuneeseen nautinnonhaluun ja levottomuuteen.

### Jupiter kontaktissa Marsiin:

Harmonisissa aspekteissa kontakti viittaa voimakkaaseen fyysiseen kehoon (jos mikään muu tekijä kartalla ei sodi sitä vastaan), suureen energiamäärään ja terveeseen sukupuolivieettiin. Kontakti kertoo, että yksilö on kyennyt aiemmissa inkarnaatioissa purkamaan Marsin konfliktienergioita oman ponnistelunsa kautta, mistä hän on nyt saanut lisäenergiaa omaan fyysiseen kulkuvälineeseensä.

Jännitekulma kertoo taipumuksesta liioitella jotain Marsin energiaan liittyvää puolta, esimerkiksi urheilullisuutta tai seksuaalisuutta. Lisäksi kyseessä on hieman onnettomuusaltis kontakti, joka joskus ilmenee transiittina peltikolarien ja vastaavien yhteydessä.

**Jupiter kontaktissa Saturnukseen:**

Harmoninen aspekti näiden planeettojen välillä auttaa yksilöä löytämään kultaisen keskitien Jupiterin laajentavien ja Saturnuksen supistavien energioiden välillä. Silloin innostuneisuus ja filosofisuus voivat kohdata hedelmällisellä tavalla realismin ja rajoitukset. Tällöin on luvassa myös rakenteidentajua sekä kyky ajoittaa oikein omat toimet.

Jänniteaspekti puolestaan kehottaa kulkemaan tarkasti elämänpolulla, sillä karmalla on tämän kuvion myötä taipumus tulla nopeasti. Jos siis kuvainnollisesti sanottuna sylkäisee vastatuuleen, niin seuraukset näkyvät pian omilla kasvoilla. Kerron tästä vaativasta kontaktista lisää Saturnuksen aspektien yhteydessä.

**Jupiter kontaktissa Uranukseen:**

Positiivinen kulma Jupiterin ja Uranuksen välillä on klassinen onnenpotkujen ja vastaavien kuvio, etenkin mikäli jompi kumpi planeetoista sijaitsee kartan 5. huoneessa tai on hyvässä kontaktissa sinne. Tämä on suopea tekijä esimerkiksi keksijöille ja astrologeille.

Jännitekulma puolestaan voi tehdä ihmisestä onnenonkijan, joka voi olla valmis pelaamaan upporikasta tai rutiköyhää. Maltti on ehdottomasti valttia tässä yhteydessä, muuten raha-asiat voivat mennä komeasti hunningolle.

**Jupiter kontaktissa Neptunukseen:**

Nämä planeetat ovat jossain mielessä kuin taivaallinen parivaljakko, jotka viihtyvät toistensa seurassa. Molemmat edustavat parhaimmillaan hengen nostetta ja kohottavia virtauksia, jotka voivat nostaa ihmisen elämän karheuden ja raadollisuuden yläpuolelle. Positiivinen kontakti näiden planeettojen välillä on erinomaisen miellyttävä nimenomaan henkisyyden näkökulmasta. Se lisää yksilön syvää myötätuntoa, myötäelämisen kykyä ja suurisydämistä auttamishalua. Kyseessä on hyvin inspiroiva kuvio, joka voi viitata myös taiteellisuuteen ja filantropiaan.

Jänniteaspekteissa voi esiintyä vaikeuksia saattaa henkisyys ja inspiraatio yhteen jokapäiväisen elämän vaatimusten ja haasteiden kanssa. Tällöin yksilöstä voi tulla haaveilija ja pilvilinnojen rakentelija, joka voi elää itsepetoksessa ja eskapismissa. Addiktiiviset taipumukset ovat mahdollisia, etenkin mikäli jompi kumpi planeetoista sijaitsee Kalojen merkissä. Ruokavaliosta tulisi pitää hyvää huolta ja välttää esimerkiksi kuumennettuja ravintorasvoja (40° on maksimilämpötila), koska muuten maksa saattaa vaivata.

**Jupiter kontaktissa Plutoon:**

Rakentavat kontaktit piskuisen Pluton ja jättiläismäisen Jupiterin välillä nostavat usein organisatoriset ja johtajanlahjat esiin. Kuvio voi löytyä esimerkiksi henkisen ryhmän johtajan kartalta. Positiivinen kontakti tuo joviaalisuutta, Jupiterin suurta lahjaa ihmiskunnalle, ja näkyy varsin yleisesti vauraaseen perheeseen tai sukuun syntyneiden ihmisten kartoilla.

Jupiterin jännitekontakti Plutoon saattaa viitata vakavuuteen ja toisinaan myös taloudellisiin ongelmiin. Tässä on joka tapauksessa tärkeää asettaa henkiset arvot aineellisten edelle, varoa itsekkyyttä ja olla myös tarkkana raha-asioissa. Kuvio voi johtaa merkittäviin vitamiinien ja hivenaineiden puutoksiin, joskus myös ahmimis-taipumuksiin.

Värähtelylääkinnässä jupiteriaanisia kukkauutteita ovat mm. Setri, Mäkikuisma ja Kehäkukka, jotka voimistavat jättiplaneetan positiivisia aspekteja. Malva vahvistaa Jupiterin ja Saturnuksen harmonisia määräkulmia. Puolukka antaa Jupiterin iloista viisautta, ja muita hyviä Jupiter-uutteita ovat mm. Keltavuokko, Kielo, Kirjopillike ja Koiranputki. Kielo liittyy erityisesti Jupiterin Europa-kuun tärkeisiin vaikutuksiin.

Metalleista Jupiterin hallintaan kuuluu tina. Energeettisesti tinasta tehty alkuai-neuute auttaa ihmistä valitsemaan sanansa aiempaa huolellisemmin ja lisää samal-la hänen kykyään jakaa parastaan maailman kanssa. Jalokivistä Jupiterin kiviä ovat mm. ametisti ja malakiitti.

Suurimpana planeettana Jupiter hallitsee myös suurinta sisäelintä eli maksaa, ja haiman hallitsijana jättiplaneetta liittyy hypoglykemiaan ja diabetekseen. Tutkimus osoittaa, että monilla ihmisillä, joilla on sokeriin liittyviä ongelmia, on kovia Jupite-rin aspekteja esimerkiksi Venukseen tai Neptunukseen. Myös kolesteroliarvot voi-vat olla korkealla.

Jupiter hallitsee kehon rasvoja, joten sillä on yhteys kolesterolitasoon. Planeetta hallitsee myös hormoneja, joilla on yhteys vitamiineihin ja mineraaleihin, mutta eri-tyisesti aineenvaihdunnan suhde Jupiteriin on tärkeä. Tässä nousevat korostuneesti esiin mineraalit natrium ja kalium. Nämä mineraalit hallitsevat suuressa määrin aineenvaihduntaa ja auttavat yksilöä tasapainottamaan sitä.

On kuitenkin tärkeää, ettemme vain ottaisi näitä vitamiineja ja mineraaleja ajat-telemattomasti, kun näemme jonkin määrätyn kuvion astrologisella kartalla. Eri-tyisesti keinotekoisia vitamiineja tulee välttää, koska ne luovat ongelmia kehoon. Niitähän laitetaan nyt elintarvikkeisiin, jopa ilmoittamatta sitä.

Planeetat horisontin alapuolella voivat viitata tiedostamattomiin tekijöihin; siellä sijaitsevilla planeetoilla saattaa olla tärkeitä yhteyksiä tiedostamattomaan ja varas-toituihin vitamiineihin. Sen, mikä on varastoitu, tulee kuitenkin nousta esiin.

# SATURNUS - TAIVAALLINEN OPPIMESTARI ♄

Saturnus-planeetta on epäilemättä tärkein indikaattori koko taivaalla sen suhteen, mitä yksilön on olennaista ymmärtää omasta itsestään. Se on kuitenkin tässä suh-teessa myös vähiten ymmärretty taivaankappale. Idässä käsitetään länttä syvällisem-min ja monipuolisemmin, että Saturnus viittaa elämän karmallisiin kuvioihin laajassa merkityksessä. Intialaisessa astrologiassa Saturnusta eli Shania pidetään manifestaation planeettana, mahdollisuuksien antajana, jopa valaistumisen ja heräämisen planeettana.

Läntisessä eksoteerisessa astrologiassa planeettaa usein vieläkin pidetään ainoastaan rajoitusten, menetysten, auktoriteettien, velvollisuuksien, rakenteiden ja rajojen, vastoinkäymisten, konservatiivisuuden ja kroonisten terveysongelmien indikaattorina. Saturnus on monille astrologian harrastajille Pluton ohella pahamaineisin planeetta.

Saturnus on kuitenkin mainettaan parempi planetaarinen energiamuoto. Sillä on tärkeä tehtävä ihmiskunnan kasvattamisessa täysi-ikäisyyteen. Tätä kaunista, renkaiden ympäröimää planeettaa arvostettiin muinaisina aikoina. Kreikkalaisessa mytologiassa Saturnus eli Kronos, "Isä Aika", hallitsi maailmaa kulta-aikana, jolloin maailmassa vallitsi rauha, sopu ja yleinen oikeudenmukaisuus. Ovidiuksen mukaan maito ja nektari virtasivat tuolloin jokina ja puista valui hunajaa.

Kulta-aikana kuolemattomat jumalat ja kuolevaiset ihmiset elivät täydessä sovussa maan päällä. On mielenkiintoista, että uusplatonistit kutsuivat planetaarista Saturnusta nimellä *Aionos Kyrios*, Aikakausien Herra, ja ylimaallista Saturnusta nimellä *Hagios Athanatos*, Pyhä Kuolematon.

Aurinkokuntamme kaunein planeetta - joka on kauniiden renkaidensa takia myös sen suurin nähtävyys - tuo ihmiselämään keskeiset läksyt ja kokeet, mutta myös palkinnot niille, jotka ovat oppineet hallitsemaan fyysisen inkarnaation haasteet. Siten Saturnus ei toki ole pelkästään se "suuri pahantuoja", jollaisena planeettaa usein vieläkin pidetään. Se tuo mukanaan siunauksia, jotka eivät kuitenkaan ole pikavoittojen luonteisia, vaan tulevat usein henkisten ominaisuuksien ja luonteen voimistumisen, puhdistumisen ja karaistumisen muodossa. Itsekurin ja kärsivällisyyden oppiminen saa keskeisen sijan, kun työskentelemme saturniaanisten energioiden parissa.

Saturnuksen sivilisaatio – joka elää ja vaikuttaa omaa 3D-matriisiamme korkeammilla tasoilla – onkin suurenmoinen kärsivällisyyden ja lineaarisen ajan rajoitusten opettaja sekä samalla tärkeä energiahistorioitsija, ei vain ihmiskunnan vaan koko aurinkokuntamme näkökulmasta. Fred Rubenfeldin järisyttävä kirja *Aurinkokunnan historia ja salatut mysteerit* (Smiling Stars, 2014) antaa tärkeää uutta tietoa Saturnuksen ja muiden aurinkokuntamme sivilisaatioiden merkityksestä ihmiskunnan kehitykselle.

Saturnus on kartan karmallinen vektori, aineen vastuksen ja painovoiman, muodon rakentamisen ja kristallisoitumisen, mutta myös vihkimyksen planeetta. Sen tehtäviin kuuluu mm. taivaallisten tilikirjojen balansointi yksilön elämässä. Karman universaali laki on hyvin pitkälle saturniaaninen lainalaisuus, joka on saanut suomalaisessa kansanviisaudessa monia sattuvia ilmaisuja: Minkä taakseen jättää, sen edestään löytää; niin makaa kuin petaa; niin metsä vastaa kuin sinne huudetaan.

Sanonta "Siperia opettaa" on kuivaa, mutta osuvaa saturniaanista huumoria. Maailmamme on menneisyytemme näköinen, ainakin Saturnuksen näkökulmasta. Kohtaamaton haaste siirtyy aina, ei yksilön menneisyyteen, vaan tulevaisuuteen - ja tulee lisäksi seuraavalla kerralla hankalammaksi. Lopulta ihminen kohtaa aina omat jalanjälkensä eli maailmamme on jossain mielessä menneisyytemme näköinen.

Saturnus opettaa lisäksi aina konkreettisten kokemusten kautta. Rengasplaneetta on kylmä järki, kovat faktat ja todellisuus sellaisena kuin se on. Byron Katien oivallusta lainatakseni: jos taistelet todellisuutta vastaan, häviät - mutta vain 100-prosenttisesti! Yhden vinkin haluaisin tässä yhteydessä antaa: kannattaa opetella työskentelemään Saturnuksen KANSSA, ei sitä VASTAAN; tämä on pitkässä juoksussa avain onnelliseen ja tyytyväiseen elämään. On viisaampaa hyväksyä tosiasiat ja toimia niiden pohjalta, niin kuin presidentti J.K. Paasikivi aikoinaan totesi, kuin vaipua pessimismiin ja synkkyyteen, jotka nekin vaanivat Saturnuksen yhteydessä.

Kun elämää tarkastelee sen loppupuolella niiden periodien suhteen, jolloin opittiin kaikkein eniten kaikkein nopeimmalla vauhdilla, silloin havaitaan, että Saturnus oli aktiivinen kaikkien noiden episodien aikana. Ja koska jälleensyntymisen tarkoitus on oppiminen ja kehittyminen, voidaan saturniaanisten värähtelyiden antamia impulsseja pitää kaikkein siunauksellisimpina pitkällä tähtäimellä.

Kun läksyt on opittu juurta jaksain ja vastusten ja vastoinkäymisten merkitys kasvatustekijänä ymmärretty, silloin kipu ja kärsimys poistuvat ko. elämänalueilta. Saturnus on silloin hoitanut noilla alueilla tehtävänsä. Se on loistava henkisen kansalaiskunnon testaaja.

Esimerkiksi intialaisessa kulttuurissa on paljon saturniaanisia vaikutuksia. Maan on sanottu olevan Kauriin merkin hallinnassa (vaikka myös Venus-piirteet näkyvät selvästi maan kulttuurissa, niin kuin kirjoitin edellisessä luvussa). Intiassa Saturnuksen hallitseman Kauriin vaikutus näkyy kansan puutteessa, niukkuudessa ja askeettisuudessa, mutta myös siinä hengen mestaruudessa, jonka intialainen henkisyys on paljastanut koko maailmalle. Kuten sanottu, sekä Saturnuksella että Kauriilla on suuri amplitudi laaksoineen ja huippuineen.

Fyysinen taso on jäyhyyden, hitauden ja rajoitusten taso, eli aineen vastuksen taso. Keho reagoi hitaasti muutosimpulsseihin. Ihmiset vastustavat usein ajatuksia, jotka häiritsevät heidän vanhoja tapojaan ja tottumuksiaan. Aineen maailmassa ajatukset eivät toteudu samalla lailla välittömästi niin kuin korkeammilla henkisillä tasoilla. Ihmismielen, tunteiden ja kehon hitauden samoin kuin sen muutosvastarinnan takia, jota kohdataan pyrittäessä pääsemään eroon vanhoista, aikansa eläneistä tavoista ja tottumuksista, tarvitaan jokin tekijä antamaan riittävä sysäys muutosten aikaansaamiseksi. Saturnus on tämä tekijä astrologiassa.

Paradoksaalisesti ihmiset muutosvastarinnastaan huolimatta etsivät elämässään pikavoittoja. Kärsivällisyys ei ole ihmiskunnan kehittyneimpiä ominaisuuksia, ainakin jos kosmista skaalaa pidetään jonkinlaisena mittapuuna. Ihmiset keskittyvät usein hyvin lyhytkestoisiin tavoitteisiin, jotka voivat olla tavallisesti vuoden päässä, neljän-kuuden vuoden päässä, kun on kyse vaalivuodesta, ja 20 vuoden päässä, kun puhutaan sukupolvista. Hilarionin mukaan on paljon vaadittu ihmiskunnalta, jos mennään tätä pitempiin aikaväleihin päämäärien suhteen. Tätäkin olemme täällä kuitenkin oppimassa, ja oppimestarina on jälleen - Saturnus, Ajan Herra.

# Saturnus merkeissä

Eri merkkisijainneissa Saturnuksen asema kertoo paljon vapaaehtoisesti omaksutuista tai "pakollisista" karmallisista esteistä ja rajoituksista. Esimerkiksi Saturnus Leijonan tulisessa merkissä viittaa ylpeyden ja ylimielisyyden läksyihin, Skorpionissa seksuaalisuuden alueella oleviin ongelmiin ja Neitsyessä liialliseen analyyttisyyteen asioissa, jotka eivät vaadi niin rankkaa analyysiapparaattia. Tällöin metsä jää usein näkemättä puilta, kuten sanonta kuuluu.

Saturnuksen sijainnista syntymäkartalla voidaan siis johtaa elämän tärkeimmät läksyt, energioiden tasapainottaminen, jonka tulee tapahtua, sekä negatiivisen karman laajuus, joka täytyy suorittaa. Saturnuksen aspektit muihin planeettoihin sekä Aurinkoon ja Kuuhun kertovat elämän karmallisten sitoumusten yksityiskohdista, ja jopa sellaisilla yksityiskohdilla kuin eläinradan asteilla on merkitystä Saturnuksen ollessa kyseessä.

### Saturnus Oinaassa:
Saturnus on klassisesti alennuksessaan Oinaassa. Tässä johtavassa tulimerkissä sijaitessaan karman planeetta viittaa läksyyn oppia hallitsemaan itseä jollain tavoin, joka on laiminlyöty aiemmissa elämissä. Kyseessä voi olla fyysisen, emotionaalisen tai mentaalisen kontrollin puute. Se kannattaa selvittää mietiskelyn avulla.

### Saturnus Härässä:
Saturnus viittaa tässä nautinnonhaluiseen piirteeseen, usein fyysiseen sellaiseen, joka tulee saada hallintaan sen ylikorostuessa.

### Saturnus Kaksosissa:
Kaksosissa ollessaan Saturnus kertoo tendenssistä mielen liialliseen vakavuuteen ja alaspainumiseen. Elämään tulee saada lisää iloa ja kepeyttä.

### Saturnus Ravussa:
Ravussa Saturnus nostaa esiin ongelman, joka liittyy oman elämän vanhempien hyväksymiseen. Usein tässä kuviossa toinen vanhemmista on ollut jollain tavoin puutteellinen kotiroolissaan, mutta usein kyse on yksilön itsensä sisäisten piirteiden aiheuttamista ongelmista.

Nuoruudessa yleensä tiedostamattomasti omaksuttu rajoittunut ja köyhä käsitys vanhemmasta voi seurata omaan aikuiselämään ja vahingoittaa tai aiheuttaa joitain negatiivisia piirteitä. Nämä ovat kuitenkin karmallisia välttämättömyyksiä, joilla neutraloidaan aiemmassa elämässä vanhempana tehtyjen kielteisten tekojen seurauksia. Kehitystehtävänä onkin toiminnan oikaiseminen ja positivisoiminen vanhempana ollessaan.

### Saturnus Leijonassa:
Leijonasta löytyvä Saturnus viittaa aina ylpeyteen ja ylimielisyyteen. Mitä huonommat ovat aspektit, sitä vakavampi ongelma ja suurempi tarve on sen korjaamiseen.

### Saturnus Neitsyessä:

Saturnus Neitsyessä nostaa esiin pyrkimyksen olla liian systemaattinen ja metodologinen elämänalueilla, jotka eivät ansaitse näin paljon energiaa hoituakseen. Tämä asema voi saada sen aikaan, että yksilö ei oikein näe asioita osana suurempaa kokonaisuutta, koska yksityiskohdat ja vähäpätöiset asiat vievät huomion pois kokonaisuudesta. "Ei näe metsää puilta" sopii erinomaisesti tämän Saturnuksen sijainnin kuvaamiseen. Läksynä on tasapainottaa kyseinen yksipuolisuus.

### Saturnus Vaa'assa:

Ylennyksessään Vaa'assa Saturnus tuo ongelmia kumppanuuteen liittyvissä asioissa. Avioliitto viivästyy, sitä ei solmita lainkaan, tai siihen liittyy jollain tavoin esteitä ja rajoituksia. Nämä rajoitukset ovat ulkoista heijastumaa sisäisistä vaikeuksista suhteessa molemminpuoliseen jakamiseen, mitä avioliitto vaatii. Huomio tulisikin kiinnittää positiiviseen toimintaan kumppanuuden alueen kehittämiseksi.

### Saturnus Skorpionissa:

Skorpionissa ollessaan karmallinen planeetta osoittaa aina, että jokin sellainen seksuaalisen ongelman muoto ilmenee elämänkaaressa, joka nyt vaatii korjaamista. Tavallisesti kyse on seksuaalisuuden ylikorostuksesta, ja sen oikaiseminen tapahtuu rajoittamalla tämän alueen aktiviteettia.

### Saturnus Jousimiehessä:

Saturnus nostaa esiin sen, että nuorekas ja seikkailunhaluinen henki on liian korostunut ja että nykyisessä elämässä on tarkoitus saada tämä tasapainoon. Tavallinen keino on rajoittaa matkustelua ihmisen elämässä tai tuoda siihen saturniaanisia piirteitä, kuten vastuuta ja velvollisuuksia. Elämällä on tarjottavanaan korkeampia tehtäviä kuin pelkkä matkustelu fyysisellä tasolla, ja tämä kuvio kannustaakin tekemään "sisäavaruusmatkoja" mielessä ja hengessä.

### Saturnus Kauriissa:

Tämä on hyvin vahva sijainti Saturnukselle. Se on omassa merkissään, jolloin tavallisesti useimmat tai kaikki planeetan positiiviset piirteet samoin kuin jotkut negatiivisetkin pyrkivät ilmentymään. Noita positiivisia puolia ovat mm. vakavuus, lujaluonteisuus, varovaisuus, turvallisiin asemiin pyrkiminen, terve kunnianhimo ja voimakas kyky pärjätä hyvin maailman silmissä. Negatiiviset piirteet ovat emotionaalinen kylmyys, maailmallisten asioiden ylikorostaminen ja hypertäsmällisyys.

Tässä on huolellisesti tutkittava kaikki Saturnuksen aspektit. Negatiivisten aspektien puuttuminen osoittaa, ettei tässä elämässä ole "opetusohjelmassa" mitään Saturnuksen Kauriissa tavallisesti indikoimia läksyjä.

### Saturnus Vesimiehessä:

Tämä on yleisesti ottaen hyvä ja rakentava sijainti Saturnukselle; hallitsihan se Vesimiehen merkkiä ennen Uranuksen löytymistä. Sijainti tuo kuitenkin tullessaan selkeän taipumuksen ylikorostaa elämän mentaalista puolta useimmiten emotionaalisen kanssakäymisen kustannuksella. On tärkeää, ettei yksilö tukahduta tai hautaa tunteitaan esimerkiksi älyllisen naamarin tai pintakuoren taakse. Jänniteaspektien kautta kuvio pakottaa käymään läpi emotionaalisia vaikeuksia ja kumppaneiden menetyksiä, jotta kiintymyksellisten impulssien kehittämisen ja ilmaisemisen tärkeys nousisi esiin.

**Saturnus Kaloissa:**
Saturnus on sangen ongelmallisessa sijainnissa, koska planeetan kovat, vakavat, äärimmäisen käytännölliset ja tunteita tukahduttavat piirteet sopivat huonosti yhteen Kalojen muuttuviin, tunteellisiin, vaihteleviin ja vakiintumattomiin ominaisuuksiin. Usein yksilössä nämä aivan erilaiset puolet, toisaalta pyrkimys olla kylmä ja rationaalinen, toisaalta yliemotionaalisuus, ovat törmäyskurssilla.

Kouriintuntuva olemus etsii tässä otetta vesielementin liukkaasta ja vakiintumattomasta olemuksesta. Joskus konflikti syntyy sisäisten ominaisuuksien sekä niiden kokemusten ja ihmisten välillä, joita yksilö tiedostamattaan vetää puoleensa. Eli hän saattaa kohdata tunneskaalan ääritapauksia, välillä täysin jääkylmiä ja välillä taas täysin tunteittensa vallassa olevia ihmisiä. Kuvio pakottaa etsimään balanssia tunneluonnon ja käytännön välille.

## Saturnus huoneissa

Saturnuksen sijainti viittaa tavallisesti myös siihen, mitä yksilö tiedostamattaan pelkää, sillä negatiivinen karma on ollut sielun tiedossa ennen syntymää. Fyysisellä tasolla muodostuva persoonallisuus on siis piilevästi tietoinen siitä, mikä sitä odottaa aluillaan olevassa elämänkaaressa. Saturnuksen huonesijainti syntymäkartalla viittaa siihen elämänalueeseen, jolla negatiivinen karma on kohdattava. Esimerkiksi 10. huoneessa sijaitessaan Saturnus viittaa karmallisiin kohtaamisiin uralla ja siinä roolissa, jota ihminen heijastaa ympärillään olevaan maailmaan, 7. huoneessa valokeilassa on kumppanuuden tärkeä alue, kun taas 3. huoneessa esiin nousee mentaalinen karma.

**Saturnus 1. huoneessa:**
Monet itseen ja minäkuvaan liittyvät piirteet tulevat merkittävällä tavalla muuttumaan inkarnaation aikana johtuen Saturnuksen aiheuttamista paineista tällä sektorilla. Minäkuva joutuu monien vastoinkäymisten kolhaisemaksi, ja ne muokkaavat luonnetta tavalla, mihin mikään muu ei kykenisi. Nämä koettelemukset ja vastoinkäymiset viittaavat aina voimakkaasti siihen, minkälaisia muutoksia on tässä inkarnaatiossa tarve käydä läpi. Mitä nopeammin yksilö oppii ymmärtämään tarvittavien muutosten merkityksen ja ryhtyy positiivisiin toimiin niiden saavuttamiseksi, sitä nopeammin negatiivisten kokemusten ilmaantuminen päättyy.

## Saturnus 2. huoneessa:

Tässä sijainnissa vastoinkäymiset liittyvät rakkauteen ja kiintymyksiin, mikä käytännössä tavallisesti tarkoittaa, että rakkaudessa kohdataan menetyksiä ja täyttymys viivästyy. Paras lääke on pyrkiä aitouteen kiintymyksissä ja saavuttamaan sellainen filosofia, joka auttaa suhtautumaan menetyksiin tyyneydellä. Riippuvaisuus aiheuttaa murhetta. Kun yksilö on oppinut rakastamaan ilman riippuvaisuutta ja takertumista sekä rakastamaan aidosti, suoraan sydämestä, alkaa tämä menetyksen kuvio poistua elämästä.

## Saturnus 3. huoneessa:

Tässä huoneessa Saturnus viittaa etupäässä mielen toimintaan, jossa on vakavuutta ja raskaissa jänniteaspekteissa myös taipumusta depressioon ja mielen epävakaisuuteen. Yksityiskohtaisempia piirteitä tällaisissa tapauksissa voidaan tutkia jänniteaspekteja muodostavista planeetoista. Hyvissä aspekteissa mieli on vakaa, ja sillä on usein taipumusta filosofiaan. Yksilö on varovainen ja suunnittelee asioita etukäteen välttääkseen mahdolliset takaiskut.

## Saturnus 4. huoneessa:

Kodin ja elämän perustan huoneessa karmallinen planeetta viittaa selvästi voimakkaaseen karmalliseen kuvioon, joka käsittää vanhempien osuuden ja vaikutuksen persoonallisuuden muokkautumisessa. Saturnus hallitsee auktoriteettia, ja ensimmäiset auktoriteetit, joihin lapsi tulee törmäämään, ovat hänen vanhempansa.

Mikäli Saturnuksella on jänniteaspekteja syntymäkartalla, voidaan päätellä että perhe-elämää on luonnehtinut kylmyys tai kova kontrolli ja että ainakin toinen vanhemmista on ollut ongelmallinen kehittyvälle persoonallisuudelle. Usein ongelma on emotionaalinen, ja vanhemman itsevaltainen luonne on syynä tälle emotionaaliselle stressille.

Saturnus tässä sijainnissa voi myös kertoa, että etäisyys vanhempaan on fyysinen, ja joskus toinen vanhemmista puuttuu kokonaan. Raskaiksi koetut varhaiset vuodet saavat yksilön äärettömän varovaiseksi hänen perustaessaan omaa kotiaan aikuisiällä. Myös muita komplekseja voi esiintyä.

## Saturnus 5. huoneessa:

Voidaan päätellä, että suhde omaan isään vaatii paljon ponnistelua elämän varhaisvaiheissa. Yksilö suuntaisi mieluummin tunteensa rakkaussuhteisiinsa kuin vanhempiinsa. Tämä taipumus on peräisin edellisten elämien ketjusta ja korjataan ja tasapainotetaan pakottamalla yksilö laajentamaan ponnistelujaan suhteessaan omaan isäänsä. Sama läksy - omien asenteiden muuttaminen - kuuluu kuvioon, vaikka isähahmo puuttuisi kokonaan.

Samalla Saturnus 5. huoneessa voi viivästyttää tai estää emotionaalisen täyttymyksen saavuttamista kumppanin kanssa sekä rajoittaa kykyä saada lapsia. Kohdattujen rajoitusten kautta yksilöä koetetaan opettaa tasapainottamaan kiintymykselliset energiansa eikä suuntaamaan niitä kaikkia vain parisuhteeseen, vaan kohdistamaan niitä myös vanhempiinsa (erityisesti isäänsä) ja lapsiinsa.

**Saturnus 6. huoneessa:**

Saturnuksen sijaitessa tällä sektorilla voidaan päätellä, että yksilön työolosuhteissa on ollut rajoituksia ja rasituksia ainakin tiettyinä elämänjaksoina. Näin pyritään teroittamaan hänen mieleensä riittävää vakavuutta asenteessa työhön ja rooliin elämässä. Yksilö kaipaa helppoa tapaa ansaita elantonsa, mutta Saturnus pitää tässä sijainnissa huolen siitä, että menestys tulee vain ponnistelun, peräänantamattomuuden ja huomiokyvyn kautta.

**Saturnus 7. huoneessa:**

Tämä sijainti viittaa karmalliseen välttämättömyyteen kestää traumaattinen avioliiton tai vastaavan suhteen rikkoutuminen. Karma poikkeuksetta kumpuaa aiemmasta elämästä, missä yksilö oli vastuussa samanlaisen surun aiheuttamisesta toiselle avioliiton hajoamisen kautta. Todennäköisesti tässä elämässä kohdattu kumppani on sama, joka oli mukana myös aiemmassa kokemuksessa.

Kun yksilö pyrkii aidosti ymmärtämään avioliiton purkautumiseen liittyneet syyt sekä ponnistelee tekemään tarvittavat muutokset itsessään, on todennäköistä, että hän löytää lopulta kumppanin ja että liitosta tulee kestävä.

**Saturnus 8. huoneessa:**

Tässä Saturnus aina rajoittaa seksuaalisuutta tiettyinä aikuiselämän kausina, minkä tarkoituksena on vähentää seksuaalisen kokemuksen painottuneisuutta elämässä. Joskus seksuaalisuus tukahdutetaan tiedostamattomaan, minkä seuraukset voivat johtaa ongelmiin kehon terveydentilassa, voimakkaisiin uniin tai joihinkin merkkeihin mm. kasvojenpiirteissä.

**Saturnus 9. huoneessa:**

Saturnuksen vaikutus ulottuu nyt filosofiaan. Yleensä tämä sijainti viittaa siihen, että yksilöllä on taipumus kehittää kotikutoinen elämänfilosofia, joka rajoittuu vain siihen, mikä voidaan objektiivisesti nähdä ja kokea (Saturnus pohjaa konkretiaan). Siinä henkisillä ajatuksilla ei ole sijaa. Yksilön tehtävänä on kuitenkin juuri laajentaa henkisiä horisonttejaan ja kehittää jokin käsitys olemassaolon tarkoituksesta.

Joskus ainakin toinen vanhemmista tai joku muu läheinen ihminen on kiinnostunut henkisistä asioista tai uskonnollisuudesta, minkä toivotaan vetävän myös yksilöä näiden asioiden piiriin. Usein myös yksilöä ohjataan sellaisiin henkilökohtaisiin kokemuksiin, joiden selittämiseen hänen materialistinen katsomuksensa ei riitä. Lopulta hänen on pakko hyväksyä laajempi selitysmalli näille kokemuksilleen ja elämälle ylipäänsä.

**Saturnus 10. huoneessa:**

Tässä yksilön on suunnattava huomattavia ponnistuksia työhönsä tai uraansa menestyäkseen. Ilman tätä sekä riittävää huolellisuutta ja varovaisuutta ura ei urkene. Läksynä on yksinkertaisesti omistaa riittävästi energiaa ja ponnistella asian oppimiseksi. Menneiden elämien laiskuuden ja tarkkaamattomuuden rasitteet painavat, ja juuri ne vaativat nyt oikaisemista. Usein jänniteaspektit Saturnukseen tässä sijainnissa viittaavat myös kireyteen suhteessa toiseen vanhempaan.

### Saturnus 11. huoneessa:

Kun karman ja rajoitusten planeetta löytyy tästä huoneesta, on tehtävä vielä paljon sovittamis- ja selvitystyötä aiempien vihamiesten suhteen. Mitä jännitteisemmät ovat aspektit, sitä enemmän vaaditaan tällä rintamalla ponnistelua. Käytännön tasolla yksilön elämään tulee auktoriteettihahmoja, joiden kanssa syntyy konflikteja ja joista ensimmäinen on tavallisesti jompi kumpi vanhemmista.

Jos yksilöllä on jännitteinen, konfliktien täyteinen suhde toisen vanhemman kanssa, voidaan päätellä, että vanhempi oli aiemmassa elämässä vihamies. Kunnes ristiriidat on selvitetty ja aiemman vihan tilalle astuu rakkaus, siirtyvät ongelmat jatkuvasti eteenpäin.

### Saturnus 12. huoneessa:

Tämä viittaa raskaaseen edelliseen elämään, jota yleensä karakterisoi sairaus ja yksinäisyys. Tästä seurauksena nykyinen persoonallisuus kantaa tiedostamattomassaan haavoja ja arpia, jotka voivat ohjelmoida häntä reagoimaan tapahtumiin ja ihmisiin joillain kielteisillä tavoilla. Mahdolliset kompleksit, fobiat ja antisosiaalinen käyttäytyminen voivat saada selityksensä tästä menneisyyden rasitteesta.

Niiden selvittämiseen sopisi jokin terapiamuoto, esimerkiksi jälleensyntymisterapia, joka auttaisi nostamaan psykologiset ongelmat ja tiedostamattomassa olevat pelot tietoisen mielen tarkasteltaviksi ja käsiteltäviksi. Muuten ne voivat aiheuttaa terveydellisiä hankaluuksia esimerkiksi immuunijärjestelmän alueella.

Kukkauutteista esimerkiksi Aspen/haapa (Bach), Fig/viikuna (Pegasus), Garlic/ valkosipuli (FES) ja St. John's Wort/mäkikuisma (FES) sekä jalokiviuutteista mm. Akvamariini, Ametisti, Jade, Vaalea opaali ja Vaalea helmi auttavat kohtaamaan aiemmista elämistä peräisin olevia kätkettyjä, tuntemattomia pelkoja ja voimistavat samalla astraalikehoa. Sen tasapaino on ratkaisevassa asemassa, jotta menneiden elämien informaatio saadaan käsiteltyä oikeina annoksina.

## Saturnuksen aspekteista

Saturnuksen aspektit eri taivaankappaleisiin tuovat laajempia ulottuvuuksia astrologisiin tulkintoihin.

### Saturnus kontaktissa Aurinkoon ja Kuuhun:

Kun Saturnuksen ja Auringon välillä on aspekti, yksilöllä on aina ongelma liittyen jompaan kumpaan vanhemmista. Mitä tarkempi aspekti on, sitä suurempi on ongelma. Samaa voidaan sanoa Saturnuksen aspekteista Kuuhun. Ulkoisten "orkestroitujen" tapahtumien puitteissa Saturnus aspektissa joko Aurinkoon tai Kuuhun tuo tullessaan elämään esteitä koskien kanssakäymistä auktoriteettien, hallituksen, poliisin, tai minkä tahansa muun auktoriteettina toimivan tahon kanssa.

Tämän kuvion tarkoitus on saada yksilö sekä sisäisesti että ulkoisesti ymmärtämään, että opastuksella, laeilla ja rajoituksilla on oma arvonsa - ihmisen tulee pelata pelejään sääntöjen mukaan, tai sitten niitä ei voi pelata lainkaan. Tämän läksyn laiminlyönti on aiemmissa elämissä johtanut menetykseen ja lankeamiseen sielun läksyjen oppimisessa.

Saturnuksen kontaktit niin syntymäkartalla kuin transiittien yhteydessä Aurinkoon ja Kuuhun madaltavat vitaliteettia. Näiden kontaktien yhteydessä on hyvä varoa erityisesti masentuneisuutta ja pyrkiä tietoisesti kultivoimaan iloa ja tervettä optimismia omassa elämässä. Tätä tukevat kukkauutteista esimerkiksi Zinnia eli oppineidenkukka, Kapris, Borage eli purasruoho, Nasturtium eli koristekrassi, Puolukka ja Hollyhock eli salkoruusu.

### Saturnus kontaktissa Merkuriukseen:

Saturnuksen aspektoidessa Merkuriusta yksilön mentaalisten energioiden vapaassa virtaamisessa korkeammasta Itsestä pään chakroihin on esteitä ja rajoituksia. Sen seurauksena mentaalisten operaatioiden eteenpäin vieminen on vaikeampaa kuin tavallisesti. Merkuriuksen ollessa ylennyksessään ongelma jää kuitenkin vähäisemmäksi.

Saturnus-Merkurius -aspektit voivat luoda pitkän varjon mielen päälle. Ne tuovat poikkeuksetta rajoituksia Merkuriuksen hallitsemiin toimintoihin: matkustamiseen, koulunkäyntiin, kommunikointiin. Tarkoituksena on saada aikaan näiden elämänalueiden täydempi arvostaminen kuin edellisessä elämässä, jolloin mahdollisuudet olivat olemassa mutta ne laiminlyötiin.

### Saturnus kontaktissa Venukseen:

Saturnuksen aspektoidessa Venusta kyseessä on vääjäämättä sydänchakran energioiden virtauksen sisäinen estyminen, joka aiheuttaa emotionaalista rajoittuneisuutta, kylmyyttä ja/tai tunteettomuutta. Nämä piirteet voidaan voittaa, mutta vain ponnistuksin. Ulkoisessa elämässä Saturnus-Venus -aspektit aiheuttavat poikkeuksetta ongelmia tunne-elämän alueella; eroja, sydänsuruja, yksinäisyyttä jne. Kaikilla näillä tekijöillä on tarkoituksena karman sovittamisen ohella yllyttää yksilöä tuntemaan enemmän kiintymystä ja ilmaisemaan sitä avoimemmin. Tässä on erityisesti kyse **tahdosta** rakastaa.

### Saturnus kontaktissa Marsiin:

Saturnuksen ja Marsin aspekti ei ole niin hirveä asia kuin jotkut astrologit ovat antaneet luulla. Mars on energiaa, ja mikä tahansa Saturnuksen tarkka aspekti asettuu energioiden "päälle" ja peittää ne aika ajoin. Kuitenkaan elämän ulkoiset olosuhteet eivät - edes neliö- tai oppositioaspekteissa - usein heijasta niitä raskaita asioita, joita astrologisissa teksteissä on kuvailtu.

Kontakti muistuttaa autolla ajamista käsijarru päällä. Salaisuutena on Saturnuksen rajoittavan tendenssin tasapainottaminen Marsin laajentavan, jopa "räjähtävän" tendenssin kanssa. Kun yksilö löytää näiden prinsiippien keskikohdan, on mahdollista tavoittaa tasapaino elämässä. Jos taas tämä ei onnistu, silloin on luvassa villejä heilahduksia ylitukahtuneiden ja ylienergisten tilojen välillä, jolloin Marsin patoutuneet, kahleista vapautuneet turbulenssienergiat saattavat sinkoutua mihin suuntaan tahansa - ja yleensä tuhoavalla tavalla.

### Saturnus kontaktissa Jupiteriin:

Myös Saturnuksen ja Jupiterin kohtaamisissa on kyseessä samanlainen kahden täysin erilaisen prinsiipin kohtaaminen. Nyt vastakkain ovat Saturnuksen supistavat ja rajoittavat energiat sekä Jupiterin laajentavat ja avartavat energiat. Planeettojen tarkat aspektit kertovat, että jotkut jupiteriaaniset piirteet eivät pääse luontevasti esille. Näitä voivat olla nuorekkaat, seikkailunhaluiset pyrkimykset, avoimuus, vilpittömyys ja rehellisyys sekä myös uskonnolliset pyrkimykset.

Elämän ulkoisella tasolla vastaavia rajoituksia ja konflikteja voi ilmaantua liittyen matkusteluun ja seikkailuihin sekä myös korkeampaan opiskeluun. Näiden sekä sisäisten että ulkoisten rajoitusten ja konfliktien tarkoitus on opettaa arvostamaan niitä asioita, joita saturniaaninen voima nyt rajoittaa, koska aiemmassa elämässä samanlaiset mahdollisuudet jätettiin hyödyntämättä.

### Saturnus kontaktissa Uranukseen:

Kolmas konflikteja tuottava planetaarinen kohtaaminen on Saturnuksen ja Uranuksen välinen. Jänniteaspekteissa kohtaavat jälleen täysin erilaiset tekijät, Saturnuksen jähmettävä ja hidastava vaikutus ja Uranuksen kaikkia esteitä vastustava, kahlehtimaton ja arvaamaton energia. Saturnus hallitsee ulkoista ilmiömaailmaa, kun taas henki ja vapaus ovat Uranuksen avainkäsitteitä. Niinpä yksilö, jolla on kartallaan tällainen kontakti, joutuu ikään kuin "jumalten keinuun" rajoitusten ja yhdenmukaisuuden kausien ja epätavallisten, itsenäisyyttä korostavien kokemusten välillä. Näiden erilaisten kokemusten taustalla olevien pyrkimysten välillä on usein yhteentörmäys, ja keskeisenä oppina on löytää jälleen tasapaino ja kultainen keskitie.

### Saturnus kontaktissa Neptunukseen:

Neljäs vahvaa tasapainottelua vaativa yhdistelmä on Saturnuksen ja Neptunuksen aspekti syntymäkartalla. Yhteentörmäys on todennäköinen rajoitusten ja yhdenmukaisuuden sekä Neptunuksen herättämien eskapististen ja uneksivien tendenssien välillä. Usein yksilö pakenee elämän kovia tosiasioita todellisuuspakoisen ajanvietteen, kuten ylenmääräisen TV:n katselemisen pariin.

Ongelma on paljon pahempi, mikäli eskapismi vie alkoholin tai muiden vastaavien aineiden käyttöön. Oppina tässä kuviossa on hyväksyä myös elämän karkeampi ja ankarampi puoli pyyhkimättä sitä pois todellisuuspakoisuuden avulla. Saturnus saattaa nostaa tässä kontaktissa esiin kroonisia terveysongelmia, joita on Neptunuksen takia vaikea diagnosoida täsmällisesti.

**Saturnus kontaktissa Plutoon:**

Saturnuksen ja Pluton väliset kontaktit toimivat lähinnä tiedostamattoman alueella ja nousevat vain jaksoittaisesti esiin tiedostettaviksi tai ulkoiseen elämänkuvioon. Näiden aspektien merkitys on se, että yksilöltä vaaditaan äärimmäisen kauaskantoinen muutos tässä inkarnaatiossa. Tämä muutos vaikuttaa syvästi tiedostamattomaan. Jollain tavalla yksilön asenteen, ajattelutavan, elämänkatsomuksen tai näkemyksen tulee muuttua radikaalisti, tavalla joka lähes poikkeuksetta pakotetaan omaksumaan yksilön hallitsemattomissa olevien tapahtumien tai olosuhteiden myötä.

Merkit ja huoneet, joissa nämä kaksi planeettaa sijaitsevat, antavat viitteitä vaadittavasta muutoksesta. Pluto viittaa tavallisesti yleiseen alueeseen, kun taas Saturnus kuvailee keinoja, joilla muutoksen täytyy tapahtua.

**Saturnus kontaktissa kuunsolmuihin:**

Saturnuksen aspekti Kuun solmuihin osoittaa tavallisesti tärkeän läksyn, joka on kohdattava tässä elämässä ja johon löytää viitteen yläsolmun huone- ja merkkisijainnista. Alasolmu ilmaisee menetyksen tai surun alueen elämässä, jonka Saturnuksen kontakti tekee aiempaa vakavammaksi.

## Saturnuksen syklit kehityksen mittareina

On järkevää olettaa, että Saturnus jatkaa "opetustointaan" myös myöhemmin elämässä edetessään eläinradalla ja koskettaessaan vuorollaan jokaista syntymäkartan planeettasijaintia ja muuta herkkää kohtaa, kuten askendenttia ja keskitaivasta, tai siirtyessään kustakin astrologisesta huoneesta seuraavaan.

Usein Saturnus testaa syntymäkartan indikoimia opetuksia käytännössä juuri transiittien, progressioiden, direktioiden ja muiden edistysmetodien myötä, joita astrologian ammattilaiset ja harrastajat käyttävät tutkimuksissaan. Kyseessä kulloinkin oleva läksy viittaa tavallisesti myös siihen syntymäkartan planeettaan, jota Saturnus koskettaa taivaallisella matkallaan, samoin kuin ko. merkkiin ja huoneeseen.

Saturnuksen syklinen aktiviteetti on tärkeä tuntea henkisen astrologian käytäntöön soveltamisessa. Planeetan kierros eläinradan ympäri kestää keskimäärin 29,5 vuotta, eli mikäli ihminen elää 90-vuotiaaksi, hänen elämäänsä mahtuu kolme täyttä Saturnuksen sykliä. Tarkka kiertoaika riippuu planeetan sijainnista ja esim. mahdollisesta perääntyvyydestä syntymähetkellä.

Saturnus tulee neliöaspektiin (= 90°) syntymäkartan sijaintiinsa nähden ihmisen ollessa n. 7-8 -vuotias, oppositioon (= 180°) keskimäärin 14-15 vuoden iässä ja uudestaan neliöön n. 22-vuotiaana. Saturnuksen ensimmäinen kierto vastaa siis ihmisen elämänkaaressa aikajanaa välillä 0-30 vuotta. Tämän syklin aikana ihmisen on tarkoitus kerätä kokemuksia, tutkia fyysistä maailmaa sekä laajentaa pyrkimyksen, ponnistelun ja kokemuksen avulla horisonttejaan.

Elämänkaaripsykologiassa puhutaan näiden syklien yhteydessä usein koulukypsyyden saavuttamisesta n. 7-vuotiaana, vanhempien auktoriteetin kyseenalaistavasta puberteetista n. 14 vuoden iässä, sosiaaliseen vastuuseen pääsemisestä 21-vuotiaana sekä "toisesta puberteetista" juuri silloin, kun astrologit sanovat Saturnuksen ensimmäisen kierron, nk. Saturnuksen paluun, tulevan täyteen.

Kaikissa näissä kohtaamisissa yksilö joutuu mielenkiintoisella tavalla selvittämään suhdettaan auktoriteetteihin, ja auktoriteettien kohtaaminen liittyy astrologiassa saturniaanisiin prosesseihin. Puhdasta sattumaako? Tuskinpa. On mielestäni hedelmällisempää tutkia asioita ennakkoluulottomasti ja nähdä myös ne "merkitsevät sattumat" (kuten Carl Gustav Jung asian ilmaisi, niin kuin kirjoitin teoksen alkupuolella), joita todellisuus heittää eteemme.

Ensimmäisen kiertonsa aikana "Isä Aika" saa ihmisen kohtaamaan kollektiivisen menneisyytensä, esimerkiksi ne perinnöllisyyden ja ympäristön aiheuttamat tekijät, joihin yksilö on syntynyt ja jotka hänen on tavalla tai toisella **ylitettävä** täyttääkseen syntymäpotentiaalisuutensa. Monet saturniaaniset siteet, joista ensimmäiset koetaan isähahmon/auktoriteettihahmon muodossa ja sitten perhe- ja sosiaalisten traditioiden hahmossa, täytyy lopulta kyetä katkaisemaan. Mikäli kehitystä rajoittavista siteistä ei vapauduta, niiden haitalliset vaikutukset siirtyvät seuraavaan sykliin ja voivat nousta esiin paljon kielteisemmällä tavalla.

## Saturnuksen paluu, ei mörkö vaan mahdollisuus

Saturnus kytkeytyy karmaan, eli menneisyyden ajatustemme ja tekojemme hedelmiin, kuten idän astrologia ja myös läntinen henkinen astrologia hyvin tietävät. Voidaan siten odottaa, että Saturnuksen syklin kulminaatiopisteissä ja myös Saturnuksen transitoidessa muita planeettoja yksilö joutuu kohtaamaan osan karmaansa. Mikä tahansa koetteleva tai kivulias kokemus noina Saturnuksen syklin tärkeinä ajankohtina on varmasti yksilön henkisten oppaiden suunnittelema ja orkestroima karman sovittamista varten.

Henkiset oppaat käyttävät nimittäin Saturnuksen paluuta edeltäviä kulminaatiokohtia erikoisten voimien esiin tuomiseen. Niiden tarkoituksena on aloittaa ne oikaisevat prosessit, jotka yksilö tahdottavasti tulee viemään päätökseen toisen syklin aikana. Monet ihmiset voivatkin todeta, että mainittuina ajankohtina he joutuivat käymään lävitse tiettyjä käänteentekeviä ja usein myös vaikeita kokemuksia, jotka olivat suurelta osin heidän välittömän kontrollinsa ulottumattomissa. Tämä onkin yksi saturniaanisen vaikutuksen tunnusmerkkejä.

Monissa tapauksissa, kun ihminen ei ole toiminut aloitteellisesti asiaankuuluvan muutoksen suhteen ensimmäisen syklin jälkimmäisen puoliskon aikana, Saturnuksen ensimmäinen paluu n. 29 vuoden iässä on ollut traumaattisimpia ja paineiden täyteisimpiä periodeja koko elämänkaarella.

Hilarion mainitsee kirjassa Answers, että Saturnuksen ensimmäisen paluun (joka siis tapahtuu n. 29-29,5 vuoden iässä) jälkeen yksilö saapuu elämänkaaren jaksoon, jolloin hänen oletetaan alkavan sulatella ja eritellä aiempia elämänkokemuksiaan, nostaa niistä esiin tarpeellisia läksyjä, tiivistää ne integroituneella tavalla tietoisuuteensa sekä tehdä läksyjen osoittamat muutokset toiminta-, ajattelu- ja tuntemistavoissaan.

Välillä tapahtuu niin, että yksilö ei kykene tai halua nostaa katsettaan elämän korkeampiin ulottuvuuksiin, kun Saturnuksen ensimmäinen kierto on tullut täyteen. Ne, jotka jatkavat saman aineellisuuteen suuntautuneen asenteen korostamista, joka oli leimallista heidän nuoruusvuosilleen, tai jotka eivät halua luopua varhaisempien vuosiensa itsekeskeisyydestä tai ylpeydestä, eivät oikein tule pitämään Saturnuksen toisesta kierrosta. Sen aikana nimittäin Saturnuksen värähtelyt alkavat todella lisätä painetta yksilöä kohtaan saadakseen hänet korjaamaan elämänfilosofiaansa, nostamaan katseensa elämän korkeampiin päämääriin ja yleisesti ottaen omaksumaan aiempaa henkisemmän ajattelu- ja käyttäytymistavan.

Koska kehitystä ohjaavat tahot ovat nähneet tarpeelliseksi Saturnuksen paluun ajoittamisen käänteentekeväksi tietoisuuden avartumisen kannalta, on asia "koodattu" myös kirologian ilmaisemiin merkintöihin useissa kädenviivoissa, jotka vastaavat Saturnuksen ensimmäistä paluuta. Esimerkiksi päänviivan ja kohtalonviivan risteys symboloi 28-32 ikävuoden välistä ikäkautta kummassakin viivassa. Samaan ajanjaksoon viittaa myös terveydenviivan ja päänviivan kohtaaminen. Kohtalonviiva kirologiassa on saturniaaninen viiva ja kulkee selkeästi kohti Saturnuksen sormea eli keskisormea.

## Toisen syklin kulminaatio

Tarkastelen vielä Saturnuksen toisen kierroksen keskikohtaa, joka tavallisesti ajoittuu ikävuosiin 42-44 ja joka viittaa yleensä vaihdevuosien alkamiseen.

Elämänkaaripsykologiassa puhutaan 40-vuotissiirtymästä, jonka haasteisiin kuuluvat oman itsen kohtaaminen ajatuksen ja tunteen sekä myös syvempien elämää ylläpitävien perustuntojen tasolla, oman yhteisöllisen ja yhteiskunnallisen paikan löytäminen sekä suhteen luominen elämän tarkoitukseen. Monet ihmiset käyvät tällöin lävitse frustraation, tyytymättömyyden tai epätoivon täyteisiä jaksoja, "siirtymäkokemuksia". Ne, jotka välttyvät tällaisilta kausilta, ovat kyenneet kehittämään itselleen sellaisen ajattelutavan tai toimintafilosofian, joka on kohottanut heidän katseensa pelkän fyysisen tason maailman yläpuolelle.

Saturnuksen sykli kohtaa tämän tärkeän etapin yhteydessä toisen kaukaisen planeetan, Uranuksen, kierroksen kulminaatiopisteen. Odottamattomuuksien, äkillisten muutosten, eriskummallisuuksien, okkultismin, vapauden ja vallankumouksellisuuden taivaankappale - jota voi hyvällä syyllä kutsua planeettakunnan "villiksi kortiksi" - on silloin saavuttanut puolivälin n. 84 vuoden mittaisella kierrollaan ja tekee siis yksilön kartalla oppositiota syntymäkartan sijaintiinsa. Eli muutospaineet ja -voimat ovat tuolloin tavattoman suuret ihmisen elämässä. Yhdessä nämä kaukaiset planeetat todella tuulettavat ihmisen urautuneita näkemyksiä!

## Carpe diem!

Myös Jung puhuu tästä ajasta tärkeänä merkkipaaluna. Hänen mukaansa vasta 42-vuotias pystyy todella hyötymään terapiasta, sillä vasta silloin ihminen on valmis luopumaan menneisyyden ajattelu- ja tuntemistavoista sekä omaksumaan uusia. Jungilaisittain: *Matka alkaa kun elämän keskipäivä saapuu, ja silloin kääntyvät ne ihanteet ja arvot ympäri, joita vielä elämän aamupuolella viljeli.*

Uranus hajoittaa rajoittavia, kristallisoituneita tekijöitä sekä auttaa ihmistä pääsemään eroon niistä asenteista, jotka eivät enää edistä henkistä kehitystä. Sisäinen kamppailu käydäänkin usein tässä vaiheessa vanhan ja uuden välillä. Jotkut pelkäävät uuden mukanaan tuomaa haastetta ja ennustamattomuutta, mutta Saturnus ja Uranus yhteistuumin tarjoavat tämän tärkeän rajapyykin yhteydessä hienon mahdollisuuden käynnistää elämän ehkä tuotteliain ja luovin ajanjakso - yksilön on kuitenkin tartuttava tilaisuuteen.

Jos taas ihminen ei ole oppinut viidennen vuosikymmenensä alkuvuosiin mennessä sitä, että elämä on enemmän kuin pelkkä maallinen menestys, raha tai nautinto, silloin Saturnus alkaa varmasti koulutuksen ankaralla kädellä tullessaan toisen kerran oppositioon syntymäkartalla olevaan sijaintiinsa nähden. Ja Saturnuksen luoma paine kestää aivan niin kauan kuin ihminen vastustaa täydellisesti muutosta. Eli kriisi jatkuu niin pitkään, kunnes hän vähintään alkaa kehittää jotain uutta tarkastelutapaa itseään tai maailmaa kohtaan.

## Sadonkorjuun ja filosofian aika

En käy tässä yhteydessä tarkastelemaan yksityiskohtaisesti Saturnuksen syklisyyttä ihmisen elämän ehtoopuolella. On kuitenkin hyvä muistaa, että siinä missä karmallisen planeetan ensimmäinen kierto koskettaa lähinnä ihmisen suhdetta omaan menneisyyteensä rodullisesti, kulttuurisesti, geneettisesti ja ympäristötekijöiden suhteen, siinä Saturnuksen toinen sykli viittaa nykyisyyteen ja niihin haasteisiin, jotka ovat edessä nuoruuden päätyttyä, sen haaveiden ja toiveiden joutuessa uudelleenarvioinnin kohteeksi. Saturnuksen viimeinen sykli (normaalin eliniän puitteissa) on sitten sadonkorjuun aikaa, mikäli yksilö on oikealla tavalla vastannut aiempien jaksojen kehityshaasteisiin.

Ammoisina aikoina 60 ikävuoden rajapaalua pidettiin filosofian ja viisauden kauden alkuna, koska ainoastaan viisauden kautta on mahdollista integroida yksilön panos merkittävällä tavalla ihmiskunnan todellisiin tarpeisiin - kuten Alexander Ruperti asian ilmaisee viisaassa kirjassaan *Cycles of Becoming* (CRCS Publications 1978). Näin viimeinen kierto edustaa aikajanalla tulevaisuutta täydentäen siten Isä Ajan eli Kronoksen eli Saturnuksen vuosikymmeniä aiemmin aloittaman työn nykyisessä inkarnaatiossa.

## Saturnus perääntyvänä

Saturnus esiintyy perääntyvänä monen ihmisen syntymäkartalla. Tämän on usein huomattu viittaavan jollakin tavoin biologisen isän antaman miesmallin puutteisiin. Isä on saattanut olla kokonaan pois fyysisesti tai psykologisesti, paljon työmatkoilla tai muuten estynyt olemasta se rakastavan auktoriteetin malli, joka optimaalisesti hänelle kuuluisi. Joskus isä on tällaisessa tapauksessa tyranni, joskus tiukkapipoinen auktoriteetti, joskus poissaoleva hissukka.

Oli miten oli, isän antama malli on voinut saada yksilössä aikaan alemmuuden-tunteiden perinnön varhaisesta kotimiljööstään. Ja niin kuin kirjoitin Kuun lapsuu-denkotiin liittyvien vaikutusten yhteydessä, nämä jättävät usein hyvin pitkät jäljet kehittyvään persoonallisuuteen.

Asialla on luonnollisesti myös muita ulottuvuuksia. Amerikkalainen astrologi Noel Tyl on kirjoittanut teoksessaan *Synthesis & Counseling in Astrology* (Llewellyn Publications 1994), että Saturnus perääntyvässä liikkeessä syntymäkartalla hidastaa tai syventää kykyä vakiinnuttaa ja pitää yllä kiinteitä rakenteita sekä henkilökohtai-sessa että ulkomaailmassa. Saturnus on muodon rakentaja. Kun Saturnus perääntyy yksilön syntymäkartalla, hänen rakentamansa muodot ovat horjumattomia. Kuvio tuo kasvaneen herkistymisen virhemahdollisuuksille, joten perustukset ja lähtökoh-dat turvataan kattavasti, ennen kuin lopputulos ikinä ilmaantuu fyysiselle tasolle.

Auktoriteetin tulee lopulta aina löytyä yksilöstä itsestään, ja Tylin mielestä tämä Saturnuksen asema lisää omakohtaista vastuunottokykyä siihen todellisuuteen, jo-ta ihminen itse on luomassa. Hän testaa elämänsä henkilökohtaisia rakenteita yhä uudelleen, jotta ne ankkuroituisivat kiinteästi sisäiseen todellisuuteen, ja hyväksyy sekä sisäiset että ulkoiset rajat, jotka kuuluvat luonnostaan yhteiskunnassa elämi-seen ja vaikuttamiseen. Saturnus on - niin kuin totesin jo aiemmin - elämän kovat faktat, rajapinnat, rakenteet ja auktoriteetit, myös sisäiset sellaiset.

Värähtelyuutteista Madia auttaa huomattavasti Saturnuksen hankalissa aspekteissa, erityisesti karman planeetan seitsenvuotissyklin taitekohdissa ja edistetyn Satur-nuksen aspekteissa syntymäkarttaan. Monet näistä aspekteista helpottuvat siksi, et-tä yksilön on helpompi sulattaa ja työstää kokemuksen paljastamaa informaatiota, mikä onkin Saturnuksen perimmäinen tarkoitus. Myös Mullein eli ukontulikukka auttaa Saturnuksen kierron kriisikohdissa. Saturniaanisten energioiden kanssa työs-kentelemiseen sopivat kukkauutteista myös mm. Kullero, Mäkitervakko, Niittylei-nikki ja Rosmariini.

Metalleista Saturnus hallitsee lyijyä. Jalokivistä karman planeetan kanssa resonoi-vat mm. gordoniitti, kutnahoriitti, cerussiitti, pyromorfiitti, gagaatti, franckeiitti ja rodoliitti-granaatti. Esimerkiksi cerussiitti auttaa ymmärtämään paremmin vastus-ten merkitystä ja siirtymään siten kitkan kohtaamisesta suprajohtavuuden reitille, Henkiselle Tielle.

Terveysastrologiassa Saturnuksella on tärkeä rooli. Se hallitsee ihmiskehon rakenteellista prinsiippiä ja siten luustoa, niveliä ja hampaita. Usein ongelmat hampaiden ja ikenien samoin kuin luiden ja nivelten kanssa esiintyvät Saturnuksen transiittien yhteydessä. Silloin esimerkiksi hammaslääkärilaskut ovat korkeimmillaan.

Lisäksi lyijyplaneetta hallitsee sappirakkoa, johon sappi varastoituu. Sappikivet ovat hyvin tyypillinen saturniaaninen ongelma, ja niveltulehdus on toinen kristallisoitumisen muoto, joka voi ilmetä yksilöillä, joilla on voimakas Saturnus tai Kauriin teema kartallaan. Reumatismi kuuluu Saturnuksen hallintaan, samoin iho siinä mielessä, että se on meitä suojeleva rajapinta. Kuitenkin Venuksen sanotaan hallitsevan ihon ulkopintaa.

Yleisemmällä tasolla missä tahansa merkissä Saturnus on syntymäkartalla, sieltä löytyy tavallisesti vinkki kyseisen alueen altistumista tai toimintahäiriöistä kehossa. Esimerkiksi Saturnus Kaksosissa viittaa mahdollisiin ongelmiin hengityselinten, hermoston ja joskus käsien alueella, Leijonassa puolestaan sydämen ja ristiselän alueella.

Saturnus liittyy tavallisesti kroonisiin, pitkäkestoisiin terveysongelmiin, jotka ovat yhteydessä karmaamme. Saturnuksen seitsenvuotissyklit kuuluvatkin osaltaan meidän astrologisiin terveyssykleihimme.

C-vitamiini on Saturnuksen hallitsemaa, samoin K-vitamiini. Saturnus hallitsee mineraaleista kalsiumia, fosforia, rikkiä ja fluoria. Kalsiumia tarvitaan luustoomme ja hampaisiimme. Kalsiuminpuutteen yhteydessä on syytä tarkastaa Saturnuksen sijainti syntymäkartalla tai sen aktivoituminen esimerkiksi transiittien yhteydessä. Fosfori nopeuttaa luunmurtumien paranemista ja on lisäksi tarpeellista kunnolliselle luuston kasvulle ja hampaiden kehitykselle. Rikki on tärkeää hiuksille, kynsille ja iholle. Fluori voimistaa luita ja auttaa vähentämään happojen muodostusta suussa.

### Esimerkkikartta 5:

Lääkäri, tutkija, filantrooppi ja kulttuurifilosofi Albert Schweizer (1875-1965) oli viime vuosisadan merkittävimpiä persoonallisuuksia. Hän oli myös oman aikansa parhaita Bach-urkureita, joka kuitenkin jätti maallisen maineen houkutukset taakseen perustaen viidakkosairaalan Päiväntasaajan Afrikkaan, nykyiseen Gaboniin.

Elsassissa syntynyt Schweizer työskenteli lähetyslääkärinä mustassa Afrikassa yli viiden vuosikymmenen ajan, ja hänestä tuli vähitellen legendaarinen hahmo, joka sai mm. Nobelin rauhanpalkinnon olympiavuonna 1952. Schweizerin teoksista on suomennettu mm. *Elämän kunnioitus* (WSOY 1966).

Schweizerin kartta on äärimmäisen mielenkiintoinen, samoin hänen elämänsä, joka oli täynnä vaikeuksia ja vastuksia. Sitä voisi hyvin kutsua saturniaaniseksi, sanan korkeammassa merkityksessä.

Kartan keskeinen kuvio on ilman muuta harvinainen kiinteiden merkkien suurristi, joka rakentuu Vesimiehessä olevan Saturnuksen, Härässä olevan Pluton, Leijonassa olevan Uranuksen ja Skorpionissa olevan Marsin välille. On lisäksi huomi-

## Albert Schweizer
Natal Chart
14 Jan 1875 NS
23:50  LMT −0:29
Kaysersberg, France
48°N08' 007°E15'
Geocentric
Tropical
Porphyry
True Node

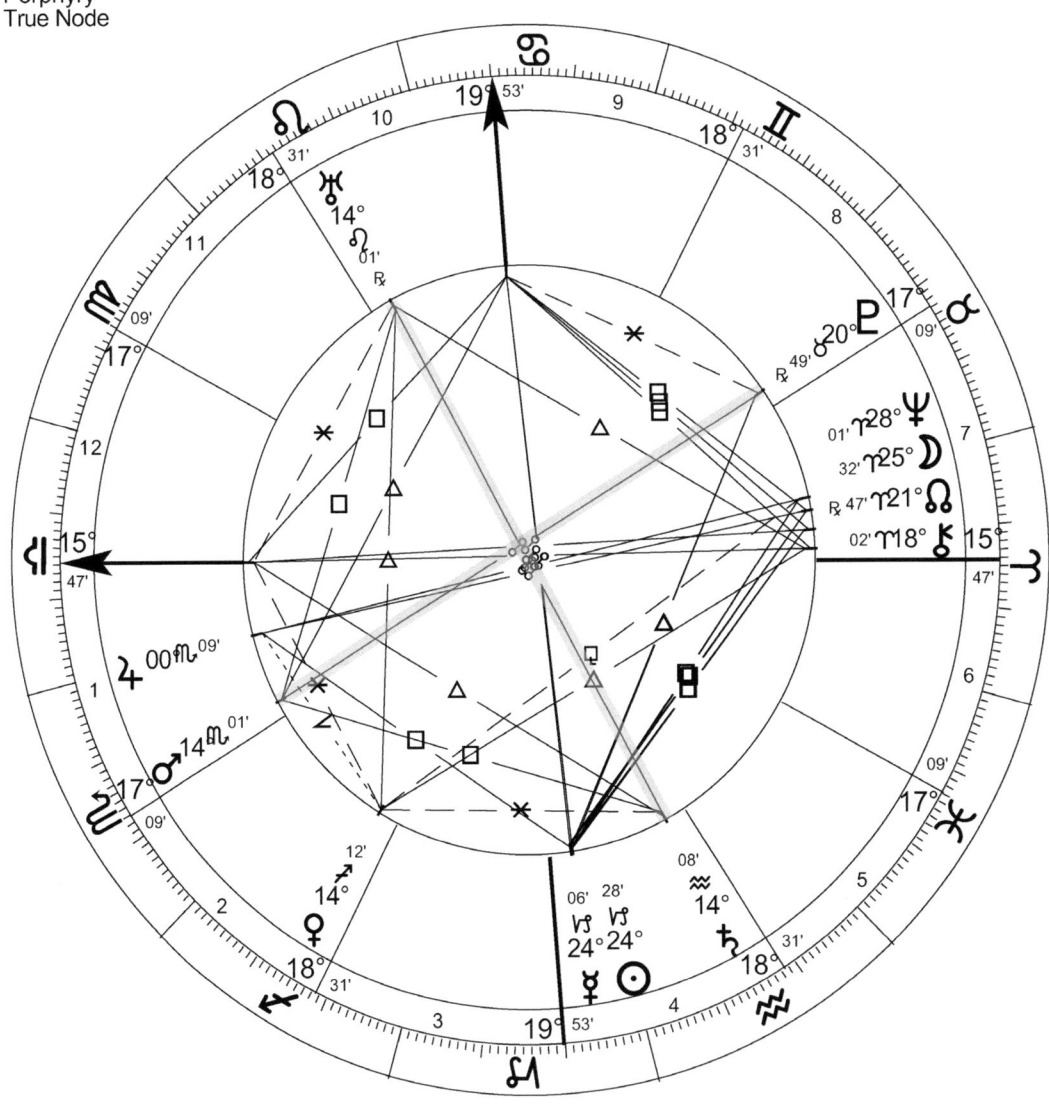

oitavaa, että peräti kolme suurristin planeetoista on samassa asteessa (14°). Myös Venus on tässä asteessa Jousimiehen merkissä. Palaan astelukuun vielä uudemman kerran myöhemmin.

Harvinainen suurristi on aina hyvin energinen, stressaava ja haasteellinen kuvio, joka tuo jännitteiset energiat tietoisuuden tasolle ja toimii siten motivoivana kehitysmoottorina. Avainsanana on **haaste**. Suurristi voi olla balansoiva voima ja myös todellinen energiasampo, mikäli yksilö kykenee käyttämään näitä energioita rakentavalla tavalla - mikä ei ole kovin helppoa. Muutoin on luvassa kasapäin vaikeuksia, joiden syyt ihminen on laittanut liikkeelle aiemmissa elämissään.

Kuvioon kätkeytyy valtava voima, koska se tuo mukanaan vastoinkäymisiä, jotka vaativat huomiota osakseen. Usein se kertoo ihmisestä, joka ei kykene lepäämään, ennen kuin on saavuttanut tavoitteensa. Suurristi luo intensiivisiä sisäisiä ja ulkoisia konflikteja, joista sisäiset tulevat usein kuvion neliöiden, ulkoiset puolestaan enemmän oppositioiden kautta. Tällöin ihmiselle voi tulla tunne, että elämäntapahtumat ovat täysin hänen hallitsemattomissaan ja että muut ovat aiheuttaneet nämä myrskyt.

Kun lukee Schweizerin elämästä, ei voi kuin ihaillen ihmetellä sitä voimaa, kestävyyttä, itsekuria ja järkkymättömyyttä, jolla tämä Kauris kulki haasteiden läpi. Mikään ei lannistanut häntä.

Asia valottuu ehkä paremmin, jos kuuntelemme Hilarionin sanoja Schweizerista. Hän oli korkeasti kehittynyt sielu, joka oli tullut uhrautuvasti auttamaan ihmisveljiään. Hän ei kuitenkaan olisi voinut kunnolla inkarnoitua aineen tasolle, jollei planetaarisia energioita olisi käytetty maadoittamaan sielun värähtelytasoa ja auttamaan tätä sitoutumaan fyysiseen kulkuvälineeseen. Prosessi on monimutkainen, eikä sitä voida tässä yhteydessä tarkasti selostaa.

Syntymähetken voimakkaat planetaariset jännitteet olivat kirjaimellisesti vastuussa yksilön ankkuroimisesta fyysiselle tasolle. Ne ja niihin liittyvät vaikeudet, kivut ja kärsimykset eivät kuitenkaan kuuluneet karmallisesti Schweizerille, joka otti vapaaehtoisesti kannettavakseen ihmiskunnan osan kollektiivisesta karmasta. Hilarion on kuvannut asiaa kirjoissaan *Seasons of the Spirit* ja *Symbols*, joita molempia suosittelemme lämpimästi kaikille henkisille etsijöille.

Tässä yhteydessä on tärkeää ymmärtää, että Schweizer oli korkea-asteinen vihitty. Vihkimystiellä yksilö kohtaa haasteita, jotka voivat muista vaikuttaa suorastaan käsittämättömiltä suuruudessaan ja koettelemuksissaan. Kuitenkin timantti syntyy juuri suurissa paineissa ja haasteissa, jotka tuovat mukanaan myös suurenmoiset kehitysmahdollisuudet ja tajunnan avartumisen.

Saturnus on Schweizerin kartalla hyvin voimakkaassa sijainnissa, onhan se yksi suurristin kärjistä ja sijaitsee lisäksi sekä tärkeässä kulmahuoneessa (4. huone) että merkissä (Vesimies), jonka "vanha" hallitsija se on. Saturnuksen jännitekontakteista olen kirjoittanut laajasti edellä, joten lukija voi sieltä katsoa, minkälaisten saturniaanisten, suorastaan titaanimaisten haasteiden kanssa hän joutui elämässään ponnistelemaan.

On kiinnostavaa tarkastella myös tuota edellä mainittua astelukua, joka liittyy ns. kolmen lakiin. Palaan siihen tarkemmin kirjan 9. luvussa, mutta mainittakoon se lyhyesti tässäkin. Tuo laki ilmaisee elämänkaareen orkestroidun ajankohdan, jolloin jokin ko. planetaariseen sijaintiin liittyvä asia aktivoituu ihmisen elämässä. Jotta tuohon ajoitukseen päästään, täytyy planeetan asteluku kertoa kolmella, jolloin Schweizerin tapauksessa Saturnuksen, Marsin, Uranuksen ja Venuksen sijaintien indikoimat asiat laukesivat hänen ollessaan 42 vuoden ikäinen (3 x 14 v).

Schweizerin elämässä tämä jakso sijoittui vuoteen 1917, jolloin hän sai Lambarenen viidakkosairaalassaan kuulla, että hänen oli vaimoineen heti matkustettava Eurooppaan. Siellä heitä odotti Garaisonin suuri vankileiri Pyreneillä. Jo aiemmin heille oli ilmoitettu, että he olivat saksalaissyntyisinä sotavankeja Ranskan hallitsemalla alueella. Ranskassa Schweizer sairastui lisäksi punatautiin, joka vaivasi häntä pitkään. Niin kuin muistamme, Saturnus hidastaa ja kahlehtii sekä tuo välillä pitkäkestoisia terveysongelmia.

Tuo suurten koettelemusten vuosi on kirjattu sekä kolmen lakiin että muihin tuon vuoden astrologisiin kuvioihin Schweizerin kartalla. Vuonna 1917 hänen kartaltaan löytyvät Saturnuksen oppositiot Aurinkoon, Merkuriukseen ja omaan sijaintiinsa hänen syntymäkartallaan (tästä kirjoitin edellä Saturnuksen syklin yhteydessä) sekä lisäksi neliöt Marsiin ja Jupiteriin ja yhtymä Uranukseen. Eikä tässä vielä kaikki: myös Uranuksen neliö Plutoon aktivoitui vuoden aikana. **Kaikki** suurristin planeetat aktivoituivat samana vuonna! Monille ihmisille jo yksikin näistä kuvioista on haasteellinen kokemus, saati niiden laukeaminen laajana rintamana.

Saturnus rajojen ja rajoitusten, esteiden, hidastusten ja auktoriteettien planeettana vaikuttaa jakson aikana täydellä voimallaan. Seuraavana vuonna Schweizer vaimoineen vapautettiin, ja suuri filantrooppi leikattiin Strassburgissa, jossa hän toivuttuaan myös palasi takaisin työelämään. Toipuminen kesti kuitenkin ainakin pari vuotta.

Schweizerin kartalla on monia muitakin mielenkiintoisia sijainteja, Auringon tarkka yhtymä Merkuriukseen (mikä kertoo, että hänen korkeammalla Minällään on samanlainen kaurismainen mielirakenne) ja Kuun yhtymä Neptunukseen ja yläsolmuun sinähuoneessa, lähimmäisen huoneessa. Nousun hallitsija Venus on lisäksi omassa huoneessaan ja Jousimiehessä (mikä viittaa ulkomaihin ja kaukaisiin kulttuureihin) sekä tekee vielä tarkan kolmioaspektin erikoisuuksien planeetta Uranukseen. Se on Vaa'an merkin korkeampi hallitsija.

Tässä on hyvä esimerkki nousumerkin perinteisen ja esoteerisen hallitsijan harmonisesta kohtaamisesta kolmiossa, mikä tekee sielun sulautumisen, hengen voiton aineesta ja vihkimyksen vuorelle nousun mahdolliseksi kyseisessä inkarnaatiossa. Jos otamme vielä huomioon Kheironin sijainnin Oinaassa, muodostuu Venuksen, Uranuksen ja tämän vuonna 1977 (siis yli 100 vuotta Schweizerin syntymän jälkeen) löytyneen pikkuplaneetan välille upea suuri tulikolmio, joka on tyypillinen johtajuuden kuvio astrologisella kartalla.

Edellä mainitut sijainnit ja kontaktit ovat filantroopin ja taiteilijan kuvioita, jotka kertovat sielun ja sydämen suuruudesta ja suloisuudesta, valtavasta auttamis-

halusta ja myös taiteellisesta inspiroitumisesta. Ymmärtääkseni musiikki annettiin osin "lahjana" Schweizerille, jotta hän jaksaisi kohdata karttansa ja elämänsä suuret haasteet.

"Tuhansien tavoin on ihmisen tarkoituksen toteuduttava, jotta hyvä maailmassa pääsisi voitolle. *Mitä* kunkin on tällöin annettava uhrina, se on jokaisen yksityinen salaisuus. Mutta kaikkien meidän on yhteisesti tiedettävä, että elämämme saa todellisen arvon vasta silloin, kun meille sisäisesti kirkastuu seuraavan lauseen totuus: 'Joka elämänsä kadottaa, hän löytää sen.'" (*Elämän kunnioitus*, s. 350, suom. Juho Tervonen).

**7**

# Sukupolviplaneetat ja transsendenssi:

# Uranus, Neptunus ja Pluto

Nämä kaikki kolme planeettaa ovat "virallisesti" löytyneet vasta uudella ajalla teleskoopin keksimisen jälkeen, vaikka amerikkalainen tutkija ja kirjailija Zecharia Sitchin on teoksessaan *Stairway to Heaven* osoittanut, että ne tunnettiin jo muinaisuudessa.

Näitä kolmea taivaankappaletta on kutsuttu joskus transsendenttisiksi planeetoiksi mm. sen takia, että ne eivät näy paljain silmin (paitsi Uranus oikein otollisissa olosuhteissa), mutta myös siksi, että niiden hallitsemiin asioihin liittyy niin henkisiä, esoteerisia kuin tavanomaisuudesta poikkeavia teemoja. Kutsunkin siksi tätä etäisten planeettojen kolminaisuutta henkiseksi trioksi. Jokainen näistä planeetoista - jopa Pluto, jolla on varsin hurja ja pelottava maine astrologian harrastajien kasvavassa joukossa - nostaa esiin henkisen kasvun ja integroitumisen mahdollisuuksia.

Kyseessä ovat myös sukupolviplaneetat, joiden vaikutus ulottuu erityisesti merkisijainnin puitteissa kauas yksilötason ulkopuolelle. Jos ymmärrämme, että Uranus kulkee keskimäärin seitsemän vuotta kussakin merkissä ja lähes 84 vuotta eläinradan ympäri, Neptunus tästä puolet hitaammin ja että Plutolta kestää lähes 250 vuotta kulkea eläinradan ympäri, voimme oivaltaa niiden vaikutuksen myös sukupolvien tasolla. Mestari Hilarion on antanut paljon uutta tietoa näistä vaikutuksista, ja tämä tieto ulottuu myös näinä planeetan kannalta ratkaisevina vuosina syntyneisiin ja syntyviin lapsiin, jotka tuovat uusia energioita planeetallemme.

## URANUS - VILLI JA VAPAA HERÄTTÄJÄ

Uranus on aurinkokuntamme villi kortti, jokeri, maagikko ja temppuilija, jonka tehtävänä on herättää, tuulettaa ja uudistaa. Se on toisinajattelijoiden, vallankumouksellisten, nerojen ja kapinallisten planeetta ja onkin kuvaavaa, että se liikkuu taivaalla aivan eri tavalla kuin kaikki muut aurinkokuntamme planeetat. Sen pyörimisakseli on melkein vaakasuorassa, radan tasossa. Planeetta kaikkine kuineen on keikahtanut kyljelleen ehkäpä törmäyksen takia. Kaikki muut planeetat pyörivät akselinsa ympäri enemmän tai vähemmän pystysuorassa asennossa.

Antiikissa Urania oli astronomian muusa ja Uranus - Ouranos, taivas - itse Saturnuksen, Kronoksen, isä. Antiikin jumalparnassolla Ouranos oli jumalista vanhin. Hän oli naimisissa Gen eli Gaian, maajumalattaren, kanssa. Uranuksesta löytyy myös yhteys hindujen Varunaan, taivaan laella asuvaan kaikkinäkevään järjestyksen valvojaan.

Saksalais-englantilainen tähtitieteilijä-muusikko Sir William Herschel löysi Uranuksen 13.3.1781 eli vallankumousten pyörteissä, vuonna 1776 alkaneen Amerikan vallankumouksen jälkeen ja juuri ennen Ranskan vallankumousta. Vuonna 1776 Thomas Jefferson kirjoitti, että "kaikki ihmiset on luotu tasa-arvoisiksi". Tämä veljeyden julistus oli radikaali uraniaaninen idea aikana, jolloin mm. orjuutta esiintyi vielä laajasti ja sitä pidettiin "luonnollisena".

Vuonna 1785 tapahtui ensimmäinen kuumailmapallolento, joka vapautti ihmisen Saturnuksen hallitseman painovoiman kahleista. Kaksi vuotta myöhemmin löydettiin uranium, ja vuonna 1800 Herschel löysi infrapuna-aallot laajentaen samalla ymmärrystämme valosta näkyvän valon aallonpituuksien ulkopuolelle.

Planeetan löytymisen jälkeiset vuosikymmenet toivat tullessaan mm. monet uudet keksinnöt, teollisen vallankumouksen, sähkövoiman käyttöönoton ja muita uraniaanisia ilmiöitä. Nämä kaikki ovat tärkeitä vinkkejä uraniaanisten energioiden ymmärtämiseksi - jokainen planeetta "löytyy" juuri aikana, jonka laatu kertoo kyseisen taivaankappaleen luonteesta ja merkityksestä ihmiskunnan suhteen. Planeetat osaltaan avartavat ja värittävät ihmiskunnan kollektiivista tietoisuutta.

Uranus antaa ihmisille mahdollisuuden vapautua vanhoista, aikansa eläneistä kaavoista sekä paeta kapea-alaisuutta ja nurkkakuntaisuutta. Jossain mielessä Uranus edustaa vastavoimaa Saturnuksen konkretisoiville, joskus jäykistäville preussilaisille energioille. Uraniaaniset ihmiset arvostavat riippumatonta ajattelua ja toimintaa, ja heillä on tarve tehdä asiat toisin kuin ne on aina ennen tehty. Kyseessä ovat aidot Camel Boots -yksilöt (palautan tässä mieleen vuosien takaisen TV-mainoksen miehistä ja naisista, jotka kulkevat omia polkujaan), jotka ovat kiinnostuneita elämän epätavallisesta puolesta.

Menneisyyden hahmoista tärkeitä uraniaanisia ihmisiä ovat olleet mm. suuri Atlantiksen tiedemies-filosofi Tutshesha, Egyptin tuittupäinen uudistajafaarao Ekhnaton, naisprofeetta Cassandra sekä keksijät Nikola Tesla, Thomas Edison ja R. Buckminster Fuller, jonka karttaa käsittelen Uranus-jakson päätteeksi.

Keksijöiden yhteydessä on hyvä muistaa, että Uranuksen hallintaan kuuluu myös moderni teknologia. Tässä on mielenkiintoinen linkki Suomeen. Suomi-lapsi syntyi joulukuussa 1917 Uranuksen ollessa hallitsemassa Vesimiehen merkissä. Suomen syntymäkartan suhteen ei astrologien piirissä ole täyttä konsensusta, mutta joissakin ehdotuksissa Uranus olisi Suomen syntymäkartalla paitsi omassa merkissään, myös omassa huoneessaan eli 11. huoneessa.

Suomen henkisessä ilmapiirissä onkin paljon uraniaanista, jos ajatellaan vaikka nykyteknologiaa ja erityisesti sen langattomia ilmaisuja. Meillä on viime vuosina ollut maaginen viisikirjaiminen talous- ja teknologiamantra, jota hoetaan lähes uskonnollisella hartaudella niin mediassa kuin kansan parissa. Tässä yhteydessä on hyvä muistaa, että teknologialla ei yleensä ole etumerkkiä, vaan sellainen annetaan teknologian sovelluksille omien valintojen kautta. Esimerkiksi kännykkäteknologia aiheuttaa nykyään haittoja muun ohella telepaattisille taajuuksille, joita me ihmiset käytämme, usein tietämättämme.

Uranus hallitsee mm. ilmailua ja televisiota sinä missä Neptunus hallitsee elokuvaa. Television kehitystä voi tarkastella myös Uranuksen merkkisiirtymien valossa; siirtyminen uuteen merkkiin on liittynyt uusiin kehitysaskeleihin TV:n historiassa. 1940-luvun lopulta suunnilleen vuoteen 1956 Uranus oli Ravun merkissä, jolloin televisio alkoi ilmestyä kotitalouksiin Pohjois-Amerikassa. Sitten suunnilleen vuoteen 1962 Uranus oli Leijonassa, mikä nosti esiin ensimmäiset vahvat TV-persoonallisuudet, joilla oli oma shownsa. Lava, näytteleminen ja supertähti-ilmiö kuuluvat kaikki Leijonan merkin alaisuuteen.

Uranuksen ollessa Neitsyessä suunnilleen vuoteen 1969 asti TV:hen tulivat erilaiset reportaasit, jotka sopivat tämän Merkuriuksen hallitseman merkin luonteeseen. Uranuksen siirtyessä Vaakaan markkinoille alkoivat ilmestyä ensimmäiset väritelevisiot aiempien mustavalkoisten tilalle. Vaakaa hallitsee esteettisesti orientoitunut Venus. Skorpionissa Uranus-vaikutus näkyi seksuaalisuuden, väkivallan ja verenvuodatuksen lisääntymisenä ja sensuurin keventymisenä TV:ssä, kun taas planeetan ylimeno Jousimiehen laajentavassa, avartavassa merkissä 1980-luvulla toi tullessaan TV-satelliittien suuren määrän ja sitä kautta kanavien ja ohjelmien tarjonnan kasvun. Tässä on vain muutamia vinkkejä siitä, miten planetaariset energiat voivat todella *näkyä* myös arjessamme.

Uranus hallitsee lisäksi okkultismia, jonka piiriin myös astrologia lasketaan. Jos haluaa tutkia itseään astrologian harrastajana tai ammattilaisena, kannattaa tarkastella Uranuksen kontakteja muihin taivaankappaleisiin. Näiden kontaktien luonne ei ole niin ratkaiseva kuin niiden määrä - ilman Uranus-kontakteja ihminen ei luultavasti kiinnostu koko asiasta.

Goswami Kriyananda on kirjassaan *The Wisdom and Way of Astrology* (The Temple of Kriya Yoga 1974) tarkastellut Uranus-kontakteja tässä valossa. Hänen mukaansa astrologeilla, joilla on Uranus-Venus -kontakti, on taipumus värittää tulkintoja niin, etteivät ne loukkaisi ja pelottaisi asiakkaita. Marsin ja Uranuksen kontaktit puolestaan saavat ihmisen kiinnostumaan astrologian lisäksi myös erilaisista laitteista ja ylipäänsä teknologiasta. Tässä vain pari esimerkkiä Kriyanandan tärkeästä kirjasta.

Uranus hallitsee indigosädettä ja -lapsia, joista on viime vuosina puhuttu paljon. Säteet itsessään edustavat uusia energiamuotoja, uutta potentiaalisuutta. Lapset ovat nyt avautumassa indigosäteelle kaikkialla planeetalla. Ihmiskunta tulee ymmärtämään paremmin tätä sädettä näiden lasten vartuttua. Palaan sädeoppiin vielä lyhyesti 9. luvussa.

Osa näiden indigolasten sykliä ja kehityskaarta liittyy Uranus-planeettaan, jolla on usein tärkeä rooli heidän kehityksessään, ymmärryksessään ja myös tietyissä symboleissa, jotka liittyvät ko. lasten kasvamiseen maailmassa. Tiettyinä aikoina heidän elämässään, tavallisesti keskittyen ikävuoden 28 kohdalla esiintyvään syvempään heräämiseen tai sielun kriisiin, nämä yksilöt voivat käydä lävitse merkittävän transformaation, muodonmuutoksen.

Tämän seurauksena monet piilossa olevat kyvyt ja ominaisuudet heräävät. Niistä mitkään eivät näytä olevan erityisen soveliaita kyseisille ihmisille, aivan samalla tavoin kuin suuri osa heidän lapsuuttaan näyttää etenevän eri tahdissa muuhun ihmiskuntaan verrattuna. Niin kuin aiemmin totesin, uraniaaniset yksilöt kulkevat omia polkujaan ja ovat siten varsin ennakoimattomia toisinajattelijoita. Tällaisten ns. vanhojen sielujen kasvattaminen lapsesta aikuisuuden kynnykselle on haasteellinen ja arvokas asia. Nämä lapset ovat valinneet huolellisesti omat vanhempansa, joihin heillä on usein karmallinen side.

Uranus hallitsee neroutta, ja siellä missä planeetta sijaitsee yksilön kartalla, siellä hänen ainutlaatuisuutensa ja omintakeisuutensa pyrkii esille.

Uranuksella - niin kuin hyvin monilla muillakin taivaankappaleilla - on elämää, mutta se on eri muodossa, värähtelytasolla ja ulottuvuudessa kuin elämä fyysisellä tasolla Maa-planeetalla. Myös omalla planeetallamme elämä ulottuu monille fyysistä tasoa korkeammille tasoille, joita esiteltiin jo kirjan 1. luvussa.

Uranus on lämpötilan puolesta liian kylmä hiilipohjaiselle elämälle fyysisellä tasolla. Planeetan ominaisuudet ovat kuitenkin sopivia piipohjaisille rakenteille, ja Hilarionin mukaan monet lumoavat elämänmuodot elävät Uranuksella korkeammalla värähtelytasolla.

Uranuksen noin 84 vuoden mittaisen syklin kulminaatiopisteet osuvat suunnilleen ikävuosiin 21, 42 ja 63. Näinä aikoina yksilön elämässä käy mitä luultavimmin reilu tuuletus ja asioiden laittaminen uuteen järjestykseen. Tuolloin on hyvin viisasta osallistua itse tietoisesti näihin tuuletustalkoisiin esimerkiksi hidastamalla vauhtia, harkitsemalla asioita riittävästi ja välttämällä liian impulsiivisia liikkeitä. Paineiden rakentava purkaminen, riittävä lepo, joustavuus ja hermoston tyynnyttäminen auttavat prosessissa.

On myös viisasta tutkiskella niitä elämänalueita, joissa energiat ovat jotenkin jämähtäneet ja toimintamallit urautuneet pelkiksi rutiineiksi. Juuri nuo alueet kaipaavat eniten huomiota, ja työskentely niiden parissa on siunauksellista. Mikäli yksilö kykenee suuntaamaan energiaansa rakentavalla ja viisaalla tavalla juuri noiden alueiden korjaamiseen ja tuulettamiseen, hän on oikeassa suunnassa!

Metodisen ja harkitun etenemisen myötä mahdolliset jännitteet alkavat vähitellen purkautua. Yksilön elämää rikastavat ja virkistävät muutokset ovat silloin käsillä hallitusti ja tavalla, joka ei räjähdä hänen silmilleen. Kun Uranuksen kanssa työskentelee tietoisesti, planeetta tuo ihmisen elämään sen tarvitseman raikkaan (myötä) tuulen, joka puhaltaa pois kaiken pölyttyneen, kangistuneen ja jähmettyneen.

Uranus on Vesimiehen ja näin ollen aluillaan olevan Vesimiehen ajan planeettahallitsija. Siksikin sen ymmärtäminen on meille kaikille hyvin tärkeää.

Astrologia ja Henkinen Tie

# Uranus merkeissä

Uranuksen merkkisijainti viittaa usein elämänalueeseen, jolla yksilö pyrkii olemaan vapaa ja omaperäinen. Uranus on jokaisessa merkissä keskimäärin seitsemän vuotta, joten nämä sijainnit sitovat yhteen myös ikäkausiryhmiä.

### Uranus Oinaassa: 1927-1934, 2010/2011-2018/2019

Uranus Oinaassa voi liittyä suuriin muutoksiin sen suhteen, kuinka yksilö vastaanottaa ja työskentelee uuden informaation kanssa . Hän vetää näin puoleensa innostusta, omituisuuksia ja outoja asioita, jotka tekevät persoonasta epätavallisen. Toisinaan tällä tavalla suuremmat intuition tasot nousevat lopulta esiin. Uranus Oinaassa tuo usein tullessaan uusia olosuhteita, jotka liittyvät planeetan energioihin. Koska useimmat ihmiset, joilla on syntyessään ollut tällainen sijainti, ovat nyt korkeassa iässä, tullaan näiltä yksilöiltä sen tähden nyt vaatimaan enemmän kuin koskaan intuition aktivoimista.

Jos sitä ei ole tehty, voi toisinaan seurauksena olla jonkinlainen lasku maksettavaksi - tilanne, jossa ulos päästämätön sisäinen rohkeus pakottaa heidät kohtaamaan sisäisen vaikeuden tai elämänkokemuksen kamppailemalla. Se voi olla laadultaan fyysistä tai kartan aspekteista (etenkin Marsin sijainnista) riippuen keinoja kohdata fyysinen haaste innostuneisuudella tai uusia terveydenhuollon vaihtoehtoja käyttäen jne. Tämä voi joskus tuottaa suuren hyödyllisen muutoksen tietoisuudessa.

Tämä Uranuksen merkkisijainti liittyy uusien ideoiden luomiseen ja uusien asioiden aloittamiseen. Tämä saattaa viitata myös nerouteen, erityisesti mikäli planeetta on hyvin aspektoitunut mielen planeetta Merkuriukseen. Uranus siirtyi Oinaaseen kesällä 2010.

### Uranus Härässä: 1934-1942, 2018/2019-2025/2026

Uranus Härässä, jota Venus hallitsee, viittaa muutoksiin ja epävarmuuksiin rakkauden ja rahan alueella, ja kertoo sisäisesti, että rakkausluonne on epätavallinen ja jollakin tavalla vaatii tasapainotusta. Uranuksen henkinen "vauhti" saattaa hidastua tässä kiinteässä ja itsepäisessä merkkiympäristössä; kuitenkin mikäli henkisyys on elämän johtotähtenä, yksilö kykenee kulkemaan valitsemaansa reittiä varmoin askelin ja ilman syrjähyppyjä. Uranus Härässä voi auttaa ihmistä suurestikin kokoamaan henkistä pääomaa pelkän aineellisuuden sijaan. Hän haluaa myös jakaa saamaansa henkisyyttä uraniaanisessa hengessä.

### Uranus Kaksosissa: 1942-1948/1949

Uranus Kaksosissa liittyy tietenkin uteliaisuuteen ja mielen tapaan tuoda nopeasti esiin ideoita, vaikka niissä ei aina olisikaan järkeä. Nämä yksilöt kohtasivat 1990-luvun loppupuolella suuren kriisin; jotkut heistä huomasivat, että heidän kykynsä vetää ideoita eetteristä, nähdä asiat täysin uudesta näkökulmasta ja selviytyä aivan uusilla tavoilla – nämä kaikki paranivat huomattavasti tänä ajanjaksona.

Nämä yksilöt ovat huomanneet myös kykyjen paranemisen. Tämä on verottanut heitä ja on joskus ollut vaikeaa saada mentaalinen energia kantamaan, jos se oli hajonnut liian monelle suunnalle. Tämä on Kaksosten merkin yleinen ongelma. Yhtenä suurena läksynä ja mahdollisuutena tässä sijainnissa on kuunnella ja seurata korkeampaa inspiraatiota ja antaa sen koskettaa itseä niin syvästi, että yksilö pystyy hyvin helposti näkemään sen lähteen ja tuntemaan sen energian.

Tämän kaiken henkinen osuus liittyy hyvin paljon kykyyn virittäytyä korkeampaan suunnitelmaan: ihmiskuntaa, universumia, Maata – mutta ennen kaikkea – itseä varten olemassa olevaan suunnitelmaan, joka yhtäkkiä tarjoaa tärkeän pienen osan informaatiota. Uranus Kaksosissa –yksilö saattaa huomata, että nämä informaation osat tulevat tietoisuuteen täysin odottamattomaan aikaan, ja olisi varmasti hyvä antaa tarpeeksi sulatteluaikaa näiden asioiden syvempään tarkasteluun.

Ideoiden välittäminen muille hoituu yleensä erinomaisesti, ja lisäksi puhujanlahjat voivat olla huomattavat. Tässä Uranuksen sijainnissa voi olla mukana kirjallista neroutta, etenkin mikäli Uranus tekee hyvän aspektin Merkuriukseen. Uranusta pidetään Merkuriuksen korkeampana oktaavina. Myös yleisön kohtaaminen ja opettaminen nousevat tässä esiin. Koska kommunikaatio ja tiedon välittäminen ovat nyt avainasemassa, hyvä aspekti 5. huoneeseen tekee yksilöstä verrattoman lasten opettajan, ja mikäli harmoninen aspekti syntyy 9. huoneeseen, hän loistaa korkeamman opetuksen alueella.

Tässä sijainnissa on viisasta tukea uraniaanisia energioita esimerkiksi mentaalisia toimintoja edistävillä yrteillä ja/tai kukkauutteilla. Yksi ehdotus tässä on yhdistää kotoisen Vanamo-uutteen mielenkiintoiset vaikutukset neidonhiuspuun (Ginkgo biloba) energioihin. Erinomainen uute tukemaan kaikkea kommunikaatioon liittyvää on Cosmos.

**Uranus Ravussa:**                                               1948/1949-1955

Uranus Ravussa liittyy varhaiseen kotiin ja osoittaa epätavallisiin olosuhteisiin tuossa aikaisessa kotikokemuksessa. Se osoittaa yleensä, että yksilön tausta on jollakin tavalla epäsäännöllinen tai erilainen.

Uranus Kuun merkissä osoittaa, että yksilön sisäinen arkkityyppinen kuva tai hahmo feminiinisyydestä tai äitihahmosta on jollakin tavoin epätasapainoinen tai yksipuolinen. Naiset, joilla on tämä sijainti kartallaan, ovat hyvin usein päättäneet olla seuraamatta oman äitinsä mallia, mutta tämä päättäväisyys on aina ristiriidassa syvemmän, osin tiedostamattoman halun kanssa tosiasiassa elää uudelleen tuo äidin antama malli.

Suhde äitiin näyttää epätavalliselta, samoin kuin jotkut suhteista naisiin. Ehkäpä elämässä on ollut tavallisuudesta poikkeava suhde naisihmiseen, joka on auttanut yksilöä eteenpäin henkisessä kehityksessään. Tämä on muuten hyvä sijainti kokille, joka käyttää luovuutta!

**Uranus Leijonassa:**                                            1955-1961

Uranus Leijonassa viittaa luonnollisesti eroihin, välirikkoihin ja epävarmuuteen rakkaussuhteissa. Sisäisesti tämä sijainti ilmaisee rakkausluonnetta, joka on jollakin tavalla epätavallinen ja yksipuolinen. Rakkaussuhteissa tapahtuvien odottamattomien menetysten ja surujen on tarkoitus korjata ja tasapainottaa tätä kiintymyksellisen luonteen epäkeskoa puolta.

Tässä merkissä Uranus viittaa joskus suureen johtajaan, jolla on karismaa vaikka muille jakaa. Sijainti on hyvä myös lasten opettajalle ja viihteen, urheilun ja politiikan parissa työskenteleville.

## Uranus Neitsyessä: 1961-1968

Uranus Neitsyessä liittyy usein älykkyyden ilmenemismuotoihin: tietynlaiseen kykyyn ajatella nerokkaita ja epätavallisia ajatuksia. Tämä on suuri rikkaus! Kyseessä ei ole samanlainen kekseliäisyys kuin esimerkiksi Uranuksen ollessa Vesimiehessä, vaan pikemminkin kyky työskennellä tärkeällä tavalla sen kanssa, mikä on jo saatavilla. Tietysti tämä voi liittyä hyvin paljon tietokoneisiin, "tiedon supervaltatiehen"; yksilön taidot voivat tietokoneiden parissa kohota huomattaviksi ja samalla vapauttaviksi. Tässä sijainnissa syntyneet saattavat menestyä alan ammattilaisina.

Sijainti saa yleensä aikaan äkillisiä muutoksia työelämässä ja -paikassa. Mikäli yksilö ohjautuu oikein Uranuksen osoittamalla tavalla, hänen työnsä on luonteeltaan epätavallista. Hän saattaa esimerkiksi suunnata ponnistelunsa muiden ihmisten terveyden edistämiseksi jollain epätavallisella tavalla.

Monet, joilla on tämä Uranuksen merkkisijainti, työskentelevät tavalla tai toisella terveyteen liittyvien kysymysten parissa.

Tässä on kuitenkin tärkeää, ettei yksilö rajoita ymmärrystään ihmiskehoon ja terveyteen liittyvissä kysymyksissä ainoastaan fyysisen tason ilmiöihin, vaan koettaa avartua laajempien asiayhteyksien suuntaan, jolloin esimerkiksi kehon, älyn, tietoisuuden ja muiden tärkeiden tekijöiden yhteisvaikutus tulee ymmärrettäväksi. Tästä ymmärryksestä voi nimittäin kehkeytyä äkillisesti esiin sellaisia vallankumouksellisia tai luovia ideoita, joita ei ole aiemmin nähty. Vaikka mukana on hieman samanlaista kapinallisuutta kuin ihmisillä, joilla Uranus on Skorpionissa, tämä sijainti nostaa enemmän esiin yksilön luonteen altruismin ja pyrkimyksen johtaa muut suurempaan vapauteen.

Siten ne, joilla Uranus on Neitsyessä, voivat olla vallankumousten aktiivisia johtajia, jotka näkevät uusia tapoja johtaa maata samoin kuin antaa sellaisille ideoille apuaan. Tässä on mahdollisuus myös suurempaan vuorovaikutukseen ryhmissä, koska nämä yksilöt voivat yhtäkkiä saada kuvan siitä, miten kaikki voivat toimia yhteistyössä. Neitsyt on tunnettu taidostaan lainata, ja se mistä nyt lainataan, ei ole vain ihmiskunnan kollektiivinen tietoisuus, vaan sen kollektiivinen kommunikaatio. Ihmiskunta yhdistyy nyt valtavalla vauhdilla internetin ja muiden kommunikaatiomuotojen kautta, ja Uranus Neitsyessä syntyneet ihmiset ovat tärkeä osa tätä keskinäistä vuorovaikutusta.

Kaikessa tässä on tärkeää, että ihminen kykenee välttämään asioiden tekemistä rituaalinomaisesti ja niiden mekaanista toistamista. Jokin näissä ihmisissä kapinoi aina tätä vastaan, mutta pärjätäkseen maailmassa - ansaitakseen rahaa ja tullakseen hyväksytyiksi - he ovat oppineet kätkemään tämän puolen itsestään. Yksilön oppaat ja auttajat pyrkivät kuitenkin kaikin keinoin auttamaan häntä vapautumaan näistä taipumuksista, jotta hänen todellinen luovuutensa voisi päästä aidosti esille.

Kun yksilön omat energiat eheytyvät, hän kykenee toimimaan todella innovatiivisesti ja myös kokonaisuutta hienosti palvelevalla tavalla. Hän voi tuolloin pukea vanhojakin asioita ikään kuin uuteen kaapuun ja ilmaista niitä uudella tavalla, jota muut voivat ymmärtää ja pitää arvossa.

**Uranus Vaa'assa:**                                     1968-1974/1975
Uranus Vaa'assa on muutosten ja välirikkojen osoittaja parisuhde/avioliittorintamalla. Tämä sijainti osoittaa aina, että yksilöllä on sisäisesti johonkin suuntaan kallistunut, liian yksipuolinen lähestymistapa avioliittoa ja kumppanuutta kohtaan. Yleensä se on kyvyttömyyttä nähdä tai arvostaa kumppania selkeästi sellaisena kuin tämä on.

Sijainti suosii sen sijaan suhteita yleisöön missä tahansa muodossa. Jos esimerkiksi 3. huoneessa on planeettoja, yksilö voisi käyttää tätä sijaintia välittääkseen vaikkapa toimittajan roolissa julkisuuteen tietoa uusista ideoista, keksinnöistä jne.

**Uranus Skorpionissa:**                                 1974/1975-1981
Tämän Uranuksen merkkisijainnin myötä ihmisellä on monia mahdollisuuksia vapautua vanhoista kuvioista, jotka eivät enää tue parhaalla tavalla hänen kehitystään. Lisäksi hänellä voi olla tärkeä rooli tulevissa suurissa planetaarisissa muutoksissa, jotka lähtevät liikkeelle mahdollisesti vuoden 2010 tienoilla ja ulottuvat ainakin vuoteen 2013, jolloin on odotettavissa kenties suurimpia muutoksia ihmiskunnan tietoisuudessa. Näitä edeltävien vuosien aikana tämä yksilö on koonnut ja kokoaa viisautta sekä käy lävitse monia testejä ja koettelemuksiakin, jotka kuuluvat hänen henkiseen koulutukseensa.

Yksilön täytyy oppia muuttumaan nopeasti pärjätäkseen keskellä urbaanin ympäristön haasteellista todellisuutta ympäristöongelmineen ja kamppailuineen. Hän on kuitenkin valmis tähän ja ymmärtää asioita syvällisellä tavalla, ei aina niinkään tietoisella vaan pikemminkin tiedostamattomalla tasolla. Hän on virittäytynyt ikään kuin psyykkisesti näihin joka puolella planeettaa esiintyviin vaikeuksien ja kamppailuiden energioihin. Vain uutisten kuuntelu voi saada hänet joskus tuntemaan, että nämä asiat tapahtuvat hänelle itselleen, että kamppailut ja vaikeudet planeetalla kiusaavat häntä ja saavat aikaiseksi sisäisen väkivallan ja räjähtelyn tunteen hänessä.

Ihminen kykenee kuitenkin niin tahtoessaan saavuttamaan tällaisen prosessin myötä syvemmän tietoisuuden ja ymmärryksen, joita voisi hänen kohdallaan verrata vaikkapa Feeniks-linnun nousemiseen tuhkasta, tuohon ikiaikaiseen transformaation ja uudelleensyntymisen symboliin. Yksilö voi silloin tuoda nämä raastavatkin energiat jollain tavoin yhteen tavalla, joka auttaa häntä tekemään nopeita päätöksiä, "kärsimään" nopeasti ja tekemään sitten tarvittavat muutokset.

Tässä Uranuksen syklissä syntynyt ihminen voi myös huomata, että hänellä on erilaisten astrologisten tekniikoiden ja metodien syvä ymmärrys sekä kyky tietää asioista tietoisen tason tuolla puolen. Tämä kyky saattaa laajentua myös terapiatyöhön, ja joskus voimakkaat terapeuttiset tekniikat nousevat esiin hämmästyttävän nopeasti. Toisinaan nämä tapahtumat johtavat uuteen tietoon, mutta suurimmaksi osaksi kyseessä ovat "ihmeenkaltaiset tapahtumat", joiden suhteen yksilö voi joutua vaikeuksiin koettaessaan luoda niitä uudestaan. Hän voi toisaalta myös huomata tällaisen ihmeen vain yhdeksi monista, joita hän kykenee luomaan, ja siirtyy sitten kokonaan uudelle alueelle, missä tällaiset ihmeet voivat tapahtua hänen kauttaan taas tulevaisuudessa. Tässä vaaditaan kuitenkin luopumista, irti päästämistä ja takertumattomuutta.

Suurimpana riskinä ja hankaluutena tässä Uranuksen sijainnissa on kapinointi, joka voi iän myötä kasvaa kamppailuksi auktoriteetteja vastaan ja johtaa energioiden hukkaamiseen, jos korkeampia mahdollisuuksia ei opita ymmärtämään. Kaikkein tärkein ja suurin emootio ymmärrettäväksi tässä sijainnissa on viha. Jos yksilö työstää sitä ja ymmärtää mahdollisuuden muuntaa se innostuneisuudeksi, uudistumiseksi ja muutokseksi sekä kykenee samalla vapautumaan sen kielteisistä ilmaisuista - jotka hänen kohdallaan yhdistyvät maailmassa ilmeneviin vaikeuksiin - hän pääsee irti vihan, kiukun ja konfliktien kuristusotteesta. Tällöin ihminen tekee suurenmoisen harppauksen henkisessä kehityksessään.

Uranus Skorpionissa tuo usein mukanaan monia epätavallisia okkultismin alueita. Mikäli yksilö ei lainkaan tunne näitä asioita, voivat jotkut kokemukset olla pelottaviakin. Mutta mitä enemmän hän tutustuu näihin asioihin ja hankkii niistä asiallista tietoa, sitä enemmän hänen mahdollinen pelkonsa poistuu ja tilalle tulee ymmärrys. Tässä sijainnissa Uranus nostaa esiin kätkössä olevan ja voi tehdä ihmisestä hyvin syvällisen tutkijan, esimerkiksi elämän, kuoleman ja henkimaailman tuntijan.

### Uranus Jousimiehessä:                                      1981-1988
Tässä sijainnissa yksilöllä voi olla ymmärrys täysin uudenlaisista näkökulmista ja tavoista, joilla yhteisöjä voitaisiin perustaa paljon helpommin sekä ymmärrystä idealismista ja tietoisuudesta. Mutta on myös tiettyjä alueita, joilla ihminen saattaa helposti innostua liikaa ja olla ajoittain kyvytön selviämään maailman realiteeteista tai ymmärtämään suuria energialeimahduksia ja informaatiota, jota on hyvin vaikea tuoda käytäntöön. Sen tähden hänellä saattaa olla suuria vaikeuksia odotustensa suhteen. Tämä saattaa ajoittain johtaa nk. neuroosiongelmiin tai kamppailuihin oman sisäisen kyvyn kanssa selvitä muutoksista ja osata luovia niiden kanssa. Kyseessä on hyvin tärkeä karmallinen läksy.

Positiivisessa mielessä suurten muutosten tapahtuessa nämä yksilöt pystyvät useimmiten sopeutumaan varsinkin silloin, kun he voivat oppia vastaanottamaan informaatiota muilta eri tavoin. Nämä yksilöt ovat hyvissä väleissä tietokoneiden ja muiden erilaisten sähköisten laitteiden kanssa; he pystyvät ymmärtämään niitä ja työskentelemään niiden kanssa monella eri tasolla. Jos he voivat lähestyä Maan suurempien muutosten aikoja seikkailumielellä, kuin jonakin tuoreena, mielenkiintoisena ja jännittävänä asiana, he voivat tehdä läpimurron sen suhteen, miten asiat voidaan saattaa päätökseen. Joskus tämä tuottaa yksilössä epätasapainoisen tilan, jolloin on hyödyllistä kiinnittää tietoisesti huomiota näihin sisäisiin asioihin.

Kuten aina katsottaessa Jousimiehen suodattimen läpi, "lopullisen totuuden" ymmärtäminen on yleensä tärkeää. Jotkut näistä yksilöistä ovat tunteneet nuoruudessaan, että heillä tulee joskus elämässään olemaan suuren totuuden hetki. Tämän asian kanssa työskentely ja sen sulauttaminen tulee toisinaan olemaan heille vaikeaa, mutta jos he voivat nähdä sen seikkailuna, jonakin leikkimielisenä ja jännittävänä, se saattaa vähitellen asettua aloilleen heidän elämässään jollakin toimivalla ja hyödyllisellä tavalla.

Uranus Jousimiehen optimistisessa, henkisessä merkissä auttaa usein ihmistä yhdistämään itsessään intuition ja terveen arvostelukyvyn. Sisäinen optimismi seuraa tätä kombinaatiota. Yksilö ei luultavimmin halua ajattelussaan jämähtää dogmaattisiin, tavanomaisiin uomiin. Hänen on mahdollista tässä elämässä kehittää hyvin kestävä suhde henkisyyteen, ja hän voi jossain elämänsä vaiheessa myös viestittää henkisiä totuuksia muille ihmisille.

Jos Uranus on hyvissä aspekteissa 3. huoneeseen tai julkisuuteen liittyviin huoneisiin, yksilö voi hyvin lähteä etsimään henkistä totuutta, ja hänestä saattaa tulla suuri henkinen opettaja ja kirjoittaja. Hän voi ohjata monia ihmisiä Henkiselle Tielle.

Nämä yksilöt voivat kokea myös kehon ulkopuolisia matkoja. Mukana voi olla voimakkaita unia, visioita ja intuitiivisia välähdyksiä.

**Uranus Kauriissa:**                                              1988-1995/1996

Uranus Kauriissa viittaa muutoksiin ja vaikeuksiin uraa koskevissa asioissa. Sisäisesti tämä sijainti viittaa liian suureen painotukseen jollakin uran alueella. Tyypillisesti tässä painotetaan liiaksi menestymistä, ja uralla ilmenevien äkillisten esteiden tarkoituksena onkin taivutella yksilöä hellittämään otettaan tästä vinoutuneesta painotuksesta.

Uranuksen sijainti johtavassa maamerkissä voi kuitenkin myös tuoda urasuuntautuneen yksilön nerouden esille sillä alueella, mihin hän sitten panostaakin. Esimerkiksi hallintotehtävät tulevat tässä mieleen. Esiin saattaa nousta myös epätavallinen suhde siihen vanhempaan, joka ei ole dominoiva vanhempi yksilön elämässä. Kyseeseen voi tulla vaikkapa äkillinen muutos, joka saa aikaan sen, että ko. vanhempi jää tavoittamattomiin.

Periksiantamattomuus yhdistyy tässä nerouteen. Kyseessä on tavallisesti itseriittoinen yksilö, jolla voi olla ongelmia ylpeyden kanssa.

**Uranus Vesimiehessä:**                                          1995/1996-2003

Tässä sijainnissa yksilö oppii näkemään, että hänen suhtautumisensa asioihin tekee suurimman muutoksen maailmassa - sen kuinka hän voi oppia löytämään syvän kiintymyksen tai olla kiintymättä tai kuinka muuntaa ehkä sisällään oleva uskonnollinen tunne korkeammaksi henkiseksi päämääräksi.

Astrologia ja Henkinen Tie

Tällainen suhtautuminen maailmaan avittaa tiettyjen strategioiden muodostamista. Ajoittain tietoisuus näistä asioista saa aikaan yksilössä tilan, jota voitaisiin verrata itsesäälin tunteeseen. Tämä on kaikkein vakavin Uranus Vesimiehessä -sijainnin pulma, koska nämä yksilöt ovat usein kykenemättömiä irrottamaan itsensä vaikeista olosuhteista. He saattavat jopa vetää puoleensa muita ongelmallisia tapahtumia siinä tietyssä tarkoituksessa, että ne auttaisivat heitä itseään ymmärtämään, mitä on tapahtumassa.

Miten he tulevat tietoiseksi näistä asioista? Miten he ymmärtävät ne omassa tietoisuudessaan? Tässä ovat kyseessä muutama vuosi sitten (1996-2003) syntyneet lapset, ja heihin vaikuttavat merkittävästi ympärillä olevat energiat. He voivat tuoda esiin hyvin voimakkaan henkisen vaikutuksen. On erittäin tärkeää, että he ovat halukkaita ymmärtämään tämän ja tekemään siitä osan omaa olemustaan. Myöhemmällä iällä nämä lapset voivat usein olla vanhempiensa saavuttamattomissa; vanhemmat eivät kykene auttamaan heitä ymmärtämään ja työstämään näitä kokemuksia.

Näin ollen nyt on aika tarjota näille lapsille suurinta mahdollista henkistä virittäytymistä ja antaa heille omaa näkemystä, rakkautta ja ymmärrystä asioista, sillä he tulevat saavuttamaan nuoren aikuisuuden tai jotkut vasta varhaisen teini-iän suurten muutosten ajankohtina. Näinä tulevina ajankohtina he joutuvat kohtaamaan tiettyä kamppailua ja saattavat ainakin aluksi etsiä vastauksia perinteisistä uskonnollisista organisaatioista. Mutta nämä samat yksilöt jatkavat usein edelleen löytääkseen toisia näkökulmia ja nähdäkseen, mitä maailmassa voi tapahtua, mikä kantaa suurta hedelmää ja tuo heille kyvyn tuntea itsensä yllättävillä uusilla tavoilla.

Uranus toimii Vesimiehessä ollessaan parhaiten, mikäli ihminen työskentelee tavalla tai toisella muiden ihmisten hyväksi. Silloin uraniaaniset energiat eivät niin helposti hajaannu liian moneen suuntaan. Suuret ideat voivat nimittäin jäädä tässä ilman käytännön toteutusta, ja siksi energioiden maadoittaminen on tärkeää.

Yksilöstä voi tässä tulla hyvä astrologi, mikäli Uranukseen tulee stabiloiva aspekti Saturnuksesta (yhtymä tai harmoninen aspekti).

## Uranus Kaloissa:                                                    2003-2010/2011

Näiden vuosien aikana syntyneillä lapsilla Uranus sijaitsee Kaloissa. Heillä on suuri yhteys nk. mystiseen tietoisuuteen, psyykkisiin kykyihin tai selittämättömiin ilmiöihin. Yhteys on voinut syntyä äkillisesti, varsinkin heidän lapsuudessaan vuodesta 2011 eteenpäin. Nämä yksilöt tulevat usein huomaamaan, että heidän tapansa löytää ja jakaa informaatiota muiden kesken on hyvin erilainen, aivan kuin he eivät oikein sopisi joukkoon ja ymmärtäisi, miten muut ihmiset tuntevat itsensä.

Tietynlainen herkkyys lisääntyy, mutta ei niinkään sille, mitä tapahtuu heidän ympärillään. Voimakkaat aikajaksoja sekoittavat energiat tulevat aktivoitumaan tuona ajankohtana. He ikään kuin virittäytyvät tulevaisuuden minäänsä voimakkaammin kuin muut.

Niillä yksilöillä, joilla on Uranus Kaloissa, on intuitiivisia kykyjä, mutta he eivät tule käyttämään näitä kykyjään seuraamalla itseään vanhempia tai katsomalla maailmaa ympärillään. He tulevat saamaan yhtä paljon informaatiota virittäytymällä tulevaisuuteen ja ymmärtämällä asioita siitä maailmasta käsin. Tämän asian negatiivisena puolena on se, että monet näistä yksilöistä tulevat tuntemaan itsensä yksinäisiksi ja eristäytyneiksi. Vaikka heidän omassa sukupolvessaan on muita, joiden kanssa he työskentelevät ja jotka tulevat ymmärtämään heitä, he eivät itse vielä ymmärrä, että heidän oikea rauhan, harmonian ja rakkauden tilansa on vasta tulossa. Se saa yhä suuremman muodon tulevina aikoina.

Näyttää siltä, että ne, jotka ovat syntyneet lähempänä ajanjaksoa 2010-2011 – jolloin Uranus sijaitsi edelleen Kaloissa – ovat saaneet hyvin voimakkaita perussuuntia näistä energioista. Niillä on kuitenkin taipumusta keskittyä tahtoon, mikä tekee heistä voimakkaampia ja antaa kyvyn ymmärtää monien todellisuuksien sulautumista, tulevaisuus ja menneisyys mukaan lukien. Tämä luottamus sisäiseen tahdonvoimaan tulee auttamaan monia heistä selviytymään muutoksien ajanjaksosta, vaikka ajoittain he tuntevat suurta surua, jonka eristyneisyyden ja yksinäisyyden tunteet nostavat esiin. He ovat myös hyvin uteliaita monia maailman asioita kohtaan ja herättävät suurta kiinnostusta niiden taholta, jotka suunnittelevat ja pohtivat yhteisöihin, henkisiin järjestöihin, mystiikkaan ja vastaaviin liittyviä ajatuksia tulevaisuudessa.

Uranus Kaloissa voi viitata nerouteen, jota muut eivät ymmärrä tai tunnista. Yksilö pärjää hyvin Kalojen merkin hallitsemissa asioissa ja myös okkultismin alueella. Tällä yksilöllä saattaa olla suuri herkkyys värejä kohtaan, erikoisia unia ja voimakas intuitio. Ehkäpä kyseessä on "mystikko menneisyydestä", jolla on kiinnostusta ihmiskunnan auttamiseen ja palvelemiseen. Hän on luultavasti hyvin herkkä ja levoton yksilö, jolle rentoutuminen olisi tärkeää.

## Uranus huoneissa

Huonesijainnista näkyy yleisellä tasolla se elämänalue, jota kautta äkilliset ja odottamattomat muutokset tulevat elämään. Muiden planeettojen tekemät aspektit Uranukseen kertovat usein tavasta, jolla näiden muutosten voi odottaa manifestoituvan. Uranus sijaitessaan kulmahuoneissa nostaa usein esiin hyvin yksilöllistyneen ihmisen. Planeettaa kannattaa seurata myös sen siirtyessä huoneesta toiseen omalla kartalla.

### Uranus 1. huoneessa:
Yksilön minäkuvaan kuuluu epäortodoksinen sävy. Ihminen ei pidä kovin paljon konventioiden kahleista, vaan haluaa tehdä asiat omalla tavalla, niin kuin Camel Boots -miehet/naiset, sekä olla vapaa henki. Kyseessä on todella "uraniaaninen" luonne, erikoinen ja ennustamaton, jolla voi olla suuri vaikutus muihin ihmisiin. Vapaudenrakkaus on suuri.

Yksilön fyysisestä olemuksesta tai siihen liittyen löytyy jokin piirre, jonka avulla hän erottuu massasta. Se voi olla mikä tahansa, äänensävy, silmien ilme tms., mutta se löytyy varmasti!

Lapsuus on tämän indikaattorin valossa usein epätavallinen. Mikäli Uranus on hyvissä aspekteissa Aurinkoon ja Kuuhun, yksilö on muiden rakastama, "aurinkoinen" olento. Vaikeat aspektit voivat taas tehdä yksilöstä hyvin kovan.

## Uranus 2. huoneessa:

Huonesijainti viittaa siihen, että yksilön asenne kiintymyksiin on epätavallinen; myös taloudellinen tilanne saattaa muuttua äkillisesti. Näyttää lisäksi siltä, että hän on joutunut tai joutuu kietoutuneeksi vähintään yhteen varsin eriskummalliseen rakkaussuhteeseen elämässään, suhteeseen joka muuttaa häntä suuresti.

Yksilö voi kerätä aineellista hyvää ja jakaa sen sitten toisille, joten tähän voi muodostua eräänlainen aineellisen ja henkisen välinen keinulauta.

## Uranus 3. huoneessa:

Uranuksen huonesijainnin ansiosta yksilön mieli kykenee omaksumaan ajatuksia ja näkemyksiä salamannopeasti, ilman perinteistä askel askeleelta etenevää päättelyprosessia. Hänellä on mahdollisuus luoda uusia ideoita kommunikaation kentällä; ideoita jotka myös muut hyväksyvät. Tämä pätee erityisesti, mikäli Uranus tekee harmonisen aspektin Jupiteriin. Yksilö voi menestyä hyvin millä tahansa kommunikaation alueella, esimerkiksi radiossa tai televisiossa, mikäli Uranuksella on tässä hyviä aspekteja 7. huoneessa oleviin planeettoihin.

Tämä sijainti viittaa nerouteen, briljanttiin mieleen, jota kohtaan ihmiset tuntevat vetoa.

Uranuksen huonesijainnista löytyy myös kytkentä varhaiseen lapsuuteen, jonka aikana yksilö on kohdannut vääjäämättä ainakin yhden hyvin voimakkaan aikuisen, jonka ajattelu- tai käyttäytymistapa on ollut hyvinkin epäortodoksinen. Tällä epätavallisella ihmisellä on ollut voimakas vaikutus yksilöön sinä aikana, kun he ovat olleet tekemisissä toistensa kanssa.

## Uranus 4. huoneessa:

Uranus 4. huoneessa kertoo, että varhainen koti oli jollain tavoin epätavallinen. Keskiverto lapsuuden kokemuksiin verrattuna tämä yksilö voi katsoa taaksepäin kotioloihin, joihin jättivät leimansa voimakkaat persoonallisuudet, epätavalliset ja odottamattomat muutokset ja runsas kannustus "olla oma itsensä". Suhde nimenomaan dominoivaan vanhempaan on ollut epätavallinen; useimmissa tapauksissa tämä on äiti. Vanhemman poismeno voi olla äkillinen ja odottamaton.

Uranuksen suuri lahja tässä huoneessa perustuukin varhaisen elämän olosuhteisiin, jotka antoivat yksilölle rohkeuden olla oma itsensä, poiketa tarvittaessa muista, etsiä riippumattomuutta vaikka se toisi tullessaan yksinäisyyttäkin, ja pitää lujasti kiinni omista näkemyksistä, vakaumuksista ja elämäntyylistä.

Yksilö on luultavimmin vaihtanut useaan otteeseen osoitettaan. Kyseessä voi olla todella "levoton sielu". Taustalla on hyvin saattanut olla juuri tarve riippumattomuuteen. On myös mahdollista, että varhainen koti on jollain tavoin särkynyt tai revitty rikki, mikä on ollut luonnollinen trauman aiheuttaja.

## Uranus 5. huoneessa:

Huonesijainti viittaa rakkaussuhteiden alueeseen elämässä. Tässä nousee esiin epäortodoksinen lähestymistapa koskien rakkaussuhteita vastakkaiseen sukupuoleen. Vääjäämättä yksilön elämässä on ollut/tulee olemaan vähintään yksi rakkausseikkailu, jota voidaan pitää epätavallisena tai eriskummallisena. Joko kumppani on outo tai sitten suhteen luonne on epätavallinen. Suhteeseen liittyy todennäköisemmin myös äkillisyys.

Tämä Uranuksen huonesijainti antaa "kyvyn" voittaa rahaa jollain tavoin, esim. lotossa tai vastaavissa rahapeleissä. Mahdollisuus voittaa lisääntyy Uranuksen transitoidessa suotuisasti, esimerkiksi positiivisen transiitin rakentuessa 5. huoneeseen. Myös Jupiter auttaa tässä, esimerkiksi kun Jupiter transitoi 5. huoneessa sijaitsevaa Uranusta, mahdollisuus voittaa kasvaa huomattavasti.

Yksilöllä voi olla hyvä yhteys erityisesti lapsiin, ja hänestä voi tulla suurenmoinen opettaja lapsille - eli tulevaisuuden muokkaaja.

## Uranus 6. huoneessa:

Uranuksen huonesijainti osoittaa, että yksilöllä on taipumus rynnätä sellaisten yksityiskohtaisten ja tavanomaisten askareiden läpi, jotka kuitenkin vaatisivat huolellista ponnistelua. Tästä on saattanut seurata virheitä ja muita epämieluisia seuraamuksia. Ongelman koko selviää Uranuksen positiivisia ja negatiivisia aspekteja vertailtaessa.

Yksilö voi vaihtaa työtä usein, eivätkä muutokset ole suinkaan aina parempaan suuntaan. Tähän tosin vaikuttavat kartan aspektit ja transiitit. Mikäli Uranuksella on hankalia aspekteja, kannattaa vaihtoa harkita todella tarkoin.

Mikäli Uranus on tässä jännitteisessä aspektissa Saturnukseen, yksilöllä saattaa olla epätavallinen terveysongelma. Mikäli taas näiden planeettojen välillä on harmoninen aspekti, ihminen on epätavallisen terve. Muutoksia terveydentilassa voi tapahtua planeettojen transitoidessa tätä huonetta.

## Uranus 7. huoneessa:

Tämä huonesijainti on aika klassinen aviollisten vaikeuksien ja avioeronkin indikaattori. Tässä sijainnissa on useimmiten karmallisia sävyjä; niin avio- kuin liikesuhteetkin vaativat huomattavasti itsekuria. Mahdollisten liikekumppanien suhteen täytyy varoa viimeiseen asti petosta ja harhakuvitelmia. Kumppanit voivat vaihtua odottamattomalla tavalla.

Tämä on toisaalta erinomainen sijainti julkisuuden ja yleisön kanssa työskentelemisen suhteen, sillä ihmiset tuntevat vetoa yksilöä kohtaan. Hän voikin olla yleisön todellinen lemmikki. Karismaattisuus yhdistyy tässä hienosti epäitsekkyyteen. Olemuksessa saattaa olla runsaasti luovuutta, ja myös jonkinlaista uudistushalua. Huonesijainti toimii samalla tavoin kuin Uranus Leijonassa saaden aikaan karismaattisen yksilön.

Usein lapsuus on myös tässä tapauksessa epätavallinen.

**Uranus 8. huoneessa:**

Positiivissa aspekteissa ollessaan Uranus tuo tässä "hyvää onnea" positiivisen karman myötä. Tavallisesti se ilmenee perinnön tai jonkinlaisen onnenpotkun muodossa. Jänniteaspekteissa huonesijainti uhkaa tuoda mukanaan taloudellisia menetyksiä partnerin toimien takia.

Usein Uranus tässä huoneessa ollessaan viittaa myös henkisiin kokemuksiin, jotka tuovat kätkössä olleen pinnalle. Suuri määrä energiaa ohjautuu yleensä mystisten, esoteeristen asioiden tutkimiseen, ja yksilöstä voikin kehittyä verraton okkultisti! Mukana voi olla myös epätavallisia seksuaalisia kokemuksia.

**Uranus 9. huoneessa:**

Uranus tarjoaa tässä yksilölle mahdollisuuden laajentaa huomattavasti henkisiä horisonttejaan. Tarjous on "voimassa" ikävuosien 23-53 välillä, jolloin hän kohtaa elämässään lukuisia ihmisiä, jotka kykenevät kohottamaan häntä ja avartamaan hänen mentaalisia näkemyksiään.

Yksilön itsensä on kuitenkin otettava tarvittavat askeleet osoitettuun suuntaan. Muussa tapauksessa tämän jakson mentyä ohi mahdollisuudet sulkeutuvat hänen kohdallaan, ja päivittäisten rutiinien huolet sulkevat hänet sisäänsä. Se olisi peräti valitettavaa, joten on viisasta oivaltaa annetut mahdollisuudet ja tarttua tilaisuuteen. Tämä yksilö on todennäköisesti kosketuksissa näkymättömän todellisuuden kanssa. Veljeys saattaa olla hänen uskontonsa. Pitkiin matkoihin liittyy monia outoja tapahtumia, samoin seremonioihin.

Tämä voi olla hyvä sijainti korkeamman opiskelun suhteen, mikäli yksilö kykenee olemaan ja toimimaan hajoittamatta voimiaan liian moneen suuntaan. Tässä voi auttaa esimerkiksi hyvä aspekti Saturnukseen, sillä Saturnus on stabiloiva tekijä kartalla. Yksilö ei liikoja välitä yksityiskohdista.

**Uranus 10. huoneessa:**

Uran ja henkilökohtaisten saavutusten huoneessa sijaitessaan Uranus antaa selkeän varoituksen olla ottamatta riskejä ja kokeilematta onneaan uran tai työn puitteissa. Keinottelu ja epäonnistumaan tuomitut yritykset tulisi jättää pois, mikäli tavoitteena on maallinen menestys.

Aiemmissa elämissä muut joutuivat nimittäin kärsimään yksilön elannon hankkimiseen kohdistuneen vastuuttoman asenteen takia, ja sama piirre on voinut pyrkiä esiin myös tässä inkarnaatiossa. Jotta piirre saataisiin kuriin, on elämänsuunnitelma "sorvattu" sellaiseksi, että keinottelu ja hyvin riskialttiit uhkayritykset tuovat tullessaan ongelmia.

Yksilön ammatti on todennäköisesti epätavallinen ja myös ura tuo mukanaan äkillisiä muutoksia tai menetyksiä työpaikkojen suhteen. Mikäli ihminen oppii oikealla tavalla ohjaamaan elämäänsä Uranuksen viitoittamaan suuntaan, voivat nopeat ja yllättävät muutokset muuntua nopeiksi ja odottamattomiksi edistysaskeliksi uralla. Yksilöstä saattaa kehittyä hyvinkin luova ja innovatiivinen ammatissaan, mikä luonnollisesti tuo mukanaan myös maallista arvonantoa ja menestystä. Mikäli Uranus

10. huoneessa on hyvin aspektoitunut yksilön kartalla Vaa'an merkkiin, hän pärjäisi hyvin sellaisella uralla, jossa olisi tekemisissä yleisön kanssa tai hallintotehtävissä.

Tämä sijainti viittaa epätavalliseen suhteeseen ei-dominoivaan vanhempaan ja voi tuoda tullessaan myös vanhemman äkillisen poismenon.

**Uranus 11. huoneessa:**

Uranus 11. huoneessa ("omassa" huoneessaan) tuo tullessaan mahdollisuuden saavuttaa tässä elämässä ihmisen kaikkein hartain toive, mikä se ikinä onkin. Tilaisuus tulee kuitenkin vain kerran elämässä, niinpä onkin äärimmäisen tärkeää olla tilanteen tasalla ja käyttää sitä hyväkseen. Jos ihminen ei kuitenkaan tee sitä, minkä kartta osoittaa olennaiseksi tehtäväksi ja palvelemisensaraksi, on epätodennäköistä, että hän kykenee oivaltamaan ko. mahdollisuuden.

Mistä voi saada vinkkiä tästä mahdollisuudesta? Vahva indikaattori tässä on merkki, missä Uranus sijaitsee syntymäkartalla. Myös reseptio (jossa planeetat ovat toistensa hallitsemissa merkeissä, esimerkiksi Kuu Vesimiehessä, Uranus Ravussa) voi kertoa toiveesta, samoin ne planeetat, jotka tekevät kolmiota Uranukseen.

Yksilö tapaa tai on tavannut tässä elämässä itseään iäkkäämmän yksilön, joka oli aiemmissa elämissä hänen vihollisensa. Tässä elämässä on olemassa hyvät mahdollisuudet tehdä sovinto, mutta tuon toisen ihmisen outous saattaa aiheuttaa yksilössä vastenmielisyyttä. Tämän esteen voittamiseksi tarvitaankin ponnistelua ja hyvää tahtoa.

Tämä on hyvä sijainti yhteisöiden, organisaatioiden ja veljeyden suhteen. Yhteistyö muiden kanssa on tässä hyvässä valossa. Joskus sijainti viittaa myös kummalliseen ja epätavalliseen avioliittoon.

**Uranus 12. huoneessa:**

Uranus kartan viimeisessä huoneessa viittaa siihen, että yksilön edellinen elämä oli kerrassaan epätavallinen. Tavallisesti Uranuksen merkkisijainti tai tämän merkin planeettahallitsijan sijainti antaa vihjeen tästä elämästä, josta ihminen on voinut tuoda nykyiseen inkarnaatioonsa vaikkapa jonkin fobian tai kompleksin.

Tämä on hyvä Uranuksen asema myös suhteessa okkultismin tutkimiseen ja vaikkapa astrologiaan, koska yksilö voi saada sen myötä erinomaisen kyvyn tulkita astrologisia karttoja. Hänellä on saattanut olla joitain eriskummallisia henkisiä kokemuksia, jotka ovat tulleet odottamatta ja äkillisesti, samoin äkillisiä intuitiivisia välähdyksiä. Kyseessä voi olla hyvä okkulttisia aiheita käsittelevä kirjailija tai jonkin laitoksen hallintotehtävissä työskentelevä ihminen.

Uranuksen keskeisiä aspekteja on käsitelty jo aiemmissa luvuissa eri planeettojen yhteydessä. Värähtelyuutteista Uranukseen liittyvät mm. Keltamo, Ketoneilikka, Käenkaali, Maissi, Riekonmarja, Timjami, Uleksiitti ja Guilleminiitti. Näistä kaksi viimeksi mainittua ovat jalokivieliksiirejä. Uleksiittia suositellaan esimerkiksi silloin, kun ihminen tavalla tai toisella kamppailee modernin teknologian kanssa. Kivi ja siitä tehty jalokiviuute auttavat solmimaan rauhan uudemman teknologian kanssa.

Terveysastrologiassa Uranus hallitsee korkeampaa hermojärjestelmää ja kehon sähköisiä impulsseja. Se liittyy kouristukseen, kramppeihin, shokkeihin ja halvaantumiseen. Esimerkiksi epilepsia on uraniaaninen vaiva, johon voidaan saada apua magnesiumista, mangaanista sekä B-kompleksin vitamiineista. Koska Uranus hallitsee sydämen sähkönjohtojärjestelmää, sydänkohtaukset esiintyvät joskus planeetan transiittien aikana.

Uraniaaniset ihmiset reagoivat stressiin usein muita voimakkaammin, ja niin kuin hyvin tiedetään, stressi jatkuvana ja hallitsemattomana johtaa usein terveysongelmiin. Erityisesti Uranuksen ja Merkuriuksen jänniteaspektit alentavat stressinsietokykyä ja viittaavat joskus hermoromahduksen mahdollisuuteen.

## Esimerkkikartta 6:

Viime vuosisadan kiehtovimpia ja erikoisimpia ihmisiä on amerikkalainen keksijä, futuristi, arkkitehti, matemaatikko, filosofi, kirjailija ja runoilija Richard Buckminster Fuller (1895-1983), "oman aikamme Leonardo", jonka valtava luova tarmo, visionäärisyys ja oivallukset hämmästyttävät yhä ihmisiä. Uutta luova uraniaaninen energia näkyy niin hänen elämässään kuin kartallaankin.

Hilarionin mukaan Buckminster Fuller kuuluu niiden olentojen joukkoon, jotka ovat tulleet omalle planeetallemme hyvin korkeatasoisesta sivilisaatiosta toisesta osasta tätä luotua universumia ja jotka ovat tuoneet mukanaan tätä paljon kehittyneempien tasojen tietoa Maa-planeetan serkuilleen. Mainittakoon tässä yhteydessä, että ihmiskehoon syntyneiden, muista elämänvirroista kotoisin olevien olentojen erilaisuus on tavallisesti koodattu heidän silmiinsä, jotka ovat tavalla tai toisella poikkeukselliset.

Buckminster Fullerin kartalla tietoisuuden valtavat avaruudet näkyvät 3. huoneesta löytyvässä Auringon ja Jupiterin varsin tarkassa yhtymässä. Tämä on arkkityyppinen kuvio mielelle, joka avartuu ja ikään kuin "venyy" jatkuvasti kohti uusia oivalluksia ja tuntemattomia maailmoja. Samalla yhtymästä rakentuu kaunis vesikolmio Uranukseen Skorpionissa 6. huoneessa ja Kuuhun Kaloissa. Tämä on mielestäni todellinen avain "Buckyn" kartan ja olemuksen poikkeukselliseen luonteeseen.

Tässä astrologisessa yhtälössä yhdistyvät merkuriaaninen 3. huone - joka hallitsee mieltä - ja siellä sijaitseva energinen ja avartava Auringon ja Jupiterin yhtymä, Uranus, joka hallitsee supertietoisuutta ja Fullerin kartan keskitaivasta, ja tiedostamattomaan mieleen liittyvä Kuu Uranuksen huoneessa (11. huone). Nämä tekijät luovat samalla jotain osiensa summaa suurempaa. Yksi Buckminster Fullerin kantavista ajatuksista olikin synergia; hän ei uskonut erikoistumiseen, jonka suuntaan esimerkiksi korkeakoulut viime vuosisadalla yhä enenevässä määrin suuntautuivat.

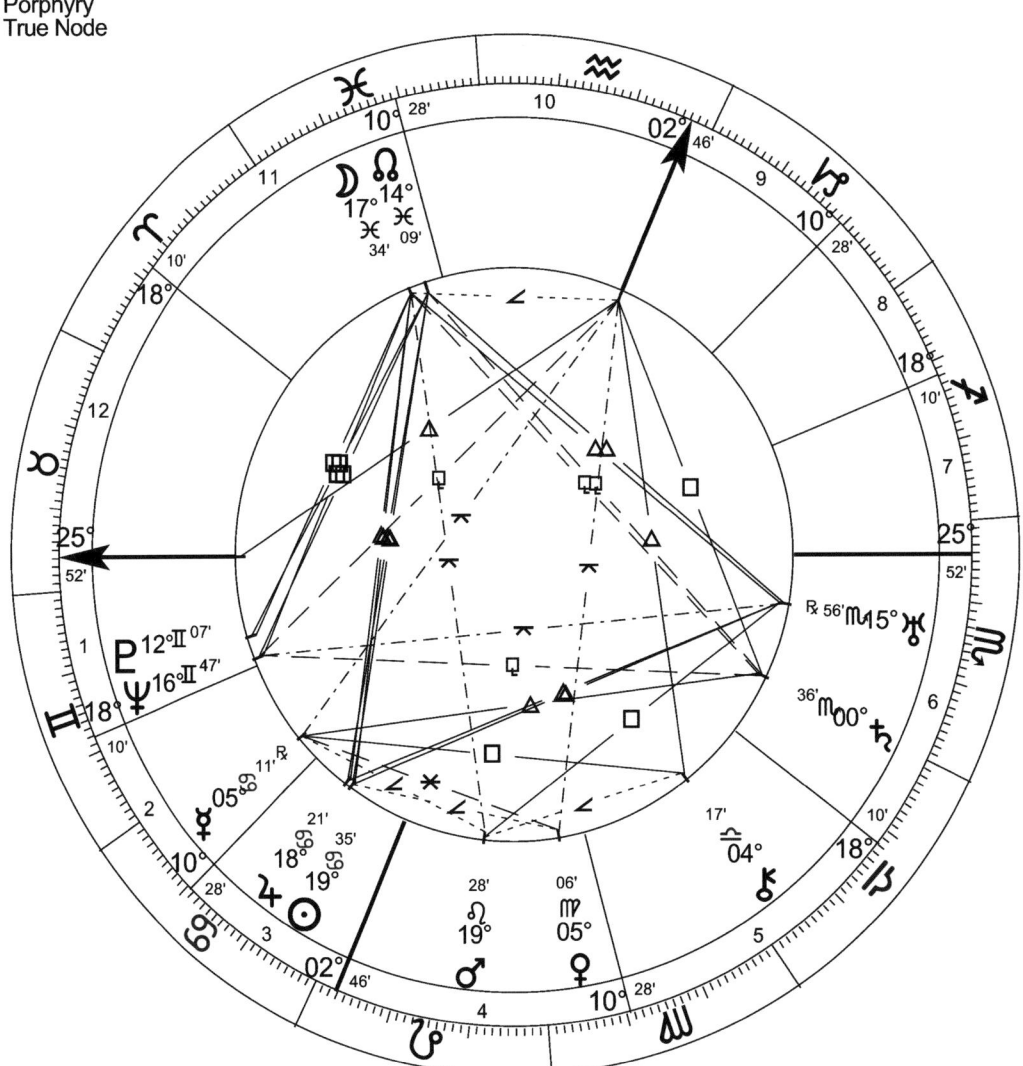

Buckminster Fuller
Natal Chart
12 Jul 1895 NS
00:45 EST +5:00
Milton, Massachusetts
42°N15' 071°W04'
Geocentric
Tropical
Porphyry
True Node

Fuller kirjoittaa, että "mikään ei näytä merkittävämmältä ihmiselämässä kuin sen halu ymmärtää kaikkea ja laittaa kaikki yhteen. Kaikki muut elävät olennot on suunniteltu erikoistuneisiin tehtäviin. Ihminen näyttää ainutlaatuiselta monipuoli- sena ymmärtäjänä ja paikallisen universumin asioiden koordinoijana. Jos luonnon kokonaisjärjestelmä olisi vaatinut ihmistä olemaan spesialisti, se olisi tehnyt hänet sellaiseksi, että ihminen olisi syntynyt yksisilmäisenä - ja liittänyt siihen mikroskoopin." (*Operating Manual for Spaceship Earth* 1969).

Näin ajattelee ihminen, joka promovoitiin elämänsä aikana kymmenien yliopistojen kunniatohtoriksi. Hänen nimiinsä on kirjattu 28 patenttia, ja hän on yksi ekologisen ajattelun suunnannäyttäjistä ja pioneereista.

Jupiterin ja Uranuksen kolmio viittaa keksimiseen, uusien oivallusten salamannopeaan ilmestymiseen ja yleisemmällä tasolla tietysti klassiseen onnekkuuteen. Saturnuksen ja Merkuriuksen kolmio on klassinen kuvio arkkitehtuurissa; Merkurius hallitsee arkkitehtuuria, ja Saturnus antaa muodot, rajat ja rakenteet. Buckminster Fuller tuli kuuluisaksi mm. jännittävän kupoliarkkitehtuurin kehittäjänä. Hän ei ollut tasapäistävän laatikkorakentamisen kannattaja ja edusti eräänlaista uraniaanista kodinrakentajaa (Aurinko-Rapu kolmiossa Uranukseen), joka myös osasi tuoda asiat käytäntöön (Härkä-nousu).

Fullerin kartalla myötätuntoinen vesi on hallitseva elementti, ja hän rakastikin erityisesti purjehtimista. Proosarunon muotoon kirjoitettu klassikkoteos *Intuition* on osittain syntynyt meren ja tuulivoiman inspiroimana.

Buckminster Fuller tuli tuomaan meille tietoa siitä, miten tulla toimeen kosmoksen kanssa tällä kosmisella pölyhiukkasella, jota hän kutsui Avaruusalus Maaksi. Hänen uraniaaninen tähdenlentonsa jätti pitkän jäljen ja perinnön ihmiskunnalle. Fullerin mukaan totuuden rakastaminen vie meidät lähemmäksi Jumalaa, ja todellinen voima löytyy yhteistyöstä: "Menkää töihin ja ennen kaikkea tehkää yhteistyötä, älkää pidätelkö toinen toisianne tai yrittäkö hyötyä toistenne kustannuksella. Minkä tahansa sellaisen yksipuolisuuden tuoma hyöty on kasvavassa määrin lyhytnäköistä. Nämä ovat synergeettisiä sääntöjä, joita evoluutio käyttää ja joiden avulla se koettaa saada sanottavansa mahdollisimman selväksi. Ne eivät ole ihmisen luomia lakeja. Ne ovat universumia hallitsevan älyllisen eheyden äärettömän hyväntahtoisia lakeja."

# NEPTUNUS - HARHAT TAI HENKISYYS

Neptunus on planeetoista salaperäisin ja vaikeaselkoisin. Sitä ei voi ymmärtää tai selittää täysin pelkkien tosiasioiden avulla, siinä ei riitä pelkkä mieli tai järki, vaan tarvitaan myös sydäntä ja intuitiota. Neptunusta ympäröi syvä mystinen verho aivan samalla lailla kuin itse planeettaa ympäröi pilvien ja öiden kuvioittama syvän sininen kaasukehä.

Saksalainen tähtitieteilijä Johann Galle löysi John Couch Adamsin ja Urbain Jean Joseph Le Verrierin laskelmien pohjalta Neptunuksen syyskuussa 1846. Jälleen löytämisajankohta kertoo jotakin löydön ominaisuuksista. Kaksi vuotta myöhemmin syntyi spiritualistinen liike Yhdysvalloissa ja Englannissa, hypnotismi ja mesmerismi tulivat laajempaan tietoisuuteen ja ensimmäiset nukutusaineet otettiin käyttöön. Monia muita henkisiä liikkeitä syntyi löydön jälkimainingeissa, esimerkiksi Amerikan transsendentalistit 1850-luvulla.

Neptunus on merkillisellä tavalla kaksijakoinen planeetta, johon ylemmällä tasolla liittyy korkeita henkisiä virtauksia, hienoa inspiraatiota, kuolematonta taidetta, luovaa mielikuvitusta, erilaisia henkisiä kykyjä, pyyteetöntä rakkautta sekä aitoa auttamishalua ja uhrimieltä. Alemmalla tasolla sen energiat edustavat puolestaan petoksellisuutta, itsepetosta, illuusioita, virtatulia, kangastuksia, hallusinaatioita, addiktioita ja pakoa todellisuudesta.

Asiat usein liuentuvat joutuessaan kosketuksiin Neptunuksen kanssa. Planeettaan liitetään joskus entropian käsite, jota käytetään teoreettisessa fysiikassa statistisen mekaniikan perussuureena, termodynamiikassa ja informaatioteoriassa. Arkisesti ajateltuna entropian periaatetta voidaan kuvata energian suhteen niin, että mikä tahansa energiamäärä ympäristöön vapautettuna hajaantuu vähitellen niin, että se näyttää liuentuneen ympäristöönsä. Energian määrä pysyy kyllä samana, mutta se on niin hajaantunut, ettei sitä voi enää palauttaa alkuperäiseen muotoonsa.

Neptunuksen energiat ovat hankalia etenkin silloin, kun yksilön ego on heikko ja hänen tunnekehonsa on henkisessä mielessä kehittymätön ja epäkypsä. Silloin planeetan alempi puoli saa helpommin otteen ihmisestä, erityisesti hänen himoluonteestaan tai addiktiotaipumuksistaan, jotka liittyvät juuri puhdistamattomaan emotionaaliseen kehoon. Mutta henkisesti kehittyneelle ihmiselle, esimerkiksi Henkisen Tien kulkijalle, Neptunus tuo korkeampia mahdollisuuksia esimerkiksi himoluonteen muuntamisessa aidoksi, korkeatasoiseksi rakkaudeksi.

Tässä yhteydessä voisi puhua vaikkapa kahden H:n tienhaarasta: joko kohti henkistymistä tai hämärtymistä. Yksilön täytyy tehdä valintoja näiden reittien välillä. Jokainen voi ymmärtää, kuinka nämä neptuniaaniset tekijät ovat läsnä arjessamme, mutta meidän on joskus vaikea nähdä tai tunnistaa niitä.

Neptunus edustaa kaikkia illuusion muotoja, toisin sanoen asioita, jotka ovat muuta kuin miltä näyttävät. Tämä suhde on alkujaan peräisin Neptunuksen yhteydestä mereen. Neptunus on rinnastettu usein mm. Poseidoniin. Veden pinnan alla kaikki asiat näyttävät vääristyneiltä, hämäriltä, epätodellisilta. Jopa katsottaessa alas päin veteen pinnan yläpuolelta, pohja ja kaikki vedenalaiset objektit näyttävät olevan lähempänä kuin ne todellisuudessa ovat. Samalla tavoin Neptunus voi luoda monenlaisia emotionaalisia, mentaalisia ja psykologisia perspektiiviharhoja, joissa yksilön on vaikea erottaa faktaa fiktiosta.

Neptunuksella on taipumus muuttaa perspektiiviä myös ajan tuolle puolen, transsendenssiin. Näin voi käydä pelkästään lukiessasi tästä planeetasta eli juuri nyt. Neptunus saattaa siis vaikuttaa aikaperspektiiviin, mikä viittaa luonnollisesti myös psyykkiseen herkkyyteen, profetointiin, visionäärisyyteen ja vastaaviin asioihin. Samalla se kuitenkin merkitsee myös sitä, että tutkiessaan tai opiskellessaan Neptunusta yksilö avaa tiettyjä omia neptuniaanisia aspektejaan, ja monissa tapauksissa nämä aspektit tuovat ihmiselle psyykkistä energiaa. Neptunuksella on yhteys hienoenergioihin.

Tri Douglas Baker kirjoittaa, että henkiset mahdollisuudet avautuvat erityisesti Neptunuksen peräntyvän liikkeen aikana. Tuolloin englantilaisen astrologin ja henkisen kentän tutkijan mukaan väärinymmärryksellä on mahdollisuus kääntyä

Astrologia ja Henkinen Tie

syväksi ymmärtämiseksi, illuusiolla todellisuudeksi ja epäonnistumisella mahdollisuus muuntua kestäväksi menestykseksi. (*Esoteric Astrology*, s. 219) Ovet voivat avautua korkeampaan todellisuuteen, ja epäkäytännöllisestä haaveilijasta voi tulla aktiivinen, dynaaminen toimija.

Neptunukseen liittyy monia ominaisuuksia, niin kuin voimme huomata tarkastellessamme eri huone- ja merkkisijainteja. Yksi ongelmista on se, että Neptunus ei juuri kohtaa meidän päivätajuntaamme eli tietoista mieltämme. Planeetta operoi sekä tiedostamattoman mielen eli alitajunnan että ylitajunnan tai supertietoisuuden alueilla. Ensinmainittu painottaa Neptunuksen hämärryttäviä vaikutuksia, kun taas jälkimmäinen pyrkii nostamaan esiin planeetan korkeamman, kohottavamman puolen. Meidän tehtävämme on koettaa tavalla tai toisella tuoda näitä neptuniaanisia energioita tänne arjen ja maaelämän tasolle, testata niitä ja tehdä ne ymmärrettäviksi.

Nykymaailmassa ei tarvitse kauan etsiä haasteellisia neptuniaanisia tekijöitä, ovathan esimerkiksi erilaiset addiktiot hyvin yleisiä. Elokuvateollisuus on myös selkeä neptuniaaninen tekijä yhteiskunnassamme - mikä maailmassamme sisältää enemmän ja monipuolisemmin illuusioita kuin juuri elokuva? Mestari Hilarion on käsitellyt Neptunuksen yhteyttä elokuvaan Maurice B. Cookin kirjassa *The Mars Connection* (Marcus Books 1988).

Esimerkiksi näyttelijät ansaitsevat elantonsa teeskentelemällä olevansa ihmisiä, joita he eivät ole. Monet elokuvat kuvataan kulisseissa, jotka vain näyttävät olevan todellisia. Toiminta ja ääni näyttävät elokuvissa kävijästä tapahtuvan reaaliajassa, kun taas ne ovat peräisin sähkömekaanisesta ja/tai digitaalisesta prosessista, joka on tallennettu filmille tai nykyään kovalevylle. Klassinen filmeihin käytettävä materiaali itsessään on peräisin petrokemiallisen teollisuuden tuottamista aineista, jotka perinteisesti kuuluvat Neptunuksen hallintaan.

Koko prosessi, missä filmi näyttää liikkuvan kankaalla on optinen illuusio, joka perustuu ihmissilmän fysiologisiin ominaisuuksiin. Yksittäiset kuvat heijastetaan kankaalle niin nopeasti, että silmä ei kykene havaitsemaan erillisiä yksittäiskuvia. Myös ääni on hyvin monissa tapauksissa tehty jälkikäteen, ja kuvassa nähdään vain näyttelijöiden "huulisynkroniaa".

Lopuksi monet kuuluisat filmitähdet elävät täydellisen fantasian hallitsemaa elämää asuen taloissa ja käyttäen vaatteita, joita keskiverto ihminen ei voi koskaan kuvitella saavansa. Koko filmiteollisuus perustuu siis illuusioihin, teeskentelemiseen, esiintymiseen jonain toisena jne.

Voimme tarkastella lyhyesti joitain filmiteollisuuden vaiheita ja sitä, kuinka ne liittyvät Neptunuksen merkkisijainteihin. Tässä voidaan huomata joitain vastaavuuksia Uranuksen yhteyteen televisioon.

Neptunus oli Ravussa suunnilleen vuodesta 1901 vuoteen 1915. Rapu hallitsee kotia, ja tämän jakson aikana tapahtui monia varhaisia elokuvateollisuuden kehitysaskeleita. Nämä kehitysaskeleet olivat seurausta kotona työskennelleiden itsenäisten keksijöiden työstä. Vuodesta 1915 vuoteen 1929 meren jumala oli Leijonan merkissä. Astrologisesti Leijona hallitsee esiintymislavaa, näyttelemistä ja "supertähden" käsitettä. Tuon varhaisen kaupallisen kauden aikana kaikki elokuvat olivat mykkäkuvia.

Kun ääni puuttui, näiden tuotantojen oli tukeuduttava ylinäyttelemiseen, vuolaisiin liikkeisiin ja ylikorostettuihin kulmakarvoihin, jotta voitiin välittää elokuvan tunteet. Ja tietysti tänä aikana nousivat esiin monet varhaisista elokuvan supertähdistä, kuten Rudolf Valentino.

Sitten, hienosti ajoitettuna, Neptunus siirtyi v. 1929 Neitsyen merkkiin, juuri kun ensimmäiset äänielokuvat näytettiin epäuskoisille katsojille. Neitsyt on Merkuriuksen hallinnassa, planeetan, joka liittyy puhumiseen, kommunikointiin ja ääneen. Neptunus pysytteli Neitsyen merkissä vuoteen 1943, jolloin se siirtyi Vaakaan. Tätä merkkiä hallitsee Venus, kauneuden ja estetiikan planeetta. Juuri sisääntulon aikoihin mustavalkoiset elokuvat alkoivat muuttua värikuviksi, mikä lisäsi katselunautintoa.

Suunnilleen 1957 Neptunus jätti Vaa'an ja siirtyi Skorpioniin, merkkiin joka on perinteisesti liitetty väkivaltaan ja seksuaalisuuteen. Seuraavien 14 vuoden aikana yhä useammat filmit käyttivät hyväkseen kumpiakin näistä teemoista. Lukija voi halutessaan tutkia lähempänä omaa aikaamme olevia Neptunuksen merkkisijainteja halutessaan asiasta lisätietoja.

## Neptunus merkeissä

Käsittelemme tässä Neptunuksen merkkisijainnit Ravusta Oinaaseen eli vuodesta 1901 vuosiin 2038-39 asti. Jälleen on tärkeää huomata, että planeetan merkkisijainnit ovat vähemmän yksilöllisiä ja enemmän sukupolvitekijöitä kuin huonesijainnit.

**Neptunus Ravussa:**                                                   1901-1915/1916
Kun Neptunus on Ravun merkissä, on yksilö usein tietoinen suuresta herkkyydestään psyykkisille energioille, jotka tulevat rauhasta, kodista ja oman sisäisen luonteen tunnistamisesta. Herkkyyden saavuttaminen voi kuitenkin olla hyvin vaikeaa, sillä maailma on epävakaa – jatkuvasti muuttuva – eivätkä ihmiset aina kykene tekemään tarvittavia hienosäätöjä. Emootiot kytkeytyvät vahvasti yksilön kykyyn ymmärtää ja muuttua, ja hän on hyvin altis vaikutuksille, joten seurauksena saattaa olla emotionaalista hämmennystä.

Korkeimmassa positiivisessa aspektissa tämä saattaa lopulta kuitenkin johtaa syvään yhteyteen todellisen kodin, Maan kanssa, kun päästetään irti tietyistä jäykästi kiinni pidetyistä asioista. Korkeampien todellisuuksien tiedostaminen on avuksi tällaisille helposti tunteittensa valtaan joutuville yksilöille, mutta tällöin tulee siis myös saavuttaa sisäinen yhteys omaan olemukseensa ja erityisesti Äiti Maahan.

Monille näistä yksilöistä neon-jalokaasun käyttö on äärimmäisen hyödyllistä. Vaikka tämä pätee monien muidenkin kohdalla, erityisesti nämä yksilöt hyötyvät kyseisestä uutteesta. (Jalokaasu-uutteista löytyy lisätietoa mm. Smiling Starsin kotisivuilta osoitteesta www.smilingstars.fi). Uutteen käytön yhteydessä voi olla avuksi, että ihminen virittäytyy omaan sisäiseen kotiinsa, muistaa samalla nykyisen asuntonsa ja missä syntyi, mutta kääntää sitten katseensa Maata kohti ja virittäytyy tämän keskukseen.

### Neptunus Leijonassa: 1915/1916-1928/1929

Kun Neptunus sijaitsee Leijonassa, yksilöllä on joskus liian paljon mielleyhtymiä glamouriin – asioihin, jotka saattavat näyttää pinnalta vääriltä. Tämä on tietenkin vain taipumusta, mutta kun sen ymmärtää, yksilö voi kehittyä paljon, ikään kuin se symboloisi hänen kykyään rakastaa, kokea mielihyvää tai tulla imarrelluksi. Viime kädessä yksilöllä on uskomusjärjestelmässään, jota tässä vahvasti koetellaan, vaikeuksia hyväksyä oma arvokkuutensa ja nähdä itsensä toisten rakastamana.

Tämä ei tule ulkopuolelta, vaan se on sisäinen käsitys. Ihmisten on joskus vaikea tunnistaa se syvällä itsessään. On kuitenkin hyvin tärkeää, että he muuntavat ajattelussaan joitakin assosiaatioita liittyen imarteluun, elokuvatähtiin tai muuhun glamouriin, ei niitä torjuen, vaan nauttien ja pitäen hauskaa niiden kanssa.

Tätä ei tarvitse nähdä kovin "vakavana" puolena elämää, vaan nähtäisiin se kuin psyykkisenä tai korkeampana puolena yksilön tietoisuudessa. Yksilö kykenee näkemään itsensä lumoavana, rakastettavana, ja voivan pitää sen avulla hauskaa, olla tyylikäs ja tietoinen elämässään ilman, että tämä häiritsee olennaisempia asioita. Ajoittain yksilöllä voi olla taipumusta suunnata väärin rakkausenergioitaan; se on syytä tiedostaa, se on hyvin tärkeää tänä ajankohtana. Olisi yleisesti ottaen tärkeää suunnata rakkausenergiat niihin ihmisiin, jotka todella tarvitsevat sitä, sekä myös itseen.

### Neptunus Neitsyessä: 1928/1929-1943

Neptunus Neitsyessä voi liittyä joihinkin tyypillisimpiin Neitsyen aspekteihin: kriittisyyteen, kamppailuun vaikeitten tai mystisten energioitten kanssa jne. Mutta toisaalta tässä on aina olemassa mahdollisuus saavuttaa vahvempi henkilökohtainen kosketus psyykkisiin ilmiöihin, etenkin kommunikaatioon omien oppaitten kanssa. Tässä auttaa merkittävästi mikä tahansa krypton-jalokaasun muoto, esimerkiksi krypton-hehkulamppu tai krypton-jalokaasu-uute, sekä myös muu kryptonin kanssa työskentely.

Näillä yksilöillä voi olla fyysisen kehon ongelmissa taipumus tukeutua liikaa lääkeaineisiin, jotka aiheuttavat riippuvuutta, tyypillisimpänä tietenkin psyykenlääke Prozac. Näiden kemiallisten aineiden käyttöä tulee välttää kaikissa mahdollisissa tapauksissa ja tarkastella asioita syvemmältä. Monesti yksilön tietoisuudessa on, etenkin tässä sijainnissa, tunne kaaoksesta ja siitä, etteivät syvällä sisällä olevat asiat ole helposti selvitettävissä. Ei ole niinkään tärkeää selvittää ja ymmärtää niitä, kuin antaa niiden jollain tavoin nousta pintaan ja katsoa, mitä ne merkitsevät ja miten ne liittyvät yksilön kykyyn rakastaa ja ymmärtää toisia ihmisiä.

Tässä sijainnissa yksilöllä on aina taipumus ajautua jäykkiin malleihin elämässään, esimerkiksi uskonnon, etiikan tai moraalin piirissä. Vaikka tämä suokin lyhytaikaisen turvallisuuden tunteen joillekin yksilöille, se vain peittää alleen joitakin sisäisen kaaoksen ja väärinymmärryksen alueita. Yksilön ei tule käyttää sisäiseen kuohuntaan lääkkeeksi uskontoa tai Prozacin tapaista psyykenlääkettä. Sen sijaan on annettava kuohunnan nousta pintaan, tutkittava ja vapauduttava siitä ymmärtäen, mistä on kysymys.

Monilla näistä yksilöistä on vaikeuksia työelämässään itse työn luonteen ymmärtämisessä. He voivat sopeutua työntekoon, mutta he ovat usein sisäisesti turhautuneita. He tulevat kuitenkin huomaamaan, että heidän oppaillaan on paljon sanottavaa. Heillä on paljon sisäistä kyvykkyyttä, ja opasenergiat saattavat auttaa heitä siinä. Ne voivat auttaa työpaikan haussa, uranvaihdossa tai työenergioiden käytössä niin, että heillä on käytössään enemmän energiaa, tietoisuutta ja ymmärrystä.

Näillä yksilöillä voi ajoittain olla paljon stressiä, koska jotkut näistä sisäisistä aspekteista ovat vastakkaisia sille henkiselle tietoisuudelle ja ymmärrykselle, jota he kokevat kaikkialla ympärillään. Monilla ihmisillä, jotka tulevat astrologian pariin ja joilla on tämä sijainti kartallaan, on vaikeuksia hyväksyä tätä astrologista informaatiota. Heitä onkin viisasta opastaa virittäytymään sisäisesti itseensä ja hakemaan syvempää sisäistä yhteyttä oppaisiinsa ja auttajiinsa, jotta he voivat tuntea olonsa turvallisemmaksi, tyynemmiksi ja tietoisemmiksi.

### Neptunus Vaa'assa: 1943-1955/1957

Niillä joilla on Neptunus Vaa'assa, on paljon mahdollisuuksia vastaanottaa uskonnollista inspiraatiota ja henkistä tietoa sekä kasvattaa itseymmärrystään. Monet heistä ovat valinneet syntymisen tähän ajanjaksoon virittäytyäkseen erityisesti nk. New Age –ilmiöön, mutta myös suureen 1960-luvun tuomaan muutokseen.

Tämän sukupolven edustajat ovat monella tapaa avoimia kohtaamaan suuria muutoksia, jotka liittyvät heille läheisiin instituutioihin, kuten esimerkiksi uskontoon, lastenkasvatukseen, seksiin ja kumppanuuteen. Monilla tässä syklissä syntyneillä on takanaan useita elämiä tantran opiskelun parissa. Heille on hyvin tärkeää ymmärtää seksuaalisuutta ja tuoda se kumppanuuteen herkän ja tietoisen partnerin kanssa.

Näiden yksilöiden on vaikea löytää tasapaino idealismin ja pettymyksen välillä ja nähdä haluamiensa asioiden toteutuvan eri tavalla kuin he olivat ehkä ajatelleet. Pääasiana ei ole ulkoinen todellisuus, vaan sisäinen tietoisuus ja ymmärrys siitä, kuinka tuoda esiin näitä energioita selkeästi ja rakkaudellisesti. Se voi olla joskus hyvin vaikeaa näille yksilöille, sillä he ovat avoimia yhtä aikaa niin monille asioille. Tärkeä oppiläksy on työskennellä näillä alueilla eheyden saavuttamiseksi.

Monilla näistä yksilöistä on huomattavaa herkkyyttä ja voimakkaita sisäisiä psyykkisiä kokemuksia ja kykyä ottaa vastaan informaatiota monista epätavallisista lähteistä. Nämä ovat heidän luonnollisia taipumuksiaan. Kokemuksen myötä kasvaa myös kyky työskennellä näiden asioiden kanssa vastustamatta niitä.

Tässä on mahdollista luoda uusia näkemystapoja ja saavuttaa uuden ymmärryksen avulla tasapainoinen tila ilman tarvetta paeta todellisuutta esimerkiksi keinotekoisia mielensamentaja-aineita käyttämällä. Tärkeänä läksynä on opetella kokemaan muuntuneita tietoisuuden tiloja jollain luonnollisella tavalla. Tällöin kyetään ymmärtämään esimerkiksi aurojen ja uusien energioiden näkemistä, puhumaan niistä toisten kanssa ja hahmottamaan samalla paremmin, mitä maailmassa parhaillaan tapahtuu. Monia psyykkisiä lahjoja on tarjolla niille yksilöille, jotka valitsevat tämän reitin.

### Neptunus Skorpionissa: 1956/1957-1970

Neptunus Skorpionin merkissä viittaa usein voimakkaisiin psyykkisiin energioihin ja kykyihin, joiden integrointi saattaa kuitenkin olla vaikeaa. Vaikeudesta huolimatta monet parhaista kanavoijista ja selvänäkijöistä ovat syntyneet vuosien 1956-1970 välillä, ja heillä on kyky työskennellä monien eri tietoisuuden- ja informaation tasojen kanssa. Näiden energioiden kanssa työskentely saattaa kuitenkin verottaa ja rasittaa fyysistä kehoa varsin paljon. Siksi tässä täytyykin opetella virittäytymään näihin psyykkisiin energioihin kaikilla tasoilla. Usein esiin nousee emootioita, jotka ovat olleet kätkössä hyvin syvällä tietoisuudessa. Kun ne tulevat päivätajuntaan, ne ovat usein ilmestyksenomaisia. Tämä taas saattaa viedä yksilöä takaisin hyvin syville alueille, joista hänellä ei ole aiempaa käsitystä.

Tällöin maailma ja erityisesti heidän psyykkiset kykynsä saattavat näyttää mystisiltä, vaikeasti ymmärrettäviltä asioilta. Yleisesti ottaen yksilön on kuitenkin hyvä oppia tuntemaan mystisyytensä ja saada mielihyvää siitä. Muussa tapauksessa esille nousevat emootiot saatetaan tukahduttaa. Se voi joskus näyttää depressiolta niiden silmissä, jotka eivät ymmärrä näiden ongelmien laatua, ja niihin saatetaankin määrätä jotakin psyyken lääkitystä, kuten Prozacia.

Yritys vähentää depressiota lääkkeillä on suuri ansa. Se houkuttelee vain pimeitä vastavoimia johtuen siitä, että näillä Neptunus Skorpionissa –yksilöillä on niin valtavasti potentiaalisuutta. Heidän suurten ja merkittävien psyykkisten lahjojensa esiintulo on hyvin voimallista. Ne liittyvät usein parantamiseen ja kykyyn vetää puoleensa ja opettaa teknistä ja muunlaista informaatiota uusilla, innovatiivisilla tavoilla.

Heidän suurin potentiaalisuutensa on saattaa alulle voimakas ja syvälle ulottuva positiivinen muutos planeetallamme, kun heidän ideoitaan on sovellettu käytäntöön. Niinpä pimeät vastavoimat pyrkivät keskittymään näihin yksilöihin ja koettavat esimerkiksi sairauksien,depression tai muiden sisäisten keinojen avulla vaikuttaa siihen, että heidän psyykkiset kykynsä vähentyisivät, mikä saattaa joskus olla hyvin traumaattista.

Tähän problematiikkaan löytyy luonnollisesti hyviä vastalääkkeitä. Yksilön olisi erittäin tarpeellista psyykkisten kykyjen avautumisen yhteydessä vahvistaa hienovaraisempia, korkeampia tajunnantasoja esimerkiksi meditaation, joogan tai muiden vastaavien henkisten harjoitusten avulla. Näin pimeät vastavoimat menettävät häirintäyrityksissään niin paljon energiaa, että ne tavallisesti siirtyvät "helpompiin" kohteisiin.

Usein ihmisillä, joilla Neptunus on Skorpionissa, aiempien elämien suurin saavutus ja ymmärrys on tullut kumppanuuden kautta. He eivät kuitenkaan aina oikein ymmärrä kumppanuutta, esimerkiksi sitä kuinka yhdistää kumppanuudessa psyykkiset lahjat tietoisella tasolla. Tiedostamattomana toiveena on tavallisesti kumppanin löytäminen, mutta tämän löydyttyä he eivät kuitenkaan oikein tiedä, mitä tehdä.

Tässä on tärkeää luottaa intuitiivisesti partneriin ja kokemuksiin, joiden kautta tulee tarvittava informaatio. Kumppani ei suinkaan ole henkilö, joka takaa suurimman turvallisuuden tunteen tai jonka kanssa voi kokea suurimpia rauhan tunteita, vaan usein juuri päinvastoin: kyseessä on ihminen, joka stimuloi, tuo uusia ideoita ja auttaa toista muuttamaan tapaansa nähdä itsensä – erityisesti, mikäli molemmat ovat syntyneet tämän Neptunuksen merkkisijainnin alla. Niinpä keskeistä on luottaa sisäisiin energioihin ja antaa aikaa niiden omaksumiseen.

### Neptunus Jousimiehessä:                   1970-1984

Neptunus ollessaan Jousimiehessä avaa monia todella potentiaalisia väyliä toteuttaa voimakkaita, idealistisia pyrkimyksiä ja päämääriä tavoilla, jotka auttavat muita ihmisiä. Yksilö voi opiskella ja oppia paljon erilaisia asioita ja ideoita valaistumisesta, meditaatiosta, uskonnosta jne. Ongelmana saattaa kuitenkin olla se, että yksilön energiat voivat henkisten ja metafyysisten asioiden suhteen levitä liian laajalle ilman vaadittavaa syventymistä kunnolla johonkin asiaan.

Positiivisena tekijänä tässä sijainnissa on se, että inspiraatio voi tulla mistä tahansa, jopa jostain niin maallisesta kuin iltauutisista tai saarnaajan sanoista. Hyvän inspiraation etsiminen ja jakaminen muiden kanssa on keskeisiä läksyjä yksilön elämässä.

Myös korkeimman Minän aspekti – korkeampi mielikapasiteetti tai tietoisuus puhtaimmasta ja voimakkaimmasta mentaalisesta toiminnasta – voi voimistua näissä yksilöissä. Yksilö voi parhaimmillaan kyetä keskittymään moniin asioihin samanaikaisesti, jolloin eri alueet ikään kuin yhdistyvät hänen idealisminsa ja intuitionsa avulla suuremmaksi kokonaisuudeksi, josta voi olla apua monille ihmisille.

Vaikein asia näille ihmisille on delegointi, ei siksi että he eivät kykenisi tekemään sitä fyysisellä tasolla, vaan koska mukana on jollain tavoin pelko siitä, että muut syyttäisivät heitä kyvyttömyydestä keskittyä riittävästi ja tehdä yhtä asiaa kerrallaan. Heidän täytyy kuitenkin ymmärtää, että kyky keskittyä moneen asiaan yhtä aikaa on etu, johon ei pidä jäädä ansaan.

Neptunus Jousimiehessä nostaa ihmisessä esiin henkisyyttä ja monia inspiratio-naalisia ominaisuuksia. Yksilö pystyy halutessaan saavuttamaan myös korkean oppiarvon ja upean akateemisen älyn. Sellaistakin tarvitaan kipeästi tulevina vuosina. Tässä sijainnissa joka tapauksessa Neptunuksen korkeampi puoli, joka liittyy juuri henkisyyteen, auttamishaluun ja korkeaan inspiraatioon, nousee helpommin esille kuin sen alempi, illusorinen puoli.

### Neptunus Kauriissa:                   1984-1998

Tässä sijainnissa Neptunus voi tuoda tullessaan yksilön elämään varsin pitkän ajanjakson, joka päättyy petollisuuteen tai harhakäsityksiin liittyviin vaikeuksiin. Tyypillinen esimerkki voisi olla se, että yksilö seuraa aikansa jotain gurua tai muiden ihmisten ideoita ja pyrkimyksiä, mutta joutuu lopulta pettymään ja kamppailemaan asian kanssa.

Tästä selviydytään ei ole niinkään etsimällä ratkaisua ulkopuolelta, vaan nimenomaan omasta sisäisestä todellisuudesta. Erityisen suositeltava praktiikka olisi jokin meditaation muoto, esimerkiksi Vipassana, jonka avulla alkaa muodostua tietoisuus korkeammista energioista. Yksilön on hyvä luoda yhteys omiin luonnollisiin lahjoihinsa ja kykyihinsä, ei niinkään tukeutua muihin näissä asioissa. Meditaatio auttaa tässä huomattavasti ja antaa apua elämän taitekohdissa ja hankaluuksien kohtaamisessa.

Joskus näyttää siltä, että yksilö seuraa syrjäpolkuja. Hänen tulisi kuitenkin antaa itselleen siihen lupa ilman syyllisyydentuntoa. Seurauksena saattaa olla sisäistä kuohuntaa ja emotionaalisia ongelmia, kun asiat eivät ole kovin hyvin integroituja. Tässä on jälleen vaarana neptuniaaninen sortuminen huumeisiin tai muihin sumentaviin aineisiin. Mielenrauha voidaan kuitenkin saavuttaa säännöllisen meditaation ja korkeampiin rakkausenergioihin virittäytymisen avulla. Tämä auttaa ihmisen sisäisen depression ja vaikeiden aikojen läpi.

## Neptunus Vesimiehessä: 1998-2011/2012

Neptunuksen ollessa Vesimiehessä yksilöllä on aiempaa suurempi yhteys omaan ryhmäänsä; he kykenevät virittäytymään fyysisesti toisiinsa mahdollistaen näin suuremman keskinäisen yhteyden tunteen, ikään kuin ryhmäsielu tulisi yhteen. Toisin sanoen monilla näistä yksilöistä, joilla Neptunus on Vesimiehessä, on ryhmäenergian ymmärrys. Tämä pysyy hyvin voimakkaana läpi koko elämän; he haluavat jollain lailla liittyä yhteen ja tehdä näistä yhteisistä kokemuksista miellyttävämpiä, rakastavampia ja samalla ymmärrettävämpiä.

He huomaavat samalla yhdistäessään resurssejaan toisenlaisen energian nousevan esiin: se on samankaltainen kuin näiden ihmisten sieluperheen värähtely, ja se voi puolestaan synnyttää uutta voimakasta energiaa. Siitä saattaa syntyä erilaisia ideoita yhteisön perustamisesta, yhdessä työskentelystä, rakastamisesta ja toisten auttamisesta. Se voi joskus synnyttää merkittäviä uusia ideoita, jotka voivat opastaa tulevia sukupolvia. Sen tähden nämä yksilöt tietenkin syntyvät juuri käsillä olevien suurimpien muutosten ajankohtana - ja he tuntevat nämä muutokset syvällä sisimmässään.

Ne sielut, jotka ovat syntyneet periodin 1998-2012 aikana, tulevat yleensä tunnistamaan ryhmän muita yksilöitä, jotka he jo tuntevat hyvin ja jotka tunnistavat heidät. He huomaavat välillään olevan suuremman siteen ja yhteyden kouluvuosinaan tai jo aiemmin. Vanhempien olisi hyvä rohkaista tätä tunnistamista niin paljon kuin mahdollista.

Tästä voi potentiaalisesti nousta esiin myös asian kielteinen puoli: ryhmäpaine, se kuinka nämä lapset kasvaessaan ovat hyvin vaikutusalttiita ryhmän tekemisille. Muut ihmiset voivat koettaa houkutella heidät tekemään asioita, jotka eivät selkeästi ole heille hyväksi ja hyödyllisiä. Tässä kohdin heidän on hyvä pyrkiä saamaan yhteys ryhmäenergian korkeammille tasoille esimerkiksi kysymällä: "Mikä on parasta minulle ja koko sosiaaliselle ryhmälleni, sieluperheelleni, vanhemmilleni ja ystävilleni?"

Yksilön virittyessä korkeammille tasoille aktiviteetit, joihin heitä mahdollisesti on yritetty houkutella – kuten esimerkiksi huumeiden käyttö, jengit, erilaiset kamppailut perinteisiä instituutioita vastaan, joissa lyödään päätä seinään jne. – eivät näytä olevan enää ajan ja vaivan arvoisia. Paljon ylevämpi ja upeampi reitti nousee vähitellen esiin, mutta tätä on joskus vaikea löytää ilman muistutusta.

### Neptunus Kaloissa: 2011/2012-2025/2026

Näillä yksilöillä tulee olemaan suurta herkkyyttä ja kyky virittyä monella tasolla voimakkaisiin energioihin. Heillä tulee olemaan omanlaisensa sisäinen tietoisuus, oma sisäinen elämä, jota muut eivät kykene helposti ymmärtämään. Mutta samaan aikaan on myös lukuisilla ihmisillä monia kykyjä, mm. telepatiaa ja kykyä virittäytyä toistensa tietoisuuteen. Siitä syystä nämä tänä ajanjaksona syntyvät ja suuria muutoksia näkevät yksilöt ovat jo aloittaneet muutokset itsessään ennen syntymäänsä.

Vuoden 2012 jälkeen ja tämän periodin lopulla vuonna 2026 syntyvät tulevat huomaamaan, että he eivät kykene ymmärtämään aiempien sukupolvien edustajia, jotka eivät pysty hyödyntämään psyykkisiä kykyjä eivätkä ymmärrä sisäistä elämäänsä tai virittäydy sisäiseen tietoisuuteensa. Joillekin tämä saattaa johtaa yhteiskunnasta vetäytymiseen, mikä voi ilmetä monin eri tavoin.

Menneisyydessä (tämä koskee yksilöitä, jotka syntyivät ennen vuotta 1861) tällainen vetäytyminen tapahtui huumaavien aineiden väärinkäytön avulla, riippuvuuksina erilaisiin negatiivisiin käyttäytymismalleihin, varsinkin kiduttamisena ja muiden vahingoittamisena, tai vaikeutena sopeutua yhteiskuntaan ja sitä seuranneena rikollisena toimintana. Vuoden 2012 jälkeisenä ajanjaksona tulee sen sijaan esiin taipumus paeta ilman minkäänlaista tarvetta huumaaville aineille. Yksilö pystyy ikään kuin itse tuottamaan voimakkaita energioita, jotka tempaavat hänet pois tavallisesta todellisuudesta, ryhmästä jne.

Yksilöiden on hyvin tärkeä tarkastella näitä taustalla vaikuttavia asioita, nostaa ne pintaan ja nähdä, että addiktioprosessissa on läsnä voimakas energia, joka tahtoo sanoa: "Voin tulla yhdeksi jonkin kanssa", ja soveltaa tuota "jonkin kanssa" –energiaa muihin olentoihin, näin jakaen sisäisen elämänsä ja herkkyytensä muiden kanssa rakastavalla tavalla. Haavoittuvammaksi tulo on usein tärkeä tapa jakaa asioita. Tämä sukupolvi tulee ymmärtämään metafysiikan korkeimpia aspekteja, planetaarista tietoisuutta, galakseja ja paljon muuta.

Monilla tässä ryhmässä tulee olemaan muiden johtamis- ja opastuskykyä; he tulevat usein saamaan tietonsa ja energiansa sisäisestä virittäytymisestä. Jotkut näistä energioista osoittautuvat hyvin vietteleviksi; monet ihmiset viehättyvät heistä luonnollisesti ja näkevät heidät luontaisina johtajina. Ongelmana on, etteivät he itse aina näe tätä. Kun he alkavat uskoa omiin psyykkisiin kykyihinsä ja yksilölliseen tapaansa ottaa vastaan tietoa, he saavat siitä lisää itseluottamusta ja itsevarmuutta.

### Neptunus Oinaassa:                                            2025/26 – 2038/39

Oinas edustaa hyvin monella tavalla uusia aloituksia, ja Neptunus tuo tässä sijainnissa yksilöille mahdollisuuden tiedostaa omat psyykkiset kykynsä ja oma luontainen yhteytensä – ihmisten lisäksi - muihin olentoihin korkeammalla värähtelytasolla. Yhteys voidaan nähdä uudessa valossa ja edistyä sen muodostamisessa merkittävästi.

Todennäköisesti prosessi alkaa seitsenvuotiaista tai sitä nuoremmista lapsista. Maaliskuusta 2025 eteenpäin erityisesti heidän mahdollisuutensa syventää yhteyksiä toistensa sekä kasvien ja eläinten kanssa voimistuu.

Huomaa, että ihmiskunnalla on ollut jo vuosituhansien ajan monia mahdollisuuksia muodostaa yhteys psyykkisiin energioihin korkeammilla tasoilla. Muilla tasoilla on käynnissä ohjelma näiden asioiden syvempää koulutusta ja ymmärrystä varten, ja on toivottavaa, että se tulee oikaisemaan olemassa olevaa vääränlaista informaatiota, taikauskoa, pelkoja ja muita ongelmia. Tämä kaikki tulee kirkastumaan huomattavasti Neptunuksen merkkisiirtymän yhteydessä vuonna 2025.

Tässä avautuu tietysti suuria mahdollisuuksia. Tällaisten energioiden siirtyminen uusille reiteille avaa tietä asioille, joista Mestari Hilarion on puhunut vuosikymmeniä. Kuinka ne tulevat toteutumaan riippuu tietysti ihmiskunnasta itsestään, mutta on jo nähtävissä, että yleinen suuntaus psyykkisten energioiden parempaan ymmärtämiseen kasvaa, ja se voimistuu huomattavasti Neptunuksen siirtyessä Oinaaseen. Prosessilla on tekemistä myös ihmisten keskinäisen telepaattisen yhteyden ja havainnoinnin kanssa.

Psyykkiset yhteydet vaikuttavat tietysti elämän moniin osa-alueisiin, mutta erityisen voimakkaasti vaikutus ulottuu politiikkaan ja siihen, millaiseen poliittiseen yhteisymmärrykseen ihmisillä on valmiudet päästä globaalissa kehityksessä. Vuosi 2025 on oikeastaan aivan liian pitkällä tulevaisuudessa – tällaista yhteisymmärrystä tarvitaan jo NYT –, mutta aiempaa logiikkaa tarkasteltaessa voidaan sanoa, että näin on aina ollut. Totuuden puhuminen ja sen tiedostaminen on ollut tarpeen poliittisessa spektrissä vuosituhansia.

Erona aikaisempaan on nyt se, että asiaan pumpataan enemmän energiaa. Miten tämä tulee ilmenemään? Yksinkertaisesti siten, että tiedät aiempaa herkemmin, kun joku puhuu totta erityisesti poliittisissa yhteyksissä. Mutta tämä voi ulottua myös itse poliitikkoihin niin, että he alkavat herkemmin kuulla oman puhetapansa ja huomata, että he ovatkin valehdelleet – ja myöntävät sen. Tämän seurauksena he alkavat vähitellen puhua totta ja työskennellä niiden asioiden eteen, jotka ovat oikeasti hyödyllisiä. Tämä tietysti herättää ensin epäilyksiä ja epäluuloa niiden keskuudessa, jotka eivät vielä havaitse mikä on totta. Se on todennäköisesti kuitenkin ohimenevää, ja nämäkin ihmiset kykenevät vähitellen tunnistamaan totuudenmukaisuuden tarpeen.

Neptunuksella on monenlaisia valmiuksia luoda hämmennystä ja painaa ihmisen omaa tietoisuutta alaspäin. On kuitenkin mahdollista nähdä asiat uudessa valossa ja ymmärtää tämä ajanjakso eräänlaisena valmiutena nostaa totuus esiin seurauksista välittämättä. Vaikka se voi muistuttaa norsua posliinikaupassa, joskus sitäkin tarvitaan, jotta aiemmin mainitut uudet energiat saadaan nostettua esiin.

## Neptunus huoneissa

Erityisen tärkeää Neptunuksen yhteydessä on sen huonesijainti, joka yksilöllistää planeetan vaikutuksen yksilön elämässä. Jos Neptunus on pääasiassa positiivisesti aspektoitunut, voi tuon huoneen piirissä nousta esiin jokin henkisyyteen liittyvä aspekti.

### Neptunus 1. huoneessa:
Neptunus sijaitsee varsin herkässä pisteessä 1. huoneessa. Yksilön minäkuvaan saattaa liittyä jokin illuusio ja/tai itsepetos, jota hänen olisi hyvä pohtia pidempään, mutta persoonallisuus voi tämän sijainnin myötä kehittyä myös hyvin henkiseksi, spirituaaliseksi. Yksilöllä saattaa olla salainen toive elää lapsenkaltaisesti, ilman vastuuta ja velvollisuuksia. Luultavasti hän myös haikailee lapsuuttaan, jota hän saattaa edelleen pitää elämänsä onnellisimpana ajanjaksona.

Tässä sijainnissa Neptunuksen osoittamat suuren herkkyyden vaikutukset saattavat ulottua fyysiseen kehoon, erityisesti entsyymien tuotantoon; haima ja vatsa saattavat stressaantua tässä tilanteessa. Joskus stressiä ilmenee myös eetterikehon ja fyysisen kehon välillä, mikä voi saada aikaan reikiä aurassa tai hankaluuksia auraan liittyvissä hienoenergioissa. Mikäli jotain tällaista on ilmaantunut - yksilö on esimerkiksi joutunut joskus "energiaimureiden" kohteeksi -, hän saa apua Aloe vera -uutteesta.

Ihmissuhteisiin saattaa liittyä epätavallisia piirteitä, jotka saavat ihmiset näkemään itsensä täysin eri tavalla kuin ennen ja tuntemaan tietyn kaltaista epämukavuutta. Kun intuitio kuitenkin voimistuu luonnollisesti, voi myös ilmetä kyvyttömyyttä keskittää energioita. Tällöin ihmisen on hyvä käyttää omaa intuitiotaan tehdäkseen johtopäätöksiä, vetääkseen puoleensa vaikutelmia, ymmärtääkseen ja kommunikoidakseen ei-lineaaristen ajatusmuotojen avulla. Vaikeinta tässä on saada ne asettumaan tarkoituksenmukaiseen asiayhteyteen.

### Neptunus 2. huoneessa:
Monilla yksilöillä Neptunuksen energiat toisessa huoneessa voivat olla enemmän taiteeseen suuntautuvia. Toisinaan tämä voi myös johtaa taiteellisiin tukoksiin, jolloin yksilö on kykenemätön ymmärtämään läpi tulevan materiaalin korkeampaa tarkoitusta, olkoon kyse sitten maalaamisesta, musiikista, kirjoittamisesta jne. Korkeampana tarkoituksena on saada yksilö ymmärtämään, että hän voi hienompiin tasoihin virittäytymällä luoda joskus ylimaailmallisuutta.

Neptunuksen ollessa toisessa huoneessa tämä on kuitenkin yleensä hyvin vaikeaa. Ajoittain esiintyy nimittäin tiettyjä käyttäytymiskaavoja, joissa yksilön omat sisäiset herkkyydet, jopa mukavuudenhalu ja mielihyvän tarve, tulevat voimakkaammiksi kuin hänen oma halunsa tuoda näitä korkeampia taiteellisia energioita käytännön toteutukseen.

Tämän sijainnin positiivisena ilmaisuna voi olla yksilön taiteessa esiintyvä, korkeammista visioista tai unista innoituksensa saanut suuri keskinäinen yhteys ja siten pehmeys tai kauneus, mutta mukana saattaa esiintyä myös tiettyjä seksuaalisuuden tai aistillisuuden kvaliteetteja. Mutta tämän kautta voi esiintyä myös sisäisiä heijastumia näistä korkeammista tasoista, toisin sanoen kun yksilö näin tulee pehmeämmäksi ja aistillisemmaksi tai seksuaalisesti kiihottuneemmaksi, hän saattaa tällöin tulla vedetyksi pois käsillä olevasta taiteellisesta ponnistelustaan.

### Neptunus 3. huoneessa:

Tämä huonesijainti viittaa siihen, että yksilön on mahdollista toteuttaa joko korkeampaa tai alempaa neptuniaanista vaihtoehtoa ajattelun, kommunikaation ja laajemmin ottaen mentaalisuuden alueella.

Tässä sijainnissa tietoisuuden kaksi ulottuvuutta, ylempi ja alempi puoli, vedetään mukaan kahteen hyvin erilaiseen ja joissakin tapauksissa toistensa kanssa konfliktissa olevaan osaan. Nämä voidaan nähdä ylempänä ja alempana osana ja niin kuin aina, sydän voi tulla merkittäväksi tasapainottajaksi. Tässä yksilöä auttaisi suuresti kullasta tehty eliksiiri, siis raakakullasta veden muistiin siirretty informaatio (olemme kertoneet näistä uuttamistekniikoista kirjassamme *Suomen luonnon valkoista magiaa*. Hänen on tärkeää kiinnittää riittävästi huomiota aivotoimintoihin, esimerkiksi verenkiertoon aivojen alueella. Erityisen tärkeäksi tämä muodostuu iän myötä.

Tämä jakautuminen voi tuoda joskus tullessaan tärkeitä luovia visioita, mutta usein näiden kahden tietoisuuden aspektin integrointi on vaikeaa. Pahimmillaan tämä voi viedä yksilön sellaisiin unelmoinnin ja haaveilun tiloihin, kuten fantasioihin tai lapsuudessa autismiin, joista on hyvin vaikea palata. Mutta positiivisessa tapauksessa, kun nämä tietoisuuden eri aspektit kyetään yhdistämään, ihminen voi usein käyttää korkeampia tietoisuudentiloja hankkiakseen olosuhteista sellaista ymmärrystä, jota ei ole tavallisesti saatavilla maan piirissä.

Siten yksilö saattaa kyetä pyörittämään päässään tiettyä ideaa ja huomata pohdintansa päätteeksi, toimiiko se vai ei, tarkkailemalla sen vaikutusta omaan tietoisuuteensa. Temppuna on sitten yksinkertaisesti palata arkitietoisuuteen. Mukana voi olla hankaluuksia tiettyjen mentaalisten toimintojen suhteen, jotka liittyvät aivojen verenkiertoon erityisesti myöhemmällä iällä; tässä saattaa ilmetä taipumusta Alzheimerin tautiin, seniliteettiin jne. Joskus apua voidaan saada siitä, kun ymmärretään näiden vaikeuksien suhde Neptunukseen 3. huoneessa.

### Neptunus 4. huoneessa:

Neptunus saattaa 4. huoneessa sijaitessaan hämärtää yksilön näkemystä kodista ja tuoda illuusioita liittyen siihen ja elämän perustaan. Lapsuudenkotiin on voinut liittyä jokin puute, esimerkiksi läheisyyden puuttuminen toiseen vanhempaan.

Ihminen voi kuitenkin tämän Neptunuksen sijainnin myötä ymmärtää Jumalaa ja omaa suhdettaan Korkeimpaan Energiaan tavalla, joka ei ole tavallisesti mahdollista. Tämä voi tarkoittaa syvän sisäisen oivalluksen välähdystä tai jonkinlaista suurta muutosta, jota yksilö tarvitsee avautuakseen voimakkaammin tälle asialle. Kyseeseen voi tulla vaikkapa jostakin addiktiosta irtautuminen, uhrautuminen tai jostakin itselle tärkeästä asiasta luopuminen.

Joskus tämä tarve muutokseen lähtee liikkeelle kokonaan ilman ulkoisia syitä. Silloin voi syntyä aavistus siitä, että Jumala tai universumin korkeampi puoli tai se, mikä voidaan nähdä universaalina yhteytenä, on avoinna tietoisuutena yksilölle ilman oman elämän tai yhteisön tukea, eikä se liity uskontoon, New Age -ajatteluun, muiden ihmisten ideoihin tai mihinkään maailmaan pohjautuvaan.

Vaikka tämän tavoittaminen voi tuottaa vaikeuksia, se voi olla myös suuri henkinen lohtu yksilön tullessa paremmin kosketuksiin korkeampien energioiden kanssa sen sijaan, että käyttäisi tarjolla olevia eri tekniikoita ja ideoita. Joskus nämä energiat voivat mennä syvälle sydämeen ja vaikuttaa yksilöön tuottaen voimakasta huolestuneisuutta, surua, pelkoa ja muita kielteisiä tunnetiloja. Yleisesti näitä tiloja voidaan helpottaa, kirkastaa ja keventää smaragdista tehdyn jalokiviuutteen avulla, jota suositellaan silloin, kun Neptunus on 4. huoneessa.

Asian positiivinen ja joskus myös negatiivinen puoli on herkkyys, henkilön kyky melkein tiedostamattaan yhdistyä moniin maailman eri aspekteihin. Tämä ei ole varsinaisesti empatiaa, vaan mieluumminkin jotain, joka tapahtuu välittömästi ja josta on hyötyä; se voi joskus auttaa ihmisiä ymmärtämään asioita, jotka ovat luonteeltaan ei-inhimillisiä.

### Neptunus 5. huoneessa:

Kun Neptunus on viidennessä huoneessa, on yksilöllä syvempi ymmärrys täydellisyydestä, siitä kuinka universumi on rakennettu tuottamaan korkeampien tasojen kauneutta, arvostusta ja ymmärrystä. Tämä voi ajoittain saada yksilön antautumaan erilaisille malleille, jotka ovat täysin epärealistisia, liittyen esimerkiksi hänen kuvaansa jostain toisesta ihmisestä, siitä miten asioiden "pitäisi" olla jne. Me heijastamme usein toisiin ihmisiin kuvaa siitä, miten me haluaisimme heidän olevan, ja tunnemme itsemme petetyiksi, koska he eivät voi elää tuon kuvan mukaisesti. Ihmisen oikean potentiaalisuuden ja epärealistisen kuvan välillä on hienovarainen rajalinja.

Tätä voidaan soveltaa ajoittain yksilön ammattiin, esimerkiksi näyttelemiseen, missä hänen kyvystään katsoa asioita "aivan kuin" -pohjalta voi olla paljon apua. Mutta joillekin ihmisille tämä voi tuottaa vaikeuksia, koska he eivät ole - Neptunuksen sijaitessa 5. sektorilla eli Leijonan huoneessa - aina kykeneviä tietämään, missä näytteleminen päättyy ja todellisuus alkaa.

Toisinaan voimakkaat intuitiot voivat saada aikaan sen, että ihminen kääntyy pois hyväksytyistä sosiaalisista normeista. Tämä voi johtaa konfliktiin ja jopa suuriin emotionaalisiin tunnekuohuihin perheen piirissä. Myös muut ihmissuhteet saattavat olla vaikeuksissa. Aiheuttajina ovat jälleen omat sisäiset kuvat, joissa ihminen näkee, miten asiat "saattaisivat" olla tai miten niiden "pitäisi" olla tai mitä hän kuvittelee näiden energioiden kykenevän luomaan. Mutta hän ei kuitenkaan todella ymmärrä tätä prosessia.

Seksuaalisuuden alueella tämä taipumus on erityisen hämmentävää monille yksilöille, sillä yhteiskunta käyttää tätä samaa kapasiteettia – kuvien hyödyntämistä – seksuaalisten tuotteiden myymiseen ja ihmisten motivointiin. Tämä tuottaa joskus yliromanttisen käsityksen siitä, mitä energioiden vaihto ihmisten välillä pohjimmiltaan on. Tuollaiset romanttisuuden tasot – tai jopa tietyt aspektit, jota voitaisiin kutsua seksuaaliseksi perversioksi – saattavat nousta esiin, kun yksilö pyrkii korvaamaan näitä kuvia.

### Neptunus 6. huoneessa:

Neptunuksen huonesijainti kertoo, että yksityiskohtaisen työn ja rutiinien alueella saattaa piillä illuusioiden ja (itse)petoksen vaara. Itse asiassa tässäkin on kuitenkin mahdollista ilmentää Neptunuksen korkeampaa oktaavia, joka inspiroi yksilöä palvelemaan muita ihmisiä ja tuomaan siten suotuisia vaikutuksia muiden elämään. Tässä huoneessa sijaitessaan Neptunus aiheuttaa joskus vaikeasti diagnosoitavissa olevia terveysongelmia, jotka eivät yleensä ole vakavia. Niiden kanssa on vain opittava elämään.

Sijainnilla voi olla tärkeitä yhteyksiä paranemisprosessin ymmärtämiseen. Yksilö voi tässä kyetä kytkemään päälle ja pois äärimmäisen herkkyytensä muita kohtaan, tulla tietoiseksi heidän prosesseistaan ja sen seurauksena pystyä muuttamaan niitä. Ongelmana tässä on taipumus ottaa itselle jonkun toisen vaikeudet, ja siinä yhteydessä mielen ja kehon voimakas kontakti käy aivan selväksi. Tässä sijainnissa joillakin yksilöillä voi olla suurta halukkuutta auttaa ja palvella parantavien kykyjensä avulla muita, mutta tämä voi toisinaan kääntyä ihmistä itseään vastaan, jos mukana on havainto, että ihmiset eivät ole halukkaita parantamaan itseään.

Joskus kyseessä on jäänne monista aiemmista elämistä, joissa halu auttaa muita estettiin, minkä seurauksena voi olla nyt taipumus pitää tätä ikään kuin negatiivisena osana ihmissuhteita. Hän saattaa olettaa, että ihmiset eivät puhu totta, joten hän ei itsekään puhu totta. Tällaiset seikat voivat tietysti johtaa suuriin mielialojen heilahduksiin syvästä depressiosta korkeaan virittymiseen tai inspiraatioon. Päästäkseen tasapainoon yksilön on usein tarpeellista hyväksyä Jumalan parantavat lahjat – nuo samat energiat, joita voisi käyttää toisen parantamiseen - ei niinkään hänen parantamisekseen, vaan antamalla niiden kulkea hänen lävitseen sekä tulla tietoiseksi niistä, ilahtua ja yksinkertaisesti nauttia niistä.

Yksilön suuri herkkyys muita kohtaan voi kasvaa liian suureksi, ja siksi onkin tärkeää, että hän kykenee ikään kuin kytkemään sen pois päältä väliaikaisesti.

### Neptunus 7. huoneessa:

Neptunuksen huonesijainti suorastaan painostaa yksilöä ymmärtämään ihmissuhteita kaikilla tasoilla. Joskus tämä voi tuottaa turhautumista tai surua, kun hän huomaa, ettei täydellinen ihmissuhde ole mahdollista täällä aineen vastuksen maailmassa. Kun asia kuitenkin nostetaan esiin ja käsitellään, siihen on löydettävissä hyvin positiivinen avain. Seurauksena voi olla syvään totuuden ymmärtämiseen perustuvia ihmissuhteita.

Neptunus pyrkii tässä sijainnissa luomaan monia epätavallisia psyykkisiä taipumuksia ja voi saada yksilön tajuamaan psyykkisiä kykyjä ja työskentelemään niiden kanssa joskus tavoilla, jotka eivät näytä järkeviltä ja voidaan helposti ymmärtää väärin. Nämä voivat olla vaikkapa psykokinesiaa (esineiden liikuttelemista mielen voimalla), kykyä olla samaan aikaan kahdessa paikassa tai kykyä havaita omassa tietoisuudessaan useilta tajunnantasoilta käsin samanaikaisesti. Nämä asiat eivät ole kovin hyvin ymmärrettyjä tunnettujen tai edes ounasteltujen psyykkisten kykyjen piirissä.

Sijainti saattaa voimistaa yksilön taiteellista puolta, ja joillekin esiin nousee kumppanuussuhteiden torjuminen, jolloin yksilöstä voi tulla varsin mukavuudenhaluinen ja itsekeskeinen. Hän voi tässä tapauksessa kuitenkin luoda ystävyyssuhteita, joissa on selkeät rajat liittyen läheisyyteen. On toivottavaa, että tällaiset taipumukset itsessään huomaavat yksilöt voivat ymmärtää, että asia liittyy heidän tietoisuuteensa muissa ihmisissä läsnä olevasta korkeammasta kapasiteetista – ja heidän torjuntaansa tätä mahdollisuutta kohtaan.

**Neptunus 8. huoneessa:**
Neptunus ollessaan 8. huoneessa tuo yksilölle monia mielialan vaihteluita, mutta nämä ovat ikään kuin psyykkisiä luonteeltaan, siksi yksilön psyykkiset kyvyt voimistuvat tai heikkenevät näennäisesti ilman mitään kaavaa. Pinnan alla on usein häiritseviä emotionaalisia puolia. Niiden käsittely millä tahansa tavalla näyttää sopivan yksilölle, esim. psykoterapeuttisten prosessien, kehotyöskentelyn tai fyysisen harjoituksen avulla. Tietoisen huomion kiinnittäminen oman itsen eri osiin tuottaa usein halutun tuloksen, niin että psyykkiset kyvyt nousevat paremmin esillä.

Neptunus 8. huoneessa yhdistetään perinteisesti mediumismin kaltaiseen psyykkisyyteen, jossa huomio kiinnittyy usein vastikään kuolleisiin. Tämä voi usein johtaa virittäytymiseen tai jopa herkistymiseen sellaisia hienomaailmoja kohtaan, joiden olennot eivät ymmärrä elämän ja kuoleman prosessia. Näitä voivat olla erityisesti äkillisesti kuolleet ihmiset sekä sairaaloiden tai hautausmaiden liepeillä oleilevat olennot. Tällaiset olennot ovat tosiasiassa nykyisin lisääntymässä lukumäärältään. Sen seurauksena myös yksilöt, joilla on Neptunus 8. huoneessa, tulevat tietoisiksi näistä matalamman tason hienoenergioista.

Tärkeä tehtävä on nostaa omaa värähtelytasoa käyttäen kykyä virittyä näihin hienompiin ulottuvuuksiin ja nostaa oma tietoisuutensa korkeampiin ulottuvuuksiin. Näin saadaan yhteys Mestareihin tai Maan päältä poistuneisiin olentoihin, jotka ovat siirtyneet korkeampiin valon tiloihin.

Joillakin yksilöillä saattaa olla kyky vapauttaa matalavärähteiset olennot niiden mahdollisesti hakiessa kontaktia, sillä ne saattaisivat joskus vahingoittaa ihmisiä fyysisellä tasolla. Tämän tekemiseen tarvitaan yleensä hyvin voimakasta henkistä energiaa. Siksi Neptunuksen ollessa 8. huoneessa yksilöllä on usein taustalla tämän kaltainen lahja ja tahto katsoa syvemmälle ja löytää korkeampi Jumalyhteys.

Jos tällaista ei kuitenkaan löydy elämän aikana, mielialan vaihtelut ja voimakkaat psyykkiset yhteydet varsinkin ulottuvuuksiin, joissa on paljon negatiivisuutta, voivat johtaa moniin vaikeuksiin elämässä: liialliseen lääkkeiden käyttöön, erikoislaatuisiin parantumattomiin sairauksiin, vihaan, pettymykseen ja kamppailuun. Siksi tällaisen yksilön on kohotettava omaa psyykkistä värähtelytasoaan kaikissa mahdollisissa tilanteissa. Lootus kukkauutteena voi olla hänelle hyvin hyödyllinen.

### Neptunus 9. huoneessa:

Neptunuksen ollessa 9. huoneessa monet yleisesti positiiviset psyykkiset kyvyt vahvistuvat. Näitä voivat olla selväkuuloisuus, selvänäköisyys, kyky tietää tuleva ja saattaa eri visiot muotoon. Kirjoittaminen – jopa automaattikirjoitus – voi olla hyödyllistä jaettaessa tämänkaltaista informaatiota. Ongelmana on toiveajattelu. Yksilö voi toisinaan kuorruttaa omat fyysiset kykynsä, omat toiveensa, tahtonsa ja halunsa – jopa tietyt addiktionsa tai taipumuksensa olla riippuvainen ihmissuhteissa – näillä visioilla. Voidakseen kuitenkin todella käyttää korkeampia kykyjä yksilön on olennaista ennen siirtymistä korkeampaan tietoisuuden tilaan keskittää huomionsa irtipäästämisprosessiin, jos se vain on mahdollista.

Unilla voi olla suuri merkitys tässä, vaikka unennäön herkkyydellä on myös monilla muilla tavoin aina tärkeä yhteys Neptunukseen. Ollessaan tietoinen unistaan yksilö voi nähdä selkounia ja pystyä tuomaan ne käytännön toteutukseen lisäten samalla omia psyykkisiä kykyjään. Joillakin yksilöillä, joilla on Neptunus 9. huoneessa ja joilla ei ole kiinnostusta psyykkisiin kykyihin, on taipumuksena olla röyhkeitä ja tehdä ongelmia tuottavia asioita. Heillä voi olla epärealistisia odotuksia, kyvyttömyyttä keskittää energiaa ja saada asiat tapahtumaan.

Tällainen energian kanavointi psyykkisiin pyrintöihin asettaa asiat usein oikealle kohdalleen, ja silloin yksilön on helpompi erottaa ikään kuin sisäisen oppimisprosessin kautta toiveajattelu ja epärealismi psyykkisestä virittäytymisestä ja ydintietoisuudesta. Hän voi tällöin nähdä tulevaisuuden, ei sellaisena kuin hän sen haluaisi nähdä, vaan sellaisena kuin se todella voi manifestoitua hänen elämässään.

### Neptunus 10. huoneessa:

Tämä Neptunuksen sijainti tärkeässä kulmahuoneessa antaa uralle merkillisen kaksoisvalotuksen; yksilö voi nimittäin kohota urallaan ja maailmaan heijastamassaan roolissa hyvin inspiroivaan asemaan, missä hän kykenee innostamaan muita ihmisiä. Mutta on myös mahdollista, että samalla alueella nousee esiin illuusioita ja (itse)petosta, joten yksilön tulee ehdottomasti olla tarkkana ja uskaltaa käyttää tarvittaessa myös kullanarvoista maalaisjärkeään. Näin hän voi välttää monet ansalangat!

Tässä kulmahuoneessa Neptunus tuo usein tullessaan voimakkaita kokemuksia, jotka liittyvät nk. huippukokemuksiin. Näihin voivat lukeutua tietoisuudentason nopeat muutokset, joiden integrointi aiheuttaa ajoittain paljon vaikeuksia. Mukana voi olla äkillisiä energioita, joita yksilön ei ole helppo käyttää. Yksilön voi olla myös vaikea tehdä päätöksiä noudattaessaan omia uskomusmallejaan, ja hän voi joutua hämmennyksen tai epävarmuuden tilaan.

Kun hän kuitenkin katsoo näitä psyykkisiä kokemuksia - nopeita tietoisuuden siirtymiä ja vastaavia - tyynesti ja objektiivisesti ja tulkitsematta niitä jonkun muun ideoiden mukaisesti, ne voivat alkaa muodostaa merkityksellisiä kuvioita. Usein päiväkirjan pitäminen näistä asioista auttaa selvittämään tätä prosessia. Tähän liittyy aina jokin mystinen laatu; sitä ei voi koskaan täysin ymmärtää, mutta jotkut yksilöt saavat suurempaa selkeyttä seuraamalla ja oppimalla tuntemaan näitä asioita. Lopulta seurauksena on suurempi varmuus elämässä. Yksilön hyväksyessä omat kykynsä ja työskentelyn näiden energioiden kanssa hän kykenee hyödyntämään niitä.

Usein suurin vaikeus kaikessa tässä liittyy omaan perheeseen - ihmisiin, jotka pitävät yksilöä tietyssä viitekehyksessä, josta on hyvin vaikea murtautua ulos. Siksi näissä yksilöissä ilmenee usein taipumus kapinointiin ja kamppailuun perhepiirissä. Syvempi rakastaminen perheessä auttaa usein oikaisemaan asian, mutta vielä sitäkin tärkeämpää on halukkuus kuunnella ja omaksua näkökulma, että toisen perustellut näkemykset ja toisenlaiset katsantokannat ovat aivan yhtä oikeita heille kuin omat näkemykset ovat itselle.

### Neptunus 11. huoneessa:

Neptunus 11. huoneessa osoittaa erilaisia tapoja, joilla yksilön psyykkiset kokemukset ja niiden ymmärrys voivat johtaa kuuluisuuteen, tunnettuuteen ja muiden antamaan tunnustukseen. Ajoittain yksilö keskittää energiansa voimakkaasti siihen, minkä hän toivoisi tapahtuvan. Tällöin hän kuitenkin suuntaa energiansa kohti saavuttamattomia päämääriä.

Avaimena onkin käyttää energioita visioiden saamiseen erilaisista mahdollisuuksista. Samalla yksilön taiteellinen ilmaisu lisääntyy merkittävästi.

Neptunus 11. huoneessa voi toisinaan vahvistaa taiteellista ilmaisua monella tasolla, mutta siihen voi silti liittyä sisäistä perfektionismia. Yksilö ei hyväksy omaa taiteellista työtään ja on joskus kykenemätön helposti jakamaan sitä maailmalle. Usein henkilö kokee eräänlaisen sisäisen matkan, joka on kamppailua "glamourin" kanssa (Alice A. Baileyn ajattelemalla tavalla); tällä matkalla työskennellään oman itsen tuntemisen kanssa, jotta sitä voidaan ymmärtää.

Tässä sijainnissa voi kyky muuttaa näkökulmaa olla usein suureksi hyödyksi. Tätä tulkitaan joskus väärin silloin, kun läsnä on liiallista pelkoa: yksilö voi vaikuttaa vilpilliseltä, kyvyttömältä jakamaan ajatuksiaan totuudenmukaisesti tai saattamaan päätökseen tehtävänsä tai lupauksensa. Jos hän pystyy työstämään pelkojaan ja katsomaan niiden perimmäisiin syihin ja siihen, että ne ovat jossain kohtaa hänen elämässään tai menneissä elämissä olleet perusteltuja, hän on sen jälkeen valmis jättämään ne taakseen. Samalla voi syvempi totuus nousta esiin myös muiden ihmisten osalta, mikä saattaa olla hyvin hyödyllistä.

**Neptunus 12. huoneessa:**

Tämä Neptunuksen huonesijainti on mielenkiintoinen ja samalla vaativa; planeetta on tässä omassa huoneessaan. Tässä on mahdollista olla tekemisissä monien psyykkisiin tasoihin ja korkeampiin ulottuvuuksiin liittyvien kommunikaatiomuotojen kanssa, mutta yhtä lailla tässä on mahdollista virittäytyä tasoihin, jotka luovat voimakkaita kielteisiä kuvia ihmisille kaikkialla maailmassa. Tällaisista ovat esimerkkeinä fyysiset sairaudet, huumeiden ja television vaikutukset, erilaiset addiktiiviset prosessit jne. Kaikkein ilmeisin taipumus ja suurin vaikeus näistä kaikista on alkoholiaddiktio.

Tässä voidaan havaita, että kun addiktio jatkuu muutaman vuoden tai pitempään, se saa aikaan yhteyksiä hienommilla energiatasoilla alkoholisteihin, jotka ovat lähteneet fyysiseltä tasolta, mutta eivät ole tulleet tietoisiksi kuolemastaan. He saavat suurta iloa juopumuksen tunteista, joita he elävät uudelleen fyysisellä tasolla olevan humaltuneen ihmisen kautta (yksilön takaraivossa avautuu eräänlainen portti, josta ei-fyysinen olento pääsee tunkeutumaan juopuneen olemukseen). Tällä tavoin psyykkinen herkkyys voi olla tiedostamatonta - ja täysin tuntematonta yksilölle itselleen. Eräs ilmeinen keino tuoda tämä tietoisuuteen on käyttää näitä Neptunuksen energioita 12. huoneessa: nämä energiat voivat virittää ihmisen korkeampiin ja kauniimpiin asioihin.

Tässä nousee esiin myös tarve voimistaa tietoutta taiteesta, erityisesti maalaustaiteesta ja piirtämisestä sekä ylipäänsä graafisista taiteista. Erilaiset ihmisen ulkopuoliset energiat voidaan tuntea helpommin. Nämä ovat usein ryhmätietoisuuden energioita, joilla on yhteiskunnallisia vaikutuksia, eikä niitä tule ainoastaan vastustaa, vaan ymmärtää niiden korkeampi tarkoitus. Esimerkiksi negatiivisia energioita käytetään joskus ihmisten tietoisuuden testaamiseen, puhdistamiseen ja muuttamiseen.

Aiemmin esitellyt ideat liittyen toiveajatteluun (Neptunus 9. huoneessa) ovat läsnä myös tässä sijainnissa. Se voidaan nähdä sisäisenä tietoisuutena, johon ihminen reagoi voimakkaasti: usein ilmenee depressiota tai pessimismiä sen takia, että nähdään, miten asiat eivät tule onnistumaan. Siten tämän psyykkisen yhteyden myötä yksilön itseään toteuttavat profetiat voivat ilmentyä.

Avain tähän on asian korkeamman puolen havainnointi. Tämän pettymyksen tai vaikeuden briljantti tarkoituksenmukaisuus lisää yksilön herkkyyttä hienompien energiatasojen suhteen. Ja jälleen kerran oman värähtelytason nostaminen ja tietoisuudentason kohottaminen voivat olla suureksi avuksi näissä vaikeuksissa. Monille, joilla Neptunus on 12. huoneessa, on Sirius-tähtieliksiirillä positiivinen ja hyvää tekevä vaikutus.

Värähtelyuutteista Neptunus-työskentelyyn sopivat mm. Ginseng ja Maissi, jotka auttavat planeetan jännitteisten aspektien yhteydessä. Luffa voimistaa Neptunuksen positiivisia aspekteja erityisesti Kuuhun rakentuvan kolmion tai yhtymän yhteydessä, kun taas Punapuu vahvistaa Neptunuksen ja Pluton rakentavia kontakteja. Suomalaisista uutteista mm. Juhannusruusulla, Maariankämmekällä, Saniaisella ja Valkovuokolla on yhteyksiä Neptunukseen.

Jalokivistä Neptunukseen liittyy esimerkiksi jade, joka jalokiviuutteeksi valmistettuna voimistaa pyyteetöntä rakkautta ja ihmisen altruistista luonnetta. Solutasolla Jade-uute puhdistaa verta ja poistaa myrkkyjä munuaisten kautta. Myös vihreä andradiitti-granaatti luo kontaktia neptuniaanisiin energioihin. Siitä tehty uute hyödyttää suuresti kaikkia, joilla on voimakas Neptunus syntymäkartallaan. Yhteys delfiineihin voimistuu.

Neptunus on tärkeä tekijä lääketieteellisessä astrologiassa ja kartan medikaalisessa tarkastelussa. Niin kuin hyvin tiedetään, planeetta liittyy kaikkeen mikä hämärryttää, tekee epäselväksi, luo illuusioita, petosta, itsepetosta ja eskapismia eli todellisuuspakoisuutta. Niinpä esimerkiksi alkoholiin, huumeisiin ja lääkeaineiden väärinkäyttöön (esim. yliannostukseen) liittyvät ongelmat ovat luonteeltaan neptuniaanisia.

Terveysongelmien etsimisessä ja diagnosoinnissa Neptunus on hankala kaveri. Väärät diagnoosit kuuluvat nimittäin usein kuvaan, kun Neptunus tekee transiittia tai on voimakkaassa sijainnissa yksilön syntymäkartalla. Voi tapahtua esimerkiksi niin, että oireet ovat ikään kuin naamioituneet, eivätkä paljasta ongelman todellista syytä.

Ihmisillä, joilla on kartallaan korostunut Neptunus, on tavallisesti herkkä immuunijärjestelmä; he ovat alttiita vilustumiselle ja flunssalle. Usein syynä on heikko perna, jota voi voimistaa mm. erilaisilla kiinalaisilla yrttituotteilla ja sinkillä. Ollessaan esimerkiksi jännitteisessä aspektissa Aurinkoon Neptunus heikentää elinvoimaa ja tekee ihmisen alttiimmaksi erilaisille ongelmille. Määrittelemätön väsymys, uneliaisuus ja narkolepsia perustuvat usein juuri neptuniaanisiin vaikutuksiin.

Anestesiologia eli nukutuslääketiede liittyy astrologiassa voimakkaasti Neptunukseen, ja yksilön, jonka kartalla Neptunus on herkässä pisteessä esimerkiksi askendentilla tai keskitaivaalla, voi olla tavallista vaikeampi herätä nukutuksesta. Neptunuksen transiittien aikana esiintyy taipumusta terveysongelmiin ja tartuntatautien saamiseen. Myös huolestuneisuus saattaa kasvaa.

Koska Neptunus hallitsee autoimmuunijärjestelmää, alttius myrkytyksille on myös normaalia suurempi. Neptunuksen transiittien aikana alkaneita tottumuskaavoja voi olla vaikea murtaa. Lisäksi Neptunus on mukana kehon myrkytystiloissa ja tartuntataudeissa. Kaikki selittämättömät, mystiset ja sekaannusta aiheuttavat myrkylliset tekijät ovat luonteeltaan neptuniaanisia.

Planeetta hallitsee myös lymfajärjestelmää sekä joidenkin astrologien mukaan käpylisäkettä (joka liittyy intuitiiviseen informaatioon), kateenkorvaa ja pernaa (joidenkin mukaan perna kuuluu Neitsyen hallintaan).

Numerologisesti Neptunusta vastaa parhaiten numero seitsemän , joka on keskeinen indikaattori "tuonpuoleisista maailmoista". "Seitsemänteen taivaaseen" ei suinkaan viitata sattumalta. Ne, joiden elämässä tämä numero nousee esiin, ovat ihmisiä, joiden päähuomio elämässä ei kiinnity sen pieniin, mitättömiin, käytännöllisiin jokapäiväisiin asioihin. Kielteisellä puolella tästä voi seurata eskapismia, alkoholin tai huumeiden käyttöä ja/tai depressiota. Sellaiset taipumukset ovat tavallisesti perua näkemyksestä, että yksilön elämänkaari on korostuneen rankka, että kohtalo on "poiminut" hänet jne.

Positiivisella puolella seiskaihmisen tuonpuoleiset kiinnostukset saattavat johtaa hänet okkultismin tai henkisen etsinnän piiriin, tai mahdollisesti lentävien lautasten tyylisten ilmiöiden tutkimiseen. Seiskaihmisillä on suuri potentiaalisuus tulla hengen todellisen viisauden etsijöiksi. Aina sellaisissa tapauksissa taustalla on vahva mystiikan ja mysteerien painotus aiemmissa elämissä, ja sama painotus nousee tässäkin inkarnaatiossa pinnalle. Tällainen yksilö on todennäköisesti ollut tekemisissä erilaisten mysteeriuskontojen kanssa, joita on kukoistanut eri kulttuureissa eri aikakausina, ja hänestä on saattanut tulla jossain vaiheessa ns. vihitty.

**Esimerkkikartta 7:**
Espanjalainen taiteilija Salvador Felipe Jacinto Dalí Y Domenech eli lyhyesti Salvador Dalí (1904-1989) loi maalauksissaan unenkaltaisen, persoonallisen kuvakielen, joka voimisti surrealismin asemaa taiteen maailmankartalla. Dalí oli eksentrikko, joka muistetaan yhtä hyvin viiksistään ja tempauksistaan kuin taiteestaan.

Maalauksissaan Dalí käsitteli niin makaabereita kuin enigmaattisia, niin erootisia kuin uskonnollisia aiheita jäljittelemättömällä tavalla. Hän sai hyvin paljon vaikutteita Freudin kirjoituksista liittyen alitajunnan kuvakielen erootiseen merkittävyyteen. Taiteilija kehitti metodin, jota hän kutsui paranoidis-kriittiseksi. Sen myötä hän saavutti hallusinatorisia tiloja ja kuvasi unimaailmaa, jossa eriskummallisuudet kohtaavat meille tuttuja, reaalisia asioita. Neptuniaaniset vääristymät ja mittasuhteiden muuttuminen ovat voimakkaasti läsnä hänen tuotannossaan.

Dalín tunnetuimpia töitä on *Muiston pysyvyys* (1931), jota on joskus kutsuttu myös *Märiksi kelloiksi*. Maalauksessa kellot on nostettu ikään kuin pyykin tavoin valumaan, mikä kuvastaa ajan erikoislaatua unimaailmassa ja muissa tietoisuudentiloissa sekä kelloilla mitattavan ajan osin illusorista luonnetta. Aikahan on aivotajunnan tuote. Unet ja muuntuneet tietoisuudentilat liittyvät hyvin voimakkaasti neptuniaanisiin perspektiivin muutoksiin, joista kirjoitin Neptunusjakson alussa.

Dalín kartalla Neptunus onkin korostuneessa sijainnissa omassa huoneessaan (12. huone). Tämä on tietoisen mielen tuolla puolen olevien asioiden valtakunta, jossa perinteinen logiikka toimii huonosti. Sen sijaan unet, transsitilat, kanavointi ja vastaavat asiat ovat viimeisessä huoneessa kotonaan. Sijaintia korostaa Dalín nousumerkki Rapu, jonka edustajilla on usein vilkas unimaailma ja myös mediumistisia taipumuksia.

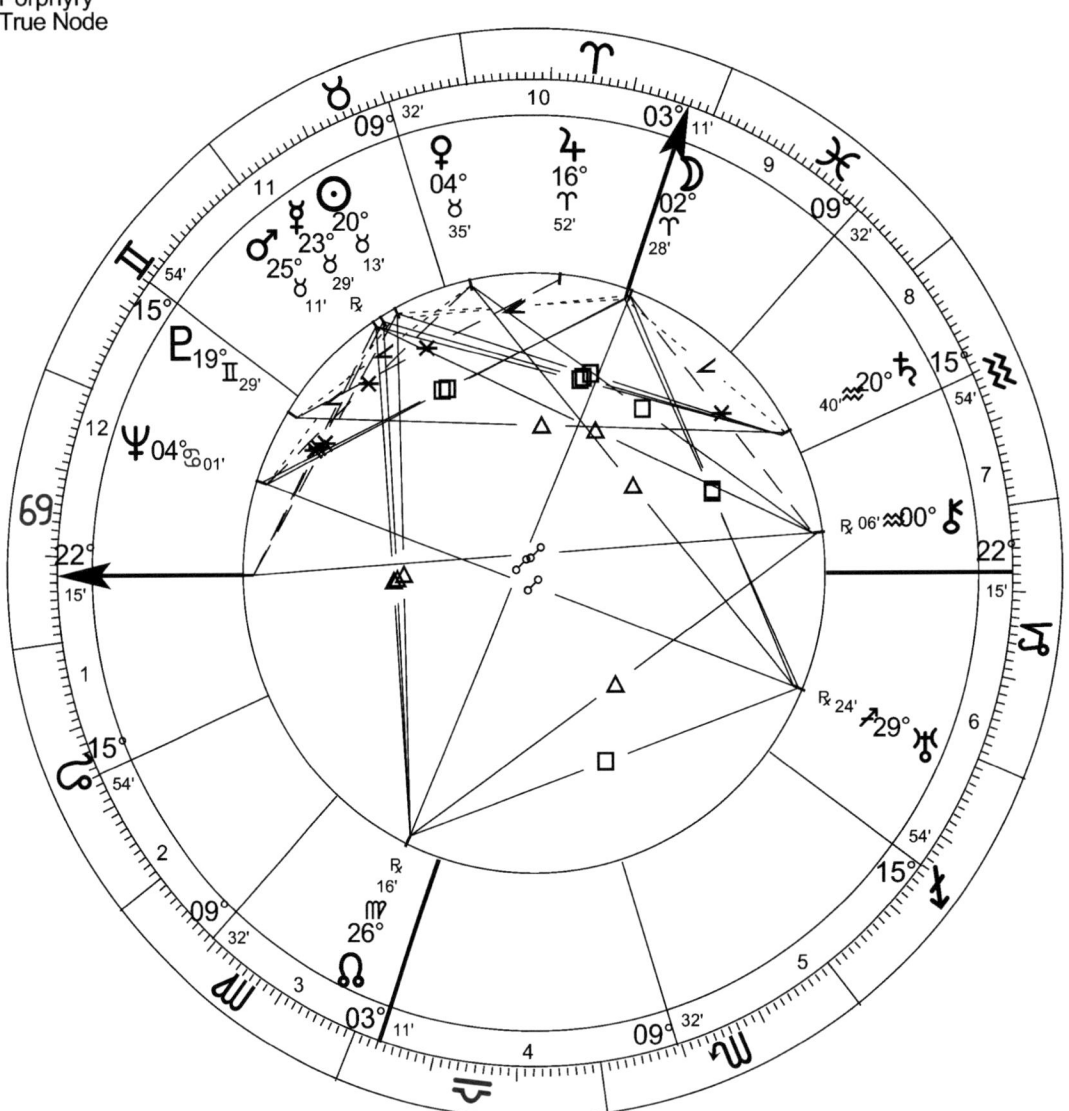

Salvador Dali
Natal Chart
11 May 1904
08:45 UT +0:00
Figueras, Spain
42°N16' 002°E58'
Geocentric
Tropical
Porphyry
True Node

Neptunus hallitsee lisäksi esoteerisesti Rapua ja on tällä kartalla Ravun perinteisen hallitsijan eli Kuun kanssa jännitteisessä kontaktissa. Tämä jännite vaikutti osaltaan siihen, että taiteilijan oli vaikea löytää emotionaalista ja henkistä tasapainoa elämässään. Kuun yhtymä Kaloissa olevaan alasolmuun kertoo Dalín taipumuksesta heittäytyä tiedostamattoman mielen syövereihin; taipumus tulee aiemmista elämistä.

Taiteen suhteen hän oli sinänsä syntynyt suopeiden tähtien alla, sillä Venus tekee harmonisen kontaktin niin Uranukseen kuin Neptunukseenkin. Jälkimmäinen on kenties kaikkein klassisin taiteen indikaattori astrologisella kartalla. Neptunuksen ja Venuksen sekstiili on lisäksi aivan tarkka ja jälkimmäinen planeetta omassa merkissään, mikä osaltaan voimistaa taiteellisuutta. Uranus kontaktissa Venukseen tuo puolestaan taiteeseen modernismin ja avantgarden elementtejä.

Kartalla on paljon indikaattoreita liittyen aiemmista elämistä tulleeseen karmaan. Näitä ovat esimerkiksi Saturnuksen voimakkaat jännitteet Aurinkoon, Merkuriukseen ja Marsiin samoin kuin näiden kolmen planeetan sijainti kartan 11. huoneessa, aiempien elämien vihollisten ja vastustajien sektorilla. Myös Marsin yhtymät Aurinkoon ja Merkuriukseen viestittävät karmasta, joka liittyy mm. verbaalisiin hyökkäyksiin muita ihmisiä kohtaan (mikä yleensä tuo tullessaan kurkkutulehduksia) ja hurjaan, kesyttämättömään intohimoon. Maskuliinisten ja feminiinisten energioiden tasapainottaminen on sekin mukana henkisessä lukujärjestyksessä.

# PLUTO
## - TRANSFORMAATIO JA KARTAN SYVÄNTEET  ♇

Kaukaisen ja piskuisen, mutta sitäkin voimakkaamman Pluton merkitys jää monelta astrologian harrastajalta hieman etäiseksi - kunnes planeetta ylittää jonkin syntymäkartan planeetan tai herkän pisteen. Se usein myös tuo ihmisen astrologin pakeille, sillä kyseessä on niin syvällinen, suorastaan dramaattinen kontakti, että se voi pistää elämän korttipakan aivan uuteen uskoon.

Olenkin pitkään puhunut siitä, että Pluton pieni koko (se on omaa Kuutamme pienempi) ja valtava etäisyys Auringosta ovat kääntäen verrannollisia sen voimaan. Tähtitiede poisti äänestyksen myötä elokuussa 2006 Pluton aurinkokuntamme planeettaperheestä, mutta astrologiassa sillä on ja tulee olemaan hyvin voimakas rooli syvien ja peruuttamattomien muutosten indikaattorina.

Ehdotankin Pluton ydinlauseeksi seuraavaa: **Sinun tulee tuntea syvyytesi voidaksesi tuntea korkeutesi!** Kätketyimmät alueemme ovat myös kaikkein paljastavimmat. Pluton vaikutus ulottuu syvemmälle kuin minkään muun planeetan.

Pluto operoi suurelta osin juuri tiedostamattoman mielen alueella, ja vain ajoittain sen vaikutukset nousevat tiedostavan mielen ja elämän ulkoisten tapahtumien alueella. Mutta sitten kun nousevat, luvassa onkin suuria, jotenkin peruuttamattomia muutoksia. Nämä tapahtuvat usein asenteissa, tavoissa ja tottumuksissa tai ymmärryksen alueelle.

Pluton löysi helmikuussa 1930 nuori tähtitieteilijä Clyde Tombaugh. Voimme jälleen tutkia tuota ajankohtaa saadaksemme selville, minkälaisia energioita Plutoon liittyy. Vuonna 1929 lama-aalto iski tsunamin lailla tuhoten vanhoja taloudellisia, sosiaalisia ja poliittisia rakennelmia. Alamaailman toiminta aktivoitui, ja fasismiin liittyvät massaliikkeet alkoivat nousta esiin. Atomin halkaiseminen ja ydinvoiman käyttöönotto antoi ihmiskunnalle samalla yhden sen suurimmista haasteista. Syvyyspsykologia tutki ihmisen psyyken tiedostamatonta rakennetta.

Pluton rata on hyvin soikea, mikä tarkoittaa käytännössä sitä, että sen kulku on joissakin merkeissä huomattavasti nopeampi kuin joissain toisissa. Esimerkiksi Skorpionin merkissä Pluto kulkee nopeasti - siellä se taittoi taivalta viimeksi 1984-96 eli "vain" 12 vuotta -, kun taas vastamerkissä Härässä pienen planeetan liike on vastaavasti kaksi kertaa hitaampi.

Pluton rata on niin elliptinen, että planeetta tulee välillä Neptunuksen radan sisäpuolelle. Tämä tapahtui mm. vuosina 1979-1999. Voidaan sanoa, että noina tärkeinä vuosina Pluto oli jossain mielessä uuden ajan airut. Se muistutti ihmiskuntaa syvällisen muutoksen tärkeydestä ja siitä, että Kalojen aika - jota Neptunus hallitsee ja joka toi tullessaan monenlaisia addiktiivisia ja tosiasioita hämärryttäviä tekijöitä - on tulossa lopuilleen.

Pluton avainsanoja ovat mm. transformaatio, uudestisyntyminen, metamorfoosi, atomi, syyllisyys, haades, infernaalinen, nihilismi, korruptio, alamaailma, rikollisuus, väkivalta, voima, peruuttamattomat muutokset. Pluto on tuhoaja, hieman kuin Shiva intialaisessa ajattelussa. Samalla Pluto paljastaa sen, mikä on kätketty, myös kätkössä olleet henkiset aarteet. Pluto tuo syklit päätökseen, mikä voi johtaa uudistumiseen, transformaatioon, ylösnousemukseen ja lunastukseen, mutta myös tuhoon. Pluton vaikutus on usein juuri tuhoava - se raivaa tilaa uudelle vaikka väkivalloin!

## Pluto merkeissä

Käsittelemme tässä Pluton merkkisijainnit Ravusta Vesimieheen, mikä kattaa aikavälin vuodesta 1912 vuosiin 2043-44.

### Pluto Ravussa:                                        1912/1914–1937/1939
Pluto Ravussa liittyy joskus ihmissuhdetodellisuuteen. Elämä voi keskittyä suurelta osin perheeseen ja siihen, kuinka yksilö näkee itsensä perheen kautta. Henkilökohtaiset tunteet, kuten rakkaus ja syvä yhteys yksilöihin – etenkin omaan perheeseen – voivat olla hyvin voimakkaita. Yksilöllä voi olla tiettyjä taustalla vaikuttavia tapoja, joita on vaikea muuttaa, sillä ne ovat luonteeltaan pakonomaisia. Erityisesti naisilla voi tapahtua äkkinäisiä muutoksia tai transformaatiota; se voi johtaa naisen kapinoimaan yhteiskuntaa vastaan, näkemään asioita uusina sekä muuttamaan suhdettaan perheeseen.

### Pluto Leijonassa:                                      1937/1939–1956/1958
Pluto Leijonassa liittyy asenteeseen, muutokseen, täysin uudenlaiseen tapaan nähdä asioita ja usein luovuuden tai jonkin kyvyn suurempaan vapautumiseen tietoisuudessa.

### Pluto Neitsyessä:                                      1956/1958–1971/1972
Yksilöllä voi olla taipumusta sisäisiin vaikeuksiin ja reaktioihin, mutta myös uusien

teknologioiden käyttöön sekä kykyä ymmärtää lääketiedettä korkeammalla tasolla – jotka ovat kaikki tämän sisäisen työstämisen vääjäämättömiä heijastumia. Aivan kuin taipumus kohti mentaalista toimintahäiriötä johtaisi tässä uuteen ulospäin suuntautuvaan toimintaan, joka lopulta on hyödyksi monelle. Monet reagoivat tähän prosessiin sulkemalla korkeammat henkiset kykynsä ja tulemalla hyviksi, tasaisiksi työntekijöiksi – näin vahvistaen organisaation tai yhtiön hierarkiaa.

### Pluto Vaa'assa: 1971/1972–1983/1984

Pluton ollessa Vaa'assa yksilön näkemyksessä omasta sivilisaatiostaan voi tapahtua monia muutoksia aivan kuin hän loisi sen vielä kerran. Yksilöllä on olemassa hyvin monia mahdollisuuksia omaksua uusia näkemyksiä ja oppia tuntemaan yhteiskuntansa vapauttavien ajatusten avulla, hyväksymällä sellaiset asiat kuin seksuaalisen ihmissuhteen muodot ja uudet kumppanuuden muodot – jopa erilaiset moniavioisuuden muodot. Tällöin voi syntyä myös uusia keinoja hakea tasapainoa elämään. Tämä tasapaino järkkyy hyvin helposti, ja sen tähden voi seurata jatkuva murtamisen ja uudelleen rakentamisen prosessi.

### Pluto Skorpionissa: 1983/1984-1995

Pluton ollessa Skorpionissa elämään kuuluu ilmeisiä yhteyksiä kuolemaan ja jälleensyntymiseen, uusien energioiden esiintuloa ja tietenkin taipumus päästää vahvoja voimia valloilleen, sellaisia jotka on menneisyydessä yhdistetty Ilmestyskirjaan. Tällä sijainnilla syntyneiden yksilöiden täytyy oppia ymmärtämään näitä voimia ja työskennellä niiden kanssa oikealla tavalla. Ne liittyvät voimakkaisiin atomiase-energioihin, negatiivisiin entiteetteihin, suureen ja voimakkaaseen transformaatioon ja kaikkein tärkeimpänä heidän kykyynsä kunnolla tasapainottaa ja hyväksyä oma sisäinen lapsensa, varsinkin se raivokas, kostonhimoinen lapsi, joka ei ymmärrä kaikkia näitä asioita maailmassa.

Tämän positiivisena puolena on kaunis kuva Feeniks-linnusta, joka nousee menneisyyden tuhkasta, ja kuva missä nämä Pluto Skorpionissa – yksilöt huomaavat tuollaisen transformaation itsessään ja tekevät rauhan varjonsa kanssa. He toimivat tällöin tavoilla, jotka voivat olla voimakkaasti transformoivia ja hyödyllisiä heidän yhteiskunnalleen laajassa mittakaavassa.

### Pluto Jousimiehessä: 1995-2008

Pluto Jousimiehessä tuottaa uudenlaisia tapoja tutkia ja nähdä maailmaa. Tämä voi usein liittyä tulevaisuuden tunteeseen, ennustuksiin, kykyyn saada viisautta ja tietoisuutta. Mutta vielä tärkeämpänä yksilöllä saattaa ilmetä sen kaltaisia psyykkisiä kykyjä, että hän "ikään kuin" tietää, mitä tulee tapahtumaan ja havaitsee tällöin elämän mahdollisuudet. Voi olla hyvin hyödyllistä tarkastella, mitä ihmiset voivat saavuttaa ja mihin he voivat yltää hieman harjoittelemalla, muiden avustuksella ja sisäisellä rakkaudella. Näiden asioiden todistaminen ja jakaminen muiden kanssa voi olla vaikeaa ja saattaa aiheuttaa kamppailua. Yksilöiden, jotka ovat syntyneet Pluto

Jousimiehessä, on luultavasti mahdollista vasta hieman vanhempina, ehkä 20-kymppisinä tai 30-kymppisinä, ilmaista helposti näitä korkeampia kykyjään.

Sen tähden näitä lapsia ei tulisi ainoastaan kasvattaa hyviksi, auttavaisiksi ja rakastaviksi ihmisiksi, vaan on myös hyvä houkutella heistä esiin heidän näkemystään ja ymmärrystään muista, itsetuntemuksesta ja maailmasta.

Joskus yksilö ei tunnista tätä minkään tietoisuuden muutoksen kautta, mutta hänen avullaan kysyvälle henkilölle saattaa tulla valtava energia, uusi näkemys asioista tai uusi tiedostaminen. Näiden annettujen näkemysten kautta voi alkaa muodostua uusia uskonnollisia filosofioita tai uutta uskontojen ymmärrystä. Varsinkin ajanjaksosta 2012-2013 eteenpäin on alkanut muodostua täysin uusi suhde uskontojen ymmärtämiseen. Se ei ole nk. New Agea, panteismia tai ateismia tms., vaan paremminkin sitä, kuinka universumin ymmärrys heijastuu yksilöllistymiseen ja siihen, kuinka ihmiset kykenevät hyväksymään ja rakastamaan itseään.

## Pluto Kauriissa: 2008–2023/2024

Mukana tässä sijainnissa on astrologisten tekijöiden ohella laajempi tekijä liittyen siihen, että tässä sijainnissa syntyneet lapset ovat kokonaisia olentoja: he tuovat kaikki olemuksensa puolet, niin kätketyt kuin ulkoisetkin, yhteen ja lisäävät tämän sitten kollektiiviseen tietoisuuteen, jossa on mahdollisuus yhdistää kaikki aspektit. Pluton sijainnilla Kauriissa on vähemmän tekemistä tämän kanssa kuin sillä yleisellä voimakkaalla ajatusmuodolla, jonka kaikki ei-fyysiset olennot esittävät kaikille tämän syntymäajankohdan valinneille lapsille.

Ajatusmuoto liittyy koko ihmiskunnan kollektiivisessa tietoisuudessa olevaan haluun ratkaista ongelmia. Nämä ongelmat, kuten esimerkiksi kasvihuoneilmiö, ovat ratkaistavissa ainoastaan kokonaisuuden avulla käyttämällä kaikkia ominaisuuksia, niin kätkettyjä kuin ulkoisiakin. Tämän jakson aikana syntyneillä lapsilla on sisäinen paine, joka tulee heidän tietoisuutensa monilta puolilta ja joka painostaa heitä tuomaan olemuksensa kaikki puolet esille kehittämään niitä alueita, jotka ovat kaikkein eniten kätkössä.

Pluto on hyvä ottaa huomioon kartalla, kun opastetaan näitä lapsia heidän koulutuksessaan. Tällöin voidaan saada esiin niitä kykyjä ja ominaisuuksia, jotka muuten jäisivät kätköön, sekä nopeuttaa niiden kykyjen esiintuloa, jotka muuten nousisivat esiin hitaasti. Samalla voidaan työskennellä jo nuoremmalla iällä niiden tekijöiden kanssa, jotka tulisivat esiin vasta myöhemmällä iällä.

Näillä lapsilla on suurempi sisäinen ymmärrys, joka saattaa olla paremminkin tiedostamaton kuin sellainen, jota he ilmentävät välittömästi. Mutta on hyvä huomata, että he todellakin ymmärtävät, ja paljastaa heille yhteiskunnan kätkettyjä puolia, eri kielten luonnetta, oppiaineita, kaikkea mahdollista oppimista. Suuri osa siitä säilyy ja ymmärretään niin tiedostamattomalla kuin tietoisellakin tasolla.

Laajemmin käsitettynä Pluton kulku Kauriin merkissä vuosina 2008-2024 merkitsee ihmiskunnalle voimakasta tekijää: se nostaa esille kaiken käytännöllisen ja tuo kaikkien saataville syvimmät, kätketyimmät osat ihmisten tietoisuudesta. Usein monissa tulkinnoissa Pluton yhteys tummempiin tai vaikeampiin energioihin nostetaan esiin erityisesti, kun Pluto on siirtymässä Kauriiseen, jolloin nuo tummemmat, vaikeammat energiat nousevat esiin kaikkien elämässä.

Tyypillisiä ovat sellaiset sovellukset kuin aseiden kehittely, terrorismi tai toimet, joissa kätketty tuodaan käytännöllisempiin muotoihin, kuten salakuunteluun tai yksityisyyden loukkaamiseen. Nämä ovat esillä olevia asioita, ja monet varmasti huomaavatkin niiden tulevan yhä enemmän esiin Pluton tehdessä siirtymistä Kauriiseen.

Koska Pluto on niin pitkään tuossa merkissä, kyse on kuitenkin enemmän ihmisen omien kätkettyjen puolien käytännöllisestä käsittelemisestä, ymmärtämisestä ja niiden kanssa työskentelystä. Eli halusta tuoda nämä kätketyt aspektit esiin ja käytäntöön. Kuinka voimme esimerkiksi tehdä henkisistä käsitteistä käytännöllisempiä? Tässä ei tarkoiteta sellaisia asioita, jotka ovat jo tiedossa, vaan syvempiä, kätketympiä tekijöitä.

Tällä tavoin toisaalta tarkastelemalla näkyvissä olevaa teknologian maailmassa yksilö voi huomata kätkettyjen teknologioiden esiin nousun. Niitä käytetään hienoenergioiden ymmärtämiseen ja työskentelyyn niiden kanssa esimerkiksi tuottamalla energiaa tyhjiöstä tai vapaata energiaa. Nämä asiat ovat olleet kätkössä, mutta niiden periaatteet ovat olleet tunnettuja jo vuosia. Vasta nyt ne ovat kuitenkin tulossa laajempaan ymmärrykseen, laajemmin saataville ja tutummiksi kaikille.

Lisäksi Pluton liike Kauriissa nostaa ihmisissä asteittaisen paineen tuoda esiin niitä oman sisäisen varjonsa ja luonteensa monesti vaikeita puolia, joiden kanssa he ovat kamppailleet, ja puhua niistä muiden kanssa, saada niihin apua sekä hyväksyä ja ymmärtää niitä monilla tasoilla.

Monet näistä ominaisuuksista ymmärretään lopulta ja nähdään myös niiden yhteys muinaiseen rotuun, joka ihmiskunta kerran oli. Tällä ei tarkoiteta nykyistä ihmiskuntaa, vaan dinosaurusten heimoa, noita väkivallan, kamppailun ja vaikeuksien puolia, jotka ihmiset ovat kätkeneet tietoisuuteensa (Hilarion kertoo sieluperheiden inkarnoitumisesta dinosauruksiin joissain kirjoissaan).

Ihmisen kehitystä kohtuvaiheessa tutkivat ymmärtävät matelijavaiheen tärkeyden. Tämä puoli nousee sitten esiin monilla eri tasoilla, esimerkiksi väkivaltana, mutta myös oman sisäisen väkivallan käsittämisenä sekä yksilön halukkuutena ymmärtää, muuttaa ja työstää sitä tavalla, joka on aiempaa käytännöllisempi.

Kun väkivallan tiedostamaton puoli tuodaan tietoisemmin esille, se pyrkii leviämään laajemmille alueille, joissa se voidaan kohdata hyväksyttävämmällä tavalla. Yksi tällainen alue on urheilu, missä on jo huomattavissa selkeät kriisin merkit, jotka muhivat ja poreilevat ja tulevat hiljalleen enemmän esiin. Kauriin käytännöllinen puoli tuo tämän koko maailman pohdittavaksi. Urheilun tumma puoli dopingaineineen ja muine tekijöineen tulee valoon, näkyviin ja ymmärrettäväksi oikeassa muodossaan.

Ihmisiä painostetaan katsomaan näitä kysymyksiä, ymmärtämään ja tajuamaan, että kyse ei ole ainoastaan urheilusta, joka on heidän ulkopuolellaan, vaan omasta sisäisestä väkivallasta ja tarpeesta kilpailla sekä halusta ilmentää varjossa ollutta. Nyt on tullut näiden aika nousta esiin, tasapainotettaviksi ja pohdittaviksi.

Kauris-energiat eivät koskaan pysähdy tuodessaan jotain esiin. Ne eivät tukahduta sitä. Ne tuovat sen yksinkertaisesti muotoon, jossa jokainen voi hyväksyä asian. Tämä ei ole aina helppoa, ja se onkin asian toinen puoli: tuon energian itsepintaisuus. Asia pysyy esillä, kunnes ihminen kykenee lopulta käsittelemään sen.

Tämä merkitsee monien ihmisten kohdalla uutta itseymmärrystä sekä tapaa arvostaa, hyväksyä ja työskennellä oman varjon kanssa, ei vain sen yksinkertaista transformoimista. Tämän tuloksena voi olla, että vanhat toiminnot, kuten heimo- tai rituaalitoiminnot, omaksutaan tavalla, joka ei vahingoita ketään ja jossa kilpailuenergiat - jotka saattavat liittyä varjoaspektiin, häpeän, pelon ja vihan tunteisiin - voidaan käsitellä soveliaalla tavalla. Nämä tunteet täytyy ymmärtää, ja pitkässä juoksussa Pluton matkatessa Kauriissa ne nousevat pintaan, jolloin jokainen voi ymmärtää ne aiempaa syvemmällä tavalla.

**Pluto Vesimiehessä:**2024-2043/44

Tämä sijainti viittaa siihen, että pimeinä tai kätkettyinä olleiden asioiden on aika nousta valoon ja tulla muunnetuiksi. Joidenkin tulkintojen mukaan tämä nähdään varsin tummana sijaintina, jossa kaikkein positiivisimmat Vesimiehen aikaan ja energiaan liittyvät tekijät altistuvat yllättäen hyökkäyksille ja pilkalle. Tällainen skenaario on kuitenkin epätodennäköinen.

Todennäköisempää tässä sijainnissa on, että kaikenlainen Uuden Ajan liikehdintään, ajatteluun, musiikkiin, tuotteisiin ja muuhun vastaavaan liittyvä asia vaatii puhdistautumista. Kaikkiin näihin asioihin liittyvät vähemmän astruistiset, vähemmän hyödylliset piirteet nostetaan esiin ja puhdistetaan. Näin ihmiset voivat asennoitua niihin uudesta näkökulmasta ja muuttaa niitä hyödyllisempään suuntaan. He voivat samalla oppia uusia kokemuksia, kun esiin nousee asioita, joita he ovat aina halunneet tietää. Tämän tyyppistä prosessia tarvitaan, koska niin monet ovat hyödyntäneet ihmisten herkkäuskoisuutta ja luottamusta. Asioiden täytyy muuttua.

Pluton energia on tässä kuitenkin hienovaraista. Vaikka Pluton asema aurinkokunnassamme määriteltiinkin uudelleen, se ei tietenkään muuta mitenkään sitä, miten Pluton energioita työstetään. Kollektiivisessa tietoisuudessamme on kuitenkin valmius tarkastella Pluton edustamia asioita myös vähemmän dominoivina tekijöinä. Kyseiset Pluton puolet tulevat linjautumaan muiden tietoisuuden aspektien kanssa, ja ne tullaan yksinkertaisesti hyväksymään yhtenä osatekijänä suuressa kokonaisuudessa. Myös tämä on tärkeää huomata, sillä se viittaa juuri mainittuun Pluton uudelleen luokitukseen. Sen myötä on luvassa uusia tarkastelukulmia liittyen Plutoon.

# Pluto huoneissa

**Pluto 1. huoneessa:**
Kaukaisen ja pienen, mutta samalla hyvin voimakkaan Pluton ollessa 1. huoneessa sen syvälliset, hitaat muutokset kohdistuvat erityisesti minäkuvaan. Tämä on itse asiassa merkki siitä, että minäkuvan on täytynyt muuttua **radikaalisti** jossain elämän vaihees-

sa. Asiat, joissa "mopo on karannut käsistä" tai tärkeät läksyt ovat jääneet oppimatta, balansoidaan viimeistään Pluton avulla niin, ettei tuota voimaa edes kykene millään tavoin vastustamaan. Se muistuttaakin monessa mielessä valtavaa luonnonvoimaa, joka tekee tehtävänsä - ihminen voi joko mennä siihen suuntaan, mihin Pluto viitoittaa tien, tai sitten **itkeä** ja mennä siihen suuntaan! Valinta on yksilön itsensä.

## Pluto 2. huoneessa:
Sijainti saattaa tuoda tullessaan tiettyä sisäistä tyydyttymättömyyttä, jota yksilö ei itse ymmärrä; hän ei nimittäin ehkä ole koskaan tyytyväinen siihen, mikä on saatavilla. Hänen sisällään voi olla suuri vallanhalu tai kunnianhimo. Hän saattaakin päättyä tavaroiden, palveluiden ja taloudellisen hyödyn yms. haalimiseen, mutta hänellä voi olla myös suuria vaikeuksia suhteessaan rahaan, jopa melkoisia taloudellisia menetyksiä. Onkin mahdollista, että ihminen tekee useita konkursseja elämänsä aikana.

Toisaalta on olemassa myös positiivinen mahdollisuus, jos yksilö on halukas ymmärtämään, miten rahaa voidaan käyttää tarkoituksenmukaisella tavalla elämässä. Tällainen asenne voi puolestaan johtaa ihmisen opastamaan ja auttamaan muita jossain organisaatiossa tai jollain alalla.

Pluto antaa tässä sijainnissa yksilölle myös mahdollisuuden tasapainottaa ja hyväksyä oman sisäisen lapsensa, erityisesti sen raivokas, kostonhimoinen olemuspuoli, joka ei ymmärrä kaikkia näitä asioita maailmassa. Tämän prosessin, oman sisäisen varjon kohtaamisen, positiivinen symboli on tuhkasta nouseva Feeniks-lintu. Kun ihminen on tehnyt sisäiset kotityönsä tässä suhteessa ja nostanut oman varjonsa valoon, hän voi toimia myös suurenmoisena muiden ihmisten auttajana erityisesti transformaatioon liittyvissä kysymyksissä.

## Pluto 3. huoneessa:
Pluto 3. huoneessa sijaitessaan antaa voimaa yksilön mielelle. Kuvion myötä hän saa suuren mentaalisen voiman ja kykenee kehittämään älyään syvällisellä tavalla. Hän pystyy kommunikoimaan ideansa erinomaisella tavalla muille, mutta tässä tulee muistaa karttaa kaikkea petollisuutta ja myös juoruilua, koska muut todella kuuntelevat tätä ihmistä.

Hän voi tämän sijainnin ansiosta virittyä mentaalisiin sfääreihin tavalla, joka tuo uusia keksintöjä ja ideoita omaperäisellä ja kauniilla, jopa elegantilla tavalla työstettäväksi fyysisellä tasolla. Yksilö saattaa päästä tässä käsiksi syvempiin resursseihin ja uusiin ideoihin alueilla, joita on aiemmin pidetty joko loppuun kaluttuina tai suljettuina. Tällaisen mukana voi kuitenkin tulla taipumus muodostaa mielipiteitä ja voimakkaita sisäisiä näkemyksiä, joita ei voida horjuttaa edes ulkoisen totuuden kertoessa päinvastaista.

Tässä on myös mahdollisuutena erikoistua tietyille alueille ja keskittyä vain muutamiin aktiviteetteihin, ja tätä olisi hyvä kompensoida laajentamalla oppimista ja tutkimista useammille alueille. Tällainen laajentuminen olisi lopulta hyödyksi myös oman erikoisalan tai -alojen suhteen. Kukkauutteista esimerkiksi Peruna-uutteella olisi tässä paljon annettavanaan.

## Pluto 4. huoneessa:

Pluton sijainti viittaa kotiin. Tässä on selvä vaatimus siitä, että yksilön asenteen liittyen kotiin ja sen edustamiin asioihin on käytävä lävitse syvällinen muutos, suorastaan mullistus. Mikään vähempi ei kelpaa aurinkokunnan kaukaiselle kulkijalle.

Sijainti viittaa myös siihen, että toinen yksilön vanhemmista on ollut todennäköisesti itsevaltainen ja pakottava persoonallisuus, jonka tahto on toistuvasti ottanut yhteen tämän yksilön tahdon kanssa. Kyseessä on kuitenkin ollut kätketty siunaus, koska ilman tätä tahtojen taistelua ihmisen oma sisu ja päättäväisyys olisivat jääneet kehittymättä.

## Pluto 5. huoneessa:

Pluto sijaitessaan 5. huoneessa nostaa tavallisesti esiin hyvin voimakkaat energiat erityisesti kurkkuchakran alueella, mikä saa aikaan voimakkaan tahdon ja kyvyn toimia, tuottaa syvää itseilmaisua sekä saavuttaa hyviä ja voimakkaita asioita maailmassa. Usein tämä ei liity pelkästään toimintaan, vaan myös muiden ohjaamiseen ja heidän saamiseensa mukaan toimintaan jonkin korkeamman tavoitteen saavuttamiseksi. Emootiot saattavat olla hyvin voimakkaat, ja yksilö saattaa ilmentää syvää itseluottamusta tai auktoriteettia.

Mikäli tällainen ei ole vielä noussut esiin yksilön omassa olemuksessa, ja hän haluaa työskennellä asian eteen, hän voi löytää omista syvyyksistään voimakkaan sisäisen auktoriteetin menestyksellisellä tavalla. On kuitenkin hyvä olla varovainen asian kanssa, koska Pluto 5. huoneessa nostaa esiin voimakkaan tahdon. Yksilön onkin selvitettävä, miten hän voi parhaalla ja korkeatasoisimmalla tavalla sitten ilmentää sitä. Jos ihminen nimittäin käyttää sitä kielteisellä tavalla ja tuottaa muille vahinkoa, hän tulee samalla luoneeksi suuren määrän negatiivista karmaa.

Toisaalta tässä on myös mahdollista luoda paljon positiivista karmallista saldoa ja hyviä muutoksia maailmassa, kun yksilö huomaa, mikä todella on mahdollista, kun hän laittaa energiansa käytäntöön. Hänen tietoisuudessaan voi tapahtua suuri muutos liittyen erityisesti luovuuteen tai lahjoihin, joiden avulla hän kykenee näkemään monet asiat aivan uudella tavalla.

## Pluto 6. huoneessa:

Pluto 6. huoneessa voi johtaa syvään ymmärrykseen siitä prosessista, minkä seurauksena sairaus tulee fyysiseen kehoon. Jos yksilöllä ei ole luontaista taipumusta ymmärtää tällaisia tai siihen liittyviä asioita – ei vain lääketiedettä vaan psyykkistä virittäytymistä parantumisprosessissa –, hän saattaa kehittää itselleen epätavallisia sairauksia, joita ei ole helppo parantaa tai ymmärtää. Mutta tarkastelemalla sairauden mentaalista aspektia ja omia luonteenpiirteitä, jotka liittyvät tähän vaikeuteen, on mahdollista parantua ja saada syvempää ymmärrystä prosessista.

Tällaisten yksilöitten kohdalla saattaa kyseeseen tulla kokoamisen prosessi: he tutkivat, oppivat ja keräävät. Koska he kykenevät kokoamaan tietoa monesta lähteestä, se tulee lopulta heidän tietoisuuteensa yhdentyneenä, ja he pystyvät hy-

Astrologia ja Henkinen Tie

väksymään sen ja työskentelemään kaiken esille tulleen kanssa. Sijainti saattaa joskus johtaa "sisäisen teorian" luomiseen, joka ei oikeasti perustu todellisuuteen ja viittaa näin ollen taipumukseen tehdä johtopäätöksiä, ennen kuin kaikki tieto on kerätty.

Yksilöllä voi olla voimakas, positiivinen elämästä oppimisen energia, mutta tavasta tehdä äkkinäinen johtopäätös voi muodostua vaikeus olla yleisesti kriittinen muita kohtaan – ja myös itseä kohtaan. Tämä on kaikkein äärimmäisin muoto, joka voi johtaa fanaattisuuteen, uskonnolliseen kiihkoiluun tai siihen, että henkilön on vaikea ilmaista sisäisiä halujaan ymmärrettävästi, ja hän tulee siten pakottaneeksi muut omaksumaan hänen ideansa. Sellaisesta seuraa kuitenkin psykologinen torjunta.

### Pluto 7. huoneessa:

Pluto sijaitessaan tärkeässä 7. huoneessa alleviivaa kumppanuuteen liittyvää läksyä ja muutostarvetta. Nimittäin näyttää selvästi siltä, että syvälle menevät muutokset ovat tarpeen avioliittoon liittyvässä näkemyksessä. Lisäksi sijainti viittaa taipumukseen muodostaa parisuhde voimakastahtoisten yksilöiden kanssa.

Ennen kuin yksilö oppii tekemään kompromisseja sekä pehmentämään omia tapojaan ja mielipiteitään, hän saattaa hyvin kohdata monia konflikteja, joissa molemmat osapuolet omaksuvat jääräpäiset ja mukautumattomat asemat. Nämä kiistat ja riidat raunioittavat avioliiton tai parisuhteen, mikäli kompromissien tekemisen tiedettä ja taidetta ei ole opittu.

### Pluto 8. huoneessa:

Pluto 8. huoneessa osoittaa taipumuksen fanaattisuuteen pahentuneessa muodossa. Sen seurauksena voi olla hyvin voimakas transformaatio ja muutoksia yksilön tietoisuudessa koko elämän ajan, vaikka tämä saattaa myös tuottaa lapsuuden ajan neron tai suuria saavutuksia lyhyen ajanjakson kuluessa. Se voi myös saada aikaan pitkän itsetutkiskelun ajanjakson, jolloin yksilö ei ymmärrä, mitä elämässä oikein tapahtuu ja hakee tarkoitusta kaikilta mahdollisilta alueilta.

Yksilö voi usein tulla johdatetuksi johonkin salaiseen oppijärjestelmään, okkulttisten tieteitten opiskeluun, työskentelyyn vähän tunnettujen tai kulissien takaisten energioiden parissa jne. Pluto 8. huoneessa tuo tullessaan taipumuksen sokeuteen, jolloin yksilö ei kykene näkemään, mitä hänellä on edessään. Voimakas muutos tai transformaatio on kohtaamassa hänet, ja sen seurauksena oppailla ei ole muuta valinnanvaraa kuin järjestää jokin tietty traaginen tapahtuma, joka kiinnittää hänen huomionsa.

Kun Pluto on 8. huoneessa, on erittäin viisasta meditoida säännöllisesti omiin oppaisiin ja oman sielun energioihin virittäytymiseksi ja pyytää viestien tuloa mahdollisimman selkeinä, jotta yksilön ei tarvitse kohdata näitä olosuhteita fyysisinä vaikeuksina tai traagisina tapahtumina elämässään. Tällöin tietenkin säännöllisen meditaatiotekniikan käyttö on toivottavaa, ja lisäksi Alcyon-tähtieliksiirin käyttö voi auttaa näitä yksilöitä.

**Pluto 9. huoneessa:**

Tämä Pluton sijainti saattaa auttaa yksilöä havaitsemaan korkeampia henkisiä ominaisuuksia ja tuomaan ne käytännön tasolle toteutukseen. Tällöin on tärkeää nähdä, kuinka henkiset asiat voidaan muuntaa tai kuinka ne voivat toimia aineen maailmassa, kuinka aiemmin vaikeasti vastaanotettavissa ja työstettävissä olleet asiat voidaan jollain tavoin ottaa käyttöön.

Ongelmana voi kuitenkin olla se, että hänellä saattaa olla taipumus mennä näihin energioihin hyvin syvälle ja kulkea niin pitkälle sisäisen tietämisen tietä, että hän lopulta tavoittaa kielellisen ja virittäytymisprosessin rajat ja rajoitukset. Tämä voi olla turhauttavaa. Sitä voisi verrata tilanteeseen, missä saavuttamaton päämäärä väikkyisi ihmisen edessä hänen koko elämänsä ajan.

Tällainen tilanne tekee jotkut ihmiset nk. kierteleviksi sadhuiksi, jotka jatkavat etsintäänsä läpi elämän. Joskus taas ihmisestä tulee yksilö, joka tuntee vastenmielisyyttä kaikkia henkisiä asioita kohtaan. Joissain tapauksissa hän sulkee omat korkeammat keskuksensa (chakransa), ja hänestä voi tulla ateisti ja suvaitsematon muiden ihmisten uskonnollisia ajatuksia kohtaan. Tilanteesta voi seurata eräänlainen heuluriliike ääripäästä toiseen, mikä voi sitten puolestaan tehdä asiat vaikeiksi myös ystäväpiirille. Yksilön onkin hyvä rakentaa itselleen sellaiset sosiaaliset piirit tai tukirakenteet, jotka mahdollistavat hänelle monenlaisten - myös henkisten – ideoiden käsittelemisen turvallisella tavalla, ilman tällaisia ääri-ilmaisuja.

Jotkut lähtevät tämän Pluton sijainnin puitteissa seuraamaan jotakin karismaattista johtajaa. Yksilö voi toisaalta Pluton positiivisten aspektien avulla kyetä ilmaisemaan omia johtajanlahjojaan ja auttaa tuomaan yhteiskuntaan jonkin suuren sosiaalisen muutoksen tai vastaavan. Tässä yhteydessä on kuitenkin viisasta välttää kaikkia uskonnollisen fanatismin muotoja, jotka myös väijyvät ihmisiä, joilla Pluto sijaitsee kartan 9. sektorilla.

**Pluto 10. huoneessa:**

Tämän sijainnin valossa näyttää vahvasti siltä, että yksilö on pyrkinyt valitsemaan tässä elämässä uran, jossa syvään juurtuneet ongelmat hänen tiedostamattomassaan kohoavat nyt pintaan sekä tulevat näin kohdattaviksi ja käsiteltäviksi. Kuvioon kuuluu vielä se, että tämän inkarnaation aikana hänen tulee muuttaa asennettaan rooliinsa elämässä - siinä on ollut jokin vinoutuma, joka nyt korjataan Pluton toimesta.

Pluto antaa aivan keskitaivaalla sijaitessaan melkoisen "draivin", jonka avulla ihminen voi saavuttaa melkein minkä tahansa tavoitteen, jonka hän on asettanut itselleen. Runsasta energiaansa hän voi toki käyttää monella tavalla, esimerkiksi korostuneesti seksiin tai sitten henkisen ja okkulttisen tutkimiseen. Valitettavasti monet valitsevat kielteisen tien, koska se näyttää houkuttelevammalta ja tavallaan helpommalta.

Kuitenkin myös ylempi reitti on olemassa, jolloin ihminen omistautuu henkisyyden tuomiseen muille ja hyödyttää siten ympäristöään. Lahjojen epäitsekäs jakaminen tuo yksilölle itselleenkin suurta siunausta. Hänessä on karismaa, jonka avulla hän voi vaikuttaa voimakkaasti ja siunausta tuottavalla tavalla ympärillään oleviin ihmisiin ja yleisöön.

## Pluto 11. huoneessa:

Pluton ollessa 11. huoneessa yksilöllä voi olla ymmärrys täydellisyydestä yhteisössä tai suuremmissa ryhmissä ja siitä, miten yksilöt voivat luoda uusia sosiaalisia rakenteita itselleen. Yksilöllä voi olla taipumus omien henkilökohtaisten energioittensa kautta magnetisoida tällaisten yhteisöjen muodostumista. Tämä saattaa toisinaan johtaa vaikeuksiin fyysisessä kehossa, varsinkin verenkiertojärjestelmään liittyvillä alueilla. Yksilöiden, joilla on tämä sijainti, olisi tärkeää kiinnittää erityisesti huomiota hyvin imeytyvän (luonnollisen) C-vitamiinin saantiin koko elämänsä ajan, jo nuoruudesta lähtien.

Näiden yksilöiden olisi viisasta ymmärtää, että heidän tulisi etsiä ystävyyden vaalimista yhteisöissä, eikä heidän ymmärrykseensä perustuvaa visiota ikään kuin taivaallisesta tai jumalaisesta tai henkien yhteisöstä. Ainoa mahdollinen tapa sen saavuttamiseksi on kuitenkin omien ystävien hyväksyminen positiivisine ja negatiivisine puolineen. Oman varjon hyväksyminen ystävissä voi olla hyvin kaunis tapa hyväksyä nämä vaikeudet.

Tästä yhteisöjen muodostamisesta tai taipumuksesta siihen voi syntyä näissä yksilöissä erinomainen oivallus ja ymmärrys siitä, miten yhteisöjä voidaan muuttaa ja miten niihin voidaan tuoda uusia ideoita. Heidän olisikin hyvä kirjoittaa tästä ja jakaa sitä kaikin mahdollisin keinoin. Tämä sijainti saattaa tuottaa yksilöille jossain kohtaa elämää äkillisen tietoisuuden muutoksen ja uuden tavan nähdä asiat.

Tämä voi joskus tuottaa vaikeuksia siinä, kuinka muut näkevät tai tuntevat yksilön, joten tästä muutoksesta puhuminen tai kirjoittaminen tai sen muu jakaminen on hyvin tärkeää, koska se vetää puoleensa syvempää tietoisuutta korkeammista energioista. Ilman sitä saattaa seurauksena olla sisäistä stressiä, joka voi toisinaan johtaa äkilliseen sairastumiseen tai kuolemaan. Sen tähden on viisasta aina kun mahdollista hyväksyä nämä sisäiset muutokset ja ilmaista ne ennemmin kuin pitää ne sisällään tai olla jakamatta niitä muiden kanssa.

## Pluto 12. huoneessa:

Pluto 12. huoneessa on selkeä indikaattori siitä, että yksilö kävi edellisessä elämässään läpi todella radikaalien muutosten ketjun sielussaan. Hänen asenteensa, tapansa ja ystävyyssuhteensakin joutuivat uudistuksen kohteiksi, minkä seurauksena tässä elämässä hän on ollut hieman arka ja epävarma. Syynä on se, että monet hänen omaksumansa piirteet ovat olleet hänelle itselleen uusia, eikä niillä ole takanaan monien maaelämien persoonallisuuden antamaa varmuutta. On hyvä kuitenkin muistaa, että edellisessä elämässä yksilö saavutti selvän edistysaskeleen henkisessä kehityksessään sielun tasolla, ja mainitut muutokset olivat nimenomaan positiivisia. Tästä on hyvä jatkaa!

Värähtelylääkinnästä Pluton sykleissä kannattaa harkita mm. Mustikkaa, Jasmiinia, Tähtijasmiinia ja Bottlebrushia kukkauutteena ja jalokivistä Herkimer-timanttia. Se kuuluu nimestään huolimatta kvartsiryhmään ja on itse asiassa vuorikide, joka on kasvanut kaksoispyramidikiteeksi. Jalokiviuutteeksi tehty Herkimer-timantti auttaa mm. tasapainottamaan persoonallisuutta, puhdistamaan auraa ja hienokehoja sekä helpottamaan stressiä.

Toinen erinomainen jalokiviuute Pluton yhteydessä on Sideriitti, joka on tärkeä jalokivi ihmiskunnalle liittyen erityisesti varjotyöskentelyyn. Useimmat Sideriitti-eliksiiriä käyttävät ihmiset huomaavat ajan myötä, että heidän kykynsä hyväksyä oma varjopuolensa ja työstää sitä parantuu huomattavasti. Tästä seurauksena tunne-keho puhdistuu vähitellen ja energiat vapautuvat mentaalikehoon, mikä antaa ihmi-selle laajemman perspektiivin ja suuremman ymmärryksen. Hänen on tällöin myös helpompi ymmärtää vastakohtaisen ilmaisun lakia ja työskennellä sen kanssa.

Tätä eliksiiriä käyttämällä on mahdollista vapautua monista kehon kielteisistä toiminnoista. Nämä toiminnot voivat esimerkiksi estää ruoansulatusta toimimasta kunnolla tai ehkäistä kykyä ilmentää parantavaa valoa, tai olla esteinä mille tahansa asialle tunne- tai jopa henkisellä tasolla.

Eliksiiri lisää kykyä auttaa ihmisiä hyväksymään toinen toisensa, nähdä vaikka-pa toisen ihmisen tumma puoli - ja huomata samalla, että se on vain heijastuma tai peili jollekin oman tietoisuuden aspektille. Tällä tavoin yksilö voi helpommin ja rakastavammin hyväksyä toisen ihmisen. Ymmärrys lisääntyy sen suhteen, että kyky ilmentää valoa riippuu myös kyvystä hyväksyä oman olemuksensa tummat alueet, mitä ne ikinä ovatkin. Vain ne hyväksymällä voidaan niistä tietoisesti va-pautua. Syvempi ykseyden kokeminen nousee esiin tunnetasolla sideriittieliksiirin käytön myötä.

Sideriitti auttaa lopulta näkemään ihmiskunnan korkeimman potentiaalisuuden, joka yhdistyy kykyyn rakastaa. Tähtieliksiireistä Antares (Alpha Scorpii) sopii erin-omaisesti yhteen Sideriitin kanssa, ja tietysti myös Pluto-planeettaeliksiiriä kannat-taa harkita. Nämä kaikki em. uutteet lievittävät kukin omalla tavallaan dramaattisen voimakkaan Pluto-planeetan astrologisia vaikutuksia.

Terveysastrologiassa Pluton hallintaan liitetään usein sekä sukuelimet että kuonaneritysjärjestelmä. Sukuelinten hallitsijana planeetan aspektit ja transiitit liit-tyvät kuolleen sikiön synnytyksiin ja keskenmenoihin. Pluto hallitsee myös pak-susuolta ja on siten yhteydessä sellaisiin suolisto-ongelmiin kuin paksusuolentu-lehduksiin ja peräpukamiin. Joidenkin mielestä Pluton vaikutus ulottuu solutason muutoksiin; Plutohan työskentelee pinnan alla.

Pluton ikäkausikontaktista tärkein on planeetan neliö omaan sijaintiinsa (P□P) yksilön syntymäkartalla. Tämä transiitti tuo tullessaan tavallisesti suuria, jotenkin vääjäämättömiä ja peruuttamattomia muutoksia, joita ei ole viisasta lähteä vastustamaan. Seuraavassa on laskettu keskimääräisiä ikäkausia, jolloin eri vuosikymmenillä syntyneet ihmiset kohtaavat Pluton voiman ko. kontaktissa:

2000-luvulla syntyneet: n. 56 v.
1990-luvulla syntyneet: n. 50 v.
1980-luvulla syntyneet: n. 40 v.
1970-luvulla syntyneet: n. 36,5 v
1960-luvulla syntyneet: n. 37,5 v.
1950-luvulla syntyneet: n. 41,5 v.
1940-luvulla syntyneet: n. 45 v.
1930-luvulla syntyneet: n. 50,5 v.
1920-luvulla syntyneet: n. 55-56 v.

Tässä on hyvä muistaa, että nämä ovat likimääräisiä aikoja johtuen mm. Pluton verraten pitkistä perääntyvistä jaksoista.

**Esimerkkikartta 8:**
Tämä on hyvin poikkeuksellinen ja kiehtova kartta, jonka valtava energialataus on keskittynyt itäisen horisontin eli nousumerkin ympärille. Kyseessä on kolminkertainen Skorpioni eli Aurinko, Kuu ja askendentti sijaitsevat kiinteässä vesimerkissä ja nostavat samalla esiin Pluto-teeman. Matemaattisesti tarkasteltuna tällainen painotus syntyy yhdessä tapauksessa n. 1500-2000 syntymästä, ja oma kokemukseni asiakkaiden parissa vahvistaa asian. Horoskooppi muistuttaa aika paljon rockmuusikko Ville Valon karttaa, joka on kirjan esimerkkikartta 1 sivulla 51.

Kun painotus on näin merkittävä - lisäksi vielä Jupiter, Mars ja Merkurius ovat Skorpionissa -, nousee esiin ihminen, joka edustaa merkin asioita varsin puhtaassa, laimentamattomassa muodossa. Skorpioni on hengen soturin, alemman ja ylemmän minän välisellä taistelukentällä olevan yksilön arkkityyppi. Kirjoitin jo 3. luvussa tämän haasteellisen merkin kolmesta tasosta, jotka viitoittavat tien myrkyllisestä Skorpionista kunnianhimoisen Kotkan kautta oman itsensä ylittäneeseen Feenikslintuun.

Tämä yksilö on ponnistellut valtavasti elämässään ja saavuttanut korkean akateemisen oppiarvon. Mukaan on kuulunut paljon vaikeuksia ja myös kuolemaa - lyhyen ajan sisällä hän menetti aiemman aviokumppaninsa lisäksi myös muita läheisiä ihmisiä. Kuolema ja kuoleminen jollekin kuuluvatkin Skorpionin ja Pluton koulutusohjelmaan, jossa luopumisen, transformaation ja uudestisyntymisen teema on niin keskeistä.

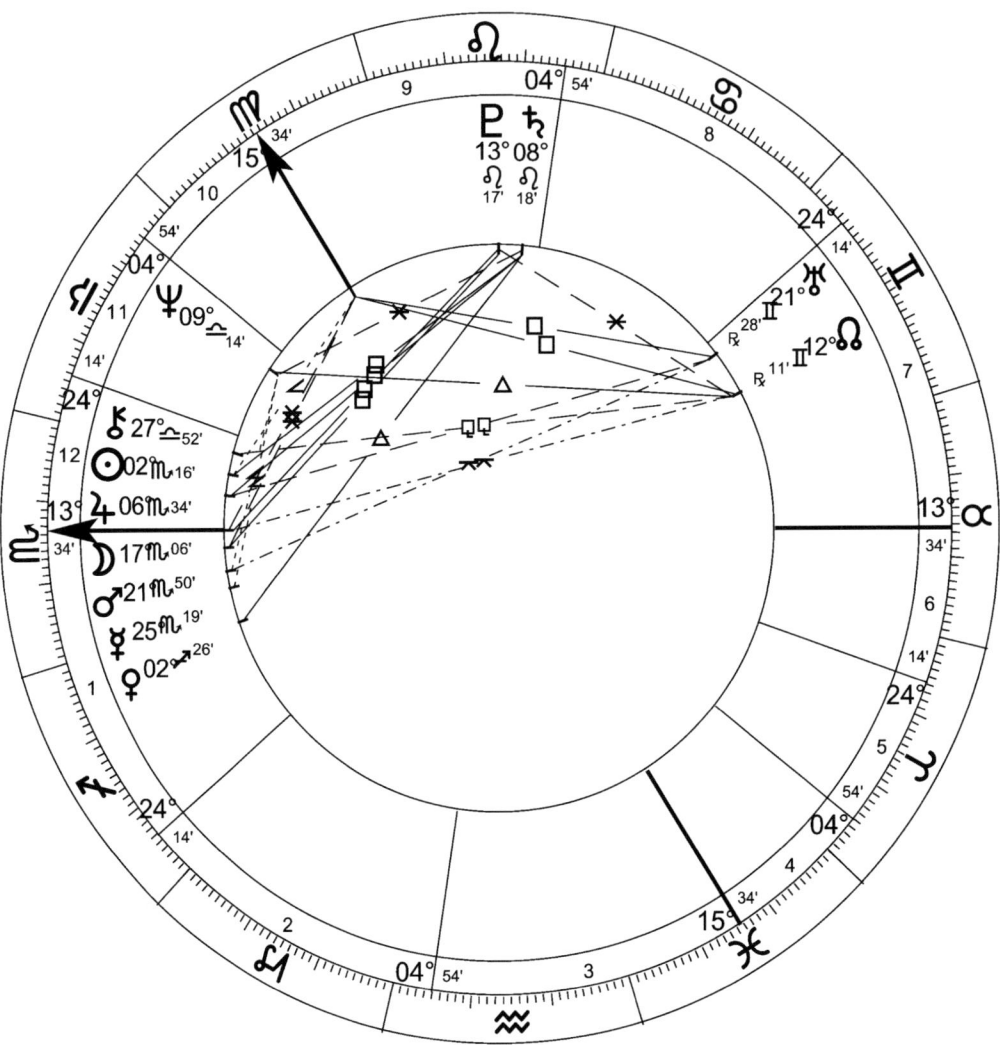

Asiakkaani tunnistaa hyvin merkin kolme symbolista tasoa. Piikit ovat tuttuja, ja mukana voi olla itsekriittisyyttä niin, että mikään ei tunnu riittävän. Itsetuhoisuus on ollut läsnä elämässä, mutta myös pyrkimys korkeuksiin. Vaikeat, haasteelliset tehtävät sytyttävät tämän ihmisen, joka on parhaimmillaan suurten ponnistusten aikana. Hän on kyennytkin vastaamaan kartan suureen kutsuun, sen haasteisiin ja niiden mukana tulleisiin mahdollisuuksiin.

Pluto itse on Leijonan merkissä 9. huoneessa yhtymässä Saturnukseen. Näiden planeettojen kontakti vaatii aina paljon työtä ja syviä, peruuttamattomia muutoksia liittyen kyseisiin merkki- ja huonesijainteihin, niin kuin kirjoitin 6. luvussa. Tässä tapauksessa yksilö on joutunut kohtaamaan aiempien elämien ylpeyden ja ylimielisyyden karmaa. Tavoitteena on ollut löytää oikea ja aito nöyryys.

Toinen keskeinen kysymys on liittynyt 9. huoneen teemoihin, kuten korkeampiin opintoihin, abstraktiin ajatteluun ja henkisyyteen. Saavutukset akateemisessa maailmassa osoittavat osaltaan, että yksilö on tarttunut tässä tilaisuuteen. Apuna on ollut kartan "pelastusrengas" eli Auringon ja Jupiterin siunauksellinen yhtymä 12. huoneessa. Tämä on eräänlainen suojelusenkelikuvio, joka auttaa ihmeellisellä tavalla hädän hetkellä. Jälleen näemme käytännön tasolla henkisen astrologian periaatteen siitä, että missä on lukko, siellä on myös avain, missä on haaste, siellä on myös mahdollisuus. Mielenkiintoista kyllä, myös Buckminster Fullerin kartalta löytyy samainen yhtymä.

Pluton neliö Kuuhun on kirpeä kontakti, joka voi tuoda elämään tietynlaisen emotionaalisen vuoristorataliikkeen. Kuvio on astrologinen kutsu tunne-elämän ja -kehon tasapainottamiseen, joka tekee elämän helpommaksi ja miellyttävämmäksi.

Kuun ja Marsin yhtymä Skorpionissa kertoo, että feminiinisen arkkityypin ja periaatteen muodostumisessa yksilön psyykessä on ollut nuoruusvuosina ongelmia. Asiakkaani kertoo: "Olin kymmenvuotias, kun sain selville, että isäni petti äitiäni. Äiti reagoi tähän sairastamisella. Hän on hyvin naisellinen ja muodokas ja aloin jotenkin protestoida naisen alistettua roolia vastaan jo hyvin nuorena. Samaistin naisellisuuden ja avuttomuuden. Olin hyvin laiha enkä halunnut olla naisellinen."

Seitsemän planeetan ja nousumerkin sijainti kiinteissä merkeissä tuo periksiantamattomuutta, jossa mennään vaikka läpi harmaan kiven, niin kuin sattuva sanonta kuuluu. Yksilö on tarvinnut kuitenkin matkallaan energioiden maadoittamista, koska ainoastaan kartan keskitaivas on sijainnut maamerkissä (Neitsyt). Tämä sijainti Neitsyessä viittaa aina siihen, että Saturnuksen merkitys korostuu entisestään kartan tulkinnassa, niin kuin kirjoitin aiemmin. Minäkuvan eheyttäminen on nykyisen inkarnaation keskeisiä tavoitteita, niin kuin planeettasuma - stellium - kartan 1. huoneessa huutaa julki. Aiemman elämän itsetuhoisat piirteet on täytynyt voittaa löytämällä uudelleen kyky rakastaa itseä, hyväksyä itsensä ja muuntaa vanhat myrkyt rakkauden ja anteeksiantamisen nektariksi.

# 8

## Kristus-tietoisuuden planetoidi:

# Kheiron

Asteroidi tai pikkuplaneetta Kheiron on astrologisesti nuori tekijä, sillä se löydettiin 1.11.1977. Se oli ensimmäinen aurinkokuntamme ulko-osista löytynyt asteroidi, joka yllätti 1980-luvun lopulla astronomit kaksinkertaistamalla kirkkautensa. Myöhemmin sille tuli heikko komeettamainen huntu, kaasukehä eli astronomian kielellä koma. Tähtitieteilijöillä on ollut vaikeuksia määritellä tarkkaan ja yksiselitteisesti kantaansa Kheironin ja muiden, myöhemmin löytyneiden "kentaureiksi" kutsuttujen pienten taivaankappaleiden suhteen.

Tämä pieni, mutta ajan ja tutkimuksen myötä merkittäväksi tekijäksi osoittautunut planetoidi on uuden ajan airut hieman samalla tavoin kuin Pluto kiertäessään Neptunuksen radan sisäpuolella vuosina 1979-1999. Kheironin hyvin eksentrinen rata kulkee Saturnuksen ja Uranuksen eli viimeisen paljaille silmille näkyvän ja ensimmäisen transsendentaalisen planeetan välissä ja piipahtaa joskus Saturnuksen radan sisäpuolella. Planetoidin - jolla on myös joitain komeetan ominaisuuksia - kiertoaika on n. 50,5 vuotta. Kheiron kulkee hyvin hitaasti Vesimiehessä, Kaloissa, Oinaassa ja Härässä, kun taas Kaksosten merkistä Jousimieheen sen kulku on nopeaa ja hidastuu sitten taas Kauriin merkissä. Kaloissa ja Oinaassa sen ylimeno voi kestää yli 8 vuotta, Neitsyessä ja Vaa'assa pari vuotta, vähemmänkin.

Kheironin epätavallinen rata on hyvä signatuuri eli symbolinen viite taivaankappaleen ominaisuuksille. Kheiron nimittäin liittyy voimakkaasti henkiseen heräämiseen. Myös sen luonne on sellainen, ettei se seuraa malleja, joihin ihminen on tottunut. Me ihmiset haluamme noudattaa aikatauluja, tuttua ja turvallista tapaa tehdä asioita ja toimia maailmassa. Hengen herätyskellon kutsu voi kuitenkin kuulua täysin odottamattomalla tavalla ja odottamattomaan aikaan. Usein kun näin tapahtuu, Kheiron on jollain tavoin aktivoitunut yksilön elämässä.

Planetoidin kutsu voi liittyä sisäiseen matkaan ja sen myötä tapahtuvaan eheytymiseen sekä tuoda tullessaan myös aiempien elämien muistumia esimerkiksi unien kautta. Kheironin suhteen kyse on usein luottamuksesta henkiseen heräämiseen,

Kristus-tietoisuuteen yksilön olemuksessa sekä luottamukseen liittyen yhteyteen kaikkien olemassaolon aspektien kanssa. Tämä mahdollistaa lopulta valaistumisen ja ajan itsensä transsendoimisen.

Kheironin radan eksentrisyys vertautuu tässä valossa ihmisen omaan kykyyn luottaa näihin positiivisen transformaation, ykseyden, Kristus-tietoisuuden ja valaistumisen energioihin niiden noustessa esiin. Kun Kheironin inspiraatio "iskee", se voi merkitä sydämen avautumista ja rakastavaa yhteyttä toisiin ihmisiin ja elämänmuotoihin. Ihmisen tulee tällöin antaa itselleen mahdollisuus avautua ja astua syrjään jäykistä aikatauluista ja muista oman elämän kankeista ohjelmoinneista.

Monet astrologit ovat viime vuosina pohdiskelleet Kheironin merkitystä ja olemusta astrologisella kartalla. Shamanistisessa astrologiassa se on yhdistetty mm. haavoitetun parantajan arkkityyppiin ja onkin totta, että joissain tapauksissa Kheironin sijainti yksilön syntymäkartalla antaa viitteitä joko sisäiseen tai ulkoiseen haavaan, jonka parantumisen myötä yksilö voi eheytyä - ja kenties löytää myös omat parantajanlahjansa.

Vinkkejä Kheironin astrologiseen olemukseen löytyy antiikin mytologiasta, jossa Kheiron on puoliksi ihmisten, puoliksi hevoshahmoisten kentaurien pappis-kuningas, taitava metsästäjä, parantaja, muusikko, urheilija, sotilas - ja astrologi. Hän oli Akhilleuksen, Orfeuksen, Herakleen, Asklepioksen ja muiden antiikin sankareiden opettaja ja parantajien, sotureiden ja maagikoiden vihkijä. Hän oli kuuluisa lempeydestään, viisaudestaan ja lääkintätaidoistaan. Kheiron oli Kronoksen/Saturnuksen poika ja Zeuksen/Jupiterin velipuoli, jonka äkkipikainen Herakles ampui vahingossa. Zeus korotti Kheironin kuoltua hänet Kentaurin tähdistöön, joka sijaitsee eteläisellä pallonpuoliskolla aivan Etelän ristin vieressä.

Kheironin (engl. Chiron) nimi perustuu kreikan kheir-sanaan, joka merkitsee kättä. Tästä ovat peräisin mm. sellaiset johdannaiset kuin kheiromantia, kiromantia ja kirologia, kädestä lukemisen taito. Esoteerisella tasolla Kheiron hallitseekin käsiä ja kykyä kehittää terapeuttinen kosketus. Kämmenpohjista löytyvät merkittävät kheiromantiset chakrat, jotka kykenevät sekä lähettämään että ottamaan vastaan hienoenergioita.

Kheiron yhdistetään usein erilaisiin vaihtoehtoisiin tai täydentäviin holistisiin hoitomuotoihin, jotka ovat haastaneet perinteisen koululääketieteen. On mielenkiintoista, että pikkuplaneetta löydettiin juuri 1977, jolloin Lontoossa pidettiin ensimmäiset Mind, Body & Spirit -messut. Niiden ja monien muiden vastaavien messutapahtumien kautta lukemattomat uudet terapiamuodot samoin kuin klassiset itämaiset hoitomuodot ovat saaneet yhä voimakkaamman jalansijan lännessä. Myös ekologinen ajattelu voi osin liittyä Kheironin tematiikkaan. Suomessa esimerkiksi vihreälle politiikalle jonkinlaisen alkusysäyksen antanut Koijärvi-liike ajoittui 1970-luvun loppuun.

On myös mielenkiintoista, että juuri tuona samana vuonna Maitreya-Kristuksen, tulevan maailmanopettajan, sanotaan tulleen idästä länteen ja asettuneen anonyymisti Lontooseen. Skottilainen esoteristi ja kuvataiteilija Benjamin Creme on kirjoittanut tästä asiasta laajasti. Henkisessä astrologiassa Kheiron on Kristus-tietoisuuden ja sisäisen Kristus-valon - puhtaan sisäisen valon - airut. Hieno kuvaus Kristus-tietoisuudesta löytyy Pensatian eli Helen Merrick Bondin kirjasta *The Inner Signature* (The Euclid Publishing Company 1977), jossa Mestari Hilarion antaa paljon korkeampien todellisuudentasojen tietoa ja viisautta.

On mielenkiintoista, että Kheironilla on melkein samankestoinen kiertoaika eläinradan ympäri kuin Siriuksen kaksoistähdellä. Suunnilleen 25 kertaa omaa Aurinkoamme kirkkaampi ja läpimitaltaan kaksi kertaa sitä suurempi Sirius on siis kaksoistähti, jossa sinivalkoinen päätähti (Sirius A) ja pieni valkoinen kääpiö (Sirius B) kiertävät toisiaan n. 49,5 vuoden syklissä. Ne ovat siis suunnilleen 50 vuoden välein lähimpänä toisiaan, millä on suuri esoteerinen merkitys. Voidaankin ounastella, että Kheiron ja Sirius liittyvät toisiinsa, koska molemmilla on yhteys sekä parantaviin energioihin että Kristus-tietoisuuteen. Palaamme Siriukseen uudemman kerran seuraavassa luvussa kiintotähtien yhteydessä.

Kristus-tietoisuuteen liittyy ykseys muiden olentojen kanssa sekä erityisesti mahdollisuus hyväksyä ja tuntea tämä ykseys, ei vain teoreettisesti vaan myös elävässä elämässä ja käytännössä. Kheironin edustama puhdas sisäinen valo liittyy tärkeällä tavalla transformaation prosessiin, joka on yhteydessä karkeammalla tasolla Pluton energioihin. Pluton edustama transformaatio on joskus kauhistuttava ja saattaa jättää jälkeensä ikään kuin poltetun maan, mutta Kheiron on lempeämpi ja suo enemmän mahdollisuuksia nimenomaan henkisen kehityksen kautta. Planetoidi muistuttaakin transformaation yhteydessä Pluton positiivista puolta ja henkisenä herätyskellona toimiessaan Uranuksen rakentavaa puolta. Uranus saattaa nimittäin kiskoa ihmisen talviuniltaan, mutta aika rajulla ja kovakouraisella tavalla. Kheironin herätyksessä sen sijaan on valoisa ja rakentava henki.

Yksilön kartalta löytyvien Kheiron-yhteyksien on tarkoitus saada hänet huomaamaan oma sisäisen Kristuksen kapasiteettinsa, tietoisuutensa suuresta anteeksiantavasta valosta, kykynsä tavoittaa muita, luoda ykseyttä ja jopa ihmeitä. Mukana seuraa mahdollisuus syvään henkiseen uudistumiseen, oman sisäisen elämän uudelleen luomiseen, symboliseen kuolemaan ja uudestisyntymiseen.

Joskus yksilön tarvitsee kohdata sielun tumma yö työskennellessään Kheironin energioiden kanssa. Hänen täytyy olla kasvokkain omien sisäisten demoniensa kanssa, työstää omat sisäiset varjonsa tuodakseen Kristus-valon kirkkaana ja voimakkaana omaan olemukseensa ja elämäänsä. Monille ihmisille nämä asiat ovat vielä kaukana tulevaisuudessa, mutta Henkisen Tien kulkija kykenee työstämään myös omaa tummaa puoltaan ja saattamaan siten valonsa esiin.

Kheiron kannustaa myös jakamaan tätä valoa muille. Vaikka Kristus-valo voi olla hyvin kestävä, se vaatii jonkin verran ykseyden ymmärrystä, kommunikaatiota, jakamista muiden kanssa, yhteisöä ja sen oivaltamista, että tämä valo ei ole vain itseä varten, vaan sen on jotenkin päästävä liikkumaan ja laajentumaan, koskettamaan muita, olemaan suostumuksena anteeksiantamiselle.

Kristus-valon jakaminen voi kuitenkin olla joskus hämmentävää. Tällaisissa tilanteissa Hilarion kehottaa yksilöä olemaan tyrkyttämättä sitä ja vetäytymään tarvittaessa taka-alalle, jotta toinen ihminen voi löytää asian itse. Näin hänen vapaata tahtoaan kunnioitetaan maksimaalisesti.

Toinen hämmentävä ja joskus surua tuottava asia Kristus-tietoisuuteen astuneelle yksilölle on sisäinen murhe, joka ei liity mihinkään henkilökohtaisella tasolla. Sellainen saattaa herätä siitä suuresta kuilusta, jonka ihminen näkee sen välillä, mitä voisi olla ja mitä on. Mukana tulee toisin sanoen syvä ymmärrys siitä, mitä ihmiskunta voisi olla, ja mille mahdollisuuksille se on kääntänyt selkänsä. Myöhemmin tämä suru pyyhkiytyy pois iloisen palvelemisen ja syvien oivallusten myötä, jolloin ratkaisut tulevat Kristus-tietoisuuden, anteeksiantamisen, syvän rakkauden ja myötätunnon kautta.

Kheironilla on tässä korkeampi kyky auttaa ihmiskuntaa pääsemään todelliseen suhteeseen Kristus-energian kanssa. Kyseessä on ihmiskunnan heräämisen mahdollisuus, sen rakkaus, luottamus ja huolehtiminen toinen toisistaan sekä luopuminen niistä periaatteista, jotka eivät toimi - kuten itsekkyydestä, itsen palvelemisesta vastakohtana muiden palvelemiselle jne. Joskus tässä voi tulla kyseeseen myös rahasta ja teknologiasta luopuminen.

Tämä ei tietysti tarkoita, että teknologia sinänsä olisi epäsoveliasta. Itse asiassa Kheiron voi usein olla transformatiivisen teknologian osoittaja liittyen tapaan, jolla tätä Kristus-energiaa sovelletaan kaikkein tietoisimmalla ja selkeimmällä tavalla henkiseen heräämiseen ja auttamiseen.

Kheiron liittyy siis Kristus-tietoisuuden ilmenemiseen ihmiskunnassa ja samalla moniin erilaisiin tähän yhteydessä oleviin henkisiin aktiviteetteihin. Eetterikehon sydän tasapainottuu Kristus-tietoisuuden yhdistyessä kundaliinienergioiden kanssa. Kyse on tärkeällä tavalla omien vihollisten rakastamisesta, joka palauttaa mieleen Kristuksen sanat Palestiinassa.

Ihmisen fysiologiassa Kheiron on yhteydessä umpieritysjärjestelmään ja veren kemialliseen koostumukseen; se saa kundaliinienergian liikkumaan kehossa juurichakrasta kruunuchakraan ja sen tuolle puolen ulottuvuuksiin, taajuuksiin ja aallonpituuksiin, joiden puitteissa yksilöstä tulee todellinen galaksin kansalainen. Kyseessä ei ole kuitenkaan umpieritysjärjestelmän normaali toiminta, vaan Kheiron hallitsee sitä biokemiallista prosessia, joka liittyy valaistumiseen. Chakroista planetoidi on erityisesti yhteydessä päälakichakraan, valaistumisen energiakeskukseen.

Yhteys veren kemialliseen koostumukseen on erittäin mielenkiintoinen. Yksi tehtävistämme Henkisellä Tiellä on nimittäin juuri veren puhdistaminen siihen kertyneistä negatiivista praanaväreilyistä. Vereen tallentuu monia energioita, jotka liittyvät esimerkiksi yksilön tunne-elämään. Rakastavat tunteet - ja tietysti niiden vastakohdat, pelon, katkeruuden, vihan ja vastaavien kielteisten tunteiden värähtelyt - todellakin "menevät veriin", niin kuin sanonta kuuluu.

Hieman maallisemmalla tasolla Kheiron voi antaa uuden maskuliinisen roolimallin. Monet miehet ovat nyt heräämässä henkiseen tietoisuuteen ja etsivät ehkä tiedostamattaan henkisempiä malleja aiempien korostuneiden ja kilpailuhenkisten

Mars-energioiden sijaan tai rinnalle. Tässä apuun voi tulla Kheiron-kentauri, joka kehottaa työstämään omat sisäiset haavat ja eheytymään esimerkiksi tasapainottamalla molempien sukupuolten rakentavat ominaisuudet itsessä. Tämä on ajallemme hyvin tärkeä paranemis- ja eheytymisprosessi, jonka sisäisen alkemian monet ovat jo kokeneet.

Palatkaamme vielä ajatukseen Kheironista eräänlaisena henkisenä herätyskellona. Usein sen kutsu kuuluu suunnilleen 50 vuoden iässä, kun planeetan kierros on täyttynyt eläinradalla. Tätä jaksoa voisi kutsua kolmanneksi suureksi astrologiseksi kynnyssykliksi. Ensimmäinen on Saturnuksen paluu n. 29-30 vuoden iässä. Siitä kirjoitin laajasti 6. luvussa.

Seuraava on ns. keski-iän kriisi, joka voi alkaa jo ennen 40. ikävuotta ja usein kulminoituu Uranuksen kierron puolituskohtaan keskimäärin 42 vuoden iässä. Hieman sen jälkeen myös Saturnus aktivoituu sen tullessa oppositioon syntymäkartan sijaintiin nähden, niin kuin kerroin karman planeetan syklien yhteydessä. Joillakin ihmisillä tähän jaksoon sijoittuu lisäksi Pluton neliö sijaintiinsa syntymäkartalla tai Neptunuksen vastaava sijainti, mutta erityisesti Pluton kriisikontaktin ajoittuminen vaihtelee hyvinkin paljon, niin kuin kävi esille edellisen luvun lopussa.

Kolmas kynnyssykli on juuri Kheironin paluu keskimäärin 50,5 vuoden iässä. Kheiron sijaitsee mielenkiintoisesti juuri Saturnuksen ja Uranuksen välisellä kaistalla, ja jossain mielessä pikkuplaneetan kierron täyttyminen antaa mahdollisuuden myös näiden vastakohtaisten suurten planeettojen energioiden yhdistämiseen tasapainoisella, täydentävällä tavalla. Kheiron voi nimittäin yhdistää Saturnuksen kautta tulleen kokemuksellisen viisauden ja perinteen kunnioituksen Uranuksen luovaan visioon ja modernismiin.

Kiertonsa täyttyessä Kheiron tuo toisinaan tullessaan maksimaalista painetta ja samalla uutta valon virtausta ihmisen elämään. Olen nähnyt joskus viidenkympin korvilla olevien yksilöiden elämänvaiheissa suuren muutoksen, suorastaan mullistuksen, joka on voinut liittyä vaikkapa burnoutiin tai konkurssiin ja maallisen uran vaihtumiseen henkisempään työhön esimerkiksi terapiatyön parissa. Kheironin kohdalla pätee sama kuin Plutonkin - planeetan tai planetoidin koko ei ole suoraan verrannollinen sen vaikutukseen ja merkitykseen.

Nämä edellä mainitut kolme planetaarista kulminaatiosykliä ovat tähtien hiljaisen laulun tärkeitä kertosäkeitä ja huipentumia ihmisyksilöiden ja ikäryhmien pyhiinvaellusmatkalla kohti hengen korkeuksia.

Barbara Hand Clow kirjoittaa teoksessaan *Chiron: Rainbow Bridge Between the Inner and Outer Planets* (Llewellyn 1993), että Kheiron on silta aineesta hienompien energioiden maailmaan. Amerikkalainen astrologi ja kirjailija esittää myös mielenkiintoisen näkemyksen siitä, kuinka nämä kolme em. ikäkausisykliä testaavat tietoisuuttamme ja antavat myös meille mahdollisuuden päästä korkeammalle tietoisuudentasolle.

Tätä prosessia voidaan kuvata myös seuraavalla visuaalisella tavalla:

Tässä kolmion alin kerros liittyy fyysisiin energioihin, joiden hallinnan Saturnus tes-

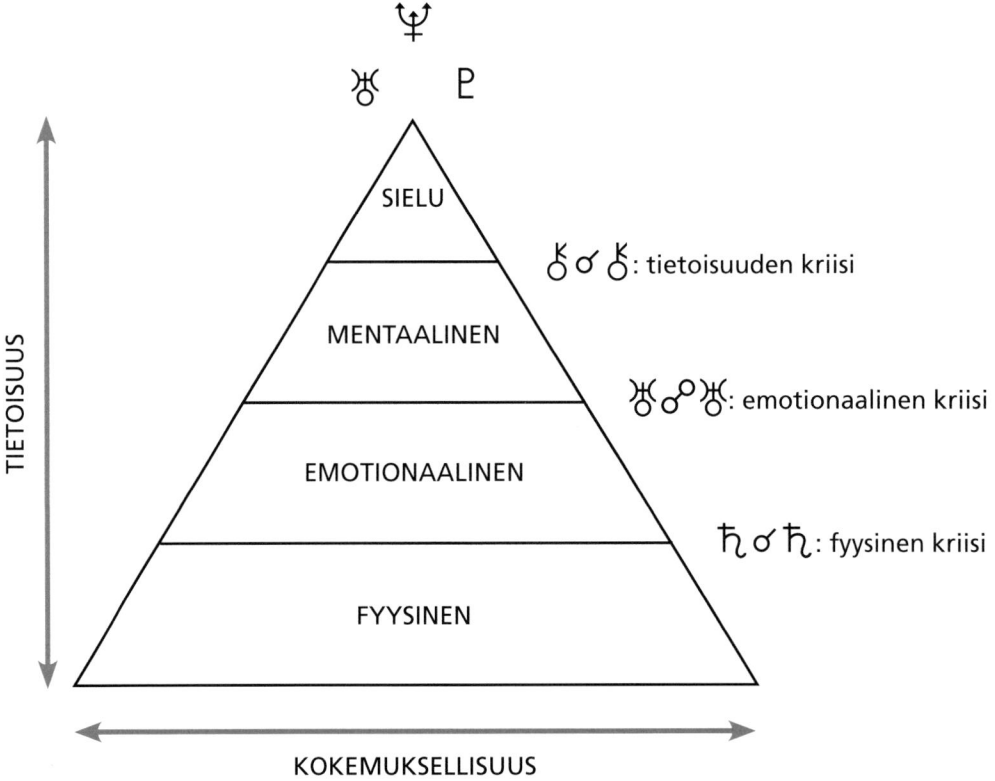

Piirros 14: **Elämän keskeiset kriisikohdat Barbara Hand Clow'n mukaan.**
(Lähde: Chiron – Rainbow Bridge Between the Inner and Outer Planets, s. 33)

taa ensimmäisen paluunsa aikoihin. Seuraava taso on emotionaalinen, ja sen testi-kohtana on Uranuksen saapuminen kiertonsa puolituspisteeseen suunnilleen 12-13 vuotta Saturnuksen paluun jälkeen. Kolmas taso on amerikkalaisastrologin mukaan mentaalinen, ja siihen liittyvän tietoisuuden kriisin kulminaatio on Kheironin pa-luu. Se voi myös avata portin sielun yhteyteen ja mahdollistaa persoonallisuuden ja sielun sulautumisen, josta kirjoitin 1. luvussa. Paluun yhteydessä ihminen voi kysyä itseltään: "Mitä teen loppuelämälläni? Mitä otan täältä mukaan lähtiessäni?"

Ns. kuoleman jälkeen ihminen jättää fyysisen kulkuvälineensä ja siirtyy astraali-kehoonsa. Tässä hienokehossaan hän sitten kulkee pitkin jonkinlaista tunnelia, kuu-lee taivaallista musiikkia ja tapaa ihmisiä tai muita olentoja, jotka toimivat opastaji-na korkeammille tasoille. Mestari Hilarion kertoo, että puolivälissä matkaansa noil-le taivaallisille niityille, Kultaisen Valon Maahan, yksilö kuulee kysymyksen, jonka poikkeuksetta esittää enkeli: "Mitä olet oppinut ja keitä olet auttanut?"

Meiltä tullaan siis kysymään maaelämämme saldoa oppimisen ja muiden auttamisen suhteen, ja Kheironin aktivoitumisen kausina nämä kysymykset saattavat hyvin nousta tietoisuuteen. Jos voimme vastata rehellisesti, että olemme palvelleet ihmiskuntaa ja Korkeampaa Tarkoitusta niillä keinoin, jotka meillä on ollut käytettävissämme, voimme nähdä upean ilmestyksen: kauniin hymyn enkelin kasvoilla. Eletty elämä ei ole mennyt silloin hukkaan.

Aika näyttää, mihin Kheiron tulee asettumaan laajemmassa astrologisessa katsannossa. Henkisessä astrologiassa sillä on ja tulee olemaan vankka sijansa ja merkityksensä, joka kasvaa vuosien saatossa.

## Kheiron merkeissä

Kheironin merkkisijainnista on mahdollista saada vinkkejä siitä, miten yksilö voi työskennellä planetoidin energioiden kanssa liittyen erityisesti sisäiseen Kristus-valoon, Kristus-tietoisuuteen ja henkiseen heräämiseen. Mestari Hilarion antaa näissä kommenteissa myös ohjeistusta liittyen esimerkiksi parantaviin energioihin ja muiden auttamiseen.

**Kheiron Oinaassa:**                  1918-1927, 1968-1977, 2018-2027
Tässä sijainnissa Kristus-energialla on Oinaan ymmärryksen avulla kapasiteettia syöksähtää esiin ja taito liittyä muiden kanssa yhteen.

**Kheiron Härässä:**                   1926-1934, 1976-1984, 2026-2034
Härän merkissä voi yksilön tietoisuudessa olla käsitys siitä, kuinka Kheironin aktivoima sisäinen herääminen kykenee koskettamaan syvästi omaa sydäntä. Vielä tärkeämpää on tämän kyvyn avulla tavoittaa muut ja nähdä, kuinka heidän sydämensä vaikuttavat yksilöön itseensä.

Tämä saattaa joskus tuoda Härän merkissä vaikeuksia. Yksilön täytyy löytää aivan uusi reitti päästäkseen omien esteittensä yli. Joskus nämä manifestoituvat uskomusjärjestelminä, joiden kanssa yksilön on äärimmäisen vaikea työskennellä. Kheironin ylitys tässä kohdin voi joskus auttaa vapautumaan niistä, mutta prosessiin voi liittyä jonkin verran kamppailua tai kärsimystä.

**Kheiron Kaksosissa:**                1933-1938, 1983-1988
Kaksosten merkissä sijaitessaan Kheiron voi synnyttää yksilössä tunteen, että hänen oma tietoisuutensa työskentelee yhdessä ja useammassa lohkossa ja että sillä on kyky herättää monia eri olemuspuolia. Tästä voi olla tilapäistä hyötyä kanavointiin liittyen, sillä sijainti tuo uusien mahdollisuuksien energioita.

Jollakin jo kanavoivalla tämä voi herättää yhteyden sellaisiin olentoihin, joiden kanssa hän ei ole aiemmin työskennellyt. Ihmiselle, joka tarvitsee näitä olentoja päästäkseen alkuun, on Kheironin läsnäolo arvokasta. Mutta se tulee myös olemaan tilapäistä, sillä tämä tulisi muuten vääjäämättä johtamaan sulautumiseen tai ykseyteen.

**Kheiron Ravussa:**

Ravulla ja Kheironilla voi olla monia yhteyksiä parantavan Kristus-energian heräämiseen yksilössä. Tässä on se vaikeus, että nykyisessä ympäristössä yhteyden saaminen tähän parantavaan energiaan on usein hyvin kätkettyä ja vaikeaa. Yksilön täytyy löytää tapa, jolla tämä energia voi liikkua sataprosenttisen epäitsekkäästi.

Joskus Kheiron ilmenee tavoilla, jotka voivat energisoida muita planeettoja. Tämä on erityisen hyödyllistä nyt useimmille ihmisille, joilla Kheiron sijaitsee Ravussa, koska tämä energia tarvitsee säännöllistä apua muista näkökulmista tai tavoista nähdä asia. Voidaan tuntea ikään kuin syvempi hiljaisuus.

**Kheiron Leijonassa:**                                 1940-1943, 1991-1993

Kheiron yhdistettynä Leijonan merkkiin voi nostaa toisinaan esiin kyvyn jakaa tämä energiatyyppi muiden kanssa, jolloin mukana on monia mahdollisuuksia. Yksilö voi antaa toisille erilaisia mahdollisuuksia kuulla ja työskennellä hänen kanssaan. Tämä ei ole perinteisen uskontojen opettajan sijainti, vaan paremminkin ihmisen, joka inspiroi ja opettaa tavalla, joka voi saada toiset heräämään ja koskettaa heidän sydämiään tavoilla, joita he eivät ole aiemmin ymmärtäneet mahdollisiksi.

**Kheiron Neitsyessä:**                                 1943-1945, 1993-1995

Kheiron Neitsyessä voi tuoda joillekin tunnun uudestisyntyneestä tarkoituksesta. Tässä tapauksessa näistä yksilöistä tuntuu siltä kuin he olisivat löytäneet uudestaan sen, mitä varten he tulivat tänne. Kheironin siirtymät voi olla tässä merkissä kaikkein vaikeimpia progressioiden tai transiittien yhteydessä, mutta myös syntymäkartalla voi olla tietoisuus siitä, että ihminen tulee elämässään nk. moratoriumiin (kuten tri Waldo Vieira kutsuu sitä) tai tilanteeseen, missä elämä muuttuu äkillisesti ja aivan uusi lehti kääntyy elämässä.

Ongelmana tässä on se, että ihminen ei ole valmistautunut uudenlaiseen elämäänsä. Hän vaistoaa siinä jonkin uuden mahdollisuuden, mutta ei kuitenkaan kykene hyväksymään tätä energiaa tai työstämään sitä, mikä olisi muutoin helpompaa. Tässä astrologi voi olla äärimmäisen hyödyllinen kehottaessaan yksilöä panemaan syrjään "vanhan elämän" aspektit ja ottaa käyttöön uudet aspektit, jotka ilmentyvät muutoksen myötä.

Tulee kuitenkin myös huomioida, että jotkut ihmiset tulevat torjumaan tämän uuden kutsun. Syynä tähän ei ole ainoastaan heidän karmansa, vaan se, että kartoittaessaan elämäänsä he olisivat joutuneet katsomaan 30, 40 tai 50 vuoden päähän tulevaisuuteensa ja ennustamaan kaikkea Maa-planeetalla tapahtuvaa.

Asia tulee tietysti sitä vaikeammaksi, mitä etäämmäksi menemme tulevaisuuteen tästä elämästä. Henkilön vuorovaikutus muiden kanssa saattaisi silloin tuoda esiin nämä potentiaaliset ongelmat ja vaikeudet.

**Kheiron Vaa'assa:**                                   1944-1946, 1995-1997

Kheironin vaikutus eri merkeissä voi joskus tuoda energeettisiä muutoksia tai vaikeuksia. Ollessaan Vaa'assa Kheiron voi ajoittain antaa aavistuksen siitä, miten tehdä tämä oikein ja tuoda energiaa ihmisen elämän eri puolille asioihin, mihin hän ei ole aiemmin kyennyt.

## Kheiron Skorpionissa:                                          1946-1948, 1997-1999

Kheiron Skorpionissa kutsuu esiin parantavan energian eri puolia hyvin syvällä, transformatiivisella tasolla. Ongelmana tässä on se, että se transformoi tyypillisesti sekä henkilön, jolla on tämä sijainti, että henkilön, jota tämä parantaa. Se transformoi myös asiat, joista hän kirjoittaa, maat, informaation jonka hän välittää, paikat joissa hän käy jne.

Kyseessä voi usein olla hienovarainen energia, jolla on hyvin harkittu tarkoitus syntyä tietyssä paikassa ja tilanteessa ja kasvaa hitaasti, joten se ei ilmaannu välittömästi esiin. Prosessi saattaa viedä vuosia.

Näillä yksilöillä on usein halu mennä eri paikkoihin ja laittaa kristalli maahan tai jättää muuten vähän energiaa, tietämättä oikeastaan miksi. Tämä voi olla hyvin hyvä asia, jos he kykenevät luottamaan näihin sisäisiin energioihin.

## Kheiron Jousimiehessä:                                          1948-1951, 1999-2001

Kheiron on Jousimiehessä suuri tutkimisen, kiistanalaisten aiheiden ja monien henkisten asioiden alue. Tämä alue on myös kaikkein transformatiivisin tällä hetkellä. Se näyttäisi liittyvän tieteellisen totuuden paljastumiseen.

Tieteellisellä totuudella on henkistä merkitystä. Aineen maailmassa on monia vastaavia esimerkkejä tästä, kuten monien tiedemiesten tutkima kvantti-ilmiö ja sen suhde Jumalaan jne. Kheiron Jousimiehessä tulee vaikuttamaan yhä enemmän tähän ja voi olla tulevaisuudessa tärkeä ilmaisija lapsesta, jolla on syntyessään tällainen kapasiteetti viedä asiaa ja tietoa eteenpäin muille.

Se voi tietysti liittyä yksinkertaisesti tietoisuuteen sisäisestä totuudesta ja siitä, miten se voisi olla yksilölle kirkas tai tarkempi.

## Kheiron Kauriissa:                                          1951-1955, 2002-2005

Kheiron Kauriissa ymmärrettiin Atlantiksella suhteessa kiteisiin ja kykyyn muuntaa informaatiota hyvin käytännöllisellä tavalla. Monet ihmiset ymmärtävät opetuksen luonteen kykynä muuntaa informaatiota, mutta niin, että sen täytyy tapahtua vain muistamisen kautta. Tämän tapainen opetus kuitenkin muuntaa sen fyysiseksi.

Niille, jotka ovat syntyneet Kheironin sijaitessa Kauriissa, olisi hyvin hyödyllistä käyttää kiteitä. Kun käsitteellistät opetuksen ja tuot esiin mitä tahansa uutta informaatiota, jaa tällaiset kiteet oppilaillesi.

Tämä on ainoastaan pieni muistutus Atlantiksen muinaisista opetustavoista. Kyse on Kheironin ymmärtämisestä käytännön tasolla, niin käytännöllisenä kuin vain mahdollista. Kvartsi on sopivaa tähän tarkoitukseen, mutta niin on myös uleksiitti. Sillä on joitain mielenkiintoisia ominaisuuksia Kheironin informaation ja ominaisuuksien välittäjänä. Voit esimerkiksi hankkia uleksiitin eli nk. TV-kiven ja katsoa sen lävitse tuoreimpia kuvia Kheironista. Niitä löytyy netistä. Näin voit päästä suoraan yhteyteen planetoidin energioiden kanssa.

## Kheiron Vesimiehessä:                                          1955-1961, 2005-2011

Tässä kohtaamme kaikenlaisia humoristisia puolia, asioita joissa Kristus-valo voidaan nähdä humoristisena. Tällä voidaan nähdä monia yhteyksiä esimerkiksi John Lennonin elämään, kun hän puhui Beatlesien olevan Kristusta tunnetumpia maailmassa, ja kuinka kaikki tulkitsivat asian väärin. Jos hän vain olisi kyennyt tuomaan hieman Kheiron-energiaa ihmisille, he olisivat pystyneet saamaan asiaan oikean perspektiivin.

Tässä on sellainen opettaja, joka ei opeta, vaan asettuu taka-alalle kuitenkin suuri valo seuranaan. Yksilöille, joilla Kheiron on Vesimiehessä, voi tämän energian tarkasteleminen ulkoisesti ja kuvitteleminen, kuinka se virtaa kaikkiin ilmansuuntiin, olla hyvin hyödyllinen lisä moniin mietiskelymuotoihin.

Kheiron Vesimiehessä voi valaista ja herättää, mutta tuottaa myös naurua ja antaa muiden nauttia siitä, mitä he näkevät ja tietävät maailmassa. Tämä ei ole Kaksosten kaltaista naurua, joka voidaan nähdä nopeana pilana. Tässä nauru tuo pikemminkin syvää näkemystä ja ymmärrystä.

**Kheiron Kaloissa:** 1960-1969, 2010-2019

Tämä sijainti liittyy kokemukseen, jossa yksilö oli omassa elämässään joutunut tuhon partaalle, yleensä muiden puolesta, ja hän sai ihmeen kaltaisen transformatiivisen kyvyn muistaa, vetää itseensä energioita, ymmärtää monia energioita korkeimmalla tasolla, minkä tuloksena on transformaatio. Vaikeaa tässä on suhtautua myönteisesti tuhoavan energian lähteeseen, vaikka se olisi itsetuhoistakin. Kuitenkin tämä on tärkeä viesti kaikille, joilla Kheiron on Kaloissa.

# Kheiron huoneissa

### Kheiron 1. huoneessa:
Kheiron 1. huoneessa antaa tietynlaisen kyvyn ankkuroida ykseyttä.

### Kheiron 2. huoneessa:
Tässä huoneessa tietoisuus sisäisen Kristuksen energiasta, siten kuin se ilmenee yksilön persoonallisuudessa, muuttaa luonnetta tuoden esiin monia energioita, joista jotkut liittyvät ehkä aiempiin elämiin.

### Kheiron 3. huoneessa:
Sijaitessaan 3. huoneessa Kheiron voi tuoda tunteen ajantajusta ja siitä, kuinka ajalla on kyky muuttaa sijaintia ja siirtyä uusille ennen tuntemattomille alueille.

### Kheiron 4. huoneessa:
4. huoneessa Kheiron voi usein osoittaa, millä tavalla suhde toiseen ihmiseen on arvokas uuden henkisen energian tuottamisessa. Se voi olla tietoisuutta, kuinka nämä kaksi yksilöä voivat yhdistyä tai kenties meditoida tai tehdä yhdessä energiatyötä. Aluksi kevyeltä tuntuva energia muuttuu voimakkaammaksi ja voi joskus joh-

taa kundaliinienergian heräämiseen jommassa kummassa henkilössä. Kiinnostavaa kyllä, tämä ilmenee tilastollisesti useammin kumppanissa kuin siinä ihmisessä, jolla Kheiron on 4. huoneessa.

### Kheiron 5. huoneessa:

Kheiron 5. huoneessa voi herättää joissain yksilöissä tunteen tarkoituksen löytymisestä uudelleen ja tiedon siitä, kuinka tämä tuodaan elämään. Liike-elämässä tai yhteystyössä muiden ihmisten kanssa voi löytyä keinoja, jotka eivät ole aiemmin olleet mahdollisia.

### Kheiron 6. huoneessa:

Tässä huoneessa voidaan joskus panna merkille joidenkin yksilöiden aiemmin torjuttujen energioiden heräämistä, ikään kuin ihminen pystyisi paremmin hyväksymään itsensä ja kristuksellisen kyvyn rakastaa syvemmin itseään.

### Kheiron 7. huoneessa:

Tässä sijainnissa on keskeisenä ideana heijastumisen laki, suuri kosminen lainalaisuus, joka liittyy nyt ihmissuhteisiin.

Tässä on tärkeää ymmärtää kaikkien ihmissuhteiden, erityisesti niiden, joissa mukana on vetovoimaa tai mielenkiintoa toista ihmistä kohtaan, syvempi yhteys siihen, että ne ovat heijastumaa henkilöstä itsestään. Tämä on henkinen periaate, josta keskustellaan laajasti esim. buddhalaisissa praktiikoissa. Kyseessä on heijastumisen lain syvempi ymmärrys: niin ylhäällä kuin alhaalla, niin sisällä kuin ulkona.

Kheiron voi tässä sijainnissa auttaa yksilöä tekemään asian kanssa työtä ja ymmärtämään sitä - mutta se voi myös hidastuttaa tätä.

Kheiron positiivisesti aspektoituna antaa yksilölle ajoittain mahdollisuuden asian syvempään ymmärtämiseen, jolloin hän voi nähdä itsensä toisen ihmisen silmin. Kheiron jopa rohkaisee tätä psyykkisesti, näyttäen miltä yksilöstä tuntuu toisen ihmisen tunteiden kautta tai miltä hän kuulostaa toisen ihmisen korvissa.

Mutta kyseessä ei kuitenkaan ole pelkästään tämän energian ulkoinen manifestaatio, mikä liittyy ehkä enemmän psyykkisiin kykyihin ja esimerkiksi joihinkin 12. huoneen aspekteihin.

Asia liittyy enemmän 7. huoneen energioihin, kun ihminen alkaa havaita ykseyden ja syvemmän sitoutumisen inkarnoitumiseen toisen ihmisen kanssa tai heidän suhteeseensa. Kyseeseen voi tulla myös suhde johonkin ryhmään tai vaikkapa yritykseen. Se on sisäistä heijastumaa yksilön omista syvistä toiveista, siitä mitä hän haluaa tuoda ilmaisuun elämässään niin, että hän jollain tavalla ymmärtää tämän sisäisen ja ulkoisen toisiinsa suhteuttavan voimakkaan lain.

Negatiivisesti aspektoituna Kheiron voi joskus aiheuttaa hämmennystä tässä asiassa. Ihminen saattaa joutuessaan vastatuksin ihmissuhteessaan ajatella, että syy on toisessa, ei itsessä, jolloin tässä erityistapauksessa heijastuksen laki ei toimikaan. Tämä on tietysti hassu ajatus, sillä laki toimii aina ja kaikkialla.

Syvällisemmällä tasolla, kun yksilö ymmärtää tämän sijainnin 7. huoneessa,

Kheiron-energia voi johtaa henkiseen heräämiseen koskien ykseyttä, yhteyttä kaikkiin olentoihin, kaikkiin ihmissuhteisiin ja ilmentää ihmisen suhdetta Jumalaan ja itseensä. Niille, joilla ei ole kiinnostusta henkisiin asioihin, tämä voi ilmetä eräänlaisena magneettisena vetovoimana kohti tätä ykseyttä monilla tasoilla. Se saattaa saada heidät jopa heräämään henkisesti.

Syy tähän on yksinkertainen. Heijastumisen Laki on se kosminen lainalaisuus, jolla on tällä hetkellä ihmisten jokapäiväisessä elämässä kaikkein suurin vaikutus. Kheironin avulla on mahdollista saada syvempi henkinen ymmärrys tästä laista. Kyseessä on samalla hyvin henkilökohtainen ymmärrys, joka tuntuu yksilöstä mielekkäältä syvällä sisimmässä. Tällä on valtava arvo, ei vain yksilölle itselleen, vaan kaikille ihmisille koko planeetalla.

### Kheiron 8. huoneessa:

Kheiron 8. huoneessa näyttää tuovan ihmisen elämään suuren määrän sisäistä kohdistamista ja sellaisten energioiden tuottamista hyvin kiinteällä tavalla, jotka liittyvät sisäiseen Kristus-energiaan, ehkä parantavaan tietoon tai uudesti löydettyyn valoon. Mutta joskus tässä voi yksinkertaisesti olla kyseessä se, että ihminen pystyy luomaan jonkinlaisen erityisen paikan, esim. parantavan kodin, katedraalin tms. hyvin mieluisaksi tai puoleensa vetäväksi muille ihmisille. Sen kautta he voivat olla yksilön kanssa vuorovaikutuksessa, oppia häneltä, kasvaa jne.

### Kheiron 9. huoneessa:

Kheiron 9. huoneessa voi ajoittain houkutella minkä tahansa asian, jota on kaunisteltu tai kätketty ihmisen elämässä, murtautumaan esiin. Yksilön **täytyy** huolehtia asiasta, mutta hän voi tehdä sen tietoisena siitä, kuinka korkeampi valo tulee katsomaan hänen olkapäänsä yli ja kuinka suuremmalla anteeksiantamisella tai tietoisella lapsenkaltaisella rakkaudella, yksinkertaisuudella voidaan työskennellä näiden energioiden kanssa.

### Kheiron 10. huoneessa:

Tässä huoneessa Kheiron voi usein merkitä mahdollisuutta transformaatioon ryhmässä, mahdollisuutta antaa monien yksilöiden tulla yhteen tietoisuudessaan tavoilla, joita ei ole aiemmin nähty mahdollisiksi, ja ilmentää voimakkaampaa, varteenotettavampaa ja hyödyllisempää energiaa.

Joskus tämä uusi muoto poikkeaa varsin paljon vanhasta, ja tarvitaan ryhmä vetämään se maahan, tuomaan se käytännön toteutukseen. Niin kuin voi kuvitella, tämä voi liittyä jossain määrin yhteisöön, vaikka tämä puoli liittyykin enemmän Kheironin seuraavaan huonesijaintiin.

### Kheiron 11. huoneessa:

Kheiron 11. huoneessa voi ajoittain saada aikaan monissa yksilöissä tunteen ryhmän tarkoituksesta, korkeamman valon tai korkeamman toiminnan tuomisesta maailmaan. Voi olla hyvin hyödyllistä muodostaa yhteisö, mutta sellaisella yhteisöllä **ei** ole ilmeistä päämäärää. Syvempi päämäärä nousee esiin vasta, kun yhteisö jatkaa olemassaoloaan. Päämäärä alkaa yleensä heijastua tai syntyä yksilössä, jolla Kheiron on tässä huoneessa, tai tämän suhteessa muuhun ryhmään.

### Kheiron 12. huoneessa:

Viimeisessä huoneessa Kheiron saavuttaa monet maksimaalisen kypsyytensä puolista tuottamalla energioita, jotka eivät muutoin olisi olleet saatavilla. Tämä on yhdenty-nyttä Kristus-energiaa, jota nostetaan esiin monista lähteistä. Tätä on kuitenkin varsin vaikea tehdä nykyisessä maailmantilanteessa. Niinpä useimmille ihmisille kyseeseen tulee kolmen olemisen aspektin toteuttaminen. Tässä on tarpeeksi haastetta tai vai-keutta useimmille ihmisille. Kahden yhdentäminen on tarpeeksi vaikeaa, mutta kol-me voi olla korostuneen vaikeaa, puhumattakaan useammista olemisen aspekteista.

Nämä aspektit voivat olla millaisia kolminaisuuksia tahansa, esim. Isä, Poika ja Pyhä Henki uskovaisille tai fyysinen, henkinen ja emotionaalinen yksilölle, joka on henkisesti suuntautunut ja joka nämä yhdistäessään voi olla suuri ja tärkeä valon-tuoja. Hän voi sen avulla koskettaa ja inspiroida muita.

Kheiron ollessaan 12. huoneessa liittyy usein opettajaenergian ilmentämiseen kolmena tämäntyyppisenä aspektina. Jollekin yksilölle tämä voisi näyttää mahdot-tomalta, mutta hänen työstäessään sitä elämässään ja ymmärtäessään sen tietoisuu-dessaan se alkaa nousta hänessä ilmennykseen.

## Kheironin aspekteista

Hilarionin mukaan näyttää monilla tavoin siltä, että voimakkaan Kristus-energian ymmärtäminen sydämen tasolla tuo tärkeän silauksen kaikelle, mitä teemme elä-mässämme.

Esimerkiksi Kheironin ja **Venuksen** aspektit ovat tällaisia. Kun Kheiron on kolmi-ossa Venukseen, ihminen voi kehittyä syvällisesti niin, että Kristus-energia kykenee kulkemaan hänen kauttaan auttamiseen, yhdistämiseen, parantamiseen ja muiden yhteen sovittamiseen. Kyseessä ei ole ainoastaan jumalalliseen feminiiniseen prin-siippiin liittyvä asia, vaan tietoisuus siitä, kuinka tämä energia liikkuu. Kheiron il-maisee usein kunnioitusta, tietoisuutta ja tietoa tämän Kristus-energian mukana.

Samoin Kheiron neliössä Venukseen voi usein tuoda yksilölle syvän ymmärryk-sen siitä, missä hän on tukkinut tämän energian ja kyvyn. Usein tiedostamattomat taipumukset estävät yksilöä hyväksymästä tätä syvemmän rakkauden, kanssakäy-misen tai myötätunnon tunnetta. Niinpä kuviota on syytä tarkastella positiivisena mahdollisuutena nostaa esiin tällaisten tukosten luonne ja ymmärrys. Kheiron ja Venus auttavat yhdessä näkemään ihmissuhteet universaalien lainalaisuuksien ja erityisesti heijastuksen kosmisen lain kautta.

Kheironin kontakti **Merkuriukseen** liittyy usein henkiseen viisauteen, joka onkin erityisen tarpeellista ihmiskunnalle. Henkistynyt viisaus ei ole mukana esimerkik-si tuhoaseiden suunnittelemisessa, vaan hankkeissa, jotka edistävät yhteistä hyvää.

Henkisen viisauden hankkiminen ajatusprosessin avulla on useimmille ihmisille hyvin vaikeaa, koska asiaan liittyy yleensä teoreettinen puoli, joka ei helposti asetu käytännön elämään. Tämänlainen viisaus kertyy usein sydämen, elämänkokemusten ja erilaisten traumojen välityksellä, ja asioiden avulla, jotka liittyvät yleensä emootioihin. Asioiden tutkiminen sekä mentaalisesta että emotionaalisesta lähtökohdasta on kuitenkin hedelmällisintä, kun Kheiron ja Merkurius kohtaavat.

Erityisesti kolmioaspekti näiden taivaankappaleiden välillä viittaa erinomaiseen mahdollisuuteen tutkia näitä kahta lähtökohtaa. Hyvä idea on tarkastella vaikkapa suuren innovoijan ja useiden uskontojen oppien yhdistäjän Ernest Holmesin (1887-1960) työtä. Hänen työnsä 1930-40 -luvuilla yhdisti merkittävällä tavalla niin monia eri tekijöitä. Merkuriuksen ja Kheironin vaikutus hänen työssään on huomattava, koska hän toi yhteen monia asioita, jotka voidaan ymmärtää vain mielen avulla mutta joita ei voi *hyödyntää* mielen avulla. Niitä täytyy käyttää henkisesti ja korkeammasta tietoisuudesta käsin kuin mihin ihminen on koskaan aiemmin yltänyt.

Kheironin tehdessä kolmiota **Marsiin** nousevat jotkut luontaiset itseilmaisuun liittyvät tekijät esiin sydämessä. Kheironin ja Venuksen yhteisiin aspekteihin tulee kuitenkin kiinnittää enemmän huomiota tässä yhteydessä.

Mars-kontaktien yhteydessä saattaa kuitenkin nousta esiin uusi energeettisen ilmaisun muoto, parantaminen tai jopa taide, musiikki, tanssi jne., joka voi yhdistää ihmisiä toisiinsa. Voidaan todellakin nähdä, että sekä positiiviset että negatiiviset Kheironin ja Marsin kontaktin ominaisuudet voivat olla mystisiä ja edellyttää ihmisiä tekemään uskonvaraisen hypyn ja ymmärtämään, kuinka he voivat saada nämä energiat esiin.

Kheironin neliö Marsiin nostaa usein yksilöissä esiin kyvyn uudelleen arvioida toimintansa ja katsoa tarkemmin, mikä on tärkeää siinä, kuinka he rakastavat ja jakavat asioita, mutta kaikkein tärkeimpänä, kuinka he inspiroituvat ja kuinka tällä heidän lävitseen kulkevalla inspiraatiolla voi olla suuri merkitys. Jotkut ihmiset voivat tässä joutua tilanteeseen, missä heidän täytyy muuttaa yksinäisyyteen ja tarkastella siellä tietoisesti ja huolellisesti, mikä on todella ja syvästi tärkeää heille heidän kyvyssään auttaa.

Kheiron ja Mars auttavat yhdessä yksilöä pitämään arvossa omaa energiaansa ja kykyään käyttää sitä läpimurtoihin. Samalla kontakti mahdollistaa pääsyn yksilön oman henkisyyden sellaisiin aspekteihin, joita hän ei ole koskaan aiemmin tiedostanut.

Kheiron toimii samalla tavoin jokaisessa merkissä. Sen vuorovaikutus voidaan nähdä erityisesti **nousumerkin** eli **askendentin** yhteydessä siinä, kuinka yksilö toimii ihmissuhteissa ja ymmärtää muiden spiritualiteettia tai tehtävää, tai kuinka hän ymmärtää Kristus-energiaa ja sydänyhteyttä ihmiskuntaa kohtaan.

Tämä ei liity niin paljon yksilöön itseensä kuin hänen yhdessäoloonsa muiden kanssa, hänen kykyynsä työskennellä kaikkien kanssa ja hyväksyä heidät.

Lukijaa muistutetaan tässä katsomaan kaikkein tietoisimmin ja selkeimmin omaa korkeampaa tarkoitustaan, kun tutkitaan **Auringon** ja Kheironin aspekteja, ja omaa kätkettyä tiedostamatontaan tarkasteltaessa Kheironin ja **Kuun** välisiä kontakteja.

Tässä yhteydessä Kheiron voi tuoda tarkemman huomion kohteeksi asioita, joiden myötä voidaan esittää yksinkertainen kysymys: "Kuinka Kristus-energia on yhteydessä esimerkiksi potentiaalisuuteeni, omaan voimaani, vahvuuteeni suhteessa Aurinkoon? Tai kuinka Kristus-energia on yhteydessä niihin ominaisuuksiin, jotka olen kätkenyt tai jotka ovat tiedostamattomia minulle liittyen Kheironin kontaktiin Kuuhun?"

Kun tätä kysymystä laajennetaan edelleen, voidaan nähdä, ettei tässä ole kyse Kristuksesta persoonana tai sydämestä todellisena elävänä elimenä, korkeamman henkisen tietoisuuden kuin erillisenä attribuuttina.

Kheiron viittaa tässä energeettisyyteen, yhteyteen kaikkien ihmisten välillä; se on tietoisuutta *evolutionaarisesta periaatteesta*. Juuri tämä evolutionaarinen periaate nousee esiin ja on joka uskonnossa jonkin olennon personoimaa: suuren profeetan, ihmisen jolla on suuret parantajanlahjat, suuren johtajan. Mutta nämä ovat yksinkertaisesti olentoja, jotka personoivat eri laatuja ja ominaisuuksia niin, että sinä voit hyväksyä ne itsellesi omina laatuinasi ja ominaisuuksinasi.

Tämä on Kheironin suurempi oppiläksy sen yhteydessä kaikkiin planeettoihin ja eri aspekteihin. Voit työstää niitä ja personoida ne, tehdä ne omaksi tietoisuudeksesi Kristus-valosta, tästä kauniista rakastavasta periaatteesta, yhteydestä ja sinussa olevasta energiasta, joka on halukas tekemään muutoksen.

Kheironin ja **Jupiterin** yhteisvaikutus on tärkeä ja vaikutuksiltaan hidas. Se viittaa mahdollisuuteen kasvaa henkisesti tavoilla, joita ei ole aiemmin nähty mahdollisiksi.

Kheironin kontakti **Saturnukseen** on hyvin mielenkiintoinen astrologinen kohtaaminen senkin takia, että nämä taivaankappaleet olivat vuoden 1985 lopusta vuoteen 1995 lähes yhtäjaksoisessa keskinäisessä oppositiossa taivaalla. Eli useimmilla tuolla aikavälillä syntyneillä lapsilla on Saturnuksen ja Kheironin oppositio syntymäkartallaan. Planeetat olivat harvinaisessa yhtymässä loppukeväästä 1965 loppukevääseen 1967. Seuraava yhtymä on luvassa 2020-luvun loppupuolella.

Noina ajankohtina Saturnuksen kuri, järjestys ja pyrkimys yhdenmukaisuuteen ottavat mittaa Kheironin ilmentämästä jakamisesta, anteeksiantamisesta, Kristusvalosta ja ykseydestä. Jakso antaa mahdollisuuden hienoon etenemiseen Henkisellä Tiellä, kun yksilö jälleen löytää erilaisten energiatyyppien väliltä kultaisen keskitien.

Saturnuksen ja Kheironin kontaktia on vaikea ymmärtää osin siksi, että jo pelkästään monet Saturnuksen aspektit ovat ihmisille hankalasti käsitettäviä. Eri tulkintatraditioissa planeetasta on erilaisia näkemyksiä. Syvemmällä tasolla kuitenkin näiden taivaankappaleiden kohtaaminen viittaa siihen, että sellaiset asiat paljastuvat, mitkä ihminen on pannut itsensä kestämään, mitä energiaa hän on työstänyt, millä alueilla hän on kamppaillut tai mitkä ovat olleet hänelle vaikeimpia. Todellinen syvempi sisäinen sanoma on tässä halu sydämessä hyväksyä nämä testit - ja rakastaa niitä.

Mutta, niin kuin voidaan hyvin kuvitella, näillä asioilla on paljon tekemistä karman kanssa. Tämä ei ole sielun omaan tietoisuuteensa ottamaa karmaa, mikä liittyy Auringon kontaktiin. Eikä tämä ole lähimpien menneiden elämien karmaa, millä on yhteys Kuuhun. Tämä liittyy niihin ominaisuuksiin, joita ihminen on luonut itselleen vastustamiskäyttäytymisellään ja antamalla jonkin tekijän siinä luoda uuden ajattelutavan. Ja ainoa tapa tehdä tämä oli vaikeiden keinojen avulla, joihin liittyi maksimaalinen vastustus. Tässä yhteydessä on hyvä muistaa henkinen periaate: mitä vastustat, sitä voimistat!

Niinpä Saturnuksen ja Kheironin yhteyden syvempi viesti on paljastaa tämä vastustus ja auttaa ihmistä ymmärtämään, miksi hän valitsi sen, miksi hän ei yksinkertaisesti kyennyt ymmärtämään, heräämään, rakastamaan tai hyväksymään sitä ja miksi hänen oli luotava vastustus, jotta tämä nousisi esiin.

Yksi kaikkein ilmeisimpiä ja hyödyllisimpiä alueita soveltaa tätä käytäntöön ovat krooniset sairaudet, jokin terveysongelma, joka on varsin vaikeasti käsiteltävä. Käytettiinpä mitä tahansa metodia, yksilö saattaa edetä toipumisessa, mutta näyttää siltä, että ongelman täydellistä parantumista on aina vaikea tavoittaa. Tällä on tavallisesti karmallisia piirteitä ja lukuisia jäänteitä äskeisistä menneistä elämistä. Mukana on usein toinenkin tekijä, joka kertoo ihmiselle hänestä itsestään, jostain alueesta, jonka hän kieltää ja jota hän vastustaa niin voimakkaasti, että hän ei edes näe sitä.

Tässä Kheiron ilmestyy paikalle valaisemaan ja antamaan Kristus-valoa rakkauden tunteena sydämessä tälle vaikeudelle, koska yksilö huomaa, että tämä on yksi vaikeimmista asioista ymmärtää emotionaalisesti. Kun esimerkiksi tarkastellaan jotain kroonista sairautta tai kroonista kysymystä elämästä toiseen - sen ei tarvitse olla krooninen sairaus, vaan se voi olla jokin muu hankala ja vaikeasti käsiteltävä asia - voidaan usein huomata, että kyseessä on emotionaalinen kovettuminen, aivan kuin yksilö ei voisi helposti rakastaa ja hyväksyä itseään tässä asiassa. Joskus se voi koskea toivottomuuden, vihan tai turhautumisen tunnetta, tai se voi olla sisäinen turtumuksen tai lamaannuksen energia, jonka sanoo yksinkertaisesti, että täytyy lopettaa.

Kheironin ja **Neptunuksen** suhde on mielenkiintoinen. Nämä taivaankappaleet muodostivat yhtymäaspektin vuosina 2007-2014 ja molemmat siirtyivät Kalojen herkkään, emotionaaliseen merkkiin 2009-2010. Tämä ajanjakso on ollut merkityksellinen kaikille Henkisen Tien kulkijoille erityisesti avautumisen näkökulmasta, liittyyhän Neptunus ajna-keskukseen eli kolmanteen silmään ja Kheiron puolestaan päälakichakran avautumiseen. Kyseessä onkin voimakas yhdistelmä.

Entäpä lapset, jotka ovat syntyneet tämän yhtymän aikana? Monilla heistä ilmenee mielenkiintoinen kaksijakoisuus toisaalta ulkoisen ärsytyksen, asioiden nopeuttamisen tarpeen ja syvän sisäisen kärsivällisyyden välillä. Jälkimmäinen antaa mahdollisuuden nähdä asioiden avautuvan kaikessa rauhassa ja oikeaan aikaan, jolloin ne voidaan jakaa muiden kanssa. Onkin mahdollista, että erilaiset tapahtumat alkavat aktivoitua uudelleen heidän ollessa kolmannella vuosikymmenellä, ja osa siitä, mitä he ovat odottaneet ilmaisevansa, saavuttavansa, muuttavansa tai tekevänsä, alkavat nousta esiin.

Ne tässä syklissä syntyneet lapset, jotka tuntuvat kaikkein kärsimättömimmiltä, voivat osoittautua yksilöiksi, joilla on suurin kyky tuoda jotain voimakasta ja hyödyllistä jaettavaksi maailmalle. Ja samaan aikaan voi olla yllättävää huomata, että mukana on jokin asia, joka heillä on ollut lapsuudesta lähtien. He vain odottivat oikeaa tilaisuutta tuoda tämä asia esiin. Kalojen merkki liittyy usein lapsissa sisäiseen kärsivällisyyteen ja sen odottamiseen, että asiat avautuvat juuri oikealla tavalla, ennen kuin he antavat niiden nousta esiin.

Tässä näkyy luonnollisesti menneiden elämien merkittävä vaikutus. Se aktivoituu yleensä laukaisemalla joitain muistoja, jotka on tukahdutettu tai jätetty huomiotta. Kun ne nousevat pintaan ja muistiin, niistä on samalla hyötyä kaikille lasten ympärillä oleville ihmisille. Toisin sanoen kyse on jostain suuremmasta kuin henkilökohtaisista muistoista, sillä ne tuovat uutta ja hyödyllistä informaatiota kaikille muillekin.

Kun olemme tekemisissä Kalojen merkin kanssa, mukana on alituisesti itsemurhan teema. Toiveena on Kheironin ja Neptunuksen yhtymän myötä, ja erityisesti Kheironin vaikutuksen avulla, kirkastaa näille yksilöille, ettei itsemurha todellakaan auta sielun kehitystä, vaan päinvastoin saattaa usein viedä sielun taaksepäin kehityksessään ja evoluutiossaan. Yhtymä tekee asian selvemmäksi näille yksilöille heidän omien henkilökohtaisten kokemusten kautta. He pystyvät myös samaistumaan muiden ihmisten kuolemanrajakokemuksiin ja vastaaviin, ja se auttaa heitä jakamaan kokemustensa antia aiempaa laajemmin muille ihmisille. Kyseinen aihealue kaipaa kirkastamista ja täytyy tuoda esiin muiden kuolemanrajakokemusten ohella.

Kheironin yhtymillä **Kuun ylä- ja alasolmuun** on yhteys parantaviin energioihin. Kyseiset kontaktit viittaavat yksilöihin, joilla on erityisesti näitä valmiuksia. Jokaisella toki on menneisyydessään parantajainkarnaatioita, mutta suurin ero Kheironin ja solmujen kontaktissa on se, että yksilöt ovat nyt halukkaita tähän astrologiseen symboliikkaan liittyen hyväksymään parantaja-aspektinsa, tarkastelemaan sitä, ymmärtämään sen ja – mikä tärkeintä – integroimaan sen omaan elämäänsä.

Henkilöt, joilla Kheiron on yhtymässä **pohjoissolmuun**, eivät ehkä halua laittaa asiaa käytäntöön, mutta heillä on mahdollisuus tarkastella itsensä parantamista paljon tarkemmin. He voivat käyttää omaa parantavaa energiaansa itseensä tavalla, jota he eivät aiemmin ole pitäneet mahdollisena. He kohtaavat vääjäämättä joitain tukoksia tämän solmukontaktin takia etsiäkseen jotain uutta parannuskeinoa ja huomaavat, ettei jokin vanha parannusmetodi – esimerkiksi käsillä parantaminen – ole ainoa mahdollisuus.

Parantaminen voi tapahtua myös kyselemällä ja saamalla toinen ihminen tarkastelemaan ja lähestymään asioita syvemmin. Tai se voi olla vaikkapa valopallon luominen käsien väliin, josta se sitten ulottuu hoidettavaan ihmiseen ja ikään kuin kulkee hänen lävitseen. Tai sitten kyseeseen voi tulla vaikkapa kukkauutteiden, jalokivieliksiirien tai jalokaasujen parantavien ominaisuuksien tutkiminen. Toisin sanoen parantamisessa on monia eri tapoja. Kyseinen solmuyhtymä muistuttaa, että nyt on tullut aika katsoa asiaa tarkemmin. On siis aika tutkia tätä itsessä ja nähdä, kuinka asia voidaan aktivoida ja integroida.

Värähtelylääkinnästä löytyy joitain erinomaisia kukkauutteista, joista olemme kirjoittaneet teoksessa *Suomen luonnon valkoista magiaa*. Mainittakoon tässä Rohtopassio eli Kärsimyskukka, joka uutteena auttaa kaikissa Kheironin aspekteissa hyvin positiivisella tavalla. Siten neliöiden ja oppositioiden intensiteetti helpottuu ja niihin liittyvät läksyt tulevat selkeämmiksi, kun taas kolmiot, sekstiilit ja muut positiiviset kontaktit voimistuvat.

Uute auttaa virittymään hyvin syvällä tavalla Kristus-tietoisuuteen, koska sillä on suora yhteys yksilön henkiseen kehoon. Seurauksena saattaa olla esimerkiksi visionäärinen tila. Passio avaa sydänchakran, kurkkukeskuksen ja chakrapisteen jalkaholvissa, mihin Kristukseen hakattiin ristillä naula. Tämä pieni chakrakohta stimuloi myötätuntoa. Passio auttaa myös uniongelmissa esimerkiksi liittyen vaikeuksiin tehdä "tilinpäätöstä" päivän tapahtumista. Henkisellä Tiellä olevat ihmiset voivat oppia paljon unistaan. Myös painajaiset helpottuvat.

Toinen verraton Kheiron-uute on Chaparral eli Kreosoottipensas, joka lukeutuu planeetan tärkeimpiin kukkiin. Hopi-, apassi- ja zuni-intiaanien deeviset järjestöt liittyvät tähän kasviin, jota myös essealaiset muinaisessa Israelissa usein käyttivät. Kukkauute vähentää minkä tahansa Kheironin neliöiden tai oppositioiden hankalia vaikutuksia. Chaparralia voi käyttää esimerkiksi kaikkien meridiaanien puhdistamiseen ja yhdistämiseen. Meridiaanien oikea yhdistyminen stimuloi pernaa, kehon immuunijärjestelmää ja verenkiertojärjestelmää, viimeksi mainittua erityisesti solutasolla. Uute poistaa myös myrkkyjä verestä.

Uutetta kannattaa käyttää unettomuuden, rauhattomuuden, muistihäiriöiden, kyvyttömyyden muistaa unia ja tuntematonta perua olevan turhautumisen yhteydessä. Olkapäissä olevan pienet chakrat voimistuvat. Nämä chakrat keskittävät kehon praanavoimia poistaakseen esteitä suurista chakroista.

Värähtelyuutteista Henna voimistaa kaikkia Kheironin positiivisia aspekteja, ja myös Komealupiinilla on joitain tärkeitä yhteyksiä planetoidiin. Yrteistä laventelia on hyvä käyttää, kun Kheiron on yhtymässä tai oppositiossa Kuuhun. Frankinsensiä eli olibaania on viisasta käyttää yrttinä tai eteerisenä öljynä erityisesti silloin, kun Kheiron tekee jännitteisiä kulmia Venukseen tai Marsiin tai kun se on neliössä tai oppositiossa Plutoon. Tuolloin Kristus-tietoisuuteen liittyvässä energiassa on joitain esteitä.

Mirha on toinen kasvi, jota voi käyttää yrttinä tai eteerisenä öljynä, tai ylipäänsä missä tahansa muodossa, kun Kheiron vaikuttaa positiivisesti yksilöön. Lukija varmasti muistaa, että itämaan tietäjät - jotka olivat myös astrologeja - toivat Kristuslapselle niin frankinsensiä kuin mirhaakin.

Jalokiviuutteista Kheironiin liittyvät erityisesti Uleksiitti ja Valkoinen timantti. Ensinmainittu kivi oli esillä jo Uranuksen yhteydessä. Se, että näillä molemmilla taivaankappaleilla on tekemistä tämän erikoisen kiven kanssa, kertoo symbolisesti myös sen, että niillä on energeettinen yhteys - vaikkakin niiden tapa herätellä ihmisiä uudestaan elämään onkin erilainen. Niin kuin mainitsin edellisessä luvussa, tämä kuitukivi liittyy teknologiaan. Uleksiitin vaikutus ulottuu myös chakrojen tasapainottamiseen.

Timantti edustaa puolestaan mineraalikunnassa integroituneinta muotoa, samalla tavoin kuin kulta metalleissa sekä lootus ja muutamat ruusulajit kasvikunnassa. Timantti on kaikkein neutraalein jalokivistä ja muistuttaa siinä hengen mestaria. Hengen valo voi loistaa puhtaana, kun persoonallisuuden puhdistamattomat, työstämättömät ja selkiintymättömät puolet eivät sumenna sitä. Timantti rinnastuu suurissa paineissa syntyneeseen hengen mestaruuteen.

Timantti puhdistaa meridiaaneja sekä eetteri- ja mentaalikehoa. Uutteena se sopii hyvin ihmisille, joilla on huono itsetunto sekä jotka tuntevat huolestuneisuutta ja turvattomuutta. Timantti poistaa esteitä kruunuchakran alueella ja edistää ajatuksen kirkkautta. Timantin suhteen täytyy olla varovainen, sillä kyseessä on hyvin voimakas kivi. Se voi säteillä liian paljon energiaa. Muut kivet tai eliksiirit voivat paremmin latautua ominaisuuksiensa suhteen timantin läsnäollessa. Tämä on kiven ainutlaatuinen kyky.

Uutteen tai kiven voi laittaa ydinjatkoksen, ohimon tai päälaen alueelle. Sitten on hyvä meditoida. Näin voi saada helpotusta tämän alueen jännitteisiin, ja samalla verenkierto elpyy alueella. Värähtelylääkinnässä Timanttia voi käyttää monissa aivojen alueen ongelmissa, esimerkiksi oikean ja vasemman aivopuoliskon häiriöissä. Timantti on virittynyt luonnolliseen C-säveleeseen (256 Hz).

**Esimerkkikartta 9:**
Esimerkkihenkilöksi olen valinnut Kheironin yhteyteen intialaissyntyisen tri Deepak Chopran, maailmankuulun vaihtoehtoisen lääkinnän puolestapuhujan. Chopra on hyvin monipuolinen ja tuottelias kirjailija, jonka teoksista puolisen tusinaa on käännetty suomeksi, ja lääketieteen tohtori, joka on luonut merkittävän keskusteluyhteyden ikivanhan intialaisen perinteen ja modernin tutkimuksen välille. Hän on viime vuosina kirjoittanut mm. romaanin Buddhan elämästä ja valaistumisesta.

Chopran kartalla Kheiron on sijoittunut Vaa'an merkkiin väkevään 8. huoneeseen, sielun tumman yön, itsen uudelleen luomisen ja transformaation sektorille, missä se on lisäksi varsin tarkassa yhtymässä Aurinkoon. Niin kuin Hilarion edellä Kheironin aspektien yhteydessä mainitsee, tämä kontakti viittaa oman korkeamman tarkoituksen tutkimiseen ja - kenties - paljastumiseen. Aurinko voi tässä yhtymässä aktivoida myös yksilön parantajanlahjoja, nostaa ne ikään kuin valoon ja monen ihmisen saataville. Näin on varmasti tapahtunut Chopran elämässä.

Auringon ja Kheironin yhtymän kolmioaspekti Kaksosten merkissä sijaitsevaan Uranukseen nostaa esiin erikoiset kiinnostuksen kohteet ja lahjat aiemmista elämistä, missä yksilö on käyttänyt niitä siunauksellisella tavalla. Uranus Kaksosten merkissä liittyy mm. kykyyn virittäytyä korkeampaan suunnitelmaan: ihmiskuntaa,

**Deepak Chopra**
Natal Chart
22 Oct 1946
15:45 IST −5:30
New Delhi, India
28°N36' 077°E12'
Geocentric
Tropical
Porphyry
True Node

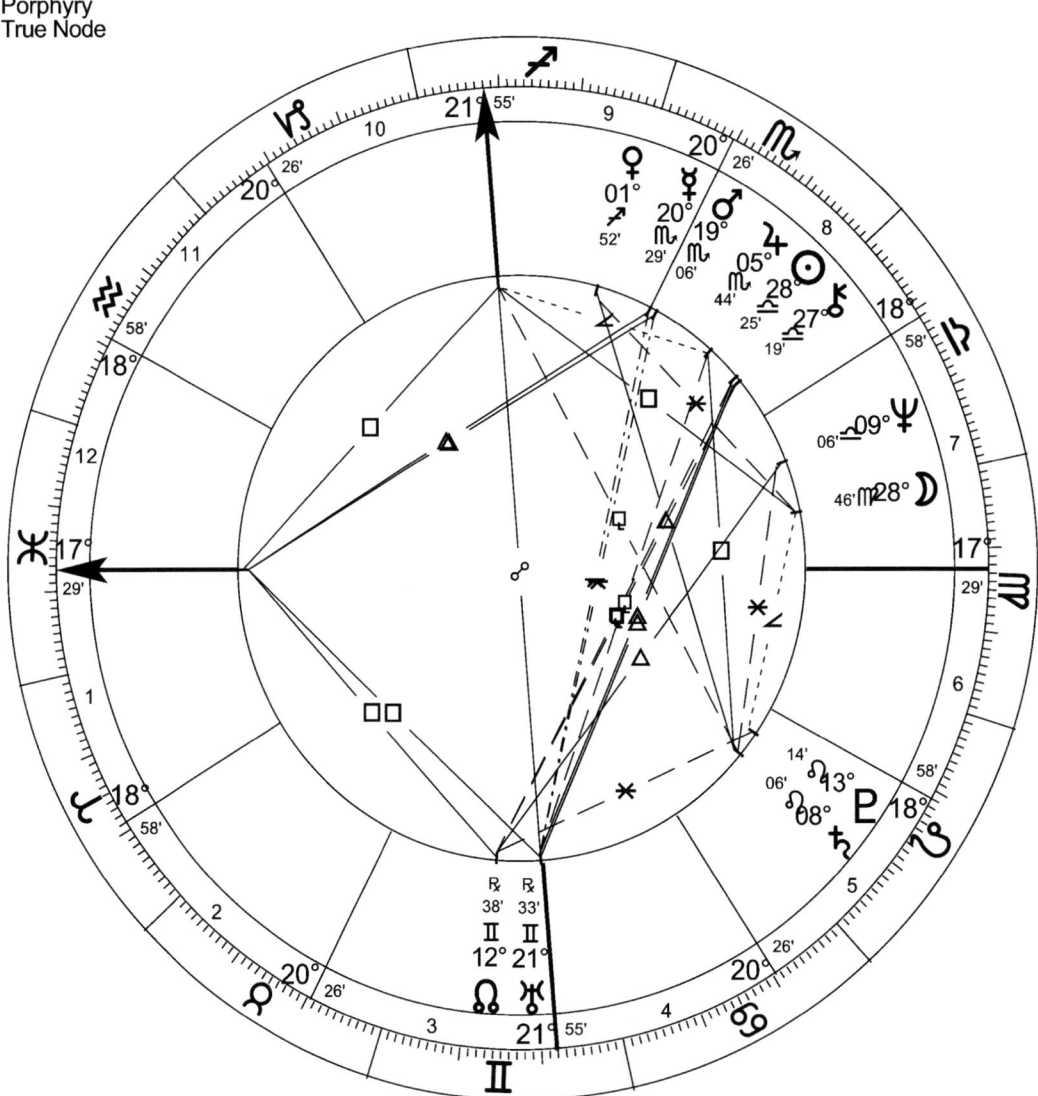

universumia, Maata – mutta ennen kaikkea – itseä varten olemassa olevaan suun-
nitelmaan, oman elämän orkestraatioon.

Kirjoitin aiemmin, että Uranus Kaksosissa –yksilö kykenee yleensä välittämään
ideansa muille erinomaisella tavalla. Lisäksi puhujanlahjat saattavat olla huomat-

tavat, niin kuin Chopran kohdalla on voitu huomata, mukana on usein kirjallista neroutta. Hän on kirjoittanut yli 80 kirjaa reilun 30 vuoden aikana. Tavatessamme syksyllä 2005 Chopra kertoi työstävänsä parhaillaan yhtä aikaa neljää kirjaa (ks. Chopran haastattelu "Maailmankaikkeus ajattelee kauttamme", Minä Olen 6/2005, s. 8-14). Yksi niistä käsittelee Kosmista Kristusta, joka on hyvin kheironmainen teema.

Tässä inkarnaatiossa Chopra on puhunut ja kirjoittanut mm. kvanttilääketieteestä ja niistä parantamisen ulottuvuuksista, jotka ovat etäällä monista perinteisen lääketieteen materialistisista näkemyksistä. Voimme tässä yhteydessä ajatella, että perinteinen lääketiede instituutioineen ja kytkentöineen lääketeollisuuteen edustaa saturniaanisia kahleita ja pyrkimystä yhdenmukaisuuteen, kun taas chopralainen näkemys viilettää kaukana siitä Uranuksen ja Kheironin siivin. Erityisen merkityksellinen asia Chopralle on tietoisuuden vaikutus terveyteen, mistä hän on kirjoittanut mm. teoksissaan *Iätön ruumis, ajaton mieli* (WSOY 1994) ja *Täydellinen terveys: Parantava yhteys kehon ja mielen välillä* (Teemakirja Editrans 1994).

Hilarion mainitsee, että Kheiron sijaitessaan 8. huoneessa liittyy usein parantavaan tietoon tai uudesti löydettyyn valoon. Tässäkin on Chopran kohdalla yhteys; hänestä on vuosien saatossa tullut tärkeimpiä uuden lääketieteen sanansaattajia, puolestapuhujia ja pioneereja. Hän perusti hyvin menestyksellisen The Chopra Centerin Kaliforniaan Kheironin paluun aikoihin 1996. Hilarionin mukaan tämä Kheironin huonesijainti auttaa yksilöä perustamaan erityisen paikan, parantavan kodin, katedraalin tai vetäytymispaikan, joka muodostuu magneetiksi muille ihmisille. Sen kautta he voivat olla yksilön kanssa vuorovaikutuksessa, oppia häneltä, kasvaa jne. Juuri näin on Chopran elämässä tapahtunut.

Deepak Chopra kykenee porautumaan asioihin syvällisellä tavalla, mihin liittyy 8. huoneen painotuksen ohella Merkuriuksen sijainti Skorpionissa korkeamman opin alueella. Marsin varsin tarkka yhtymä Merkuriukseen antaa lisäksi voimaa mielelle. Aiempien elämien aikana saavutettu oppi ja viisaus (Kuun alasolmu Jousimiehessä 9. huoneessa) on nyt tuotava käytännön toteutukseen ja muutettava sellaiseen asuun ja kommunikaatiomuotoon, jonka mahdollisimman monet voivat omaksua (Kuun yläsolmu Kaksosissa 3. huoneessa).

Nousumerkkinä on herkkä, myötätuntoinen ja mystinen Kalat, jonka hallitsija Neptunus sijaitsee Vaa'assa 7. huoneessa sekstiilissä planeetan esoteerisen hallitsijan Pluton kanssa ja harmonissa aspektissa kuunsolmuihin. Tämä on vahva sijainti inspiraation ja erityisesti muiden ihmisten inspiroinnin näkökulmasta. Kalat-nousu antaa myös avaimia ymmärtää elämän näkymätöntä, esimerkiksi kosmista eetteriverkostoa, jonka kautta olemme yhteydessä kaikkeen muuhun universumissa.

Chopra on mm. Schweizerin ja Buckminster Fullerin tavoin myös esimerkki vihitystä. Vihitty kohdentaa suuren tarmonsa, energiansa, tahtonsa, kykynsä ja toimensa lähimmäistensä auttamiseen - tavalla tai toisella - ja saa paljon aikaiseksi elämän sisäisillä ja/tai ulkoisilla tasoilla. Usein Vihkimystiellä oleva näyttää lisäksi elävän ikään kuin monta elämää yhden aikana. Vihityn elämää karakterisoi laaja ja syvä vaikutus hänen kanssaan kontaktissa oleviin ihmisiin, joskus jopa koko ihmiskuntaan.

Yksilön henkinen kehitysaste ei ole suoraan nähtävissä kartalta. Pyhimyksen kanssa samaan aikaan samassa paikassa syntyy ihminen, joka on henkisesti vielä täysin unessa. Mestari Hilarion antoi aikoinaan hyvän vinkin, mistä voi kartan perusteella päätellä yksilön kehitysastetta: etsi hänen karttansa kaikkein vaikein asia (niin kuin Schweizerin kartan suurristi luvun 6 lopussa) ja selvitä, miten ihminen on tuon kuvion kohdannut ja sen kanssa pärjännyt. Suuri sielu kykenee kääntämään hyväkseen - ja erityisesti muiden hyväksi - karttansa suurimmat haasteet. Schweizer on tästä loistava esimerkki, ja myös Chopran kartan Pluto-kontaktit (yhtymä Saturnukseen ja neliöt Merkuriukseen, Marsiin ja Jupiteriin) viittaavat samaan.

# 9

# Muita astrologisia tekijöitä

Henkinen astrologia tutkii myös muita tekijöitä kuin mitä aiemmissa luvuissa on esitelty. Näitä ovat mm. kuunsolmut, kiintotähdet ja luonnollisesti erilaiset tulevaisuuden trendejä ja astrologisia säätiloja kartoittavat tekniikat, kuten transiitit, progressiot ja erilaiset paluukartat, niistä tärkeimpänä auringonpaluu (Solar Return).

Me emme etene tämän kirjan puitteissa näihin kaikkiin. Osasta on jo kirjoitettu verraten paljon etenkin englanniksi. On kuitenkin muutamia alueita, jotka voivat valaista kiinnostavasti henkisen astrologian mahdollisuuksia selvittää ihmiselämän syviä mysteereitä. Niistä yksi keskeisimmistä on jälleensyntymisopin yhteys astrologiaan.

## Astrologia ja jälleensyntyminen

Luonteen, karman ja jälleensyntymisen yhtälö on syvällinen ja monimutkainen, eikä tässä kirjassa ole mahdollisuutta mennä siihen kovin syvälle. Jälleensyntymisen idea on joka tapauksessa keskeisiä perustekijöitä henkisessä astrologiassa ja ylipäänsä Henkisellä Tiellä. Vaikka materialistille elämä näyttäytyy lyhyenä laukkana aineen vastuksen maailmassa, suuri osa ihmiskuntaa uskoo elämän jatkuvan tavalla tai toisella ns. kuoleman jälkeen.

Tässä kirjassa on tarkasteltu monia asioita henkisen kehityksen, karman kohtaamisen ja jälleensyntymisopin valossa. Monissa eri planeettojen merkki- ja huonesijainneissa ja aspekteissa on viitteitä aiempiin inkarnaatioihin ja karmaan, joka on peräisin näistä elämistä. Katsomme seuraavaksi, voiko astrologian avulla saada asiasta jotain tarkempaa tietoa ja ymmärrystä.

Astrologian piirissä jälleensyntymisoppi on osin hyväksytty. Tutkimuksia asiasta on sen sijaan paljon vähemmän. Ongelmana on tietysti ollut se, että on ollut vaikea saada millään lailla varmistettuja syntymäaikoja menneiltä vuosisadoilta ja muista kulttuureista.

Toinen ongelma on ylipäänsä luotettavuus paitsi syntymäaikojen, myös itse henkilöllisyyksien suhteen. Kuinka monta Napoleonia onkaan hoitolaitoksissa!

Voimme hyvin myös kysyä, kuka tai mikä jälleensyntyy. Hilarionin mukaan sielu heijastaa kulloisessakin inkarnaatiossa vain osan itsestään jälleensyntyvään persoonallisuuteen, niin kuin kirjoitin 1. luvussa. Tuo osa on keskimäärin 10 % kokonaisolemuksesta. Tämähän on keskimäärin sama prosenttimäärä, joka ihmisellä ajatellaan olevan käytössään esimerkiksi aivokapasiteettistaan.

Näyttää siltä, että vasta Henkisellä Tiellä ihminen alkaa ottaa käyttöönsä tuota latenttia kapasiteettiaan. Vähitellen ihminen henkisen kehityksen myötä tulee tietoiseksi sieluyhteydestään ja lopulta samastuu sieluunsa. Vielä korkeammilla kehitystasoilla hän samastuu monadiinsa tai ylisieluunsa, omaan jumalalliseen olemuspuoleensa. Tällöin puhutaan jo hyvin korkeasta vihitystä, joka on astumassa jatkokoulutukseen mahdollisesti muiden aurinkokuntien värähtelykokemusten piirissä.

Tässä yhteydessä on tärkeää ymmärtää, että Henkisen Tien kulkijat yleensä opiskelevat ahkerasti muilla tasoilla olevissa henkisissä oppilaitoksissa ennen seuraavaa fyysistä inkarnaatiota. Esimerkiksi Valkoisen Veljes/Sisarkunnan Mestareilla on korkeilla tasoilla omat ashraminsa, temppelinsä tai koulutuskeskuksensa.

Monet omana aikanamme syntyneet tai syntyvät yksilöt ovat olleet intensiivisessä henkisessä koulutuksessa, niinpä monet näistä lapsista ovat kehittyneitä sieluja, jotka ovat tulleet tai tulevat auttamaan ihmiskuntaa siirtymisessä Vesimiehen aikaan. Kahdessa edellisessä luvussa on paljon Mestari Hilarionin antamaa informaatiota näiden nuorten ja lasten - jo syntyneiden ja vielä syntymättömien - kehitystehtävistä, ominaisuuksista ja haasteista.

Jälleensyntymismuisti on tärkeä asia, kun tarkastelemme edellisiä elämiä. Aina on ollut ihmisiä, jotka muistavat katkelmia aiemmista inkarnaatioistaan. Dalai-lama on kertonut, että monilla lapsilla Tiibetissä on muistikuvia aiemmista elämistään. Myös taitava regressioterapeutti voi palauttaa ihmisen aiemman elämän kokemusmaailmaan.

Asiaa on tutkittu myös akateemisella tasolla, jolla ehkä pontevimmat ja pitkäjänteisimmät tutkimukset on tehnyt psykiatrian professori Ian Stevenson (1918-2007). Hän selvitteli vuosikymmenien ajan jälleensyntymistapauksia ympäri maailmaa (mukana on myös muutamia suomalaisia esimerkkejä) ja työskenteli erityisesti tapausten parissa, missä nuoret lapset muistivat edellisen elämänsä. Stevensonin kirjat, kuten *Cases of the Reincarnation Type Vol. I-IV* (University of Virginia Press 1975-1983), *Reincarnation and Biology* (Praeger Publishers 1997), *Where Reincarnation and Biology Intersect* (Praeger Publishers 1997) ja *Children Who Remember Previous Lives: A Quest of Reincarnation* (McFarland & Company 2001) ovat klassikoita, joihin tullaan myöhemmin palaamaan yhä uudestaan.

Hyvin mielenkiintoinen on professori Stevensonin tutkimus jälleensyntymistapauksiin liittyvistä syntymämerkeistä ja luomista sekä niiden yhteyksistä kuolleiden ihmisten - yksilön edellisten inkarnaatioiden - vammoihin ja haavoihin. Tutkijan mukaan yli kolmasosalla aiemman elämänsä muistavista lapsista on syntymämerkki tai synnynnäinen heikkous, josta löytyy tällainen viittaus aiempiin elämiin. 43 tapauksessa 49:stä, joista on olemassa kuolintodistus, on vahvistettu yhteys haavojen ja/tai synnynnäisten heikkouksien ja syntymämerkkien tai luomien välillä. Nämä ovat löytyneet kohdista, mihin aiemmassa elämässä on osunut esimerkiksi kuolettava isku tai vastaava. Professori Stevensonin syntymämerkkitutkimus löytyy myös internetistä (http://www.sinor.ru/~che/birthmarks.htm).

Astrologian piirissäkin asiaa on tutkittu, esimerkkeinä mm. Esme Swainsonin *The Triangle of Experience* (The Mac-Brooke Bureau), Robert Powellin *Hermetic Astrology I-II* (Hermetika Verlag 1987-89) ja A.T. Mannin kirjat. Ehkä kaikkein antoisin kohdalleni osunut läntinen tutkimus on Ry Reddin *Toward a New Astrology* (Seagull Publishing Company 1985), joka rakentuu "Nukkuvana profeettana" tunnetun Edgar Caycen transsissa antamien tietojen varaan.

Näissä kaikissa teksteissä on lähestytty vaativaa aihetta eri lailla, mutta mielenkiintoisesti. Swainson lähestyy aihetta ruusuristiläisestä näkökulmasta, Powell antroposofisesta ja Tad Mann itse kehittelemästään teoriasta käsin.

**Esimerkkikartta 10:**
Parhaiten asia kuitenkin saattaa valottua esimerkkien avulla. Näistä ensimmäinen tuo esiin kaksi tunnettua historian hahmoa, toinen aika lähellä nykyaikaa ja toinen 1800-luvulla. Hans Christian Andersen (1805-1875) on kaikkien tuntema satusetä, jonka ajattomat sadut liittyvät ihmiskunnan ikiaikaiseen kollektiiviseen tietoisuuteen.

Danny Kaye (1913-1987) oli tämän suuren sielun seuraava jälleensyntymä. Hän syntyi varsin köyhään Ukrainasta Yhdysvaltoihin muuttaneeseen juutalaisperheeseen ja nousi vaihtelevien vaiheiden jälkeen maailmanmaineeseen viihdyttäjänä, yhtenä aikansa suurimmista koomikoista.

Mikä mielenkiintoisinta, Kaye näytteli tanskalaista satusetää Charles Widorin ohjaamassa musikaalielokuvassa *Hans Christian Andersen* (1952), joka sai kuusi Oscar-palkintoa ja josta tuli suuri kansainvälinen menestys. Tässä kaksi elämää kohtasivat toisensa yli aikojen sillan. Danny Kaye toimi myös UNESCO:n hyvä tahdon lähettiläänä ja työskenteli erityisesti lasten hyväksi.

Kun näiden kahden yksilön valokuvia katselee rinnakkain, ei voi kuin hämmästellä yhdennäköisyyttä. Kun tarkastelee heidän elämäänsä, ei voi kuin hämmästellä yhtenevyyttä. Molemmat rakastivat lapsia, ja lapset rakastivat heitä. Molemmilla oli draamantaju, kyky vedota meissä kaikissa olevaan lapseen. Molemmat tekivät elämästään ikään kuin pitkän, kauniin laulun. Molemmat menestyivät valtavan lahjakkuutensa, mutta myös luonteensa avulla. He lähtivät varsin vaatimattomista oloista ja nousivat sitkeytensä, lahjakkuutensa ja elämänuskonsa avulla maailmanmaineeseen.

Tässä yhteydessä sallitaan ehkä pieni esoteerinen syrjähyppy säteiden suuntaan. Sädeoppi on suuri kosminen oppirakennelma, joka liittyy luomisen perusenergioihin. Se oli myös 1900-luvun esoterismin keskeisiä teemoja ja "uutuuksia", vaikka

Inner Wheel
**Hans Chr. Andersen**
Natal Chart
2 Apr 1805 NS
01:06 LMT −0:41:32
Odense, Denmark
55°N24' 010°E23'
Geocentric
Tropical
Porphyry
True Node

Middle Wheel
**H.C. Andersen kuolink.**
Natal Chart
4 Aug 1875 NS
12:00 LMT −0:50:20
Copenhagen, Denmark
55°N40' 012°E35'
Geocentric
Tropical
Porphyry
True Node

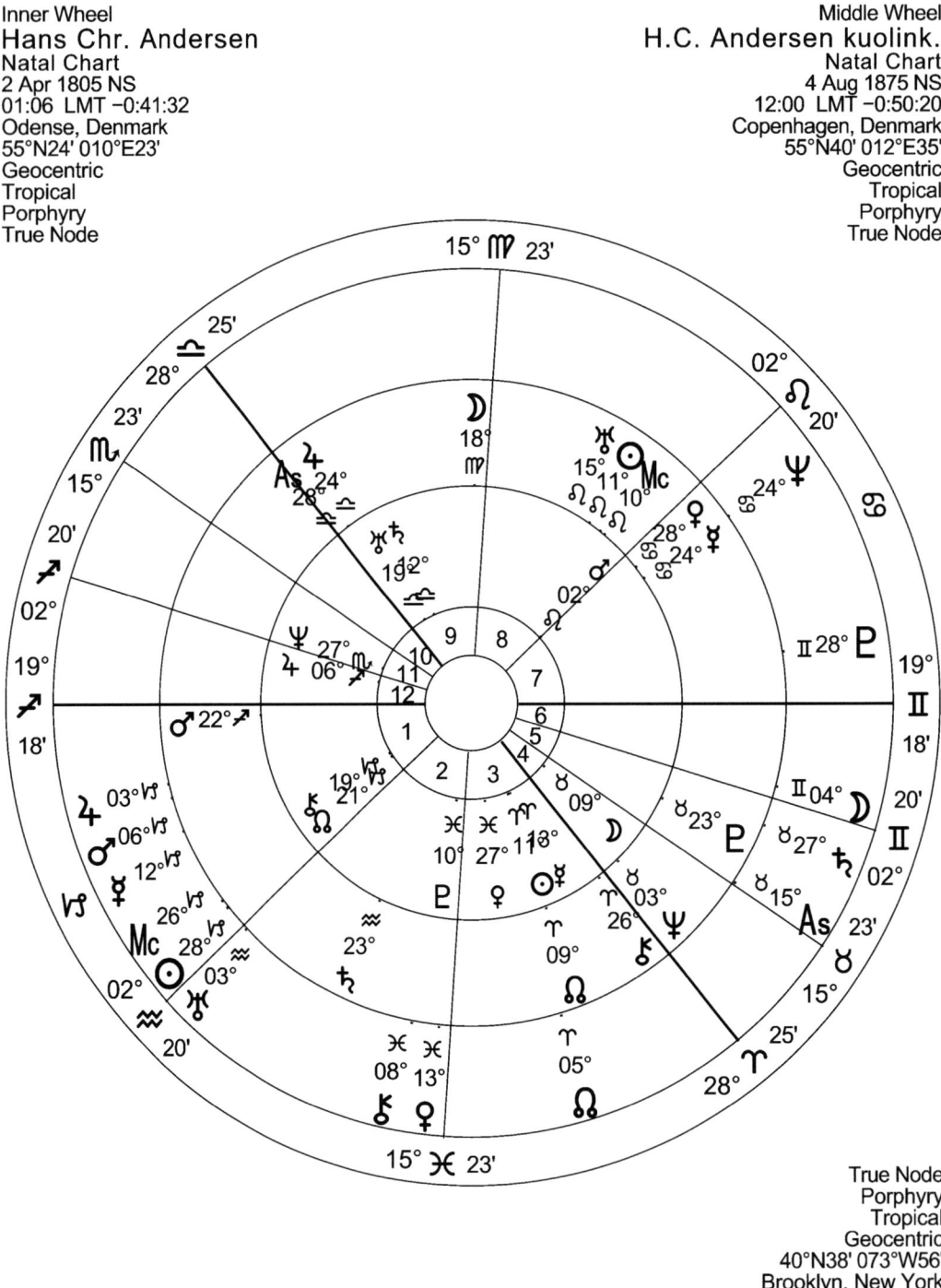

True Node
Porphyry
Tropical
Geocentric
40°N38' 073°W56'
Brooklyn, New York
12:00 EST +5:00
18 Jan 1913
Natal Chart
**Danny Kaye**
Outer Wheel

siitä oli mainintoja jo Madame Blavatskyn teoksissa. Esimerkiksi Mestari Djwhal Khul on antanut Alice A. Baileyn kautta paljon tietoa säteistä, niiden vaikutuksista ja yhteydestä mm. astrologiaan. Baileyn aiemmin mainittu *Esoteric Astrology* antaa asiasta paljon tietoa. Seppo Ilkka on päivittänyt sädeoppia tärkeässä kaksiosaisessa artikkelissaan *Säteiden uusi kirjo* (Minä Olen 5/2007 ja 6/2007). Näissä teksteissä on huomioitu myös ns. korkeammat säteet, jotka liittyvät ihmiskunnan nykykehitykseen ja lähitulevaisuuteen.

Benjamin Creme on kirjassaan *Maitreya's Mission, Vol. One* (Share International Foundation 1986) saanut omalta opettajaltaan tiedot monen sadan vihityn vihkimysasteesta ja säderakenteesta. Joukossa on paljon menneisyyden suurhahmoja ja tienraivaajia. Listan mukaan sekä Hans Christian Andersen että Danny Kaye ovat olleet samassa vihkimysasteessa, ensimmäisen ja toisen vihkimyksen puolivälissä.

Myös heidän säderakenteensa - joka ilmoitetaan viiden numeron sarjana - on lähes identtinen. Andersenin struktuuri on 6-4-2-6-7, Danny Kayen puolestaan 6-4-4-6-7. Tämä on hämmästyttävää, jos tarkastellaan mahdollisuuksien moninaisuutta seitsemän säteen suhteen. Jälleensyntymisoppi antaa tässä kuitenkin paremman ymmärryksen. Tuossa numeroinnissa ensimmäinen numero liittyy sielun säteeseen, seuraava persoonallisuuden säteeseen, kolmas yksilön mentaaliseen apparaattiin, neljäs tunnekehoon ja viimeinen numero fyysistä kehoa hallitsevaan säteeseen.

## Kuunsolmut hengen suuntaviittoina

Jos palataan takaisin astrologian pariin, niin olen laittanut Hans Christian Andersenin syntymäkartan sisäkehälle, hänen kuolinkarttansa keskikehälle ja Danny Kayen syntymäkartan ulkokehälle. Tarkkaa syntymäaikaa ei tunneta kummassakaan tapauksessa, joten esimerkiksi askendentin ja huonejaon suhteen ei voida vetää johtopäätöksiä. Muutenkin näyttää ensisilmäyksellä, että tanskalaisen satusedän ja ukrainalais-amerikkalaisen näyttelijän ja viihdyttäjän kartoilla ei olisi kovin paljon yhteistä. Meidän täytyykin tutkia syvemmältä, katsoa tässä tapauksessa kuunsolmuja.

Kuunsolmut ovat solmupisteitä, joissa Kuun ja Maan ratatasot leikkaavat. Piste, jossa Kuu nousee Maan radan pohjoispuolelle, on nousu-, pohjois- eli yläsolmu (☊), intialaisessa astrologiassa Rahu eli lohikäärmeen pää. Sen vastakkaisella puolella on intialaisten Ketu, lohikäärmeen häntä eli Kuun lasku-, etelä- eli alasolmu (☋). Solmut ovat aina 180°:een päässä toisistaan. Lisäksi solmut liikkuvat vastapäivään eli päinvastaiseen suuntaan kuin planeetat normaalissa liikkeessään, ja niiden kiertoaika eläinradan ympäri on 18,6 vuotta. Solmut ylittävät kunkin eläinradan merkin hieman alle 1,5 vuodessa ja liikkuvat vuorokaudessa keskimäärin 3'.

Kuunsolmuihin tiivistyy eräässä mielessä paljon Auringon, Kuun ja Maan yhteisistä energioista, ja siksi niitä pidetään integroivina tekijöinä astrologiassa. Solmut on esimerkiksi vedalaisessa astrologiassa ja länsimaisessa henkisessä astrologiassa yhdistetty karmallisiin tekijöihin ja jälleensyntymissykleihin, ja tästä löytyy mielestäni osoituksia esimerkkikartoiltamme.

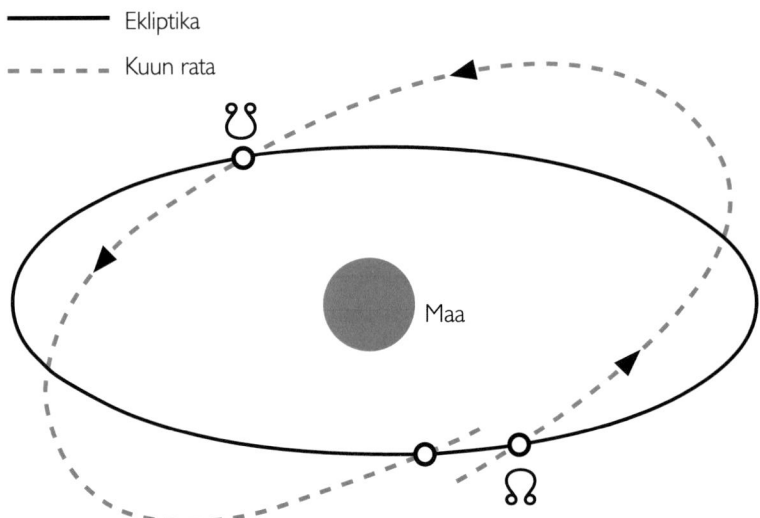

— Ekliptika

- - - - - Kuun rata

Piirros 15: **Kuunsolmut ovat ne kohdat taivaalla, missä Kuun kiertorata Maan ympäri leikkaa Maan oman kiertoradan Auringon ympäri. Kuvassa solmut (♍ eli yläsolmu ja ☋ eli alasolmu) tarkasteltuna Maasta käsin. Nuoli osoittaa Kuun kiertosuunnan. Ekliptika on Auringon näennäinen vuotuinen rata.**

Solmuihin kytkeytyy paljon niin menneiden elämien yhteissummasta ja mahdollisista ylikorostumista (☋) kuin tämän inkarnaation keskeisistä henkisistä tavoitteista ja ikään kuin laiminlyöntien takia heikentyneistä henkisistä lihaksista, jotka tulisi nyt kunnostaa ja voimistaa (♍). Solmut on hyvä ymmärtää kahtena henkisenä vektorina, joiden välille täytyy saada syntymään kestävä tasapaino. Tällöin alasolmuun koodatut menneisyydessä hankitut voimavarat voidaan yhdistää luontevalla ja luovalla tavalla yläsolmun indikoimat kehitysmahdollisuudet. Kyse on tärkeästä polariteettiparista ja karmallisesta akselista. Alasolmu edustaa sitä, mistä olemme kehittyneet, kun taas yläsolmu viittaa siihen, mitä kohti olemme kehittymässä henkisellä pyhiinvaellustiellämme.

Palaamme kuunsolmujen yleisiin periaatteisiin vielä tuonnempana tarkemmin niiden suuren merkityksen takia. Esimerkkikartat antavat tästä hyvän valotuksen. Andersenin kuolinkartan ja Kayen syntymäkartan solmut ovat yhtymässä, mikä kertoo, että tässä tapauksessa kahden inkarnaation välinen aika on ollut varsin tarkkaan kaksi kuunsolmujen sykliä taivaalla eli 2 x 18,6 vuotta.

Niin kuin totesin edellä, kuunsolmut tuovat yhteen hyvin monia asioita, ja niistä on kirjoitettu lukuisia kirjoja. Tämä esimerkki osoittaa, että niillä on yhteys pitkän aikavälin sielunsuunnitelmaan ja Andersen/Kaye –tapauksessa erityisesti pioneerihenkisten Oinas-energioiden ja konservatiivisten Kauris-energioiden tasapainottamiseen ja yhdistämiseen. Andersenin syntymäkartan yläsolmu on yhtymässä Kayen syntymäkartan Aurinkoon, kun taas Andersenin Aurinko on yhtymässä Kayen yläsolmuun. Ilman solmujen huomiointia astrologi haparoisi tässä tyhjää, ne selkeyttävät kartan henkisiä vektoreita ja syvempää orkestrointia.

**Esimerkkikartta 11:**

Seuraava esimerkki on hyvin mielenkiintoinen. Edgar Cayce (1877-1945) oli viime vuosisadan alkupuolen ehkä merkittävin psyykikko, joka tunnettiin "nukkuvana profeettana". Hän antoi uni- tai transsitilassa kymmeniätuhansia lukemuksia ihmisille kaikilta elämänaloilta, ja hänen elämäntyöstään on kirjoitettu satoja teoksia.

Keskustelu Caycen ympärillä sähköistyi 2000-luvun alussa, kun nuori amerikkalainen selvänäkijä, tutkija ja kirjailija David Wilcock (s. 1973) nousi esiin Caycen mahdollisena jälleensyntymänä. Wynn Freen yhdessä Wilcockin kanssa kirjoittama *Edgar Cayce keskuudessamme jälleen?* tuo esiin myös astrologiset tekijät, jotka tukevat väitettä Caycen ja Wilcockin liittymisestä samaan jälleensyntymisketjuun.

Olen jälleen ottanut mukaan myös Caycen kuolinkartan; kuolinhetki on hyvin dokumentoitu. Jo näiden syntymäkarttojen vertailu paljastaa hätkähdyttävän asian: Aurinko, Kuu ja kaikki lähiplaneetat Merkuriuksesta Marsiin ovat Wilcockin syntymäkartalla samoissa merkeissä kuin Caycen vastaavalla. Asian todennäköisyys on 1:250 000. Lisäksi Kuu on molemmilla kartoilla ylennyksessään Härässä tarkalleen samassa asteessa, ja molemmat syntymähetket ovat ajoittuneet kiinalaisen kalenterin mukaan Härän vuoteen.

Kun otamme sitten Caycen kuolinkartan mukaan tarkasteluun, voimme huomata että Auringon sijainti sillä on tarkassa yhtymässä Wilcockin Kuun yläsolmuun Kauriissa. Lisäksi näiden karttojen solmusijainnit ovat vastakkaisissa merkeissä ja yhtymässä neljän asteen tarkkuudella, eli Caycen kuolinkartan yläsolmu Ravussa ja Wilcockin syntymäkartan alasolmu samassa merkissä.

Tässä yhteydessä on hyvä huomata, että molemmilla syntymäkartoilla on voimakas Kalojen merkin painotus, ja Caycella lisäksi yläsolmu on tässä emotionaalisesti virittyneessä, herkässä, jonkin verran addiktiivisessa, psyykkisessä ja myötätuntoisessa merkissä. Cayce itse puhui lukemuksissaan aiemmasta elämästään Bainbridge-nimisenä karismaattisena seikkailijana ja kulkurina, mutta myös uhkapelurina, juomarina ja naistenmiehenä, joka käytti selvänäköisiä kykyjään itsekkäästi.

Tämä brittisyntyinen, mutta Uudella Mantereella vaikuttanut henkilö riisti lopulta hengen itseltään. Jos nyt palautamme mieliin selostuksen Kaloista aurinkomerkkinä (s. 68-69), voimme hyvin ymmärtää, että Cayce joutui kohtaamaan aiemmassa elämässään luomaansa karmaa. Lisäksi se on heijastunut vielä Wilcockin elämään. Free kirjoittaa em. teoksessa, että "Kun ymmärrämme David Wilcockin itseluottamuksen puutteen tai hänen vaikean taloudellisen ahdinkonsa, voimme vaistota, kuinka hän edelleenkin tekee työtä selvittääkseen aiemmasta elämästä (jolloin hän teki itsemurhan) tähän elämään siirtynyttä karmaa ja myös niitä asioita, jotka ovat kulkeutuneet hänen mukanaan Caycenä ja Bainbridgenä eletyistä elämistä."

Tässä vaiheessa on varmasti hyvä ottaa kuunsolmut lähempään puntarointiin saadaksemme valoa niiden merkityksellisyyteen henkisessä astrologiassa. Ne edustavat siis polariteettiparia. Henkisellä aikajänteellä pohjoissolmu vetää magneetin tavoin kohti tulevaisuutta, kun taas alasolmuun on tallentunut ikään kuin kaikuja mennei-

Inner Wheel
**Edgar Cayce**
Natal Chart
18 Mar 1877 NS
15:00  LMT +5:49:57
Hopkinsville, Kentucky
36°N51'56" 087°W29'19"
*Geocentric*
*Tropical*
*Porphyry*
*True Node*

Middle Wheel
**Edgar Cayce kuolink.**
Natal Chart
3 Jan 1945
19:15  EWT +4:00
Virginia Beach, Virginia
36°N51'10" 075°W58'42"
*Geocentric*
*Tropical*
*Porphyry*
*True Node*

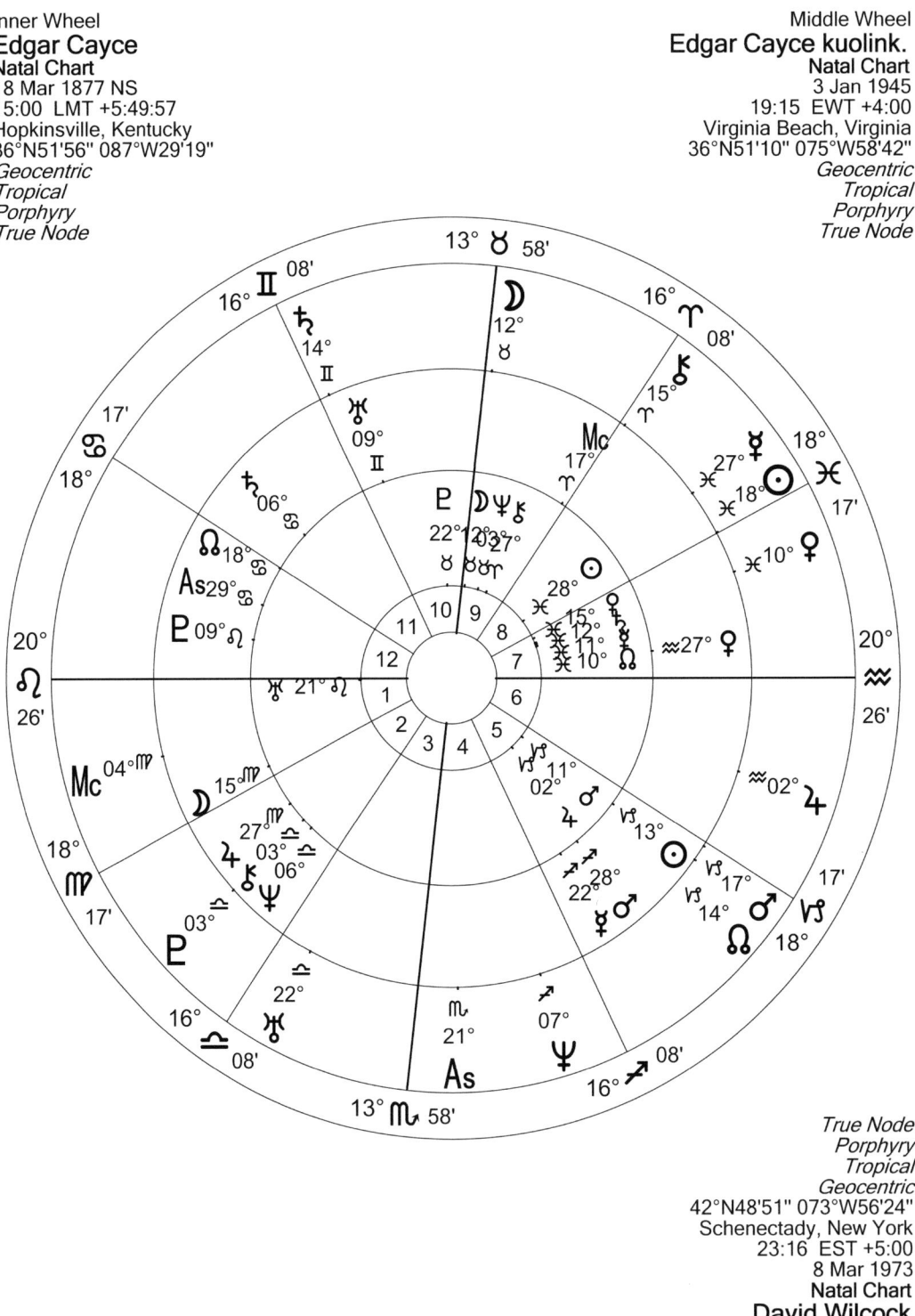

*True Node*
*Porphyry*
*Tropical*
*Geocentric*
42°N48'51" 073°W56'24"
Schenectady, New York
23:16  EST +5:00
8 Mar 1973
Natal Chart
**David Wilcock**
Outer Wheel

syydestä. Jotkut näistä kaiuista ovat toki tarpeellisia nykyiselle kehitysvaiheellemme. Kuitenkin eteläsolmu voi myös olla todellinen Akilleen kantapää kartallamme ja saattaa edustaa tiedostamattomia toimintamallejamme (vrt. Kuu) ja oman menneisyytemme hedelmätöntä kertaamista, taaksejääneitä jalanjälkiämme. Eteläsolmuun nojaaminen ei tuo mukanaan todellista kehitystä, mikäli pohjoissolmun haasteet ja mahdollisuudet jätetään samalla hyödyntämättä.

Pohjoissolmu voidaan tässä katsannossa nähdä tulevaisuuden symbolina. Sen lupaukset on mahdollista lunastaa vasta, kun alasolmun vetovoima ja menneisyyden rasitteet on kohdattu ja voitettu. Ihmisen on tässä prosessissa opittava luottamaan itseensä ja kulkemaan omia polkujaan, joissa ei ole valmiita askelmerkkejä.

Eteläsolmun merkki- ja huonesijainti summaavat yksilön menneisyyttä sen merkin ja huoneen puitteissa, joissa solmu sijaitsee syntymäkartalla. Kyse on joidenkin aiempien inkarnaatioiden yhdistelmästä, johon on tallentunut ominaisuuksia, taipumuksia, ohjelmointeja, ideoita ja suhtautumistapoja kyseisistä elämistä. Niiden selvittämättä jääneet karmalliset ja ainakin suurelta osin tiedostamattomat kokonaisvaikutukset ovat olleet luomassa ihmisen tämänhetkistä elämäntilannetta ja todellisuutta. Niin kuin vanha viisaus kertoo: minkä taakseen jättää, sen edestään löytää.

Eteläsolmun huonesijainti ilmentää vähimmän vastuksen aluetta ja niitä kokemuksen piirejä, joita ihminen oli aiemmin ylikorostanut ja joiden tarvitsee jäädä vähitellen taakse. Eteläsolmun merkin voi ajatella symboloivan tai kiteyttävän aiemmissa elämissä hankittuja ominaisuuksia, jotka voivat olla sinänsä arvokkaita mutta joiden negatiivisista puolista tulee päästä nyt eroon. Alasolmua voisi tässä yhteydessä verrata painovoimaan, joka pitää ihmistä otteessaan – kunnes hän kykenee voittamaan sen oman ponnistelunsa ja oivallustensa kautta. Eteläsolmuun liittyy toisinaan myös terveysongelmia, joilla on luonnollisesti karmallinen tausta – niin kuin on melkein kaikilla terveysongelmilla.

Pohjoissolmun suhteen voimme tuntea aluksi epävarmuutta, onhan kyse alueesta ja ominaisuuksista, joita olemme laiminlyöneet ja torjuneet. Yläsolmun viitoittama tie on kuitenkin korkeamman kehityksen reitti, joka vie lopulta suureen täyttymykseen. Henkisen tradition mukaan yläsolmu symboloi niitä luonteenpiirteitä ja ominaisuuksia, joiden tarvitsee aktivoitua ja kehittyä nykyisessä inkarnaatiossa. Usein tämä tapahtuu niiden karmallisten ystävien ja opettajien avulla, joilla on sama merkki korostuneena kartallaan. Nämä yhteydet nousevat tavan takaa esiin esimerkiksi astrologilla vertailukartoilla.

Saman henkisen näkemyksen mukaan se astrologinen huone, jossa pohjoissolmu sijaitsee, symboloi niitä kokemuksen alueita, joissa ihminen oppii tärkeitä elämänläksyjä, mikäli vie kehitystään oikealla tavalla eteenpäin. Mitään suoranaista automatiikkaa ei liity solmujen sijainteihin, vaan vapaa ja aikuinen ihminen voi omalla vapaalla tahdollaan ja valinnoillaan vaikuttaa merkittävästikin asioihin.

Seuraavassa on tiivistetysti joitain ideoita liittyen kuunsolmujen merkki- ja huonesijainteihin. Olen yhdistänyt tässä tarkastelussa merkki- ja huonesijainnit toisiinsa niin, että esimerkiksi Oinas yläsolmun merkkinä ja yläsolmun sijainti 1. huoneessa vertautuvat toisiinsa. Samalla tietysti tässä tapauksessa Vaaka alasolmun merkkinä ja alasolmu 7. huoneessa edustavat samanlaisia ominaisuuksia. Muista tutkia solmujen suhteen sekä merkki- että huonesijainnit.

Tässä yhteydessä voidaan käyttää hyväksi sivulta 48 löytyvää taulukkoa merkeistä, niiden hallitsemista huoneista ja niitä hallitsevista planeetoista. Esimerkiksi Edgar Caycen syntymäkartalla yläsolmu on Kaloissa ja 7. huoneessa, kun taas alasolmu on Neitsyessä ja 1. huoneessa.

### Yläsolmu Oinaassa tai 1. huoneessa // Alasolmu Vaa'assa tai 7. huoneessa:

Oma yksilöllisyyden täytyy kehittyä ja minäkuvan voimistua aiempien elämien läheisriippuvuuden ja muihin nojautumisen sijaan. Persoonallisuuden eheytyminen on keskeistä. On osattava ja uskallettava seistä omilla jaloillaan ja olla tarvittaessa aloitteellinen ja rohkea. Yksilöä kannustetaan avaamaan uusia väyliä ja ikään kuin soittamaan uusia säveliä tässä elämässä. Terveysongelmia voi esiintyä esimerkiksi munuaisten alueella. Myös vasomotorinen järjestelmä saattaa olla heikentynyt.

### Yläsolmu Härässä tai 2. huoneessa // Alasolmu Skorpionissa tai 8. huoneessa:

Yksilön on otettava käytössään olevat ulkoiset resurssit haltuun jollain maanläheisellä ja rakastettavalla tavalla. Rakkaus on korkein kutsu tässä sijainnissa, niin kuin se on yleensäkin Härän merkkiin liittyvissä asioissa. Seksuaalisuus on voinut ylikorostua aiemmissa elämissä ja saada aikaan ongelmia yksilön nuoruudessa.

### Yläsolmu Kaksosissa tai 3. huoneessa // Alasolmu Jousimiehessä tai 9. huoneessa:

Terve tiedonjano ja myös hankitun tiedon totuudellisuuden varmistaminen omakohtaisen kokemuksen kautta on tässä tärkeää. Akseli antaa hienon mahdollisuuden käytännöllisen tiedon ja henkisen viisauden yhdistämiseen ja jakamiseen eteenpäin. Ylioptimismi voi kummuta alasolmun sijainnista, samoin oikeaoppisuus ja suvaitsemattomuus.

### Yläsolmu Ravussa tai 4. huoneessa // Alasolmu Kauriissa tai 10. huoneessa:

Aiemmissa elämissä kylmäksi jäänyt kotiliesi kutsuu jälleen. Maine, kunnia ja urapainotteisuus vetävät edelleen puoleensa, mutta korkeampi kehitys odottaa tunnetason eheytymisen, hoivaavuuden ja välittämisen kautta. Ura sen sijaan saattaa avautua hitaasti.

### Yläsolmu Leijonassa tai 5. huoneessa // Alasolmu Vesimiehessä tai 11. huoneessa:

Sijainti inspiroi yksilöä itseilmaisuun, itsekunnioitukseen ja luovuuteen. Oman sydämen seuraaminen on tässä olennaista. Rakastavat ajatukset ja sanat ovat tässä erinomainen käyttövoima. Nyt myös sisäisen johtajuuden löytäminen on tärkeää. Hermoston alueella saattaa esiintyä ongelmia, kun alasolmu on Vesimiehessä.

**Yläsolmu Neitsyessä tai 6. huoneessa // Alasolmu Kaloissa tai 12. huoneessa:**
Tämä kombinaatio opettaa erottelukyvyn ja palvelemisen tärkeyttä, myötätunnon tuomista käytännön tasolle sekä irtautumista aiempien elämien ylikorostuneen emotionaalisista, kenties addiktiivisista taipumuksista ja mahdollisista marttyyrikomplekseista. Nyt on aika nähdä asiat kirkkaassa, selkeässä valossa ilman merkillisiä haaveita, päiväunelmia ja harhoja. Parantajanlahjat saattavat nousta esiin elämän myötä. Terveysongelmia voi esiintyä jaloissa ja lymfajärjestelmässä.

**Yläsolmu Vaa'assa tai 7. huoneessa // Alasolmu Oinaassa tai 1. huoneessa:**
Aiempien elämien sooloilun ja itsetärkeyden täytyy tässä antaa tilaa yhteistyölle ja kumppanuudelle. Tie mahdollisuuksien tasolle kulkee tässä tavallisesti rakkauden, rakastavan toiminnan ja tasapainon kautta. Yksilön täytyy olla tarkkana aloitusten suhteen, sillä niillä on taipumus tuoda ongelmia alasolmun kautta. Pään ja kasvojen alue on altistunut ongelmille.

**Yläsolmu Skorpionissa tai 8. huoneessa // Alasolmu Härässä tai 2. huoneessa:**
Aineellisen omaisuuden hamuamisen täytyy tässä antaa tilaa voimakkaalle transformaatiolle Skorpionin ja feenikslinnun hengessä. Esimerkiksi henkisten asioiden syvällinen tutkiminen asettuu tässä hyvään valoon. Tämä on hyvä sijainti niille, jotka haluavat ylittää alemman minänsä vetovoiman ja löytää Itsensä elämän pyhiinvaelluspolulla. Alasolmun ollessa Härässä terveyteen liittyviä ongelmia voi esiintyä kurkun, kilpirauhasen tai lisäkilpirauhasen alueella.

**Yläsolmu Jousimiehessä tai 9. huoneessa // Alasolmu Kaksosissa tai 3. huoneessa:**
Nyt on aika tislata tiedosta viisautta, opettaa rehellisyyttä sekä välttää turhan tiedon kokoamista ja pinnallisuutta. Levottomat, hätäilevät energiat ovat peräisin aiemmista elämistä. Nyt henkisten horisonttien avartuminen ja entistä kokonaisvaltaisempi elämänfilosofia kutsuvat. Alasolmu Kaksosissa saattaa tuoda terveysongelmia tai heikkouksia keuhkoihin, käsiin tai hermostoon.

**Yläsolmu Kauriissa tai 10. huoneessa // Alasolmu Ravussa tai 4. huoneessa:**
Sijainti kannustaa ihmistä vastuullisuuteen, itsekuriin ja käytännölliseen, maanläheiseen toimintaan. Yksilö voi konkreettisen tekemisen ja uransa kautta kasvaa muiden lunastajaksi. Vähäosaisten auttaminen on tässä suositeltavaa. Tasapainopiste elämässä löytyy vastuullisuuden ja tunteiden välistä.

**Yläsolmu Vesimiehessä tai 11. huoneessa // Alasolmu Leijonassa tai 5. huoneessa:**
Sijainti kutsuu ihmistä yhteisöllisyyteen ja ryhmätyöskentelyyn uuden ajan jakamisen hengessä. Menestys ei tule tässä egon tarpeita tyydyttämällä ja pullistelulla, vaan työskentelemällä yhteisen hyvän eteen. Omat luovat ja nerokkaat puolet on hyvä aktivoida. Tiede, tutkimus, filosofia, astrologia ja kasvatus avaavat tässä monia mahdollisuuksia. Terveysvaikutukset voivat tässä ulottua esimerkiksi sydämeen, kylkiin tai ristiselkään.

**Yläsolmu Kaloissa tai 12. huoneessa // Alasolmu Neitsyessä tai 6. huoneessa:**
Aiempien elämien kriittisyyden, pikkutarkkuuden ja korostuneen analyyttisyyden on tässä annettava tilaa myötätunnolle ja pyyteettömälle rakkaudelle. Terveysongelmien pelko ja taipumus olla huolissaan aivan mitättömistäkin asioista voivat tässä hidastaa kehitystä. Oman positiivisen, palvelevan puolen aktivointi auttaa. Ongelmia voi esiintyä ruoansulatuksen ja hermoston alueilla.

Yleisesti ottaen yläsolmu missä tahansa tulimerkissä viittaa aktiivisuuden tarpeeseen ja vesimerkissä sijaitessaan tarpeeseen aktivoida ja kehittää omaa tunneilmaisua. Yläsolmu jossain kolmesta ilmamerkistä indikoi tarvetta kehittää omia sosiaalisia taitoja ja ajattelukapasiteettia, kun taas yläsolmu maaelementin piirissä kehottaa yksilöä suuntautumaan nyt aiempaa enemmän käytännöllisiin, maanläheisiin asioihin sekä tuomaan ne toteutukseen.

Itse painotan tulkinnoissani hieman enemmän solmujen huone- kuin merkkisijainteja; huonesijainnit ovat solmujen suhteen yksilöllisempiä koodauksia. Kokonaiskuva on tässä kuitenkin keskeisintä.

Kuunsolmuihin muodostuvat aspektit antavat sitten tulkintoihin lisävalaistusta ja ovat tärkeitä signaaleja Henkisellä Tiellä. Kolmiot/sekstiilit ja jotkut yhtymät/oppositiot auttavat solmujen energian ja positiivisten mahdollisuuksien ilmentämistä, kun taas neliöt ja jotkut yhtymät/oppositiot viittaavat sisäisiin ja ulkoisiin kamppailuihin, joissa on yleensä karmallisia painotuksia. Selkeimpiä esimerkkejä tästä on Saturnuksen yhtymä tai neliökontakti, josta kirjoitin sivulla 184 karman planeetan aspektien yhteydessä.

Solmujen rytmiikka henkisellä tähtitaivaallamme on mielenkiintoinen. Tärkeällä sijalla näissä sykleissä ovat solmujen paluut, jotka tapahtuvat suunnilleen 18,6 vuoden välein, siispä 18-19 –vuotiaana, 37 vuoden iässä, 56 vuoden iässä, suunnilleen 74,5-vuotiaana ja 93-vuotiaana, jolloin on vuorossa solmujen viides paluu.

Solmujen paluun aikana yksilöllä on mahdollisuus summata edeltäneen syklin merkitystä ja antia. Alexander Ruperti kirjoittaa kirjassaan *Cycles of Becoming*, että ihmisellä on tuolloin mahdollisuus nähdä kohtalonsa uudessa valossa. Mitä tahansa tuolloin tapahtuukin, hän voi kypsyä henkilönä joko oman tietoisuutensa laadun muuttamisen tai syvästi häiritsevän psykologisen kriisin kautta. Joskus kuunsolmuihin liittyy paluujaksojen aikana opettavaisia – joskaan ei aina miellyttäviä – kohtaamisia solmujen merkkejä edustavien ihmisten kanssa.

Kannattaa myös seurata kaukaisten planeettojen Saturnuksen, Uranuksen, Neptunuksen ja Pluton kontakteja solmuihin, erityisesti alasolmuun. Nämä kontaktit tapahtuvat Saturnusta lukuun ottamatta vain kerran keskimääräisen eliniän puitteissa, ja voivat olla sitäkin dramaattisempia. Tarkastelussa kannattaa kunkin planeetan kohdalla ottaa huomioon solmujen merkki- ja huonesijainnit, joiden edustamiin asioihin noiden kuvioiden voimavaikutus heijastuu.

Saturnuksen ylimeno alasolmuun tapahtuu kerran suunnilleen 29,5 vuodessa ja tuo usein tullessaan jonkin karmallisen tilanteen, johon saattaa liittyä vaikea, jopa musertava kokemus ja jonkinlainen menetys. Usein ihmiseltä vaaditaan tässä jotain itsekuriin, velvollisuuteen tai uhrautumiseen liittyvää. Uranus-transiitti tuo yllättävän, vakavan ja suuren muutoksen yksilön elämään. Mukana on arvaamattomuutta ja epävakautta.

Neptunus ylittäessään alasolmua voi altistaa yksilön petollisille virtauksille, ja myös terveysongelmat – erityisesti vaikeasti diagnosoivat – voivat olla osa tätä hämärryttävää ylimenoa. Mukana saattaa olla surua, hämmennystä ja myös päättämättömyyttä. Neptunuksen hankalat kontaktit voivat olla myös addiktiivisia. Pluton kontakti eteläsolmuun purkaa ja kokoaa uudelleen asioita ja rakenteita sekä saattaa tuoda myös menetyksen liittyen joko johonkin asiaan tai ihmiseen. Pluton vaikutus on lopulta puhdistava ja uudistava, vaikkakin itse prosessi on usein kirpeä ja työläs, suorastaan pakottava.

### Esimerkkikartta 12:

Koska jälleensyntymisopin yhteys astrologiaan on niin vähän käsitelty aihepiiri, otamme aiheen tiimoilta esiin vielä kolmannenkin esimerkkikartan, joka auttaa meitä ymmärtämään kiehtovan teeman laajuutta ja moninaisuutta.

Seuraava esimerkki on ajallisesti lähempänä meitä kuin kaksi edellistä. Kyseessä on tapaus, joka 1990-luvulla herätti mielenkiintoni. Erääseen suomalaiseen perheeseen syntyi 1960-luvun alkupuolella tytär, jolla oli synnynnäinen sydänvika. Hän elikin vain hieman yli puoli vuotta. Tyttären kuolema aiheutti perheessä syvän trauman.

Pari vuotta tyttären kuoleman jälkeen samaan perheeseen syntyi poika, ja tämän omaan perheeseen syntyi 1990-luvun alussa tytär. Häntä pidetään perheen ja suvun piirissä tuon varhain kuolleen tyttären inkarnaationa. Koska olen kuullut vain harvoista tapauksista, joissa nuorena kuollut lapsi on syntynyt uudelleen samaan perheeseen tai sukuun, päätin tutkia asiaa henkisen astrologian keinoin.

Olen asettanut oheisen esimerkkikartan sisäkehälle tuon varhain kuolleen tyttölapsen syntymäkartan, keskikehälle hänen kuolinkarttansa ja ulkokehälle seuraavan elämän syntymäkartan. Näillä kartoilla kontaktit ovat hämmästyttävän voimakkaat. Esimerkiksi aiemman elämän kuolinkartan Aurinko Härässä on varsin tarkassa yhtymässä oletetun seuraavan elämän syntymäkartan eli radixin kanssa. Asteväljyys on vain pari astetta. Samoin on laita Kuun sijaintien välillä; ne ovat suunnilleen neljän asteen päässä toisistaan. Huomioni kiinnittyy myös kuunsolmujen sijaintiin syntymäkartoilla vastakkaisissa merkeissä (Leijona ja Vesimies) muutaman asteen päässä tarkasta oppositiosta. Nämä kaikki ovat erittäin merkityksellisiä kontakteja henkisessä astrologiassa ja ikään kuin virittävät nämä kartat voimakkaasti toisiinsa.

Erittäin merkittävä tekijä on tietysti sama nousumerkki eli Neitsyt molemmissa syntymäkartoissa. Matemaattinen todennäköisyys tähän on pohjoisilla leveysasteilla aika paljon suurempi kuin 1/12, mutta kyse ei olekaan todennäköisyyksistä ja sattumista, vaan sielun kehityssuunnitelmasta. Yleensä sama askendentti peräkkäisissä ruumiillistumista kertoo sielun halusta työstää samanlaisia asioita näissä elämissä. Mainitsin 4. luvun alussa, että Hilarionin mukaan suunnilleen kolmasosalla tällä hetkellä inkarnaatiossa olevista ihmisistä on sama askendentti kuin edellisessä elämässä.

Robert Powell viittaa aiemmin mainitussa *Hermetic Astrology* –teoksessaan Auringon ja Saturnuksen välisen aspektin merkityksellisyyteen astrologisissa jälleen-

Esimerkkikartta 12:

Inner wheel A syntymäkartta

Middle wheel A kuolinkartta

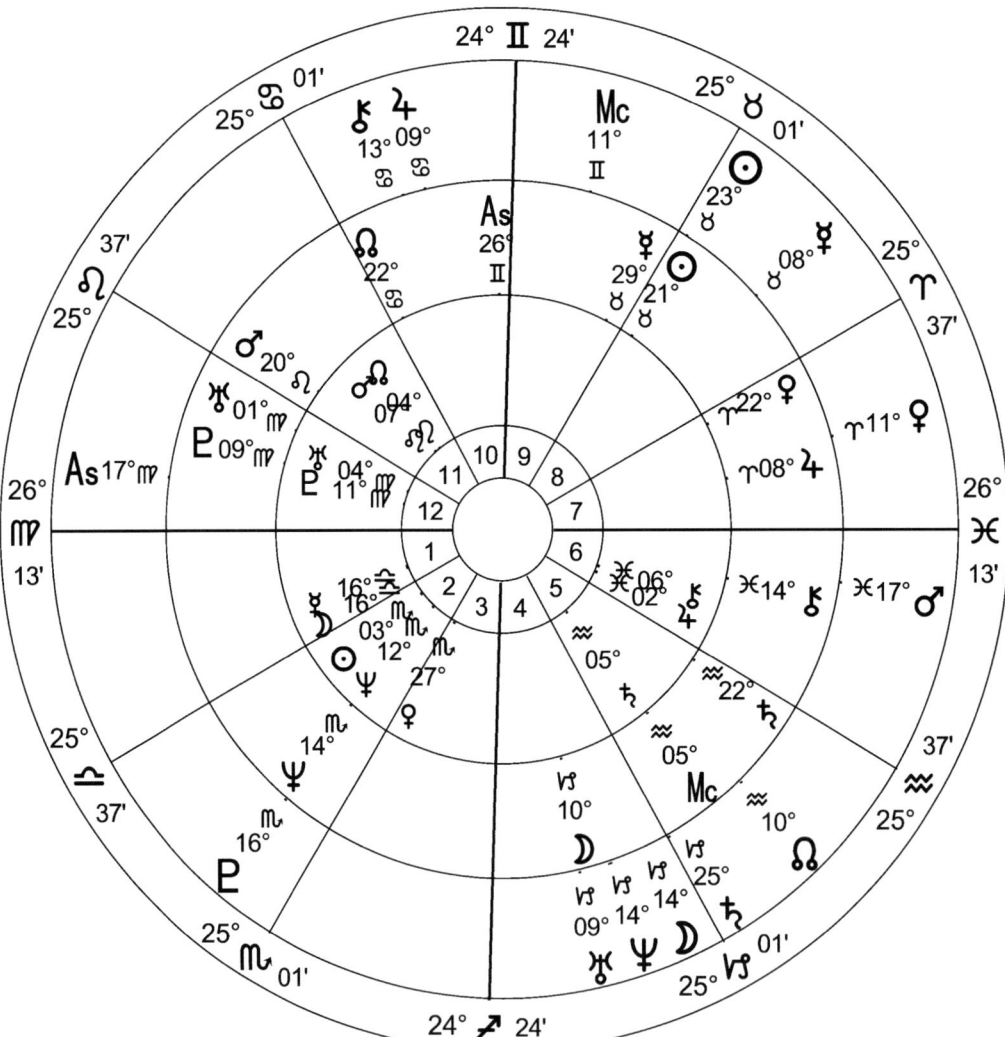

Outer wheel B syntymäkartta

Astrologia ja Henkinen Tie

syntymistutkimuksissa. Hänen mukaan Saturnuksen ja Auringon välinen kulma edellisen elämän kuolinkartalla ja seuraavan inkarnaation syntymäkartalla pysyy samana tai komplementtikulmana.

Kun katsomme kolmen edellä esitellyn esimerkkikartan planetaarisia kontakteja tästä näkökulmasta, voimme havaita, että tämä lainalaisuus ei päde ainakaan näissä tapauksissa. Esimerkkikartta 10:n kuolinkartalla Aurinko ja Saturnus ovat melkein oppositiossa, kun taas seuraavan inkarnaation horoskoopissa niiden välillä on tarkka kolmioaspekti.

Esimerkkikartta 11:ssä kuolinkartalla on näiden taivaankappaleiden välillä väljä oppositio ja seuraavalla syntymäkartalla puolestaan neliö, kun taas kolmannessa kartassa (esimerkkikartta 12) Auringon ja Saturnuksen välillä on vastaavasti kuolinkartalla varsin tarkka neliö ja seuraavalla syntymäkartalla kolmio. Eli kontaktit kyllä löytyvät näiden taivaankappaleiden väliltä, mutta eivät sillä tavoin kuin Powell ehdottaa. Olisiko tässä viimeisessä esimerkissä tapahtunut niin, että yksilö olisi hyvin lyhyen inkarnaation aikana suorittanut jonkin karman (olemme kuulleet tällaisista tapauksista), mikä on mahdollistanut sen, että seuraavassa elämässäsi Auringon ja Saturnuksen välille on rakentunut harmoninen kolmio?

Kun tarkastellaan saman esimerkin puitteissa peräkkäisten elämien syntymäkarttoja, voidaan huomata (niin kuin mainitsin jo edellä), että kuunsolmut ovat niissä vastamerkeissä. Aiemmassa elämässä Kuun yläsolmu on Leijonassa, seuraavan inkarnaation kartassa puolestaan tämän vastamerkissä Vesimiehessä. Tällainen tilanne saattaa kertoa sielun tarpeesta tasapainottaa joitakin energioita. Tästähän on osin kyse kuunsolmujen sijainneissa: balansoinnin tarpeesta. Kirjoitin 2. luvussa siitä, että vastamerkit nimenomaan täydentävät ja sillä tavoin myös "opettavat" toisiaan.

Menneisyys näyttää joka tapauksessa jättävän jälkensä erityisesti alasolmuun. Tässä esimerkkitapauksessa on hyvä huomioida, että alasolmu on nykyisen elämän kartalla Leijonassa, merkissä joka hallitsee mm. sydäntä. Muistamme, että yksilö menehtyi edellisessä inkarnaatiossaan hyvin nuorena juuri sydänongelmiin. Siitä löytyy vinkki myös Kuun alasolmun varsin tarkasta yhtymästä Saturnukseen Vesimiehessä ja 5. huoneessa, jota hallitsee juuri – Leijonan merkki.

Tässä yhteydessä on hyvä muistaa, että sielu itse osallistuu sen fyysisen kehon rakentamiseen, johon se sitoutuu syntymän yhteydessä. Tämä tarkoittaa sitä, että jos yksilöllä on aiemmissa kehollistumisissaan ollut esimerkiksi vaikeuksia ilmentää aitoa rakkautta, se vaikuttaa heikentävästi fyysiseen sydämeen tulevissa jälleensyntymissä. Sydänchakra ei silloin kykene täysipainoisesti ottamaan vastaan korkeamman Minän lähettämiä rakkausenergioita. Kyseessä on tärkeä avain sydänvaivojen syytason ymmärtämiseen. Olen käsitellyt asiaa laajemmin Kylli Kukkin kanssa tekemässäni kirjassa *Vesi – elämän sanansaattaja*.

Yleisemmällä tasolla alasolmun yhteyttä Kuuhun kannattaa aina tarkastella, samoin kuin yläsolmun ja askendentin välistä yhteyttä. Ne auttavat ymmärtämään syvällisemmin sitä, mikä on tuotu menneisyydestä (Kuu ja alasolmu), ja myös sitä, mitä kohti yksilö on tässä inkarnaatiossaan suunnistamassa (askendetti ja yläsolmu). Kyseinen astrologinen yhtälö antaa samalla toimivan työkalun synteesin tekemiseen henkisen astrologian hengessä.

Jäykkiä lainalaisuuksia ei näytä löytyvän tutkimieni peräkkäisten jälleensyntymien kartoilta, joten ei kannata sännätä liian nopeisiin johtopäätöksiin. Kuitenkin edellisen elämän syntymä- ja kuolinkartat näyttävät resonoivan voimakkaasti seuraavan kehollistuman radixin kanssa. Tuo resonointi ei välttämättä ole sidoksissa tiettyihin kuvioihin tai kaavoihin, vaan kartan yleiseen henkeen ja joihinkin määrääviin kontakteihin. Niitä tarkastellessa saa vaikutelman, että sielu on ikään kuin laittanut itselleen muistiin joitain tekijöitä tai astrologisia punaisia lankoja, jotka astrologi saattaa kyetä selvittämään.

Niin kuin kirjoitin aiemmin, monet nykyään syntyvistä lapsista ovat ns. vanhoja sieluja, jotka ovat olleet intensiivisessä koulutuksessa fyysisten inkarnaatioiden välillä. Kahden peräkkäisen fyysisen elämän välinen aika on keskimäärin puolet aineellisen inkarnaation kestosta, tavallisesti 30-35 vuotta. Andersenin ja Kayen tapauksessa se oli 38 vuotta, Caycen ja Wilcockin tapauksessa 28 vuotta ja kolmannessa esimerkissä suunnilleen saman verran eli 27 vuotta. Joskus yksilö inkarnoituu kuitenkin hyvin nopeasti uudestaan, ja näissä tapauksissa edellistä elämää on helpompi tutkia, koska se voi olla paremmin seuraavan inkarnaation muistikapasiteetissa. Tämän on myös professori Stevenson todennut tutkimuksissaan ympäri maailmaa.

Fyysisten elämien väliin jäävä aika kuluu monilla sieluilla eletyn elämän kokemusten sulatteluun ja myös virittäytymiseen erilaisissa planetaarisissa sfääreissä, ei kuitenkaan välttämättä näillä fyysisillä planeetoilla. Esimerkiksi laiskuuden, saamattomuuden tai pitkän sairauden kautta heikentynyt yksilö voi saada uudenlaista ryhtiä olemukseensa Marsin värähtelypiirin kautta. Marsin vaikutus mahdollistaa myös ihmisen yksilöllisyyden keskityksen paljon nopeammin kuin se olisi muuten mahdollista.

Venuksen säteilyt puolestaan pehmentävät ihmisen rakkausluontoa ja sulattavat ne eristävät muurit, joita monet yksilöt ovat rakentaneet ympärilleen suojautuakseen aiemmissa elämissä koetulta emotionaaliselta tuskalta. Merkuriuksen vaikutus taas nopeuttaa mentaalisia prosesseja jne. Näistä virittymisistä eri planeettojen värähtelypiirissä ovat mm. Edgar Cayce ja Rudolf Steiner antaneet paljon tietoa.

Kehittynyt yksilö sen sijaan hakeutuu aktiivisesti henkisillä tasoilla saatavilla olevaan opetukseen, joka lisää hänen henkistä kapasiteettiaan seuraavassa maaelämässä, ja oman henkisen kotikaupunkinsa korkeammilla värähtelytasoilla. Sen selvittäminen voi tuoda mukanaan paljon tietoa. Hän saattaa myös käydä opissa oman järjestelmämme ulkopuolella, esimerkiksi Siriuksella. Palaamme tähän radikaaliin ajatukseen vielä tarkemmin tuonnempana.

Hilarion on paljastanut myös prosessia, joka liittyy "parhaimman" syntymäajan valitsemiseen kussakin inkarnaatiossa. Yleensä se tapahtuu viimeisten raskausviikkojen aikana, jolloin tiedetään jo paljon jälleensyntyvän ihmisen pian alkavan uuden elämän keskeisistä suuntaviivoista. Tuolloin etsitään ja tarkastellaan sopivaa astrologista kuviota, joka sopisi todennäköisiin sisäisiin piirteisiin, kohdattavaksi tarkoitettuun karmaan ja uuden persoonallisuuden ominaisuuksiin. Sitten syntymään liittyvät tapahtumat orkestroidaan korkeammalla tasolla niin, että saadaan aikaiseksi ensihengitys "parhaimpana" ajankohtana astrologisesta näkökulmasta. Sattumalla ei tässä ole sijaa.

Näyttää siltä, että astrologian ja jälleensyntymisen suhteen tarkempi analyysi jää tuleville sukupolville. Kun yhä useammat ihmiset herättävät oman jälleensyntymismuistinsa, saamme aiempaa parempaa, tarkempaa ja samalla astrologisesti relevantimpaa informaatiota tästä kiehtovasta yhteydestä.

# Kolmen laki

Tarkastellessani aiemmin 6. luvun lopussa Albert Schweizerin karttaa viittasin ns. kolmen lakiin, jolla on paljon sovelluksia. Suomalainen sananlaskuviisaus kertoo, että kolmas kerta toden sanoo. Raamatussa puolestaan kukko lauloi kolmesti. Asioihin on usein sisäänrakennettuna kolmen kerroksellisuus tai peräkkäisyys, ja esimerkiksi henkiset oppaamme käyttävät tätä lainalaisuutta.

Kyseessä on jupiteriaaninen luku ja myös asioiden ja tapahtumien orkestrointiin liittyvä tekijä. Kaikki tämän lain puitteissa toimiva ei tietysti ole aina dramaattista, mutta joskus sen ymmärtäminen voi antaa lisävaloa ja -apua vaikkapa astrologisen kartan tulkintaan.

Ideana tässä on se, että kertoessamme jonkin planeetan asteluvun (mukaan luettuina minuutit) saamme ajankohdan, jossa jokin kyseisen planeetan sijaintiin liittyvä tekijä on koodattu laukeamaan. Se tapahtuu usein riippumatta saman ajankohdan muista mahdollisista astrologisista tekijöistä. Schweizerin kohdalla tosin mukana olivat myös voimakkaat Saturnus-transiitit.

**Esimerkkikartta 13:**
Annan asiasta toisen esimerkin, joka voi olla valaiseva. Kyseessä on kyvykkään astrologian opiskelijan kartta, jonka energeettinen polttopiste on salaperäisessä 8. huoneessa. Auringon lisäksi sieltä löytyy mm. Saturnuksen yhtymä Pluton kanssa, joka on siis omassa huoneessaan.

Tässä tapauksessa keskeinen tekijä on Saturnus, jonka sijainti on 17° Leijonaa. Kolmen säännön mukaan Saturnuksen oppiläksyjen pitäisi siis aktivoitua yksilön elämässä noin 51 vuoden iässä. Niinhän siinä sitten kävikin. Annetaanpa hänen itsensä kertoa:

"Syksyllä olin täyttänyt 51 vuotta, ja seuraavana keväänä pitkä työurani päättyi kuin seinään. Ja vielä kaiken kunniaksi aprillipäivänä vuonna 1999 Saturnus-kouluni

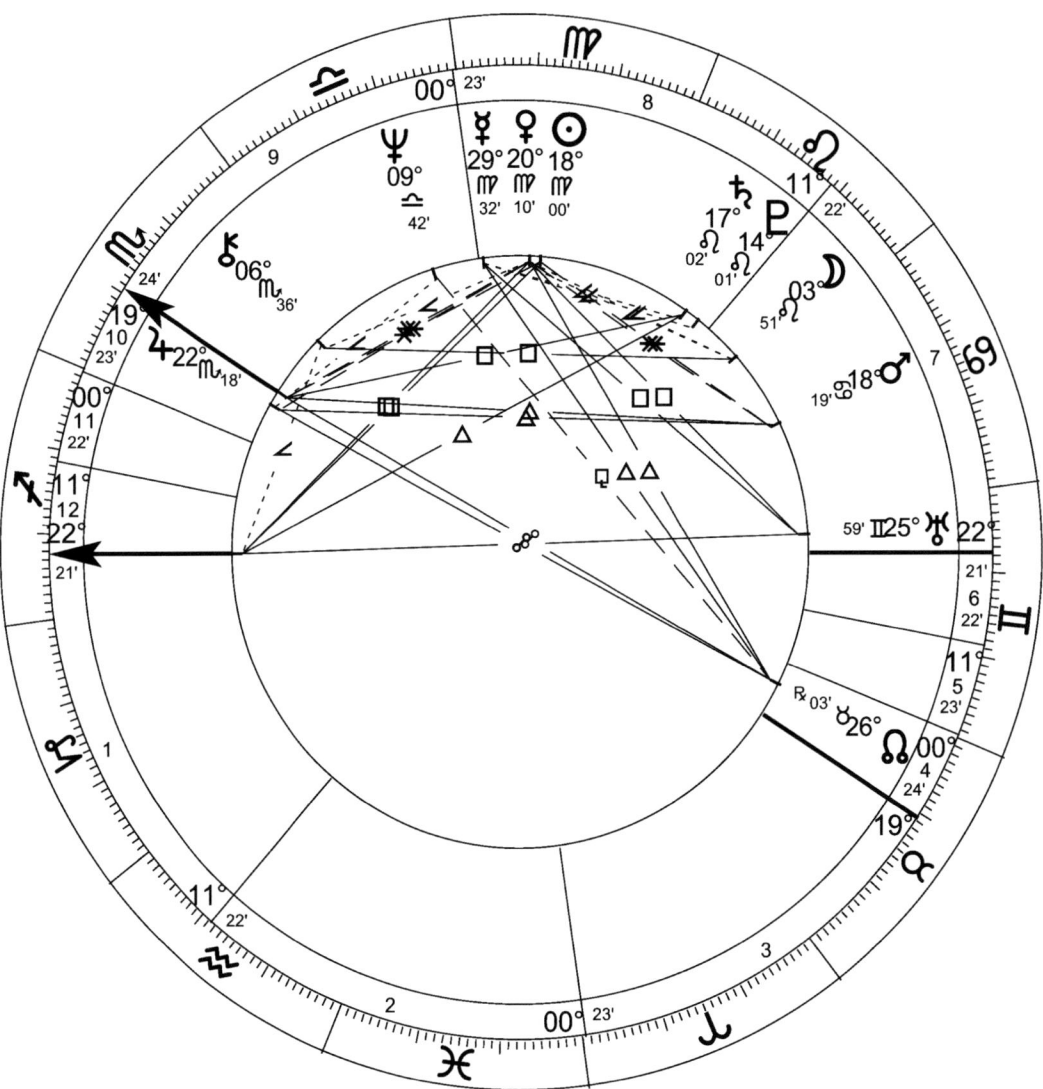

alkoi. Jalat menivät alta, ja ankara hermokipu alaselässä ja jaloissa alkoi määrittää elämääni ja vähitellen myös minuuttani. Täydellinen elämänmuutos ja 8. huoneeseen Saturnuksen ja Pluton yhtymän koodaama 'sielun pimeä yö' ja täydellinen minuuden transformaatio oli alkanut."

"Kiveäkään ei jäänyt kääntämättä ja nyt kahdeksan vuotta myöhemmin osaan jo kiittää ja siunata vaativia 'opettajiani'. Matkan varrella opin vähitellen huomaamaan, että aina kun tahdoin palata vanhaan elämääni, myös kipu palasi. Vielä viime talvenakin se piti käydä tarkistamassa, ja ne näyttävät liittyvän erottamattomasti toisiinsa. Saturnus ei siis unohda..."

# Kiintotähtien vaikutus

Ihmiskunnan näkemys ja tietoisuus aurinkokunnan ja maailmankaikkeuden rakenteesta laajentuu kaiken aikaa. Ensimmäiset eksoplaneetat - muiden aurinkokuntien planeetat - on löydetty jo 1990-luvun alussa. Tähän mennessä niitä on löydetty yli 4000. Lisää löydetään kiihtyvällä vauhdilla. Myös elämän etsintä muualta maailmankaikkeudesta käy vilkkaana. Monet näkijät, mystikot ja esoteristit ovat kautta aikojen tienneet, että universumi on täynnä elämää, mutta se ei useimmissa tapauksissa ole näin matalalla ja karkealla värähtelyasteella kuin planeetallamme. Giordano Bruno on hyvä esimerkki tällaisesta visionääristä.

Hilarion mainitsee, että oman aurinkojärjestelmämme muilla planeetoilla on monia eri luonnonkuntia, mutta vain vähän elämää fyysisellä värähtelytasolla. Ja oman järjestelmämme tuolla puolen, tähtien muodostamaan äärettömään kosmiseen tomuun ripoteltuna, on miljardeittain asuttuja planeettoja ja niiden kiertolaisia - niitä on enemmän kuin hiekanjyviä autiomaassa. Noilta kosmisilta tomuhiukkasilta löytyy ylenpalttisesti elämänmuotoja, joiden kautta henkiset olennot voivat kokea elämistä muotojen maailmassa ja oppia tuntemaan itsensä.

Hilarion muistuttaa, että elämä Maa-planeetalla on hiileen perustuvaa, kun taas useammilla oman aurinkokuntamme planeetoilla esiintyy elämänmuotoja, joiden perustana on pii. Tässä suhteessa kannattaa pitää mielensä avoimena; tulevaisuudella saattaa olla tarjottavanaan vielä muutamia yllätyksiä liittyen elämän luonteeseen ja laatuun, joka poikkeaa omastamme.

Kiintotähtien merkitys on kasvamaan päin myös astrologiassa. Kolmiulotteiset astrologiset ohjelmat auttavat meitä paremmin ymmärtämään paitsi oman aurinkokuntamme luonteen, myös meitä ympäröivien tähtijärjestelmien ja fyysisen taivaanmekaniikan luonteen. Esimerkiksi heliosentrinen astrologia, josta olen kirjoittanut tarkemmin kirjassani *Astrologia ja hyvinvointi*, tuo mielenkiintoisia tuulahduksia korkeammasta astrologisesta ymmärryksestä, joka on hiljalleen avautumassa ihmiskunnalle.

Valtava pelinavaus kiintotähtien ja galaksien uudenlaiseen ymmärrykseen aiempaa henkisemmästä näkökulmasta on Jon C. Foxin Hilarionilta kanavoima, Michael Smulkisin ja Fred Rubenfeldin kirjoittama *Starlight Elixirs & Cosmic Vibrational Healing* (The C.W. Daniels Company Limited 1992). Siinä kuvataan muiden järjestelmien ja niissä elävien sivilisaatioiden vaikutusta ja merkitystä ihmiskunnan kehitykseen halki aikakausien. Kyseessä on mielestäni yksi oman aikamme tärkeimmistä kirjoista, joka todella avaa henkiset horisonttimme ymmärtämään asioita laajemmasta, kosmisemmasta näkökulmasta.

Ihmiskunta on Smulkisin ja Rubenfeldin kirjan mukaan eri energioiden sulatusuuni, monien maallisten ja ylimaallisten voimien synteesi. Jotkut planeetallemme leimansa jättäneet galaktiset rodut eivät ole toimineet ihmiskunnan parasta ajatellen, mutta useimpien vaikutteet ovat kuitenkin olleet suotuisia ja rakentavia. Eli eri tähtijärjestelmissä tunnetaan paljon hyväntahtoisuutta Maan ihmisiä kohtaan, jotka kamppailevat vielä kolmiulotteisuuden vankilassa. Valon tahot eivät kuitenkaan

kajoa ihmiskunnan vapaaseen tahtoon (johon tummat voimat pyrkivät vaikutta-
maan), mutta inspiraatiota ja tukea on tarjolla halukkaille. Kosminen auttamisen
laki velvoittaa korkeammalla tasolla olevaa auttamaan alemmalla kehitystasolla ole-
vaa - jos tämä sitä pyytää. Tähän viittaa myös raamatullinen "kolkuttakaa niin teille
avataan" -viisaus.

Vieraat sivilisaatiot ovat vaikuttaneet voimakkaasti mm. DNA-rakenteeseemme,
solurakenteisiin, anatomiseen struktuuriin, ruoansulatuskanavaan, ihoon, hiuksiin,
kynsiin yhtä lailla kuin ihmiskehon fyysiseen olemukseen, kokoon ja muotoon. Mut-
ta vaikutukset ovat ulottuneet paljon laajemmalle ja henkisemmälle alueelle, esimer-
kiksi kommunikaation kehitykseen. Tässä en tarkoita pelkästään puhuttua ja kir-
joitettua sanaa, vaan telepatiaa, psykometriaa ja informaation välittämistä pyhien
riittien, symbolikielten jne. välityksellä.

Kun työskentelemme tietoisuudessamme jonkin kaukaisen tähtijärjestelmän
kanssa, työskentelemme samalla sekä itse tähden että sen aurassa olevien sivilisaa-
tioiden energian kanssa. Nämä vaikuttavat nimittäin toisiinsa. Tulee aika, jolloin
myös ihmiskunta alkaa tietoisen vuorovaikutuksen oman Aurinkomme kanssa.

Tähtien energiat suodattuvat ihmiskunnalle Auringon auran kautta, joka ulot-
tuu Pluton kiertoradan ulkopuolelle. Vaikka jostain kaukaisesta tähtijärjestelmästä
tai galaksista tulevalta valolta kestää kauan saapua omaan aurinkokuntaamme, on
tuo valo samaa kuin se, joka hoivasi ko. sivilisaatiota ja vaikutti siihen jo tuhansia
vuosia sitten. Ja mitä on esimerkiksi tuhat vuotta kosmisesta näkökulmasta? Ei edes
silmänräpäystä..

Meidän tulee myös ymmärtää, että valo, värähtely, energia ja informaatio ovat hy-
vin läheisissä tekemisissä toistensa kanssa, melkein synonyymejä. Valo värähtelee ja
sisältää informaatiota. Valo toimii myös kantoaaltona eri galaktisille sivilisaatioille
luonteenomaisten energioiden ja kvaliteettien välittämisessä.

## Tähti- ja planeettaeliksiirit

Smulkisin ja Rubenfeldin kirjan sisältöön liittyvät olennaisesti myös amerikkalaisen
Pegasus Productsin valmistamat tähtieliksiirit, joiden kehittäminen alkoi 1980-luvun
lopulla, kun Hilarion antoi vinkin niistä amerikkalaiselle astrologille ja astronomille
Ted Denmarkille. Näihin uutteisiin on tallennettu tietokoneohjatun ja erikoisvarus-
tun teleskoopin avulla eri tähtien ja tähtijärjestelmien energioita aika samalla tavalla
kuin kukka- ja muiden värähtelyuutteiden teossa. Informaatio on tallennettu veden
muistiin valoa läpäisemättömiin pipettipulloihin. Tähtieliksiirit ovat eräässä mielessä
"kosminen kirjastokortti", joka avaa suoran väylän universumin tietopankkeihin.

Suuri osa ihmiskuntaa elää vielä aineen vankilassa, mutta myös tähtien korkeampi
kutsu, niiden hiljainen laulu, on mahdollista kuulla ja ymmärtää. Kun ihminen on
henkisesti noussut pystyyn, ei häntä voi enää kukaan saada takaisin rähmälleen. Jo
Pythagoraan ajoista on puhuttu sfäärien soitosta ja harmoniasta; nyt tuo harmonia
on tallennettu kätevästi veden muistikapasiteettiin.

Muutamat galaktiset rodut ovat olleet erityisen aktiivisia ihmiskunnan suhteen. Näihin kuuluvat mm. Plejadien eli Seulasten tähdistössä, Siriuksella, Arcturuksella, Aldebaranilla, Vegalla, Procyonilla ja Fomalhautilla asuvat rodut. Näiden kaikkien "kädenjälki" näkyy ihmiskunnassa, tosin eri tavoin. Esimerkiksi Seulasista peräisin olevat sivilisaatiot ovat vaikuttaneet antiikin Kreikan legendojen kautta. Ne ovat sitten siirtyneet antiikin Rooman kulttuuriin, katoliseen kirkkoon ja erilaisiin rituaaleihin, joilla on ollut voimakas vaikutus sivilisaatioomme. Plejadien tähdistöstä Alcyone, Electra ja Merope ovat kotitähtiä sivilisaatioille, joilla on suurin yhteys ja merkitys planeetallemme nykyisenä aikana.

Sirius on tietysti luku sinänsä. Alice A. Baileyn kautta tulleet opetukset kuvaavat Siriuksen voimakasta vaikutusta ihmiskuntaan monilla eri tasoilla. On myös hyvä tietää, että useimmilla meistä on yksi tai kaksi inkarnaatiota omassa menneisyydessämme jollain Siriuksen kaksoistähteä ympäröivällä planeetalla, tavallisesti kolmannella, neljännellä tai viidennellä planeetalla tässä tähtijärjestelmässä. Sen planeettoja ovat mm. Sirulian ja Utern. Ihmiset käyvät joskus kouluttamassa itseään kahden aineellisen inkarnaation välisenä aikana myös galaksin muissa koulutuskeskuksissa, joista Sirius on tärkeimpiä. Muita ovat mm. Vegan ja Denebin järjestelmät.

Siriuksella on suuri historiallinen merkitys planeetallemme, ja Sirius myös liittyy suoraan planeettamme välittömään tulevaisuuteen. Tähän kaksoistähteen ja sen energioista tislattuun tähtieliksiiriin sisältyy suuri parantava energia ja myös kyky muuntaa värähtelyitä, esimerkiksi niin että fyysisen kehon värähtelyt voivat muuttua vastaamaan paremmin hienokehojen, ihmisen henkisen rakenteen, värähtelyitä.

Siriusta ympäröi kuitenkin jonkinlainen mysteeri. Muut galaktiset rodut - joiden edustajat kommunikoivat telepaattisesti ihmiskunnan kanssa - eivät juurikaan kommentoi kanavoinneissaan Siriukseen liittyviä asioita, osittain ehkä siksi että meillä on geneettinen yhteys Siriukseen. Mikä vielä tärkeämpää, Siriuksella on suora yhteys Maan välittömään tulevaisuuteen.

Mainitsin edellisessä luvussa Siriuksen kaksoistähden suunnilleen 50 vuoden syklin, joka vertautuu mielenkiintoisesti Kheironin vastaavaan sykliin eläinradalla. Edellinen Sirius-syklin kulminaatio tapahtui hieman ennen 1990-luvun puoliväliä, ja planeetallemme virtaa edelleen hyvin voimakkaita Sirius-energioita. Kun siirrymme Vesimiehen aikakauteen, on luvassa uusi sykli. Sellainen voi syntyä esimerkiksi n. 2043, jolloin nämä kaksi tähteä ovat seuraavan kerran lähimpänä toisiaan.

Siriuslaisilla on erityisesti suunniteltuja teknologioita ja tekniikoita, joilla voidaan lähettää tätä parantavaa energiaa Maa-planeetalle. Se on erityisen käyttökelpoista käsiteltäessä rakkauden energioita ja voi tuoda kaikkien hienokehojen yhdistymisen tunteen, kuinka kaikki hienokehot ovat vuorovaikutuksessa keskenään ja kuinka tietoisuuden manipuloimat eetterikehon energiat voivat tulla fyysiseen kehoon. Siriuslaiset ovat tehneet laajasti työtä kaikilla näillä työvälineillä.

Oman planeettamme energialääkintä perustuu osin juuri Siriukselta tulleisiin vaikutteisiin, ja monet parantaviin teknologioihin liittyvät ideat päästetään julkisuuteen lähitulevaisuudessa Siriukselta. Lisäksi naapurijärjestelmästä tulleet ohjaavat energiat ovat edistäneet mm. ekologisen liikkeen syntymiseen, feminismiin, kokonaisvaltaisiin hoitomuotoihin, positiivisiin tieteellisiin keksintöihin ja ei-aineellisen todellisuuden tietoisuuden lisäämiseen liittyviä muutoksia.

Olen kirjoittanut laajemmin Siriuksen merkityksestä sekä menneiden sivilisaatioiden että nykypäivän näkökulmasta kirjaani *Tien päällä ja taivaan alla* (Smiling Stars, 2011).

Vegan aurinkokunnan useiden planeettojen sivilisaatiot ovat vaikuttaneet planeettamme musiikkiin menneisyydessä, esimerkiksi tasavireisen viritysjärjestelmän jälkeen tapahtuneisiin muutoksiin, siirtymiseen Mozartin musiikista romantiikkaan (joka oli tärkeä kehitysaskel sydämen energian ja rakkauden voimistamiseksi ihmiskunnassa) sekä ns. avaruusmusiikin kehittymiseen. Vegan energioista tehty eliksiiri voi myös inspiroida musiikintekijöitä. Lisäksi se saattaa luoda syvemmän yhteyden yksilön sielunsäveleen, sielun tarkoitukseen, sielun värähtelyyn ja korkeampaan minään.

Tähtieliksiireistä löytyvät myös oman aurinkokuntamme planeettaeliksiirit, joita voi hyvin suositella esimerkiksi kulloinkin kyseessä olevan planeetan aktivoitumisen - esimerkiksi transiittien - aikoihin. Näin ihminen kykenee paremmin ymmärtämään tämän taivaankappaleen luonnetta, laatua ja vaikutustapaa.

Olemme itse käyttäneet näitä tähtiuutteita parikymmentä vuotta ja saaneet sinä aikana suoraa ymmärrystä kosmisista energioista. Hilarion antoi aikoinaan vinkin, jolla astrologi voi saavuttaa syvemmän näkemyksen eri merkistä. Hän voi valita jokaisesta eläinradan merkistä yhden tähtieliksiirin ja ottaa ko. eliksiiriä kuuriluontoisesti silloin, kun Aurinko on nimenomaan tuossa merkissä. Näin vuoden aikana käydään läpi kaikki merkit ja kunkin osalta jokin merkin eliksiireistä.

Mikä näiden tähtiuutteiden keskeinen tarkoitus sitten on ihmiskunnan suhteen? Hilarion antaa tähän mielenkiintoisen vastauksen: "Kun päätätte, että teidän on elettävä rauhassa ja harmoniassa, että teidän on jaettava keskenänne tämä maailma, että teidän on elettävä rinnakkain Äiti-Maan kanssa - olette silloin harmoniassa niiden galaksinne periaatteiden kanssa, jotka ihmiskuntaa paljon kauemmin olemassa olleet olennot ovat hyväksyneet itselleen ja hyötyneet niistä monilla eri tasoilla. Te pyritte, joskin tiedostamatta, rotuna luomaan yhteyksiä näihin galaktisiin ideaaleihin."

"Tähtieliksiirit auttavat näiden yhteyksien luomisessa. Tähdillä on kyky siirtää oman evoluutionsa ominaisuuksia ihmisiin. Nämä asiat ovat monien ihmisten saavutettavissa nyt, kun ihmiset tavoittelevat tähtiä. Kun ihmiskunta kehittyy, siitä seuraa todennäköisesti tähtienvälinen matkustaminen ja tietoiseksi tuleminen ympärillä olevista galakseista ja kaikista Linnunradan galaksin tähdistä. Tähtiuutteet ovat erityisesti tätä varten." (Julkaistu Fred Rubenfeldin luvalla kirjasta *Starlight Elixirs & Cosmic Vibrational Healing*).

Pegasus Products on maailman suurin värähtelyuutteiden valmistaja, ja yhtiön valikoimissa on suuri määrä tähtieliksiirejä (www.pegasusproducts.com).

Seuraavassa on tiivistelmä planeettaeliksiireistä, niiden keskeisistä vaikutuksista ja muutamista muista suosituista tähtieliksiireistä:

**Helios - Aurinko - Elinvoima.** Lisää kehon elinvoimaa vahvistamalla energiaa kaikissa chakroissa ja parantamalla ravinnon imeytymiskykyä ja mineraalitasapainoa. Apu kaamosmasennuksesta ja uupumuksesta kärsiville. Voi auttaa myös kohtaamaan selkeämmin menneitä elämiä ja niiden viestejä.

**Luna - Kuu - Tietoisuus.** Avuksi tiedostamattoman mielen sisältöjen kohtaamisessa. Vahvistaa naisellista olemuspuolta esim. työskenneltäessä tiedostamattomasta nousevan aggression kanssa. Suositellaan käytettäväksi mieluummin yhdessä muiden eliksiirien kanssa toivotun vaikutuksen aikaansaamiseksi kuin pelkästään yksin stimuloimaan tiedostamatonta mieltä.

**Mercury - Merkurius - Kommunikaatio.** Merkuriuksen edustaman myönteisen energian vahvistaminen. Auttaa kommunikaatio-ongelmissa sekä työskenneltäessä mekaanisten laitteiden kanssa. Tasapainottaa ja auttaa niissä ongelmissa, joita ilmenee Merkuriuksen ollessa peräantyvässä liikkeessä (retrograde).

**Venus - Ihmissuhteet.** Tuo ihmistenväliseen kanssakäymiseen syvyyttä ja yhteisymmärrystä sekä auttaa kehittämään ihmissuhdetaitoja. Sydänchakran vahvistamiseen sekä rakkauden ja parantavien kykyjen herättämiseen.

**Mars - Innostus.** Marsin edustaman energian vahvistaminen ja sen positiivinen, rakentava ja luova ilmentäminen.

**Jupiter - Laajentuminen.** Jupiterin edustaman energian vahvistuminen. Kaikki mikä liittyy fyysiseen kehoon, sen kasvuun, kehitykseen ja käyttöön. Avuksi jopa painonhallinnassa ja rahavaikeuksien kanssa kamppailtaessa.

**Saturn - Saturnus - Elämän tarkoitus.** Tietoisuuden lisäämiseen oman elämän tarkoituksesta ja päämäärästä. Auttaa oppimaan työn kautta. Saturnuksen transiittien negatiivisten aspektien kanssa kamppaileville.

**Uranus - Muutoskatalyysi.** Niille (erityisesti ryhmille), jotka etsivät inspiraatiota, intuitiota ja luomisvoimaa sekä uusia ideoita. Uuden teknologian mukanaan tuomiin haittoihin sopeutumiseen. Niille jotka eivät tunne kuuluvansa tähän maailmaan.

**Neptunus - Neptunus - Henkiset kyvyt.** Avuksi itsensä ymmärtämisessä ja omien psyykkisten kykyjen löytymisessä ja hyödyntämisessä. Meditaatiossa auttaa saavuttamaan syvän hiljaisuuden ja rauhan tilan.

**Pluto - Muutos.** Ihmiskunnan pimeiden, varjomaisten energioiden saattaminen valoon ja niistä vapautuminen kuuluvat tämän aikakauden haasteisiin. Eliksiiri auttaa erityisesti niitä, joilla Pluto on hallitsevassa asemassa syntymäkartalla. Pluton todellinen lahja on kasvattaa yksilön kykyä kohdata muutos, toivottaa se tervetulleeksi ja huomata sen muuttavan suloisella tavalla elämää.

Muita erinomaisia tähtieliksiirejä:

**Adhara - Värähtelytason muutos.** Tehostaa fyysisen kehon vastaanottokykyä ja auttaa muuttamaan henkilökohtaisen värähtelytason eri kasvien, eläinten, mineraalien ja jopa muiden sivilisaatioiden edustajien värähtelyihin sopivaksi.

    **Alcyone - Kontakti maan ulkopuoliseen elämään.** Plejadien eli Seulasten alfatähden energia edistää kykyä kanavoida ja ymmärtää maan ulkopuolisilta olennoilta ja eri aurinkokunnista tulevaa korkeampaa henkistä tietoa.

    **Aldebaran - Lohdutus.** Tämän Härän tähdistössä olevan tähden energia lohduttaa surevia esim. rakkaan lähimmäisen kuoltua tai kun koetaan suurta kaipausta. Auttaa kokemaan yhteyden edesmenneiden ja elävien välillä. Antaa lohduttavaa myötätuntoa ja auttaa surutyössä. Aldebaranin myötätuntoinen energia auttaa löytämään oman sisäisen rakkauden ja voiman.

    **Almach - Henkinen ilmaisu.** Edesauttaa energian siirtoa mentaalikehosta sydämeen, mikä on olennaista toimittaessa lähimmäisten hyväksi, sekä vahvistaa selvänäköisyyttä suojellen samalla tämän kyvyn omaavia.

    **Alnitak - Henkiset kyvyt.** Värähtelytason muuntamiseen paranormaalien kykyjen vahvistamiseksi; esim. kaukonäkeminen (remote viewing), levitaatio, aineen monistaminen ym.

    **Altair - Esteiden voittaminen.** Voidaan käyttää antamaan rohkeutta vaikean tehtävän edessä tai kun elämänpolku tuntuu olevan täynnä vastoinkäymisiä ja esteitä. Auttaa kohtaamaan haasteita.

    **Arcturus - Diagnoosi.** Sekä hoitajille että potilaille antamaan selkeyttä tehtäessä diagnoosia sairauden ja sen syiden syvällisemmäksi ymmärtämiseksi. Edistää potilaan ja hoitajan/lääkärin välistä vuorovaikutusta. Sopii sekä koululääketieteen että luontaislääketieteen harjoittajien ja potilaiden käyttöön.

    **Bellatrix - Aura.** Auttaa tarkastelemaan ja tulkitsemaan sekä omaa että muiden auraa, sen värejä ja muotoa. Edistää kykyä puhdistaa ja vahvistaa auraa ja käsitellä negatiivisia ajatusmalleja.

    **Betelgeuse - Pelkojen voittaminen.** Vahvistaa yhteyttä maan energiaan ja stimuloi juurichakraa. Auttaa ymmärtämään eloonjäämismekanismien vaikutusta tajuntaan ja pelkojen syntyyn. Pelkojen syiden ymmärtämiseen ja niiden voittamiseen.

    **Capella - Perhesuhteet.** Perheenjäsenten välisen kommunikaation parantamiseen ja rakkaudellisen myötätunnon lisäämiseen. Lujittaa perheenjäsenten keskinäisiä suhteita ja auttaa ymmärtämään menneiden elämien karman mahdollista vaikutusta perheen ihmissuhteisiin.

    **Deneb - Ilmestys.** Mestareiden opetuksen syvälliseen ymmärtämiseen tarvittavan tietoisuudentilan saavuttamiseen. Yhteyden lujittamiseen valon ja rakkauden olentoihin. Avuksi erilaisissa henkisissä harjoituksissa ja kanavoinnissa.

    **El Nath - Kosmiset periaatteet.** Moniulotteisen tajunnan saavuttamiseen esim. kanavoitaessa korkeaa tietoa. Avuksi erityisesti matematiikan, geometrian, fysiikan ym. tieteiden sekä maailmankaikkeuden lakien ja rakenteen syvällisessä ymmärtämisessä.

**Mirzam - Ihmeiden hyväksyminen.** Auttaa uskomaan ihmeisiin ja hyväksymään ihmeet, epätavalliset ja paranormaalit asiat osaksi jokapäiväistä elämäämme.

**Polaris - Yhteys.** Auttaa ihmisiä saavuttamaan yhteyden jumaluuteen henkisellä tasolla, mistä voidaan ammentaa ymmärrystä ja voimaa käytettäväksi koko ihmiskunnan hyväksi. Polaris eli Pohjantähti voi antaa syvemmän tietoisuuden ihmistenvälisestä yhteydestä.

**Procyon - Mentaalinen terävyys.** Keskittymiskyvyn parantamiseen ja loogisen ajattelun ym. mielen toimintojen tehostamiseen. Uute lisää intuitiivista kehotietoisuutta ja on hyvä eliksiiri esim. vyöhyketerapeuteille ym. kehon energiapisteiden kanssa työskenteleville. Procyon lisää samalla kykyä ottaa energiaa suoraan kasveista, maasta ja Auringosta.

**Regulus - Tunnepatoutumat.** Tämän tähden värähtely auttaa vapautumaan syvälle hautautuneista, tiedostamattomista käyttäytymismalleista ja tunnepatoutumista sekä saavuttamaan vakautta, selkeyttä ja tasapainoa tunnetasolla.

**Sirius - Värähtelytason muutos.** Parantamiseen ja fyysisen kehon värähtelytaajuuden muuttamiseen. Edistää hienokehojen välillä tapahtuvaa kommunikaatiota.

**Spica - Selkeys.** Edistää tietoisuuden siirtymistä ylitajunnasta valvetajuntaan. Selkounien näkemiseen, psykometrian, levitaation ym. henkisten kykyjen kehittämiseen.

**Vega - Keskinäinen yhteys.** Auttaa virittäytymään ja herkistymään musiikille sekä toimii musikaalisen inspiraation lähteenä. Auttaa ihmisiä kokemaan keskinäistä yhteyttä esimerkiksi sieluperheeseensä ja koko ihmiskuntaan.

**Zeta Cygni - Ensiapu tähdiltä.** Rohkaisee Henkisen Tien kulkijoita. Ensiaputilanteissa, stressaantuneille ja hädässä oleville. Rauhoittaa ja auttaa kokemaan armoa vaikeissakin tilanteissa. Myös ennaltaehkäisemään onnettomuuksia riskialttiissa tilanteissa. "Kosmiset aputipat".

Näitä uutteita voi käyttää esimerkiksi kiintotähtiastrologian yhteydessä. Jos kartaltasi löytyy jonkin kiintotähden tarkka yhtymä (max. orbi 1°) johonkin planeettaan, saattaa olla viisasta ottaa juuri tuon kiintotähden informaatiota tähtieliksiirin muodossa. Se on mielenkiintoinen, jännittävä ja suora tapa tutustua universumin energioihin ja viisauteen.

Yleisemmällä tasolla tähdenmuotoiset struktuurit esimerkiksi luonnossa virittävät meitä tähtiin ja astrologiaan. Monet kukat, esimerkiksi metsätähti, tähtitalvikki, jumaltenkukka (shooting star) ja tähtijasmiini, antavat tätä luonnonmukaista viritysapua, samoin jalokivet, joihin liittyy tähtikuvio eli asterismi, esimerkiksi tähtisafiiri, tähtirubiini ja tähtikvartsi.

## Vesimiehen ajan astrologia

Tämä kysymys on herättänyt paljon pohdintaa niin astrologian ammattilaisten kuin harrastajienkin parissa. Kysymykseen ei ole yksiselitteistä vastausta, sillä tulevaisuuden käsikirjoitus ei ole vielä valmis. Me itse asiassa kirjoitamme sitä parhaillaan omilla ajatuksillamme, teoillamme, uskomuksillamme ja suuntautuneisuudellamme. Sinä ja minä olemme molemmat mukana tässä prosessissa joka vie meidät Vesimiehen ajan majesteettisiin energioihin. Tuon rauhan aikakauden aamunsarastus on nousullaan, vaikka tällä hetkellä ei aina näytä siltä. Nyt jokainen rauhanteko on joka tapauksessa tarpeen ja jouduttaa osaltaan uuden aikakauden syntyä. Olemme todistamassa sen synnytystuskia ja voimme omalla panoksellamme lievittää niitä!

Uskon, että tämä vähittäinen siirtyminen Vesimiehen energioihin nostaa myös astrologian sille kuuluvalle paikalle uuden ajan tulkintatieteenä, joka voi antaa ihmiselle tärkeää suuntaviittaa viisaiden valintojen tueksi. Palautettakoon mieliin, että Vesimiehen planeettahallitsija Uranus on samalla myös astrologian hallitsija.

Olemme useaan otteeseen kääntyneet näissä asioissa Mestari Hilarionin puoleen, joka onkin ystävällisesti antanut meille vinkkejä ja ideoita liittyen astrologian tulevaisuuden trendeihin. Hänen mukaansa astrologia tulee muuttumaan hyvin todennäköisesti sekä leveys- että korkeussuunnassa. Edessä on mm. voimakas yhteys moniulotteiseen olemassaoloon, kun yhä useammat ihmiset luopuvat yhden ainokaisen elämän ja kolmiulotteisuuden rajoitusten harhoista.

Näihin edistysaskeliin liittyy myös tekninen kehitys. Paras tämän hetken tietotekniikka (joka luultavasti ja valitettavasti on sotakoneen palveluksessa) on leluja materialismin hiekkalaatikolla verrattuna korkeammilla tasoilla toimivien Mestareiden ja muiden valo-olentojen käytössä olevaan teknologiaan. Sillä voidaan tarkastella hyvinkin kaukaisia ja suuria syklejä ja kehityskaaria, Mestareiden oppilaiden karttoja ja vaikkapa säderakenteita aikojen saatossa sekä yksilöiden ja ihmiskunnan todennäköisiä valintoja.

Pieni häivähdys tästä teknologiasta saadaan, kun kolmiulotteisuuden paljastavat astrologiset tietokoneohjelmat saapuvat markkinoille. Niiden avulla voimme saada paremman ymmärryksen fyysisestä aurinkokunnasta ja sen suhteesta ympäröivään galaksiin ja kiintotähtitaivaaseen. Tätä ymmärrystä ei kaksiulotteinen kartta kykene kunnolla antamaan.

Moniulotteisuudessa voidaan huomioida myös ihmisen eräänlainen syntyminen henkisillä tasoilla. Kyseessä ei ole sama asia kuin fyysinen kuolema, jonka jälkeen ihminen on jonkin aikaa eräänlaisessa välitilassa - joka on kestoltaan vaihteleva - ennen syntymäänsä henkisissä ulottuvuuksissa. Myös tuolle syntymälle voidaan laskea astrologinen kartta, mutta sen aika ei ole ihan vielä.

Aiemmin mainittu voimistuva ymmärrys ja yhteys liittyen kiintotähtiin ja galaksiin, siellä asuviin olentoihin, heidän luonteeseensa, olemassaolon muotoihinsa ja tapaansa tehdä muiden kanssa yhteistyötä. Tähän viittasin jo kirjoittaessani kiintotähdistä ja niiden elämästä. Hilarion kertoo, että Vesimiehen ajan edetessä ihmiskunnan yhteys muihin tähtijärjestelmiin ja niiden olentoihin kasvaa, niin että heidän olemassaolostaan saadaan konkreettisia todisteita, heidät voidaan tavata ja kommunikoida niin telepaattisesti kuin fyysisestikin.

Astrologia ja Henkinen Tie

Tämä ei välttämättä tapahdu oman sukupolvemme aikana, mutta nämä asiat lähestyvät meitä. Hilarion mainitsee, että esimerkiksi joillain Jupiterin ja Saturnuksen kuilla on tällaisia olentoja, heidän olemassaolonsa selviäminen saattaa vaikuttaa näiden planeettojen tulkintoihin astrologisilla kartoilla.

Astrologia on edellä mainittujen näkökulmien kautta tarkasteltuna alati muuttuva, tulkintataitoja vaativa ja intuitiivinen tiede- ja taidemuoto. Vesimiehen aikana ihmisen aivopuoliskojen usein epäsynkroniset toiminnot tulevat yhdistymään paremmin, jolloin oikean aivopuoliskon intuitiivinen, kokonaisvaltainen, feminiininen ja taiteellinen suuntautuneisuus tavoittaa paremmin vasemman aivopuoliskon rationaliteetin, logiikan, yksityiskohtaisuuden ja maskuliinisuuden.

Suomen sijainti planeetan aivokurkiaisella, joka yhdistää nämä aivopuoliskot toisiinsa planetaarisella tasolla, on hyvä huomioida. Suomessa voi syntyä myös uudenlainen ymmärrys galaktisesta astrologiasta, joka ottaa kiintotähtien merkityksen ja avartavat vaikutukset huomioon. Näin meistä tulee vähitellen galaksin kansalaisia.

Astrologia on joissain yhteyksissä yhdistetty voimakkaasti sädeoppiin. Tässä on puolensa, mutta meidän tulee pysyä kirkkaina sen suhteen, ettemme hukkaa metsää puilta ja löydä itseämme hedelmättömien teoreettisten pohdintojen parista. Vesimiehen ajan astrologian tehtävänä on lähestyä ihmistä ja tuoda nämä asiat ymmärrettävään muotoon, ei vetäytyä älyn norsunluutorniin. Teorian kuolleen kirjaimen täytyy muuttua käytännön eläväksi sanaksi.

Säteiden ymmärrys on toki tärkeää, ja viittasin niihin jo aiemmin tässä kirjassa. Mestari Hilarionin säde-energia on smaragdinvihreä ja näkyy usein sisäisesti, kun ihminen työskentelee tämän energian kanssa. Hän sanoo kuitenkin, että säteet ovat vaikuttaneet eri tavoin astrologiaan eri aikakausina. Jos tuosta vaikutuksesta olisi kysytty vaikkapa 400 vuotta sitten, vastaus olisi eri kuin nyt.

Tällä hetkellä sininen säde (Hilarion viittaa säteiden yhteydessä mieluummin värienergioihin kuin numerointiin) on muita enemmän keskittynyt astrologisiin tekijöihin. Sininen säde liitetään usein opettamiseen, ja nyt onkin tullut aika käyttää astrologiaa oppivälineenä ja jakaa astrologista tietoa, ymmärrystä ja viisautta ihmiskunnalle, jotta ihmiset voisivat oppia siitä ja herätä tämän kautta paremmin omaan ihmisyyteensä.

Sininen säde on myös hyödyllinen astrologisissa sessioissa. Siihen voi toki virittäytyä esimerkiksi luovan mielikuvituksen avulla, mutta käytännön tasolla voidaan käyttää myös vaikkapa sinistä valoa huoneessa, sytyttää sininen kynttilä tai käyttää väriä sisustuksessa. Erityisen hyvänä Hilarion pitää tässä yhteydessä vaaleansinisiä sävyjä.

Tässä yhteydessä on hyvä ottaa huomioon, että sininen säde hallitsee myös Suomen valtiota ja kansaa.

# Epilogi

## Tähtien hiljainen laulu

Pitkällä henkisellä pyhiinvaellustiellään yksilö oppii lopulta ymmärtämään ikuisuuden ympyrän, perustuksen neliön ja itseilmaisun kolmion yhteyden ja merkityksen. Ympyrä on yksi jumaluuden ja täydellisyyden ilmauksista, joka näkyy myös mm. Auringon symboliikassa. Fyysinen Aurinko on aurinkokuntamme korkeimman tahon, Aurinkologoksen, fyysinen olomuoto. Aurinko paistaa "niin hyville kuin pahoillekin" ja sanotaan myös, että jumaluus ilmenee ympyränä, jonka keskusta on kaikkialla eikä periferia missään.

Auringonpilkut ovat tulleet tutuiksi ihmiskunnalle, ja samoin useimmat tämän kirjan lukijoista voivat hyväksyä ajatuksen, että Aurinko itse on elävä, tunteva ja ajatteleva olento, jonka suuruus ja voima ovat valtavat, melkein käsittämättömät. Mestari Hilarion kertoo kirjassa *Other Kingdoms* (Marcus Books 1981), että Aurinkologoksena tunnetulla suurenmoisella olennolla on tärkeä rooli liittyen aurinkokunnan planeettojen, erityisesti Maan, karmallisiin kuvioihin.

Kun planeettamme tapahtumista nousee korostuneesti esiin karmallisia seurauksia niin paljon, että määrä on liian suuri purettavaksi ihmiskunnan toimesta, Aurinkologos voi vapaaehtoisesti tarjoutua imemään itseensä osan tuosta karmasta tai sen kokonaan. Kun tämä tapahtuu erityisesti suuren karmamäärän ollessa kyseessä, seuraukset näkyvät fyysisellä tasolla auringonpilkkuina. Oulun yliopistossa on päädytty muutaman vuoden takaisissa tutkimuksissa siihen, että Auringossa on ollut 1940-luvulta lähtien enemmän pilkkuja kuin yli tuhanteen vuoteen ennen sitä (ks. Tähtinen ja Pohjolainen, *Aurinko - tähden tarina*, WSOY 2005).

Tiede on ajatellut auringonpilkkujen olevan seurausta magneettisista epäsäännöllisyyksistä Auringossa, ja tämä on pohjimmiltaan totta. Näiden epäsäännöllisyyksien lähde ja syy ovat kuitenkin merkitykseltään ja tarkoitukseltaan kaukana tieteellisten kategorioiden suoraviivaisen selitysmallin ulkopuolella.

Näin ystävämme Aurinko, taivaan kultainen kiekko, edesauttaa meitä matkallamme kohti suurempaa valoa, ymmärrystä ja kirkkautta. Tätä voisi hyvin kutsua Suureksi Uhrautumiseksi, todelliseksi kosmiseksi rakkaudeksi.

Simone Weil on sanonut, että Jumala vaeltaa maailman tiheyden läpi päästäkseen meidän luoksemme. Tämä tiheys näyttäytyy joskus Saturnuksen kaavussa. Saturnus, aineen vastus, antaa lopulta meille elämän tukevan perustuksen, josta voimme ponnistaa ja kohota hengen korkeuksiin. Ilman aineen vastusta emme koskaan kasvaisi mahdollisuuksiemme tasolle.

Niin kuin Madame Blavatsky aikoinaan kirjoitti, aine on henkeä raskaimmillaan ja henki ainetta keveimmillään. Ne molemmat kuuluvat Maa-planeetan koulutusohjelmaan, ja yksi tehtävistämme onkin sulattaa ainetta henkeen. Aineen ja hengen kohtaaminen voidaan ilmaista ympyrän ja neliön avulla.

Itseilmaisun kolmio voidaan nähdä lähiplaneettojen Merkuriuksen, Venuksen ja Marsin kolminaisuutena, josta olen kirjoittanut jo edellä. Tämä kolminaisuus voidaan ymmärtää myös tapoina, joilla kohdennamme energiaa ja luomme asioita eri tasoilla.

Mestarit, nuo ihmiskunnan puun todelliset hedelmät, kannustavat meitä tähän hengen sulattamiseen aineeseen. Heillä on asiasta myös syvää kokemustietoa. He sanovatkin: **"Siellä missä me olemme, siellä te tulette olemaan. Siellä missä te olette, siellä me olemme olleet."**

Kirjoittaessani näitä kirjan viimeisiä rivejä talvisena yönä Helsingissä näen ikkunastani Siriuksen tuikkivan eteläisellä taivaalla hieman horisontin yläpuolella. Se on kuin kaunis välkehtivä timantti taivaan samettityynyllä. Siriuksen ja muiden tähtien hiljainen laulu on inspiroinut kirjoitustani ja työtäni astrologian parissa.

Kun katson taaksepäin ja selaan kirjoittamiani rivejä, huomaan että kaikkein vaativin asia on ollut planetaaristen energioiden kieliopin taivuttelu suomen kielelle, energioiden ja laatujen ilmaiseminen käsitteellisillä välineillä. Ja niin kuin kaikissa kielenkäännöksissä, myös tässä menetetään aina jotakin. Prosessissa ikään kuin tähtien runous on muuntunut proosaksi. Paljon on myös kirjoitettu "rivien väliin", mistä intuitiivinen lukija voi saada uusia oivalluksia. Niin ainakin uskon ja toivon!

Tämä on ollut palkitseva matka tähtien valossa. Kiitos, että olen saanut jakaa sen kanssasi!

OM MANI PADME HUM

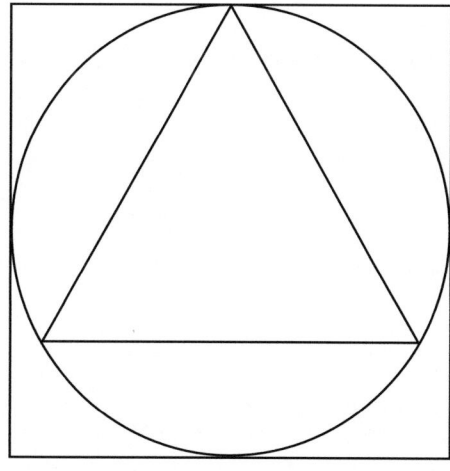
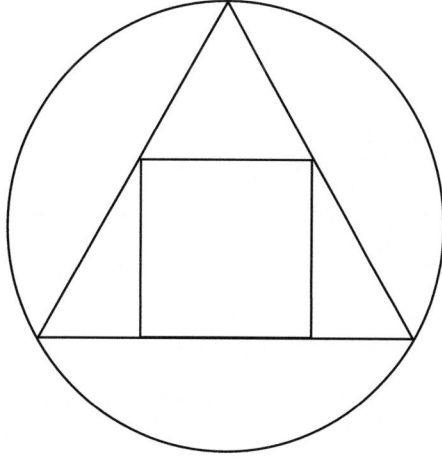

# Kirjallisuutta:

## A. Hilarionilta tullutta tietoa

Hilarion 1979: Seasons of the Spirit.  Marcus Books, Queensville.
---------- 1979: Symbols.  Marcus Books, Agincourt.
---------- 1980: Astrology Plus.  Marcus Books, Queensville.
---------- 1981: Other Kingdoms.  Marcus Books, Queensville.
---------- 1982: Body Signs.  Marcus Books, Queensville.
---------- 1982: Vision. Beyond the Apocalypse: A New Age Model.  Marcus Books, Queensville.
---------- 1983: Answers.  Marcus Books, Queensville.
---------- 1985: Tapestry  Marcus Books, Toronto.
---------- 1985: More Answers.  Marcus Books, Toronto.
---------- 1992: The Master Plan.  Marcus Books, Queensville.

- osa näistä kirjoista on loppuunmyyty. Hilarionin kirjoja kannattaa tiedustella osoitteista www.hilarion.com ja www.pegasusproducts.com.

## B. Muuta kirjallisuutta

Bailey, Alice A. 1951: Esoteric Astrology.  Lucis Publishing Company, New York/Lucis Press Ltd., London.
Baker, Douglas 1998: Esoteric Astrology. A New Astrology for a New Millennium.  Baker Publications, Essendon.
Clow, Barbara Hand 1993: Chiron: Rainbow Bridge Between the Inner and Outer Planets. Llewellyn Publications, St. Paul.
Collins, Mabel 1965: Valoa Tielle.  Teosofinen seura, Helsinki.
Cooke, Maurice B. 1988: The Mars Connection.  Marcus Books, Queensville.
Creme, Benjamin 1986: Maitreya's Mission Volume One.  Share International Foundation, Amsterdam-London-Los Angeles.
Feurst, Irving & Essene, Virginia 1998: Energy Blessings from the Stars.  S.E.E. Publishing Company, Santa Clara.
Fuller, R. Buckminster 1969: Operating Manual for Spaceship Earth.  Southern Illinois University Press, Carbondale.
George, Ted 1980: The Spiritual Trinity.  Arthur Publications, Jacksonville.
Gurudas 1985/1986: Gem Elixirs and Vibrational Healing, Vol. I-II.  Cassandra Press, San Rafael.
----------- 1988: The Spiritual Properties of Herbs.  Cassandra Press, San Rafael.
----------- 1989: Flower Essences and Vibrational Healing.  Cassandra Press, San Rafael.
Hickey, Isabel M. 1970: Astrology. A Cosmic Science.  New Pathways, Waltham.
Inglis, Grace 1976: Retrograde Planets.  Sagar Publications, New Delhi.
Kerrod, Robin 2005: Tarunhohtoinen tähtitaivas.  Karisto Oy, Hämeenlinna.
Kivimäki, Arto 1998: Roomalainen kalenteri.  Karisto Oy, Hämeenlinna.
Kriyananda, Goswami 1974: The Wisdom and Way of Astrology.  The Temple of Kriya Yoga, Chicago.
Lehtiranta, Erkki & Niemelä, Leena 2007: Suomen luonnon valkoista magiaa.  Smiling Stars, Helsinki.
Lehtiranta, Erkki & Niemelä Leena 2009: Kasvien viisaus, kivien muisti.  Smiling Stars, Helsinki.
Lehtiranta, Erkki & Stenberg, Sven 2010: Astrologiset syklit ja elämänhallinta.  Smiling Stars, Helsinki.
Lehtiranta, Erkki 2011: Tien päällä ja taivaan alla.  Smiling Stars, Helsinki.
Lehtiranta, Erkki 2012: Universaalit lainalaisuudet ja henkinen kehitys.  Smiling Stars, Helsinki.
Lehtiranta, Erkki 2012: Vesi, elämän sanansaattaja.  Shantia Oy, Helsinki.
Lehtiranta, Erkki 2014: Tuli, muutoksen ja luovuuden elementti.  Shantia Oy, Helsinki.

Lehtiranta, Erkki 2015: Musiikki, henkisyys ja hyvinvointi. Basam Books, Helsinki.
Lehtiranta, Erkki 2017: Todellisuuden lukutaito - vinkkejä valaistumisen varalta. Viisas Elämä, Helsinki.
Lehtiranta, Erkki 2017: Astrologia ja hyvinvointi - löydä omat menestyskoodisi. Viisas Elämä, Helsinki.
Lehtiranta, Erkki 2019: Universal Laws and Spiritual Progress. Smiling Stars, Helsinki.
Levy, David H. 2005: Ihmeellinen luonto: tähtitaivas. Gummerus, Jyväskylä-Helsinki.
Maynard, Jim 1997: Pocket Astrologer 1998. Quicksilver Productions.
Meadows, Kenneth 1989: Earth Medicine. A Shamanic Way of Self Discovery. Element Books.
Nauman, Eileen 1998: Medical Astrology. Health Harmony, New Delhi.
Oken, Alan 1973: As Above, So Below. Bantam Books, Toronto-New York-London.
Paungger, Johanna & Poppe, Thomas 1995: Moon Time. The Art of Harmony with Nature and Lunar Cycles. The C.W. Daniel Company Ltd, Saffron Walden.
Pensatia 1977: The Inner Signature. The Euclid Publishing Company, New York.
Powell, Robert 1987: Hermetic Astrology Volume 1: Astrology and Reincarnation. Hermetika Verlag, Kinsau.
Redd, Ry 1985: Toward a New Astrology. Seagull Publishing Company, Virginia Beach.
Rubenfeld, Fred 2014: Aurinkokunnan historia ja salatut mysteerit. Smiling Stars, Helsinki.
Rudhyar, Dane 1967: The Lunation Cycle. Aurora Press, Santa Fe.
Ruperti, Alexander 1978: Cycles of Becoming. CRCS Publications, Sebastopol.
Schulman, Martin 1988: The Ascendant: Your Karmic Doorway. Samuel Weiser, Inc., York Beach.
Schweizer, Albert 1956: Elämän kunnioitus. WSOY, Porvoo-Helsinki.
Smulkis, Michael & Rubenfeld, Fred 1992: Starlight Elixirs & Cosmic Vibrational Healing. C.W. Daniel Company Ltd, Saffron Walden.
Starck, Marcia 1997: Healing with Astrology. The Crossing Press, Freedom.
------------------ 2002: Medical Astrology: Healing for the 21st Century. Earth Medicine Books, Santa Fe.
Stenberg, Sven & Lehtiranta, Erkki 2010: Astrologiset syklit ja elämänhallinta. Smiling Stars, Helsinki.
Toyne, Clarise 1976: Heirs to Eternity. A Study of Reincarnation with Illustrations. Neville Spearman Limited, London.
Tyl, Noel 1994: Synthesis & Counseling in Astrology. Llewellyn Publications, St. Paul.
Tähtinen, Leena & Pohjolainen, Silja 2005: Aurinko - tähden tarina. WSOY, Helsinki.
Tähtitieteen sanakirja. 1999. WSOY, Porvoo-Helsinki-Juva.
Walker, Barbara G 1983/1996: The Women's Encyclopedia of Myths and Secrets. Castle Books.
Weil, Simone 1957: Painovoima ja armo. Otava, Helsinki.
Whitehouse, David 2004: Kuun elämäkerta. WSOY, Helsinki.
Vieira, Waldo 1999: Our Evolution. International Institute of Projectiology and Conscientiology, Rio de Janeiro.
Yogananda, Paramahansa 2006: Joogin omaelämäkerta. Basam Books, Helsinki.

## C. Erkki Lehtirannan kirjoituksia astrologiasta

Astrologia, herbalismi ja kukkaterapia. Astro Logos nro 38, maaliskuu 2001, s. 45-57.
Esoteerisen astrologian historia. Astro Logos nro 51, kesäkuu 2004, s. 10-13.
Kuu ja sen monet kasvot. Minä Olen 2/98, s. 34-37.
Mars, taivaan punainen kiihko. Astro Logos nro 42, maaliskuu 2002, s. 15-21.
Marsilio Ficino, renessanssifilosofi, astrologi ja hermetisti. Astro Logos nro 36, elokuu 2000, s. 4-12.
Marsilio Ficino ja renessanssin sielu. Uusi Safiiri 4/1999, s. 16-25.
Michael Robbins, seitsemän säteen psykologi ja astrologi. Minä Olen 5/2000, s. 56-58.
Nepal, maailman astrologisoitunein maa? Astro Logos nro 52, syyskuu 2004, s. 19-22.
Saturnuksen syklit, elämän kätketyt siunaukset. Uusi Safiiri 2/1996, s. 29-36; Minä Olen 5/1997, s. 44-47; Astro Logos nro 31, kesäkuu 1999, s. 40-44.
Saturnus ja kartan karmallinen vektori. Astro Logos nro 108, kesä 2019, s. 6-11.

Sirius, pyhä naapurimme. Minä Olen 3/2002, s. 18-24.
Sfäärien soitto ja planeettojen laulu, osa 1. Astro Logos nro 54, huhtikuu 2005, s. 36-46.
Sfäärien soitto ja planeettojen laulu, osa 2. Astro Logos nro 55, elokuu 2005, s. 37-45,
Sfäärien soitto ja planeettojen laulu, osa 3. Astro Logos nro 61, marraskuu 2006, s. 10-17.
Taivaan tarinoita: jumalten sanansaattajan harharetket. Minä Olen 1/2000, s. 36-37. Teksti
    löytyy Smiling Starsin kotisivuilta (www.smilingstars.fi).
Tähtien hiljainen laulu - mietteitä henkisestä astrologiasta. Uusi Safiiri 4/1996, s. 40-50;
    Uusi Safiiri 3/2000, s. 31-40.

# Liite

# Astrologia, jalokivet ja metallit

Kirjassa on käsitelty varsin paljon värähtelylääkintää eri astrologisten tekijöiden yhteydessä. Olen koonnut tähän liitteeseen tietoa kivien ja metallien yhteydestä planeettoihin, merkkeihin ja huoneisiin. Tämä voi auttaa ymmärtämään paremmin kirjan alussa mainittua heijastuksen lakia, "niin ylhäällä kuin alhaallakin". Tietoa voi käyttää myös astrologisten uutteiden valmistuksessa.

Tiedot ovat peräisin värähtelylääkinnän uranuurtajalta, amerikkalaiselta Gurudasilta (1945-2001), jonka teokset ovat alan klassikoita. Ne on mainittu kirjallisuusluettelossa.

## Planeetat ja jalokivet:

Aurinko - rubiini
Kuu - vaalea helmi
Merkurius - akvamariini
Venus - vaalea sinisafiiri
Mars - verikivi
Vesta - topaasi
Jupiter - ametisti
Saturnus - rodoliitti-granaatti
Kheiron - valkoinen timantti/uleksiitti
Uranus - uleksiitti
Neptunus - jade
Pluto - herkimer-timantti

## Eläinradan merkit ja niihin liittyvät metallit:

Oinas - teräs ja hiiliteräs
Härkä - kupari
Kaksonen - molybdeeni
Rapu - hopea
Leijona - kulta
Neitsyt - magnesium
Vaaka - palladium
Skorpioni - mangaani
Jousimies - tina
Kauris - sinkki
Vesimies - kromi
Kalat - platina

## Astrologiset huoneet ja niihin liittyvät kivet:

1. huone - koralli
2. huone - lapis lazuli
3. huone - kuva-akaatti
4. huone - kuukivi
5. huone - keltainen jaspis
6. huone - tähtisafiiri
7. huone - smaragdi
8. huone - musta opaali
9. huone - turkoosi
10. huone - kirkas kvartsi
11. huone - sparssartiini-granaatti
12. huone - maito-opaali

# Smiling Starsin kautta saatavana kirjoja:

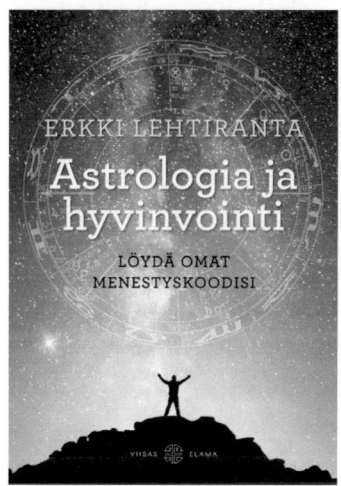

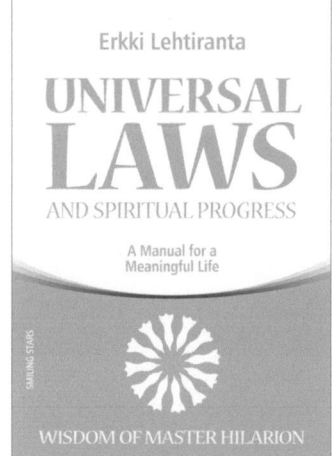

Smiling Stars,
0400 761 939,
email: info@smilingstars.fi.
www.smilingstars.fi

# Smiling Starsin palveluihin kuuluvat mm.:

## Värähtelyuutteet

o  kukka- ja jalokiviuutteet
o  metalli- ja jalokaasu-uutteet
o  tähtieliksiirit
o  henkilökohtaiset uuteyhdistelmät
o  astrologiset uuteyhdistelmät

## Henkisen astrologian palvelut (kirjalliset ja suulliset)

o  yleiskartoitus henkisen astrologian pohjalta
o  vuosikatsaukset
o  vertailukartat

## Henkisyyteen liittyvät luennot, kurssit ja workshopit

o  henkisen astrologian koulutus
o  kukka- ja värähtelyuutekoulutus
o  musiikin henkiset vaikutukset
o  henkinen kirologia
o  ihmiskehon kielioppi
o  hyvien värähtelyjen viikonloput
o  elämän henkiset lainalaisuudet
o  matka tiedostamattomaan

## Kurssimatkat

o  Kreetalle, Bhutaniin, Tiibetiin jne.

Kauttamme myös kirjallisuutta ja äänitteitä.

**www.smilingstars.fi**